I0128034

Kulturstiftung Sibirien

# Reisen an den Rand des Russischen Reiches

Die wissenschaftliche Erschließung
der nordpazifischen Küstengebiete im 18. und 19. Jahrhundert

Herausgegeben von Erich Kasten

Verlag der Kulturstiftung Sibirien
SEC Publications

Bibliografische Informationen der Deutschen Nationalbibliothek:
Die Deutsche Nationalbibliothek verzeichnet diese Publikation in der Deutschen
Nationalbibliografie: detaillierte bibliografische Daten sind im Internet über
<http://dnb.d-nb.de> abrufbar.

Umschlag:
„Fischbarriere über den Kamčatka-Fluss bei Mil'kovo". Aquarell von Friedrich
Heinrich von Kittlitz, 18. Juli 1828. Aus Kittlitz, *Denkwürdigkeiten einer Reise nach
dem russischen Amerika, nach Mikronesien und durch Kamtschatka* (2011).

Gestaltung:
Kulturstiftung Sibirien gGmbH, Fürstenberg/Havel

Herstellung:
Books on Demand GmbH, Norderstedt

Electronic edition: www.siberian-studies.org/publications/reiranrus.html

ISBN: 978-3-942883-16-0

# INHALT

**Synopse**

Der Beitrag deutschsprachiger Gelehrter zur frühen Nordostsibirienforschung

**Anhang**

# EINFÜHRUNG

Seit dem 18. Jahrhundert bereisten Forscher und Gelehrte den Norden des Fernen Osten Russlands. Viele von ihnen waren deutscher bzw. baltendeutscher Herkunft und arbeiteten im Auftrag der russischen Regierung. Ihre ausführlichen Beschreibungen und Berichte geben Auskunft über Lebensverhältnisse und Naturnutzung zu unterschiedlichen Zeiten und liefern den Hintergrund auch für heutige Forschungen in dieser Region. Im Zusammenhang mit der Neuausgabe dieser Werke[1] kam es zu anregenden Diskursen mit Herausgebern und Autoren dazu zusätzlich verfasster Beiträge, woraus der Gedanke zu diesem Band entstand. Schließlich fand vom 8.–11. Juni 2012 zu diesem Thema in der Kulturstiftung Sibirien ein Seminar statt,[2] bei dem wichtige Fragen von einem interdisziplinären Teilnehmerkreis erörtert werden konnten und dessen Ergebnisse vor allem Niederschlag in der Synopse dieses Bandes gefunden haben. Bei einigen Beiträgen dieses Buches handelt es sich um zum Teil überarbeitete Essays zu den erwähnten Neuausgaben der Werke, die hier zusätzlich durch weitere Aufsätze ergänzt wurden.

So bietet der vorliegende Band ein abgerundetes Bild für umfassende und vielschichtige Einschätzungen zu dieser wichtigen Periode der Forschungsgeschichte Sibiriens. Bei der Zusammenstellung der Beiträge kam es u. a. darauf an, die Reise- und Forschungsberichte von Vertretern verschiedener Fachdisziplinen diskutieren zu lassen. Denn vor allem so kann man dem besonderen Charakter jener Werke gerecht werden, die sich durch einen fächerübergreifenden breiten Ansatz und oft anwendungsorientierte Zielsetzungen auszeichnen.

In einem einführenden Beitrag betrachtet der Ethnologe *Peter Schweitzer* die hier vorgestellten deutschsprachigen Forschungen im Kontext allgemeiner europäischer Forschungstraditionen zu Sibirien und geht dabei u. a. der Frage nach, inwieweit sich im Verlauf einer zunehmenden Professionalisierung während der letzten drei Jahrhunderte bestimmte nationale und transnationale Trends erkennen lassen.

Die wissenschaftliche Erschließung Kamčatkas begann mit Georg Wilhelm Steller, der sich im Jahre 1737 der „Großen Nordischen Expedition" unter Vitus Bering anschloss. *Erich Kasten* untersucht vor dem Hintergrund seiner langjährigen Feldforschungen in Kamčatka, inwieweit Steller in seinem Vorgehen spätere ethnologische Methoden bereits im Ansatz vorwegnahm.

Obgleich Peter Simon Pallas selbst niemals den Fernen Osten Russlands bereist hatte, trugen seine umfangreichen wissenschaftlichen Abhandlungen in der Nachfolge von Gerhard Friedrich Müller und Johann Georg Gmelin zu einer weiteren frühen Professionalisierung der Ethnografie mit bei. *Han F. Vermeulen* hebt hervor, wie sich Pallas' Werk auf spätere Forschungen auswirkte, bei denen die Wissenschaftler dazu angehalten waren, seine Konzepte und Programme in die sibirische Praxis umzusetzen.

---

1   http://www.siberian-studies.org/publications/bika.html
2   http://www.kulturstiftung-sibirien.de/pro_1273.html

Eine der von Pallas konzipierten Unternehmungen war die Billings-Saryčev-Expedition, der der Arzt Carl Heinrich Merck als mitreisender Wissenschaftler angehörte. Sein Beitrag zur Erforschung der Čukčen-Halbinsel und seine erstaunlichen Einblicke in Weltbild und Ritual der Einheimischen werden von *Helena Pivovar* untersucht. Mercks wichtiges Werk, das – möglicherweise wegen seines frühen Todes – lange Zeit weitgehend unbeachtet geblieben war, erfährt damit die ihm gebührende Aufmerksamkeit, was auch durch jüngste Editionen seiner Tagebücher und Schriften geschieht.

*Diana Ordubadi* behandelt in ihrem Beitrag die Expedition des Kapitäns Adam Johann von Krusenstern und des ihm zugeordneten Naturwissenschaftlers Georg Heinrich Freiherr von Langsdorff. Als Arzt hatte Letzterer im Verlauf seiner Weltumseglung bereits seine wissenschaftlichen Interessen nicht nur in den Naturwissenschaften erweitert, sondern er befasste sich auf Kamčatka nun auch mit der Ethnografie und den Sprachen der dort angetroffenen Völker. Zugleich zeigte er sich besorgt über das Wohl der einheimischen Bevölkerung, deren schlechte Behandlung er anprangerte und die er nach besten Kräften medizinisch betreute. Seine Empfehlungen fanden – erstaunlicherweise – schließlich Eingang in den damaligen Regierungsbeschluss aus dem Jahr 1812 zur „Reorganisation von Kamčatka".

Nur wenige Jahre später gelangte Adelbert von Chamisso auf einer weiteren Weltumseglung unter der Leitung von Otto von Kotzebue in den Nordpazifik und nach Kamčatka. Die Literaturwissenschaftlerin *Marie-Theres Federhofer* zeigt in ihrem Beitrag die lange Zeit verkannte Bedeutung Chamissos als Naturwissenschaftler und Ethnograf, welche erst seit wenigen Jahren in der aktuellen Chamisso-Forschung voll zum Tragen kommt. So stellt sie Chamissos für die damalige Zeit bahnbrechenden neuen ethnologischen Methoden heraus, mit denen er indigenes Wissen in den wissenschaftlichen Diskurs einbezog.

Die Ethnobiologin *Lisa Strecker* untersucht in ihrem Beitrag zu Friedrich Wilhelm Heinrich Freiherr von Kittlitz, wie sich der vor allem ornithologisch interessierte Mitreisende auf der von Fëdor Petrovič Graf Litke geleiteten Weltumseglung besonders über die Jagd Zugang zum Leben der Einheimischen verschaffte und dieses ausführlich beschreibt. Darüber hinaus hält er deren Alltag auch in seinen künstlerisch meisterhaften Aquarellen fest, die – für eine Zeit, als es noch keine Fotografie gab – einzigartige Dokumente für die Nachwelt darstellen.

In seinen Beiträgen zu Adolph Erman, Carl von Ditmar und Gerhard Baron von Maydell hebt der Wissenschaftshistoriker *Erki Tammiksaar* zu den beiden Letztgenannten die besondere deutsch-baltische Forschungstradition bei der wissenschaftlichen Erschließung des Fernen Ostens Russlands hervor. Obwohl alle diese Forscher vor allem neue Erkenntnisse zur Geologie und Kartografie dieser bislang unerforschten Region lieferten, standen ihre Arbeiten immer auch im Zusammenhang mit detaillierten ethnografischen und sprachlichen Aufzeichnungen zu den dort lebenden Völkern – gemäß dem Humboldtschen umfassenden Wissenschaftsbegriff der damaligen Zeit, durch den sie – wie auch Adelbert von Chamisso und andere – während ihrer Studienzeit in Berlin geprägt worden waren.

Entsprechend den neuen politischen Vorgaben der russischen Regierung gegen Mitte des 19. Jahrhunderts, durch neue landwirtschaftliche Nutzungen eine stärkere Unabhängigkeit Kamčatkas von langwierigen und kostspieligen Lebensmitteltransporten zu erreichen, wurde der Agronom Johann Karl Ehrenfried Kegel mit der Erkundung solcher Möglichkeiten betraut. *Erich Kasten* zeigt die Widersprüche auf, denen sich Kegel vor Ort angesichts der sich im Umbruch befindlichen lokalen Ökonomien gegenüber sah, die noch von lukrativen Pelzhandelsinteressen kontrolliert waren. Auch war Kegel offenbar nicht in der Lage, indigene Wirtschaftsweisen und Formen der Naturnutzung in ihrer ganzen Komplexität zu verstehen, obgleich er sich mit ihnen intensiv auseinandersetzte und diese hoch einschätzte.

In der abschließenden Synopse werden wichtige Fragestellungen noch einmal aufgenommen und in vergleichender Weise im Hinblick auf die hier vorgestellten Forscher zusammenfassend diskutiert. Dazu zählen die historische, naturwissenschaftliche und literaturwissenschaftliche Sicht auf die Ergebnisse dieser Forschungsreisen durch *Diana Ordubadi, Erki Tammiksaar* und *Marie-Theres Federhofer* sowie die Einschätzung ihres Beitrags zur frühen Erforschung der Sprachen der Völker Kamčatkas durch den Ethnolinguisten *Michael Dürr*. Schließlich hebt *Erich Kasten* noch einmal die Entschlossenheit hervor, mit der diese Forscher auf Grund ihres besonderen Bildungshintergrunds und entsprechender Geisteshaltung für gerechtere Verhältnisse und einen angemesseneren Umgang mit den Einheimischen eintreten, indem sie von den politisch Mächtigen und wirtschaftlich Starken Verantwortung für das Wohl ihrer Mitmenschen einfordern – was auch für das heutige Russland aktueller denn je erscheint.[3]

Fürstenberg/Havel, den 23.09.2013                    *Erich Kasten*

---

3   Siehe hierzu vor allem Kegels überzeugende Ausführungen auf den Seiten 210f.

# 1 NATURFORSCHER, WELTREISENDE UND NATIONALE FORSCHUNGSTRADITIONEN: BEMERKUNGEN ZUR ETHNOLOGISCHEN ERFORSCHUNG SIBIRIENS IM 18. UND 19. JAHRHUNDERT

*Peter Schweitzer*

## Einleitung

Die in diesem Sammelband behandelten Autoren zeichnen sich durch eine Reihe von Charakteristika aus: die meisten sind deutscher Herkunft bzw. sind in einem deutschsprachigen Milieu aufgewachsen, sie produzierten ethnologische Beiträge ohne eine Ausbildung auf diesem Gebiet genossen zu haben, und sie bereisten ferne Gegenden des Russischen Reiches und andere Weltregionen. Daraus ergeben sich eine Reihe von Fragestellungen: wie „deutsch" waren die Reisenden, um die es hier geht; kann man im gegebenen Fall von „nationalen Forschungstraditionen" sprechen oder wären Internationalismus bzw. Transnationalismus hier mehr angebracht; welche Rolle hat die Erforschung Nordostsibiriens bei der Herausbildung der Ethnologie als Fach gespielt bzw. hat die beginnende Professionalisierung die uns in diesem Band interessierenden Reiseberichte beeinflusst?

Ich werde diesen Fragen dadurch nachgehen, indem ich zuerst den Gesamtkontext der ethnologischen Annäherung an Sibirien skizzieren werde. Diese Ausführungen basieren vorwiegend auf meiner Habilitationsschrift (Schweitzer 2001) und anderen Werken jüngeren Datums. Diese chronologische Skizze wird sich zum einen auf das Spannungsfeld national / international / transnational beziehen – also auf das *Wer* und *Wie* der Forschung – und zum anderen auf Umbrüche und Paradigmenwechsel, also auf das *Was* der Forschung. Diese Herangehensweise soll eine Beantwortung der oben gestellten Fragen ermöglichen.

Die Trennung zwischen den Begriffen international und transnational bleibt im Bereich der Wissenschaftsgeschichte oft unscharf. Hier wird unter „international" eine grenzüberschreitende Art und Weise der Durchführung von Wissenschaft verstanden, die fest im nationalen Kontext verankert ist. Der Begriff „transnational" deutet hingegen an, dass Wissenschaft über nationalstaatliche Tendenzen hinaus praktiziert wird. Beide setzen jedoch das Vorhandensein von Nation, Nationalismus und Nationalstaat in einem gewissen Sinn voraus. Für einzelne Phasen der uns interessierenden Geschichte trifft das nicht zu. Andererseits waren einzelne Episoden der in diesem Band behandelten Forscherleben eindeutig transnational, wie Kasten in seiner Synopse feststellt (Kasten, 279f. *in diesem Band*). Wie aus der Periodisierung weiter unten sichtbar werden wird, waren diese transnationalen Episoden oft in vornationalen oder internationalen Kontexten situiert.

Da es in diesem kurzen Beitrag primär um die Art und Weise der Produktion und Reproduktion von Wissen geht, führt das zwangsläufig zu einer gewissen Unterbetonung der Inhalte dieses Wissens. Da jedoch die folgenden Einzelbeiträge, inklusive der Synopsen am Ende des Bandes, die Inhalte der Reisen und Forschungen detailliert analysieren, kann hier auf das Kommende verwiesen werden, ohne es vorwegzunehmen.

Als erstes werde ich im Weiteren eine allgemeine Periodisierung der Geschichte der Ethnologie Sibiriens vorschlagen. In einem weiteren Schritt werden das 18. und 19. Jahrhundert jeweils genauer dargestellt. Abschließend werde ich versuchen, im Rahmen von verallgemeinernden Schlussbetrachtungen auf die eingangs gestellten Fragen Antworten zu geben.

## Zur Periodisierung der Geschichte der ethnologischen Forschung Sibiriens

Die Einteilung von Forschungsgeschichte in klar abgegrenzte Perioden ist immer potentiell problematisch und in Frage zu stellen. Im Rahmen der russischen Ethnologiegeschichte scheint eine Einteilung in politisch definierte Perioden (z. B. vorsowjetisch, sowjetisch, post-sowjetisch) allerdings nur auf den ersten Blick sinnvoll. Bezüglich der sibirischen Forschungsgeschichte zeigt sich jedoch, dass diese politischen Perioden nicht immer mit den Umbrüchen im wissenschaftlichen Herangehen übereinstimmen. Ich habe daher eine „doppelte" Unterteilung getroffen, die diese Ambivalenz andeuten soll. Wie Abbildung 1 zeigt, habe ich vier Hauptperioden unterschieden, die den allgemeinen Entwicklungsgang der Sibirienforschung abbilden sollen, ohne auf politische Veränderungen Rücksicht zu nehmen. Jede dieser Hauptperioden ist in zwei Teilperioden unterteilt, die feinere Unterscheidungen ermöglichen und auch politischen Umbrüchen Rechnung tragen (z. B. der Übergang vom vor-petrinischen zum petrinischen Russland in Hauptperiode 1). Natürlich sind alle diese Einteilungen bestenfalls analytische Hilfskonstrukte und es sollte klar sein, dass die Grenzen fließend sind.

| Frühgeschichte | | Formative Phase | | Erste Blütezeit | | Konsolidierung | |
|---|---|---|---|---|---|---|---|
| Erkundungen aus der Ferne | Die großen Expeditionen | Weltum-seglungen | Nationalismus und Geografie | Professionali-sierung | Neuanfang | Das Sowjet-monopol | Wandel und Ungewissheit |
| | 1700 | | 1845/51 | | 1917 | | 1989/91 |
| ? | | 1800 | | 1880 | | 2. Weltkrieg | 2000 |

Abb. 1: Die vier Hauptperioden der Geschichte der ethnologischen Erforschung Sibiriens.

Die erste Hauptperiode, die Vorgeschichte der sibirischen Ethnologie, verläuft von den Anfängen bis zum Ende des 18. Jahrhunderts. Eine Zäsur innerhalb dieser Periode ist durch die Grenze vom 17. zum 18. Jahrhundert markiert. Obwohl die genauen Anfänge der Geschichte der Erforschung Sibiriens im Dunkeln bleiben, kann man den Beginn der ersten Teilperiode im 15. Jahrhundert ansetzen (z. B. mit dem Bericht von Herberstein 1549). Der Beginn der zweiten Teilperiode kann ungefähr in den Anfang des 18. Jahrhunderts gelegt werden, wobei hier natürlich Veränderungen im empirischen und theoretischen Zugang wichtiger sind als Jahreszahlen. Die Großen Akademischen Expeditionen nach Sibirien fallen in diese Epoche, die im vorliegenden Band prominent repräsentiert sind. Das Ende dieser Teilperiode ist durch die abnehmende Bedeutung der Russischen Akademie der Wissenschaften in der Sibirienforschung charakterisiert.

Die zweite Hauptperiode, die Formative Phase, erstreckt sich über einen Großteil des 19. Jahrhunderts. Obwohl die erste Teilperiode – die erste Hälfte des 19. Jahrhunderts – als „Stille Tage" (innerhalb der Sibirienforschung) beschrieben werden kann, ist die Bedeutung dieser Epoche auf längere Sicht recht groß. Vor allem die zweite Teilperiode, deren Beginn mit der Gründung der Russischen Geografischen Gesellschaft zusammenfällt, ist wichtig für die Herausarbeitung theoretischer Positionen in der sibirischen Ethnologie. Gleichzeitig kann man zu Ende dieser Hauptperiode zum ersten Mal von nationalen Forschungstraditionen – russischen und nichtrussischen – in der sibirischen Forschungsgeschichte sprechen.

Die dritte Hauptperiode, die „Erste Blüte" von den 1880er Jahren bis zum Zweiten Weltkrieg, steht im Zeichen der Professionalisierung ethnologischer Forschung in Sibirien. Die erste Teilperiode deckt die letzten drei Jahrzehnte zaristischer Herrschaft in Russland ab. Die zweite Teilperiode, die ebenfalls knappe 30 Jahre währte, reicht von der Russischen Revolution bis zum Ende des Zweiten Weltkriegs. Diese Teilperiode könnte natürlich noch einmal unterteilt werden, da sich die ersten 15 Jahre nach der Revolution stark von den zweiten 15 Jahren unterschieden haben, die schließlich durch Stalinschen Terror und die Gräuel des Weltkriegs charakterisiert waren.

Die vierte und bisher letzte Hauptperiode habe ich die Phase der Konsolidierung genannt. Sie reicht vom Ende des Zweiten Weltkriegs bis heute und besteht wiederum aus zwei deutlich unterschiedlichen Teilperioden, der sowjetischen und der post-sowjetischen. Die erste Teilperiode, die sowjetische, hatte gewissermaßen ein russisch-sprachiges Monopol in der Sibirienforschung etabliert. Inhaltlich ist die Teilperiode nicht erst mit dem Zerfall der Sowjetunion Ende 1991 zu Ende gegangen, sondern hat sich bereits im Laufe der späten 1980er Jahre de facto von selbst aufgelöst. Die darauffolgende post-sowjetische Teilperiode war bisher durch Wechselbäder internationaler und nationaler Forschungen in Sibirien charakterisiert. Die Tatsache, dass der vorliegende Sammelband eine Reihe von Forschern zusammenbringt, die größtenteils nicht in sowjetisch geprägten Sibirienforschungstraditionen stehen, ist dieser Teilperiode zu verdanken.

Diese vier Hauptperioden unterscheiden sich natürlich stark hinsichtlich der nationalen, internationalen bzw. transnationalen Aspekte, welche die einzelnen Phasen charakterisieren. Abbildung 2 zeigt uns, dass es vor der zweiten Hauptperiode kaum Sinn macht, von nationalen und nationalistischen Aspekten in der Forschungsgeschichte Sibiriens zu sprechen. Eben diese zweite Periode ist es, die erstmals zur Etablierung nationaler Forschungstraditionen führt. Die dritte und vierte Hauptperiode sind jeweils durch „enge" – d. h. nationale – und „breite" – d. h. internationale und transnationale – Teilperioden charakterisiert.

| Vornationalistische Phase | | Nationalistische Phase | | | | | |
|---|---|---|---|---|---|---|---|
| translokaler Universalismus | Anzeichen nationalist. Stimmungen | Vorbereitung der nationalist. Agenda | Nationalismus in der Feldforschung | Internationale Momente | frühe sowjetische Paradigmen | Sowjetische Abgeschlossen-heit | transnationale Momente |

| | 1700 | | 1845/51 | | 1917 | | 1989/91 | |
|---|---|---|---|---|---|---|---|---|
| ? | | 1800 | | 1880 | | 2. Weltkrieg | | 2000 |

Abb. 2: Die vier Hauptphasen hinsichtlich ihrer
nationalen / internationalen / transnationalen Ausrichtung

Im Folgenden werde ich nun Entwicklungen des 18. und 19. Jahrhunderts etwas genauer betrachten, da sich die Beiträge des vorliegenden Bandes auf diese beiden Jahrhunderte beschränken. Wenn wir die oben vorgestellte Periodisierung verwenden, bedeutet das, dass sich die folgenden Ausführungen mit der zweiten Teilperiode der ersten Hauptperiode sowie mit beiden Teilperioden der zweiten Hauptperiode beschäftigen werden.

## Die Sibirienforschung im 18. Jahrhundert

Die Forschungsgeschichte des 18. Jahrhunderts ist, auch in deutscher Sprache, bestens untersucht (siehe z. B. Bucher 2002, Gmelin 1999, Hintzsche und Nickol 1996, Steller 2013). Daher mag es hier genügen, diese frühen Forscher hier nur stichwortartig zu erwähnen, mit Bezeichnungen wie „neue Akteure" (Naturforscher) und „Paradigmen" (Feldforschung; Studium von Menschengruppen und ihrer Kulturen mit naturwissenschaftlichen Methoden). Darüber hinaus ist zum Verständnis der Sibirienforschung des 18. Jahrhunderts natürlich die Würdigung der Rolle von Peter des Großen und der von ihm gegründeten Akademie der Wissenschaften in St. Petersburg unerlässlich.

Hier ist auch wichtig festzuhalten, wie stark sich das 18. Jahrhundert von den Jahrhunderten davor unterschieden hat. Wo bisher kaum ethnografische Neugier an Sibirien bestanden hatte, wird Sibirien im 18. Jahrhundert zum Laboratorium der Aufklärung bezüglich naturalistischer Wissensproduktion. Wie schon Slezkine (1994: 35–38) bemerkte, unterschied sich die Russische Eroberung Sibiriens während des 16. und 17. Jahrhunderts von ähnlichen kolonialen Unternehmungen jener Zeit durch das Desinteresse an den Lebensumständen der Einheimischen. Dies wird manchmal durch die Tatsache erklärt, dass die Renaissance, die für Entwicklungen innerhalb der europäischen Wissenschaft sehr wichtig war, Russland nie erreicht hatte. Wie dem auch sei, die bis heute zentrale Institution russischer Wissenschaft, die Russische Akademie der Wissenschaften, wurde erst im Todesjahr Peters des Großen (1725) gegründet und hatte seitdem die meisten Expeditionen nach Sibirien während des 18. Jahrhunderts ausgerichtet.

Noch vor der Gründung der Russischen Akademie der Wissenschaften gab es anfangs des 18. Jahrhunderts einige auf Sibirien ausgerichtete Unternehmungen. In russischen Aufarbeitungen der Forschungsgeschichte Sibiriens nimmt Grigorij Il'ič Novickij (ca. Mitte des 17. Jahrhunderts – späte 1710er Jahre) einen besonderen Platz ein. So bezeichnet z. B. Sergej Tokarev Novickijs 1715 verfasste *Kratkoe opisanie o narode Ostjatskom* (Kurze Beschreibung der Ostjaken [Chanten]) als die erste ethnografische Monografie Sibiriens (Tokarev 1966: 76–78). Novickijs Bericht resultierte aus seiner Teilnahme an einer Missionierungskampagne zu den Chanten und Mansen in den Jahren 1712 bis 1715. Es ist daher nicht weiter verwunderlich, dass sich seine Darstellungen der Religion der Chanten nicht durch Unvoreingenommenheit auszeichnen.

Philipp Johann von Strahlenberg (1676–1747) war einer der vielen schwedischen Kriegsgefangenen, die nach dem russischen Sieg in der Schlacht von Poltava 1709 Westsibirien zu bevölkern begannen. Strahlenberg verbrachte zehn Jahre in Tobolsk und begleitete Messerschmidt (siehe unten) auf einem Teil seiner Reisen. Sein Hauptwerk, *Das Nord- und Östliche Theil von Europa und Asia* (erstmals 1730 in Stockholm publiziert), blieb das ganze 18. Jahrhundert hindurch ein gefragtes Standardwerk. Das Buch ist eine nützliche Zusammenstellung des damaligen Wissensstands zu diesem Gebiet, jedoch populärwissenschaftlich und ohne vollständige Quellenangaben. Es ist also ein Werk des Übergangs, das sich sowohl von den Spekulationen der vorhergehenden Jahrhunderte als auch von wissenschaftlichen Werken des späteren 18. Jahrhunderts unterscheidet.

Im Gegensatz zu Strahlenberg und Novickij war Daniel Gottlieb Messerschmidt (1685–1735) ein nahezu perfekter Vertreter des „neuen Typs" von Sibirienforschern. Geboren in Danzig, hatte er Medizin in Jena studiert, bevor er an die Universität in Halle wechselte, wo er Zoologie und Botanik zu seinen Medizinstudien hinzufügte und wo er 1713 promovierte. Zurück in Danzig, das 1716 von russischen Truppen eingenommen wurde, kam er in Kontakt mit Peter dem Großen, der Kandidaten für die

Durchführung einer Forschungsreise nach Sibirien suchte. Nach langen Verhandlungen kam Messerschmidt 1718 nach St. Petersburg um eine siebenjährige Expedition nach Sibirien zu unternehmen, die Informationen und Artefakte aus allen Bereichen der Naturwissenschaften und Medizin sammeln sollte. Seine 1719 bis 1727 andauernde Reise erbrachte große Mengen an Material, das jedoch von ihm selbst nicht mehr publiziert werden konnte. Messerschmidts Reise war eigentlich die erste „akademische" Expedition des 18. Jahrhunderts, obwohl die Akademie der Wissenschaften bei seinem Aufbruch noch nicht existierte. Leider erfolgte Messerschmidts Rückkehr erst nach dem Tod von Peter dem Großen, in einer Zeit der Wirren und inneren Machtkämpfe, was die Entfaltung des vollen Potentials dieser Expedition verhinderte (Novljanskaja 1970, Winter und Figurovskij 1962).

Zu den „Großen Akademischen Expeditionen" des 18. Jahrhunderts zählt man natürlich die beiden Unternehmungen Vitus Berings, die „Erste Kamčatka Expedition" (1725–1730) und die „Zweite Kamčatka Expedition" (1733–1743). Für die Erforschung Sibiriens war vor allem letztere, die auch unter dem Namen „Große Nordische Expedition" bekannt ist, von besonderer Bedeutung. Die wissenschaftliche Abteilung der Expedition wurde von Gerhard Friedrich Müller (aus Herford, Westfalen; 1705–1783) angeführt. Müller ist unbestreitbar einer der Begründer der sibirischer Geschichtsschreibung. Neuere Forschungen (siehe z. B. Bucher 2002, Vermeulen 2008) weisen ihm auch einen bedeutenden Platz in der konzeptuellen Entwicklung sibirischer Ethnologie zu. Andere bedeutende wissenschaftliche Teilnehmer der Expedition waren der Botaniker Johann Georg Gmelin (aus Tübingen; 1709–1755), der französische Astronom Louis Delisle de la Croyère, der Historiker Johann E. Fischer und Jakob Lindenau.

In ethnologischer Hinsicht wurde keine Gegend von Berings zweiter Expedition so genau untersucht wie Kamčatka. Die indigenen Bewohner der Halbinsel, die Itelmenen und Korjaken, wurden sowohl von Stepan Petrovič Krašeninnikov (1711–1755) als auch von Georg Wilhelm Steller (1709–1746) beschrieben. Obwohl es manchmal nationalistisch gefärbte Versuche gegeben hat, jeweils eines der Werke abzuwerten, muss aus heutiger Sicht gesagt werden, dass sie sich ergänzen und nur gemeinsam ein volles Bild itelmenischer und korjakischer Lebensweisen zu Beginn der russischer Kolonialisierung ergeben. Kapitel 2 des vorliegenden Bandes beschäftigt sich ausführlich mit den ethnologischen Aspekten von Stellers Werk über Kamčatka.

Während der Herrschaft Katharinas der Großen (1762–1796) wurden die sogenannten „Akademischen Expeditionen" (1768–1774) durchgeführt, die eine Reihe prominenter russischer, schwedischer, französischer und deutscher Wissenschaftler in südrussische und westsibirische Gefilde brachten. Die dominante Figur dieser Unternehmungen war Peter Simon Pallas (1741–1811). Er war nicht nur die treibende Kraft hinter den Akademischen Expeditionen, sondern auch eine Schlüsselfigur im wissenschaftlichen Austausch zwischen Deutschland und Russland seiner Zeit. Geboren in Berlin, hatte er Medizin und Naturwissenschaften in Berlin, Halle und

Göttingen studiert, bevor er im Jahre 1760 als Mediziner in Leiden promovierte. Nach Reisen in Europa wurde er von Katharina der Großen eingeladen, sich der Akademie der Wissenschaften in St. Petersburg und den oben erwähnten Expeditionen anzuschließen. Nach seiner Rückkehr widmete er sich nicht nur der Herausgabe seiner eigenen Forschungen, sondern auch der von anderen Gelehrten. Er war auch ein aktiver Wissenschaftsvermittler, der intellektuelle Kontakte in ganz Europa und darüber hinaus hatte. Kapitel 3 des vorliegenden Bandes befasst sich genauer mit der Bedeutung von Peter Simon Pallas.

Die letzte große Expedition des 18. Jahrhunderts nach Sibirien war die „Nordöstliche Geografische Expedition (1785–1795), die auch als „Billings-Saryčev-Expedition" bekannt ist. Diese von Katharina der Großen initiierte Expedition hatte vorwiegend politische Motive, da die russische Regierung durch die Präsenz englischer, französischer und spanischer Schiffe im Nordpazifik alarmiert worden war. Ein englischer Kapitän in russischen Diensten, Joseph Billings, leitete die Unternehmung. Andere Mitglieder waren der russische Leutnant Gavriil A. Saryčev (1763–1831), der deutsche Arzt und Naturforscher Carl Heinrich Merck (1761–1799) und der čukčische Übersetzer Nikolaj Daurkin. Die Expedition besuchte neben Alaska und Kamčatka auch das Kerngebiet der Čukčen in Nordostsibirien, die damals noch nicht vollständig unter russischer Kontrolle waren. Kapitel 4 des vorliegenden Bandes befasst sich genauer mit den Forschungsarbeiten Mercks im Norden des heutigen Russischen Fernen Ostens.

Wie wir also gesehen haben, hat sich das Verhältnis des russischen Staates zur sibirischen Forschung im Laufe des 18. Jahrhunderts grundlegend geändert. Während in der vor-petrinischen Zeit nur ausländische Staaten Interesse an Nachrichten über Sibirien zu haben schienen und der russische Staat vorwiegend als „gate keeper" auftrat, machte Peter der Große Sibirien zu einem seiner Musterbeispiele für die praktische Anwendbarkeit wissenschaftlicher Forschung. Es ging für ihn nie um Wissenschaft allein der Wissenschaft zuliebe, sondern um Wissen über ein bestimmtes Gebiet, um es besser wirtschaftlich und politisch nutzen zu können.

Durch die Gründung der Akademie der Wissenschaften in St. Petersburg war ein Zentrum der Sibirienforschung in Russland geschaffen worden. Auch wenn die meisten Professoren der jungen Institution aus dem Ausland angeworben wurden, so hatte die Tatsache, dass der russische Staat aktives Interesse an Sibirien zeigte, weitreichende Folgen. Ein zentrales Element der Sibirienforschungen des 18. Jahrhunderts sind die ausgedehnten Feldforschungen, auf denen sie beruhten. Unter diesem Gesichtspunkt sind Messerschmidts Reisen eindeutig ein Wendepunkt, auch wenn er noch vor Gründung der Akademie aufbrach. Im Gegensatz zu seinen Vorgängern (inklusive Novickij und Strahlenberg) waren für ihn wissenschaftliche Beobachtung und Beschreibung *in situ* entscheidend. Im Zuge der politischen Wirren nach dem Tod Peters der Großen hatte die Sibirienforschung des 18. Jahrhunderts auch problematische Phasen durchlebt. Trotz dieser Probleme ist die wissenschaftliche Erforschung Sibiriens im 18. Jahrhundert nie völlig zum Stillstand gekommen. Während der Regentschaft Katharinas der Großen in der zweiten Hälfte des Jahrhunderts ist es zu einer weiteren Blüte der Wissenschaft über Sibirien gekommen, diesmal philosophisch untermauert durch die Aufklärung und nicht nur getragen von den pragmatischen Modernisierungsanstrengungen Peters des Großen.

Die Anerkennung der wichtigen Rolle der russischen Akademie der Wissenschaften leitet uns zu der Frage, wie „russisch" der wissenschaftliche Diskurs über Sibirien im 18. Jahrhundert war. Wie bereits erwähnt, waren die meisten Teilnehmer der großen Sibirienexpeditionen Ausländer, womit auch ihre Methoden und wissenschaftlichen Ansätze offensichtlich importiert waren. Das ist das logische Ergebnis der Tatsache, dass es in Russland vor dem 18. Jahrhundert keine weltlichen Bildungs- und Wissenschaftsinstitutionen gegeben hatte. Das Petrinische Russland konnte diesen – nun erstmals empfundenen – Mangel nur durch „Import" beheben. Die Tatsache, dass so viele Deutsche unten den angeworbenen Ausländern waren, spricht sowohl für die Qualität wissenschaftlicher Ausbildung an damaligen deutschen Universitäten, als auch für besondere Vorlieben Peters des Großen. Gleichzeitig muss auch festgestellt werden, dass die großen Sibirienunternehmungen des 18. Jahrhunderts ohne die finanzielle Unterstützung des russischen Staates nie stattgefunden hätten. Außerdem haben viele der ausländischen Gelehrten den Großteil ihres Lebens in Russland verbracht und sind dadurch in nicht minderem Maß zu Russen geworden als sie weiterhin Deutsche, Franzosen oder Schweden geblieben sind.

Es ist verlockend den internationalen Charakter der Sibirienforschung des 18. Jahrhunderts als transnational zu bezeichnen. Wie jedoch Sörlin (1993: 66) überzeugend argumentiert hat, macht es wenig Sinn von Transnationalismus zu sprechen, bevor der Nationalismus „erfunden" war. Daher sollte der Sibiriendiskurs des 18. Jahrhunderts weder als national noch als international verstanden werden, sondern als das Unterfangen einer kleinen Bildungselite, die über mehrere europäische Städte verteilt war. Es handelte sich also um eine Art „exterritorialer Gelehrtenrepublik". Obwohl die Untersuchungen von Müller, Pallas und anderer Kollegen wichtig für die Etablierung der Wissenschaften in Russland waren, können ihre Beiträge weder als „russisch" noch als „deutsch" angesehen werden. Es waren Konversationen innerhalb einer kleinen Gruppe von Spezialisten, und es war dabei unwichtig, ob die Teilnehmer in St. Petersburg, Göttingen, Paris oder Leiden ansässig waren. Es dauerte bis ins 19. Jahrhundert, um die Sibirienforschung in national definierte Traditionen zu leiten.

## Die Sibirienforschung im 19. Jahrhundert

Im Gegensatz zu den spektakulären Unternehmungen des 18. Jahrhunderts scheint es auf den ersten Blick, als wäre das frühe 19. Jahrhundert durch Stillstand in der

Sibirienforschung gekennzeichnet gewesen. Wie dieser Abschnitt demonstrieren wird, hat das 19. Jahrhundert jedoch zu wichtigen Fortschritten in der Sibirienforschung geführt, die bis heute nachwirken. Gleichzeitig stimmt es, dass Sibirien die besondere Aufmerksamkeit seitens des russischen Staates, die es über weite Teile des 18. Jahrhunderts genoss, verlor. Andere Gebiete des wachsenden Russischen Reiches, vor allem die jüngst eroberten Gebiete im Kaukasus und in Mittelasien, erschienen nun wichtiger, weil bisher unerforscht.

In weltanschaulicher Hinsicht war das frühe 19. Jahrhundert durch das Erstarken des Romantischen Nationalismus charakterisiert. Der Einfluss von Herder und Wilhelm von Humboldt machte Sprache zu einem zentralen Forschungsgegenstand und beschleunigte die Herausbildung einer vergleichenden Anthropologie. Langsame Demokratisierungstendenzen und tiefgreifende Industrialisierungsumwälzungen in vielen Ländern Europas führten zu neuen Anforderungen an die Bildungssysteme, die bis dahin vorwiegend auf kirchliche Erziehung für einen kleinen Prozentsatz der Bevölkerung ausgerichtet waren. Das betraf nicht nur die „Pflichtschule", die in diesen Jahrzehnten zum ersten Mal auftaucht, sondern auch für die weiterführende Bildung an Universitäten. Während davor Akademien der Wissenschaft und andere gelehrte Gesellschaften die führende Rolle in der Sibirienforschung innehatten, traten nun Universitäten als Konkurrenzunternehmen auf den Plan. In den neugegründeten bzw. neuerstarkten Universitäten waren sowohl die wachsende Bedeutung von Landessprachen und die abnehmende Bedeutung von Latein als Unterrichtssprache festzustellen. Durch die Dominanz der Russischen Geografischen Gesellschaft (siehe unten) in der Sibirienforschung zur Mitte des 19. Jahrhunderts wurde das Primat der Universitäten erst im letzten Drittel des Jahrhunderts wirksam.

Das 19. Jahrhundert kann in zwei Perioden ungleicher Länge geteilt werden. Die erste Periode reicht von der Jahrhundertwende bis ca. 1851, dem Gründungsjahr der Sibirischen Abteilung der Russischen Geografischen Gesellschaft. Die zweite Periode ist weniger klar eingegrenzt – sie endet in den späten 1880er Jahren, am Vorabend der Professionalisierung sibirischer Ethnologie. Ab der Mitte des 19. Jahrhunderts kommt es auch erstmals zur Herausbildung nationaler Forschungstraditionen im Hinblick auf Sibirien. Sowohl Russland, als auch Finnland und Ungarn etablierten ihre eigenen Herangehensweisen an sibirisches Material, die zum Teil bis ins 20. und 21. Jahrhundert weiterwirkten.

Die wichtigsten Beiträge zur Sibirienforschung des frühen 19. Jahrhunderts stammen aus einer ungewöhnlichen Quelle, und zwar von Weltumseglungen und anderen Aktivitäten der russischen Marine. Während im 18. Jahrhundert der Landweg von St. Petersburg nach Sibirien die bevorzugte Anreise in den Russischen Fernen Osten darstellte, war mit der Ersten Russischen Weltumseglung auf der *Nadežda* unter Kapitän Krusenstern 1803–1806 eine neue Anreisemöglichkeit nach Kamčatka geschaffen worden. Diese neuen Reisewege nach Nordostsibirien wurden nicht deswegen entwickelt, weil Kamčatka oder Čukotka plötzlich so wichtig für

Russland geworden wären. Es ging vielmehr um die jungen russischen Kolonien in
Nordamerika, um Russisch-Amerika bzw. das heutige Alaska. Diese Gebiete waren
im Anschluss an Berings Expeditionen von russischen Pelztierjägern und -händlern
überrannt worden, und Ende des 18. Jahrhunderts von einer staatlichen Monopol-
gesellschaft, der Russisch-Amerikanischen Kompanie, administrativ übernommen
worden. Die Versorgung Russisch-Amerikas hatte von Anfang an ein logistisches
Problem dargestellt und war via Sibirien und Kamčatka gelöst worden. Die Weltumseglungen ermöglichten kürzere Anreisen direkt aus St. Petersburg.

Obwohl die Möglichkeit einer russischen Weltumseglung seit den 1780er Jahren
angedacht worden war, dauerte es bis ins frühe 19. Jahrhundert, bis diese Pläne realisiert wurden. Im Gegensatz zu den Großen Expeditionen des 18. Jahrhunderts hatten die meisten der 38 Russischen Weltumseglungen keine wissenschaftlichen Zielsetzungen. Wie bereits Vinkovetsky (2001) nachweisen konnte, hatten diese neuen
Transportwege auch andere Konsequenzen, nämlich die Etablierung von Marine-
offizieren als die dominante Klasse in der Kolonialverwaltung Russisch-Amerikas.
Diese Marineoffiziere hatten eine westlich-orientierte Verwaltungsausbildung in
St. Petersburg erhalten und verkörperten somit den Typus des (westlichen) aufgeklärten Kolonialbeamten. Diese Geisteshaltung ist auch in manchen Berichten der
Weltumseglungen wiederzufinden. Alaska, „die Überseekolonie eines Kontinen-
talreiches" (Vinkovetsky 2011), hatte also indirekt weitreichenden Einfluss auf die
Art und Weise, wie über den Russischen Fernen Osten im 19. Jahrhundert berichtet
wurde.

Die erste russische Weltumseglung wurde unter dem Kommando von Ivan
Fedorovič Krusenstern (1770–1846) auf dem Schiff *Nadežda* in den Jahren 1803–1806
durchgeführt. Begleitet von Jurij Fedorovič Lisjanskij (1773–1837), der ein weiteres
Schiff, die *Neva*, kommandierte, waren sie die ersten, die Kamčatka und Russisch-
Amerika von St. Petersburg aus auf dem Seeweg erreichten. Der in Deutschland
geborene Arzt und Naturforscher Georg Heinrich von Langsdorff (1774–1852) hatte
Krusenstern während der ersten Hälfte der Reise auf der *Nadežda* begleitet. Kru-
senstern publizierte nach der Rückkehr einen dreibändigen Bericht der Reise auf
Russisch und Langsdorff einen zweibändigen auf Deutsch, die jeweils interessante
ethnologische Beobachtungen zu Kamčatka enthalten. Kapitel 6 des vorliegenden
Bandes befasst sich genauer mit diesen Berichten über Kamčatka in den Schriften
von Krusenstern und Langsdorff.

Nach der Weltumseglung durch Vasilij Michailovič Golovnin (1776–1831) auf der
*Diana* in den Jahren 1807–1811, die in Kamčatka und auf den Kurilen anlegte, war die
etwas spätere erste Weltumseglung, die von Otto von Kotzebue (1788–1846) als Kapitän geleitet wurde (nachdem er bereits Teilnehmer von Krusensterns Reise gewesen
war), von besonderer Bedeutung für diesen Beitrag. Durchgeführt in den Jahren
1815–1818 auf der *Rurik* führte diese Expedition unter anderem zum Verfassen der
berühmten *Reise um die Welt* (1836) durch Adelbert von Chamisso (1781–1838). Kapi-

tel 6 des vorliegenden Bandes behandelt die Reisebeschreibungen Kotzebues und Chamissos, die aus dieser Unternehmung hervorgegangen sind.

In (sibirischer) ethnografischer Hinsicht war die Fahrt der *Senjavin* (1826–1829) unter dem Kommando des zukünftigen Admirals und Präsidenten der Russischen Akademie der Wissenschaften, Fedor Petrovič Litke (1797–1882), am ertragreichsten. Litke war ein Nachfahre „russifizierter Deutscher" und trat im Alter von 16 Jahren in den Dienst der russischen Marine ein (Soboleva 2000: 153). Er hatte an Golovnins Weltumseglung auf der *Kamčatka* (1817–1819) teilgenommen, von wo seine lebenslange Freundschaft mit Ferdinand von Wrangel [1] herrührt. Wie so viele andere Weltumseglungen war die Fahrt der *Senjavin* (1826–1829) hauptsächlich der Versorgung der russischen Kolonien in Nordamerika gewidmet (Soboleva 2000: 154). Dennoch enthalten Litkes Reiseberichte wertvolles Material über Nordostsibirien. Für unsere Zwecke ist die Tatsache von besonderer Bedeutung, dass der deutsche Ornithologe und Künstler Friedrich Heinrich Freiherr von Kittlitz (1799–1874) diese Reise begleitete und später seine Beobachtungen und Zeichnungen über Kamtschatka (und andere bereiste Gebiete) auf Deutsch publizierte. Kapitel 7 des vorliegenden Bandes beschäftigt sich mit den Ergebnissen seiner Reise nach Kamčatka, unter anderem in ethnobiologischer Hinsicht.

Kapitel 8 des vorliegenden Bandes beschäftigt sich mit Adolph Erman als „bedeutender und zugleich umstrittener Naturforscher Sibiriens". (Georg) Adolph Erman (1806–1877), ein Arzt aus Berlin, nahm 1828 an einer Überlandreise durch Sibirien teil. Erman reiste dann alleine nach Kamčatka weiter, wo er sich der vierten Weltumseglung Litkes anschloss und auf diesem Weg 1830 nach Deutschland zurückkehrte. Neben der Herausgabe seiner Reisebeschreibungen widmete sich Erman danach vor allem der Herausgabe der Zeitschrift *Archiv für wissenschaftliche Kunde von Russland* (1841 bis 1867). Das *Archiv* war multi-disziplinär ausgerichtet und übersetzte neue wissenschaftliche Beiträge über Russland – inklusive Sibirien – ins Deutsche. Die Zeitschrift war damit ein wichtiger Mittler zwischen Russland und dem deutschsprachigen Europa.

Bis auf kleinere und relative unbedeutende Ausnahmen war die Akademie der Wissenschaften in St. Petersburg in der Sibirienforschung der ersten Hälfte des 19. Jahrhunderts kaum präsent gewesen. Die hauptsächliche sibirische Unternehmung der Akademie in jenen Jahren war die Reise von Alexander Theodor (Aleksandr Feodorovič) von Middendorff (1815–1894) in den Jahren 1843 bis 1845. Middendorff war Professor für Zoologie in Kiev gewesen und wurde nach Beendigung seiner Reise Mitglied der Akademie der Wissenschaften. Das Hauptziel der Unternehmung war die Tajmyr-Halbinsel im äußersten Norden Mittelsibiriens, die aufgrund ihrer

---

1   Ferdinand Petrovič Vrangel' auf Russisch; 1796–1870; zukünftiger Admiral, Ehrenmitglied der Russischen Akademie der Wissenschaften, Gouverneur von Russisch-Amerika (1829–1836), Direktor der Russisch-Amerikanischen Kompanie (1840–1849), und Marineminister (1855–1857).

extremen nördlichen Lage von besonderer Bedeutung für die physischen und die Biowissenschaften war. Middendorffs Expedition war eine der letzten großen Unternehmungen im Geiste der Naturforscher des 18. Jahrhunderts. Es ist daher auch nicht weiter verwunderlich, dass die ursprüngliche Idee für die Expedition von Karl von Baer kam (siehe unten), der innerhalb der Russischen Geografischen Gesellschaft am ehesten noch die Wissenschaftsauffassung des 18. Jahrhunderts repräsentierte. Middendorff sammelte Unmengen an Material in so verschiedenen Feldern wie Zoologie, Geologie, Klimaforschung, Ethnologie und Sprachwissenschaften, um hier nur einige zu nennen. Die Publikation der Ergebnisse nahm fast 30 Jahre in Anspruch und manche sind der Ansicht, dass die anthropologischen Aspekte seiner Forschungen bis heute nicht vollständig aufgearbeitet worden sind.

Wie bereits erwähnt unterscheidet sich die zweite hier behandelte Teilperiode des 19. Jahrhunderts ziemlich stark von der ersten. Während die erste Periode geografisch auf den Russischen Fernen Osten fixiert war (wegen der maritimen Ausrichtung der Reisen), rückte nach der Mitte des Jahrhunderts das kontinentale Sibirien wieder verstärkt in den Mittelpunkt des Interesses. Gleichzeitig wurden die konzeptuellen und theoretischen Entwicklungen der ersten Jahrhunderthälfte durch die institutionellen Neuerungen der Jahrhundertmitte im Kontext der Sibirienstudien zur Anwendung gebracht.

Die zwei wichtigsten Entwicklungen für die Herausbildung einer sibirischen Ethnologie zwischen 1845 und den 1880er Jahren waren die Gründung der Russischen Geografischen Gesellschaft und das Erwachen finnischer und ungarischer Interessen an ihren sibirischen Sprachverwandten. International ist diese Periode durch die langsame Ablösung des „ethnologischen" Zugangs durch einen „anthropologischen" (im Sinne der physischen Anthropologie) Zugang charakterisiert.

Die Gründung der Russischen Geografischen Gesellschaft (RGG) erfolgte 1845 in St. Petersburg. Diese Institution und vor allem ihre Ethnografische Abteilung machten in den darauffolgenden Jahren wichtige empirische und konzeptuelle Beiträge zur Sibirienforschung und zur in Entwicklung begriffenen Russischen Ethnologie oder Ethnografie. Für die empirische Sibirienforschung war die Gründung einer Sibirischen Filiale der RGG in Irkutsk im Jahre 1851 fast noch wichtiger als die der Zentrale in der Hauptstadt. 1877 wurde eine westsibirische Filiale in Omsk errichtet und Ende des 19. und Anfang des 20. Jahrhunderts folgten weitere Filialen in Chabarovsk und Jakutsk.

Eine der ersten Unternehmungen der Sibirischen Filiale der RGG war die sogenannte „Viljuj Expedition" in den Jahren 1854 und 1855 unter der Leitung des Esten Richard Karlovič Maak (1825–1886), aus der eine von Maak verfasste monumentale Monografie des Gebiets und seiner Bewohner entstand. Die sogenannte „Tschuktschen-Expedition" wurde in den Jahren 1868 bis 1870 von der Sibirischen Filiale der RGG und der Akademie der Wissenschaften durchgeführt. Die Leitung oblag Gerhard Gustav Ludwig von Maydell (1835–1894), der aus Dorpat, dem heutigen Tartu stammte, und an der dortigen Universität studiert hatte. Zu Maydell und seinen Forschungen in Ostsibirien siehe Kapitel 11 des vorliegenden Bandes.

Neben der RGG und der Akademie der Wissenschaften war auch die Russische Marine aktiv in der Sibirienforschung involviert. Ein Beispiel stellt die Expedition des livländischen Naturforschers Leopold von Schrenck (1826–1894) an die Amur-Mündung und nach Sachalin in den Jahren 1854 bis 1856 dar. Das Amur-Gebiet war erst kurz vorher von Admiral Nevel'skoj für Russland wieder in Besitz genommen worden, was die Teilnahme der Marine erklärt. Schrenck selbst war jedoch für die Akademie der Wissenschaften tätig.

Friedrich Wilhelm Radloff (1837–1918) stammte aus Berlin, wo er Orientalische Sprachen studiert hatte, bevor er in Jena promovierte. Im Studienjahr 1858/59 hielt er sich in St. Petersburg auf, wo er die Lehramtsprüfung für Deutsch ablegte und die russische Staatsbürgerschaft annahm. Die nächsten zwölf Jahre verbrachte er als Lehrer in Barnaul in Südsibirien, wo er – vor allem in den Sommermonaten – extensiv reiste und dabei sehr viel linguistisches, ethnografisches und archäologisches Material bei den turksprachigen Gruppen des Gebiets sammelte. In späteren Jahren publizierte Radloff monumentale Sammlungen turksprachiger Folklore, ein vergleichendes Wörterbuch der Turksprachen, sowie Reiseberichte aus Sibirien und Mittelasien. Nach einer weiteren dienstlichen Station in Kazan übersiedelte er nach St. Petersburg, wo er Direktor des Museum für Anthropologie und Ethnografie wurde. Radloff ist ein gutes Beispiel eines deutschen Gelehrten, der Russe wurde, durchaus auch im wörtlichen Sinn, denn er nannte sich Vasilij Vasil'evič Radlov nach Annahme der russischen Staatsbürgerschaft.

Finnen und Ungarn lösten in der Mitte des 19. Jahrhunderts einen Boom in der Sibirienforschung aus. Ihre Interessen basierten auf einer romantischen Neugierde für ihr nationales Erbe. Diese Neugierde gründete sich auf der Entdeckung finno-ugrischer Sprachverwandtschaft und der Herderschen Idee des in der Sprache manifestierten Volksgeistes. Der finnische Herder-Verehrer Anders Johan Sjögren (1794–1855) war in dieser Hinsicht besonders wichtig. Durch seine Mitgliedschaft in der St. Petersburger Akademie der Wissenschaften konnte er die Forschungsreisen von Castrén ermöglichen.

Matthias Alexander Castrén (1813–1852) war der erste finnische Gelehrte, der Feldforschung bei den sprachverwandten Gruppen der Finnen in Sibirien durchführte. Seine erste sibirische Forschungsreise dauerte von 1842 bis 1844 und brachte Castrén zu den Nenzen, Komi und Chanten, wo er linguistisches und ethnologisches Material sammelte. Nach einer gesundheitlich bedingten Reiseunterbrechung machte er sich 1845 auf eine zweite Sibirienreise, die vier Jahre dauerte und im Auftrag der Akademie der Wissenschaften stattfand. Diesmal besuchte er Chanten, Nenzen, Enzen, Nganasanen, Dolganen, Sel'kupen, Keten, Kamasen, Burjaten sowie turk- und tungusischsprachige Gruppen. Nach seiner Rückkehr nach St. Petersburg übergab er umfangreiches linguistisches und ethnografisches Material an die dortige Akademie der Wissenschaften. Sein schlechter Gesundheitszustand verhinderte die vollständige Bearbeitung und Herausgabe seiner umfangreichen Materialsammlung durch ihn selbst. Dennoch, in seinen vier verbleibenden Lebensjahren war Castrén sehr aktiv als Autor und als Professor an der Universität Helsinki. Ein zwölfbändiges Werk seiner Sibirien- und Nordeuropa-Reisen wurde posthum herausgegeben (Castrén 1853–1862).

Antal Reguly (1818–1858) war das ungarische Gegenstück zu Castrén. Er bereiste das Gebiet der Chanten und Mansen in den Jahren 1843 bis 1848 um Sprachmaterialien bei den linguistisch nächsten Verwandten der Ungarn zu sammeln. Aufgrund dieser Untersuchungen stand für Reguly die enge Verwandtschaft der finno-ugrischen Sprachen außer Zweifel und er schlug vor, sie als Teil einer größeren Sprachengruppe zu sehen. Diese Position, die später als Ural-Altaische Hypothese bekannt wurde, war sehr nahe der von Castrén vertretenen. Wegen seines sich verschlechternden Gesundheitszustands konnte auch Reguly die von ihm gesammelten Materialien nicht mehr selbst herausgeben. Diese Aufgabe wurde nach seinem Tod von Pál Hunfalvy (1810–1891) und József Budenz (1836–1892) übernommen, die damit zu den Begründern der ungarischen Finno-Ugristik wurden.

## Schlussbetrachtungen

Die hier kurz skizzierten Forschungsperioden des 18. und 19. Jahrhunderts markieren natürlich nur die Anfangspunkte einer bis heute reichenden Abfolge von ethnologischen Forschungsunternehmungen in Sibirien. Wir haben uns auf diese beiden Perioden beschränkt, weil sie mehr oder weniger den Zeitraum der in diesem Band behandelten Autoren abdecken. Das bisher Vorgestellte sollte damit ausreichend sein, um zu den Ausgangsfragestellungen zurückkehren zu können:

*Wie „deutsch" waren die Reisenden, um die es hier geht?*

Offensichtlich ist es irreführend von „deutsch" im politischen Sinn vor dem letzten Drittel des 19. Jahrhunderts, also vor der Deutschen Einigung unter Bismarck, zu sprechen. „Deutsch" hat hier also vor allem eine sprachliche und diffus kulturelle Bedeutung. Für die deutschen Sibirienforscher des 18. Jahrhunderts gilt, dass sie aus verschiedenen Teilen des deutschen Sprachgebiets kamen und auf die wissenschaftliche Nachfrage im petrinischen Russland reagierten. Daraus kann man bestenfalls die Schlussfolgerung ableiten, dass einige deutsche Fürstentümer der damaligen Zeit sehr gute Universitäten beheimatet hatten, und dass es dort einen Überschuss an guten und tatkräftigen Gelehrten gab. Die besondere Rolle von Halle an der Saale in dieser Hinsicht ist bereits mehrfach dokumentiert worden (siehe z. B. Winter 1953). Interessant ist, dass es im 19. Jahrhundert eine Konzentration von aus Berlin stammenden Gelehrten in der Sibirienforschung gab. Das scheint keinesfalls nur

Zufall zu sein, sondern ist Ausdruck der Qualität der preußischen Schulen und Universitäten, vor allem natürlich seit der Gründung der Berliner Universität durch Wilhelm von Humboldt. Viele der deutschklingenden Namen des 19. Jahrhunderts stammen von Deutsch-Balten, also von deutschsprachigen Bewohnern des heutigen Estland und Lettland. Diese Gebiete waren seit dem 18. Jahrhundert Teil des Russischen Reiches und viele der Deutsch-Balten nahmen während des 19. Jahrhunderts hohe Verwaltungspositionen in ihm ein. Das war unter anderem auch der 1802 erfolgten Wiedereröffnung der deutschsprachigen Universität Dorpat (heute Tartu) geschuldet.

*Kann man im gegebenen Fall von „nationalen Forschungstraditionen" sprechen oder wären Internationalismus bzw. Transnationalismus hier mehr angebracht?*

Ja, es ist durchaus zielführend von „nationalen Forschungstraditionen" im Bereich der sibirischen Ethnologie zu sprechen, aber nur unter der Voraussetzung, dass national nicht als „ethnisch" missverstanden wird. Gerade im deutschsprachigen Raum – wo mit Begriffen wie „jüdischer Wissenschaft" in der Vergangenheit viel Unheil angerichtet worden ist – ist dieses *Caveat* unumgänglich. Außerdem werden zu Ende der von uns untersuchten Perioden erst die Anfänge dieser Traditionen sichtbar. Die Diagnose Forschungstradition kann also erst auf Grund von Wissen um spätere Entwicklungen gestellt werden. Dennoch scheint es möglich, seit der Mitte des 19. Jahrhunderts von den Anfängen von zwei oder drei (je nach Zählweise) solcher Traditionen zu sprechen: einer russischen und einer finnisch/ungarischen (oder einer finnischen und einer ungarischen).

Der russische Fall scheint ziemlich eindeutig: seit dem 18. Jahrhundert gibt es eine ununterbrochene Tradition russischer Institutionen, in der Sibirienforschung tätig zu sein, auch wenn unterschiedliche Institutionen zu unterschiedlichen Zeit besonders aktiv waren. Obwohl es Zeiten gab, in denen Sibirien nicht alleiniger Mittelpunkt russischer Interessen war, kam es nie zur völligen Einstellung russischer wissenschaftlicher Unternehmungen in Sibirien. Schließlich haben neue Generationen von russischen Sibirienforschern immer auf den vorliegenden Ergebnissen russischer Institutionen aufgebaut – das gilt sogar für die Umbrüche der Sowjetzeit – und sie haben diese nicht zugunsten von ausländischen Untersuchungen missachtet.

Die finnische und die ungarische Situationen sind ähnlich, weshalb es gerechtfertigt sein könnte, hier von einer Tradition sprechen. Andererseits gibt es Unterschiede, die nahelegen würden von zwei Traditionen zu sprechen. In beiden Fällen gibt es ein starkes Forschungsinteresse an finno-ugrischen Sprachen und Kulturen Sibiriens, das von der Mitte des 19. Jahrhunderts bis heute reicht. Sowohl für Ungarn als auch für Finnen bedeutet diese Fokussierung auf Finno-Ugrier, dass weite Teile Sibiriens außerhalb des Interessensfeldes liegen. Unterschiede liegen vor allem in der politischen Zugehörigkeit: während Finnland bis 1917 Teil des Russischen Reiches war und finnische Gelehrte dadurch leichteren Zugang als die Ungarn hatten, drehte sich diese Situation nach dem Zweiten Weltkrieg mehr oder weniger um.

Die Tatsache, dass sich im 18. und vor allem im 19. Jahrhundert langsam nationale Traditionen herausbilden, spricht bereits gegen die Idee einer internationalen oder transnationalen Tradition. Obwohl es viele transnationale Episoden in individuellen Forscherleben gibt und auch Aspekte dessen, was Sörlin (1993) „circumstantial transnationalism" nennt, scheint es passender von internationalen und transnationalen Momenten zu sprechen statt von ebensolchen Traditionen.

*Welche Rolle hat die Erforschung Sibiriens bei der Herausbildung der Ethnologie als Fach gespielt bzw. hat die beginnende Professionalisierung die uns in diesem Band interessierenden Abhandlungen und Reiseberichte beeinflusst?*

Bei der Beantwortung dieser Frage ist es wieder wichtig, zwischen den einzelnen nationalen Traditionen zu unterscheiden. Für die russische ist es ziemlich eindeutig, dass die geografische Region Sibirien und ihre Beschreibungen instrumental für das russische Pendant zu Ethnologie waren. Dies gilt auch für die Methoden und theoretischen Ansätze, die in Sibirien entwickelt wurden und oft zu Modellen für die Gesamtdisziplin wurden.

Ich habe es weiter oben vermieden von einer deutschen Forschungstradition zu sprechen. Neben der Tatsache der fehlenden Kontinuität gibt es auf den ersten Blick keine Anzeichen, dass die Sibirienforschung in der konzeptuellen Herausbildung deutschsprachiger Ethnologien besonders wichtig war. Neuere Untersuchungen von Vermeulen (2008) und Bucher (2002) könnten jedoch zu einer teilweisen Revision führen. Obwohl klar ist, dass Sibirien keine Rolle bei der Professionalisierung deutscher Ethnologie spielte, trifft das für die Frühgeschichte nicht unbedingt zu.

Auch ohne das Zugestehen einer „deutschen" Forschungstradition ist es wichtig festzuhalten, dass die deutschsprachige ethnologische Auseinandersetzung mit Sibirien über die Jahrhunderte weit intensiver als z. B. in England, Frankreich oder den USA war. Die Tatsache, dass der vorliegende Band so viele deutschsprachige Beiträge zum Thema vereinen kann, ohne deshalb alle möglichen deutschsprachigen Quellen verwendet zu haben, spricht dafür, dass sich hier über lange Zeitperioden ein besonderes Verhältnis entwickelt hat. Es gibt klare geopolitische und sprachliche Gründe, warum es im deutschen Sprachraum keine direkten Entsprechungen der russischen und finnisch/ungarischen Traditionen gibt. Das in diesem Band dokumentierte Sonderverhältnis und die Tatsache, dass sich heute viele deutschsprachige Forscher mit Sibirien beschäftigen (einige davon als Autoren in diesem Band) geben Hoffnung dazu, dass dieses Verhältnis sich weiterentwickeln und – vielleicht eines Tages – zu einer kontinuierlichen Forschungstradition werden kann.

## Literatur

Bucher, Gudrun 2002. *„Von Beschreibung der Sitten und Gebräuche der Völker“. Die Instruktionen Gerhard Friedrich Müllers und ihre Bedeutung für die Geschichte der Ethnologie und der Geschichtswissenschaft.* Stuttgart: Franz Steiner Verlag.

Castrén, M. Alexander 1853–1862. *Nordische Reisen und Forschungen.* 12 Bände. Anton Schiefner (Hg.). St. Petersburg: Kaiserliche Akademie der Wissenschaften.

Gmelin, Johann Georg 1999. *Expedition ins unbekannte Sibirien.* Herausgegeben, eingeleitet und erläutert von Dittmar Dahlmann. Sigmaringen: Thorbecke.

Herberstein, Sigmund Freiherr von 1549. *Rerum Moscoviticarum Commentarii.* Wien.

Hintzsche, Wieland und Thomas Nickol (Hg.) 1996. *Die Große Nordische Expedition. Georg Wilhelm Steller (1709–1746): Ein Lutheraner erforscht Sibirien und Alaska.* Ausstellung der Franckeschen Stiftungen zu Halle. Gotha: Justus Perthes Verlag.

Novickij, Grigorij Il'ič 1715 [1941]. *Kratkoe opisanie o narode Ostjatskom.* Novosibirsk: Novosibgiz.

Novlyanskaya, Mariya G. 1970. *Daniil Gotlib Messershmidt.* Leningrad: Nauka.

Schweitzer, Peter P. 2001. *Siberia and Anthropology: National Traditions and Transnational Moments in the History of Research.* Habilitationsschrift, Universität Wien.

Slezkine, Yuri 1994. *Arctic Mirrors: Russia and the Small Peoples of the North.* Ithaca/ NY: Cornell University Press.

Sörlin, Sverker 1993. National and International Aspects of Cross-Boundary Science: Scientific Travel in the 18th Century. In *Denationalizing Science: The Contexts of International Scientific Practice,* Sociology of the Sciences 16, E. Crawford, T. Shinn, and S. Sörlin (eds.), 43–72. Dordrecht: Kluwer Academic Publishers.

Steller, Georg Wilhelm 1774 [2013]. *Beschreibung von dem Lande Kamtschatka.* Frankfurt und Leipzig: Johann Georg Fleischer. Neuausgabe 2013, Erich Kasten und Michael Dürr (Hg.). Fürstenberg/Havel: Kulturstiftung Sibirien.

Strahlenberg, Philipp Johann von 1730. *Das Nord- und Östliche Theil von Europa und Asia.* Stockholm.

Tokarev, Sergej A. 1966. *Istorija russkoj ėtnografii (Dooktyabr'skij period).* Moskva: Nauka.

Vermeulen, Han F. 2008. *Early History of Ethnography and Ethnology in the German Enlightenment: Anthropological Discourse in Europe and Asia, 1710–1808.* Doctoral dissertation, University of Leiden.

Vinkovetsky, Ilya 2001. Circumnavigation, Empire, Modernity, Race: The Impact of Round-The-World Voyages on Russia's Imperial Consciousness. *Ab Imperio* (1–2): 191–210.

— 2011. *Russian America: An Overseas Colony of a Continental Empire, 1804–1867.* New York: Oxford University Press.

Winter, Eduard (Hg.) 1953. *Halle als Ausgangspunkt der deutschen Rußlandkunde im 18. Jahrhundert.* Berlin: Akademie-Verlag.

Winter, E. und N. A. Figurovskij 1962. Einleitung. In *D. G. Messerschmidt: Forschungsreise durch Sibirien 1720–1727. Teil 1: Tagebuchaufzeichnungen 1721–1722*. Quellen und Studien zur Geschichte Osteuropas 8(1). E. Winter und N. A. Figurovskij (Hg.), 1–20. Berlin: Akademie-Verlag.

## 2 GEORG WILHELM STELLERS ETHNOLOGISCHE METHODE WÄHREND SEINER FORSCHUNGEN AUF KAMČATKA (1740–1745)

*Erich Kasten*

In der Geschichte des Reisens verkörpert Georg Wilhelm Steller den Übergang vom Barock zur Aufklärung (Beck 1974: XXI). Als Naturwissenschaftler und als Zeitgenosse von Linné zeigt sich in ihm die Hinwendung zur exakten Naturbeobachtung und ihrer entsprechenden Beschreibung, wobei er sich bereits an moderne Methoden der Verhaltensforschung und der Vergleichenden Anatomie annähert (Matthies 1986: 57), so vor allem in seinem Werk zur *Ausführlichen Beschreibung von sonderbaren Meeresthieren* (Steller 1753). An dieser Stelle soll Stellers Beitrag zur Ethnografie Kamčatkas untersucht werden, wobei diese wichtige frühe Quelle zu den Itelmenen auch wissenschaftsgeschichtlich und methodologisch von besonderem Interesse ist. So werden hier bereits zu einem frühen Zeitpunkt Fragestellungen angesprochen und wissenschaftliche Vorgehensweisen – wenn auch oft zunächst nur im Ansatz – erkennbar, welche spätere Diskussionen in der Ethnologie bestimmen sollten, nachdem diese schließlich zu einer eigenen Disziplin geworden war.

Steller gelangte als Teilnehmer der „Großen Nordischen Expedition" (1733–1743) nach Kamčatka, die ganz im Zeichen der zuvor von Zar Peter I. eingeleiteten russischen Großmachtpolitik stand. Dazu gehörte die Öffnung gegenüber dem Westen, indem aus verschiedenen westeuropäischen Ländern Wissenschaftler und Fachleute zur Modernisierung der russischen Wirtschaft und Verwaltung ins Land geholt wurden, während gleichzeitig die handelspolitische Konsolidierung der neueroberten Gebiete Sibiriens bis über die Küsten des Pazifiks hinaus vorangetrieben wurde.

Die wissenschaftliche Erforschung Sibiriens, die letztlich politisch-strategischen Zielen diente und die wirtschaftlichen Möglichkeiten dieser Landesteile erkunden sollte, erfolgte seit 1725 durch die neugegründete St. Petersburger Akademie der Wissenschaften. Sie lag dort zunächst in den Händen der beiden deutschen Gelehrten Johann Georg Gmelin und Gerhard Friedrich Müller, wobei ersterer sich als Naturforscher vor allem mit der Botanik befasste, während Müller sich Anerkennung als Historiker erwarb. Gmelin und Müller waren zusammen mit dem französischen Astronomen Louis Delisle de la Croyère für den wissenschaftlichen Teil der Expedition verantwortlich, während dem aus Dänemark stammenden Kapitän und Kommandeur Vitus Bering die Gesamtleitung der Expedition oblag sowie das Kommando über drei Militärkontingente, mit deren Hilfe die Küsten des Nordpazifiks in verschiedenen Richtungen erkundet und kartiert werden sollten. Dem

wissenschaftlichen Teil der Expedition zugeordnet war auch der russische Student
Stepan Petrovič Krašeninnikov, der zur Berichterstattung über die Verhältnisse auf
Kamčatka vorausgeschickt worden war. Steller selbst stieß erst im Jahre 1737, kurz
vor Vollendung seines 27. Lebensjahres, zu der Expeditionsmannschaft, in der er als
Adjunkt unter Gmelin tätig sein sollte, aber – wie es sich später herausstellte – in
räumlicher Distanz zu ihm auf sich selbst gestellt war und eigenständig forschen
konnte.

Steller wuchs in Bad Windsheim/Franken in einem bürgerlichen Elternhaus auf
und gelangte erst später auf Umwegen nach St. Petersburg. Nach dem Studium der
Theologie in Wittenberg kam er seinem eigentlichen Interesse für die Anatomie und
die Naturwissenschaften durch ein weiteres Studium nach, für das er sich seinen
Lebensunterhalt durch Lehrtätigkeit im Waisenhaus August Hermann Franckes
(den heutigen Franckeschen Stiftungen) in Halle an der Saale verdiente. Steller spezialisierte sich auf die Botanik und erhielt – trotz seiner in Berlin mit Ehren abgeleg-
ten Prüfung zum Privatdozenten – nicht den erhofften Lehrstuhl. Angesichts einer
ungewissen beruflichen Zukunft in Deutschland und auf Grund seines in späteren
Aufzeichnungen immer wieder betonten unersättlichen Verlangens nach der Erforschung fremder Länder (Steller 1741–42: 49) weckten die Berichte der jüngsten russischen Entdeckungsreisen seine Neugier. Nachdem er sich im Jahr 1734 nach Danzig
durchschlagen konnte, das kurz zuvor von russischen Truppen eingenommen worden war, fand er eine Anstellung als Militärchirurg und gelangte als Begleiter eines
Verwundetentransports über Kronstadt nach St. Petersburg. Dort machte Steller die
Bekanntschaft des Erzbischofs von Novgorod, Feofan Prokopovič, bei dem er als
Hausarzt wohnte und dessen umfangreiche Bibliothek er für die Vorbereitung auf
seine bereits ins Auge gefassten Forschungen in Sibirien nutzen konnte. Eine weitere einflussreiche Persönlichkeit für seine geplanten zukünftigen Vorhaben fand
Steller in dem Mitglied der St. Petersburger Akademie der Wissenschaften Johann
Amann, mit dem er zusammen die neue Anlage des dortigen Botanischen Gartens
vorbereitete. So wurde schließlich sein Gesuch an den Präsidenten der Akademie
berücksichtigt, sich als Botaniker unter der Bezeichnung „Adjunkt" der „Großen
Nordischen Expedition" anzuschließen.

Steller kam bald darauf zu einer Zeit nach Kamčatka, zu der sich das dortige
russische Machtgefüge im Umbruch befand. An Stelle der bisherigen Statthalter
und Pelzhändler, die noch im Stil früherer Beuteexpeditionen wie zur Zeit der
ersten Landnahme durch den Kosakenführer Atlasov verfuhren, zeichnete sich
nunmehr eine wissenschaftlich begleitete, „geordnetere" Erschließung des Landes
ab. Die sich damit verschiebenden Autoritätsverhältnisse führten zu Spannungen
zwischen Expeditionsleitern und Pelzhändlern bzw. Kosaken, denen in den Augen
von Bering genauso wenig zu trauen war, wie der indigenen Bevölkerung (Steller
1741–42: 138). Auch die Entscheidungsbefugnisse zwischen der Expeditionsleitung
und dem Wissenschaftlerstab waren nicht eindeutig definiert, wobei sich letztere

darauf berufen konnten, unabhängig im Auftrag der St. Petersburger Akademie der Wissenschaften zu arbeiten. Eine zusätzliche Außenseiterposition – auch gegenüber Bering – nahm Steller ein, indem er sich von den rücksichtslosen Vorgehensweisen gegenüber den Einheimischen deutlich distanzierte, wobei all diese Ambivalenzen sich auch auf die Forschungsbedingungen auswirkten, auf die Steller seine Arbeit einzustellen hatte.

Abb. 1: „Karte von der Lage von Kamtschatka" (Ausschnitt)

Am 8. September 1740 brach Steller an Bord der Galeote *Ochotsk* von Ochotsk auf und erreichte am 21. September den Ort Bol'šereck (*Bol'šereckej ostrog*), den damals wichtigen Handelsplatz an der Westküste Kamčatkas. Ursprünglich sollten weitere Expeditionsschiffe Ausrüstungsgüter für anschließende Entdeckungsfahrten im Nordpazifik direkt zum Peter-und-Pauls-Hafen an der Ostküste der Halbinsel bringen, von wo aus Steller vorhatte, sich der Japan-Expedition des Kapitän Spangberg anzuschließen. Doch dem Umstand, dass es Kapitän Chitrov offenbar nicht gelang, sein Schiff *Nadežda* sicher um die Südspitze Kamčatka zu navigieren, ist zu verdanken, dass Steller während des Winters zunächst längere Zeit mit Krašeninnikov an der Westküste verbrachte, der zu diesem Zeitpunkt dort bereits drei Jahre vor allem naturkundlich gearbeitet hatte (Steller 1740 [2000]: 318). Letzterem hatten Müller und Gmelin ihre am 5. Juli 1737 verfassten Anweisungen („Instruktionen") erteilt, die auch das Sammeln von Informationen zur Lebensweise der dortigen Völker vorsahen. Stellers Aufgabe war es auf Grundlage der ihm vorliegenden Durchschrift dieser Instruktionen die Arbeiten der „Studenten" Krašeninnikov und Gorlanov anzuleiten (Bucher 2002: 88), ohne sich offenbar selbst an diese gebunden zu fühlen.

Über das Verhältnis beider Forscher zueinander ist wenig bekannt. Zu offenen Kontroversen zwischen ihnen war es anscheinend nicht gekommen, da sich Krašeninnikov offenbar der Autorität Stellers innerhalb der damals einzuhaltenden Rangordnung stillschweigend unterordnete. In Stellers Texten wird dieser nur selten und oft in wenig schmeichelhaftem Zusammenhang erwähnt, so etwa anlässlich eines Liedes, mit dem sich die Itelmenen über den „Studenten" (Krašeninnikov) amüsierten (Steller 1774: 335). Auch schien Steller dessen Abreise im darauf folgenden Frühjahr zu unterstützen, obwohl er in seinem Team neben dem Maler Johann Christian Berckhan und Aleksej Gorlanov sowie weiteren Gehilfen sicherlich noch einen weiteren Landeskenner gut hätte gebrauchen können. Deutliche Übereinstimmungen bestimmter Passagen in dem Werk Stellers und den im Jahre 1755 erschienenen *Opisanie zemli Kamčatki* Krašeninnikovs (Krašeninnikov 1755) – dem Stellers schriftlicher Nachlass zu diesem Zeitpunkt vorlag – gaben immer wieder Anlass zu Spekulationen, wer sich wessen Materials bedient haben könnte, wobei sich diese Frage nicht eindeutig beantworten lässt. Fest steht, dass Steller bereits kurz nach seiner Ankunft in Bol'šereck am 28. Oktober 1740 den von Krašeninnikov verlangten ausführlichen Bericht all seiner bisherigen Forschungen auf Kamčatka zusammen mit von ihm gesammelten Materialien erhalten hatte, welcher ihm als Vorlage für spätere eigene Arbeiten gedient haben könnte. Andererseits hatte Steller Gegenden bereist, die Krašeninnikov nie kennengelernt hatte, ohne dass ein Bruch im Stil oder in der Art der Aufzeichnungen bei Steller festzustellen ist. Ausschlaggebend für die besondere Qualität der ethnografischen Information dürfte jedoch die besondere Art und Weise der Erhebung gewesen sein, welche auf Stellers vorrangige Urheberschaft der Texte hindeutet.

Im Laufe der ersten Hälfte des Winters 1740/41 machte Steller zusammen mit Krašeninnikov einen Abstecher in eine nahe gelegene Itelmenen-Siedlung, wobei zu dieser Jahreszeit kaum botanische Arbeiten vorzunehmen waren. Kurz nach Neujahr organisierte Steller dann eine Hundeschlittenexpedition – diesmal ohne Krašeninnikov – zur Erkundung des südlichen Teils Kamčatkas, von der er vermutlich erst Ende Februar zurückkehrte. Es folgte eine Unterbrechung von Stellers Forschungen auf Kamčatka, als er sich auf eine Nachricht von Bering hin umgehend nach dem Peter-und-Pauls-Hafen aufmachte, um mit ihm von dort aus am 29. Mai

Abb. 2: Der Peter-und-Pauls Hafen

**Georg Wilhelm Stellers**
gewesenen Adjuncto und Mitglieds der Kayserl. Academie
der Wissenschaften zu St. Petersburg

**Beschreibung**

von dem

**L a n d e**

**Kamtschatka**

dessen Einwohnern,
deren Sitten, Nahmen, Lebensart
und verschiedenen Gewohnheiten

herausgegeben

von

*J. B. S.*

mit vielen Kupfern.

**Frankfurt** und **Leipzig**
bey Johann Georg Fleischer 1 7 7 4.

Abb. 3: Umschlag der Erstausgabe von G. W. Stellers „Beschreibung von dem Lande Kamtschatka"

1741 mit dem Schiff *St. Peter* die Seereise nach Amerika anzutreten. Die Einzelheiten dieser Reise, die Steller weitere Gelegenheit zu naturkundlichen und ethnografischen Untersuchungen bot, sowie ihr tragisches Ende nach dem Schiffbruch auf der Bering- oder Kommandeurs-Insel ist ausführlich beschrieben in Stellers *Reise von Kamčatka nach Amerika mit dem Commandeur-Capitän Bering* (1793) sowie in einem Beitrag zu den Hintergründen des Verhältnisses zwischen Bering und Steller während dieser Reise (Frost 1994).

Nach Stellers Rückkehr am 26. August 1742 zur Avača-Bucht fand er dort zusammen mit den wenigen anderen Überlebenden dieser Reise sein Hab und Gut verkauft vor, da man diese bereits für tot geglaubt hatte. Er begab sich daraufhin zu Fuß nach Bol'šereck, wo er während des Winters die Aufzeichnungen seiner

Amerikareise ordnete. Seine Mitarbeiter hatten in der Zwischenzeit gemäß seinen Anweisungen gearbeitet. So hatte Gorlanov die Westküste Kamčatkas bis Tigil' bereist, wo sich heute das Hauptwohngebiet der einst über weite Teile der Halbinsel verbreiteten itelmenischen Bevölkerung befindet, welches Steller selber nie bereist hatte. Stattdessen besuchte er im Frühsommer 1743 mit drei itelmenischen Booten ein weiteres Mal den Süden der Halbinsel und die ersten drei Kurileninseln.

Am 27. Juli 1743 brach Steller dann zusammen mit einem Begleiter zu seiner Expedition in den Norden auf, die ursprünglich bis zu den Flüssen Anadyr und Kolyma geplant war, welche er jedoch nicht erreichte. Was ihn zu seiner vorzeitigen Umkehr bewogen hat, geht aus seinen Aufzeichnungen nicht hervor. Diese Reise führte ihn über die itelmenischen Siedlungen an den Flüssen Bol'šaja Reka und Bystraja in die inneren Teile der Halbinsel und von dort über den Kamčatka-Fluss nach Norden an die Küste des Pazifiks. Von der Mündung des Kamčatka-Flusses setzte Steller seinen Weg nach Norden fort und gelangte bis zum Aljutora-Fluss, nördlich der Karaginskij-Insel. Dort machte er wertvolle ethnografische Aufzeichnungen zu den

Abb.4: Der Peter-und-Pauls Hafen

dort lebenden Küsten-Korjaken, so unter anderem zu ihrem bedeutenden Walfest im Frühjahr. Unmittelbar danach muss Steller den Rückweg angetreten haben. Offenbar konnte er seiner Neugier nicht widerstehen, über das schon brüchige Eis hinweg die Karaginskij-Insel zu erforschen, wobei er seine Ausrüstung und sein Hundegespann einbüßte und im letzten Moment von Eisscholle zu Eisscholle springend das Festland erreichte und von dort seinen Weg nach Nižnekamčatsk (*Nižne Kamčatskoj ostrog*) zu Fuß fortsetzen musste. Von dort folgte er nun einer anderen Route entlang der Ostküste um das Kap Kronockij, wo sich an den Flussmündungen zur damaligen Zeit noch zahlreiche itelmenische Siedlungen befanden. In seinen Berichten schlagen sie sich jedoch weniger nieder als die zuvor von ihm vor allem in Zentralkamčatka bereisten Gebiete, da Steller sich vermutlich in Eile auf der Rückkehr von jener strapazenreichen Reise befand. Zurück in Bol'šereck sah er seine Mission auf Kamčatka dem Ende zugehen und dürfte zusammen mit seiner Mannschaft der schließlich im März 1745 eingetroffenen Abberufungsorder nicht ungerne entgegengesehen haben.

Zuvor hatte sich Steller jedoch noch auf eine heftige Kontroverse mit dem neuen Kommandanten Chmetevskoj eingelassen, über dessen Machtmissbrauch er sich in einer Protestnote nach St. Petersburg beschwerte. Von seinem Kontrahenten wurde er im Gegenzug beschuldigt, er habe die indigene Bevölkerung zur Rebellion angestachelt – was Steller fast einen Hochverratsprozess eingebracht hätte. Während seines Rückwegs wurde er längere Zeit in Irkutsk zum Verhör festgehalten und sollte auf Grund eines Missverständnisses noch einmal dorthin zurückkehren, als er schon jenseits des Urals war. Am 12. November 1746 starb er – unter letztlich nie ganz geklärten Umständen – im westsibirischen Tjumen im Alter von 37 Jahren.

Abb. 5: „Eine kamtschadalische Winterhütte von innen"

Stellers Werk zu Kamčatka, welches für die damalige Zeit in erstaunlich umfas-
sender und detailgetreuer Weise die Kulturen der dort lebenden Völker beschreibt,
erscheint nur denkbar durch seine für die damalige Zeit bemerkenswerten besonderen Vorgehensweisen und Forschungsmethoden. Neben körperlichen Voraussetzungen und persönlichem Mut, ohne die eine Anpassung an die oft extremen
Klima- und Lebensbedingungen in diesen Gebieten kaum möglich ist, gehörte dazu
offenbar auch die Art, wie er reiste, sowie sein Auftreten gegenüber der indigenen
Bevölkerung, die ihm daraufhin einen breiten und tiefen Einblick in ihre Kulturen
gewährte.

Wie sehr sich der – bereits im Ansatz – „teilnehmende Beobachter" Steller von
den eher „reisenden Gelehrten" seiner Zeit unterschied, zeigt der Vergleich zu Gmelin und Müller, die neben allen Annehmlichkeiten für ihren auch während der
Expedition weiterhin gepflegten Lebensstil ebenfalls eine Bibliothek von mehreren
hundert Bänden mit sich führten. Der Gegensatz in der wissenschaftlichen Methode
dieser Forscher kommt kaum deutlicher zum Ausdruck, als in Gmelins Eintrag in
sein Tagesregister der kamčatskischen Reise hinsichtlich seiner ersten Begegnung
mit Steller, die bei ihm offenbar einen tiefen Eindruck hinterlassen haben musste,
weshalb diese Passage hier ausführlich wiedergegeben werden soll:

> Wir mochten ihm [Steller] übrigens das Ungemach so groß vorstellen, als
> wir wollten, so war dieses nur eine desto größere Aufmunterung zu die-
> ser beschwerlichen Unternehmung, zu der er sich durch seine bisherige
> Reise schon gleichsam den Weg gebahnt hatte. Er war mit keinen Kleidern
> beschwert. Weil man die Haushaltung durch Sibirien mit sich führen muss,
> so hatte er sie so klein wie nur möglich eingerichtet. Sein Trinkgefäß zum
> Bier war eines mit dem Trinkgefäß zum Met und Branntwein. Wein ver-
> langte er gar nicht. Er hatte nur eine Schüssel, daraus er speiste und in wel-
> cher er alle seine Speisen anrichtete. Zu diesen gebrauchte er keinen Koch. Er
> kochte alles selbst und dieses auch wieder mit so wenigen Umständen, dass
> Suppe, Gemüse und Fleisch in einem Topfe zugleich angesetzt und gekocht
> wurden. [...] Er war immer guten Mutes, und je unordentlicher alles bei ihm
> zuging, desto fröhlicher war er. [...] Dabei merkten wir, dass ungeachtet aller
> der Unordnung, die er in seiner Lebensart von sich blicken ließ, er dort in
> Anstellung seiner Wahrnehmungen überaus pünktlich und in all seinen
> Unternehmungen unermüdet war. [...] Es war ihm nicht schwer, einen ganzen
> Tag zu hungern und zu dursten, wenn er etwas den Wissenschaften Ersprieß-
> liches ins Werk richten konnte. (Gmelin 1751 [1990]: 107f.)

Hervorzuheben ist unter anderem Stellers deutliche Wertschätzung und Teil-
habe an der Ernährungsweise jener Völker, bei denen er weilte, auch wenn sich seine
Begeisterung angesichts charakteristischer breiartiger Speisen (*selaga, tolkuša*) oder

der berüchtigten Sauerfischköpfe in Grenzen hielt (Steller 1774: 165). Die Einsicht Stellers, dass verschiedene Völker unter den besonderen klimatischen und natürlichen Bedingungen, unter denen sie leben, für ihr körperliches Wohlbefinden angemessene eigene Arten der Naturnutzung entwickelt hatten, lässt seinen Respekt für fremde Kulturen erkennen, der bei Steller auch an anderer Stelle des Öfteren zum Ausdruck kommt und der für die damalige Zeit höchst selten war – und bereits Positionen des kulturellen Relativismus anklingen lässt, die für die spätere amerikanische *Cultural Anthropology* bestimmend werden sollten (Rudolph 1968).

Dem besonderen Interesse Stellers für die Ernährung und Naturheilkunde dieser Völker verdanken wir nicht nur deren ausführliche ethnografisch-naturkundliche Dokumentation. Auch dürfte dies mit zu seinem Überleben während der Amerika-Reise beigetragen haben, indem sich Steller jene Erkenntnisse selbst zu eigen gemacht hatte, während die übrigen Expeditionsmitglieder seine Ratschläge in den Wind schlugen. Denn schon früh hatte er sich für die Frage interessiert, weshalb die Völker Sibiriens nicht wie die russischen Reisenden unter der Vitamin-C-Mangelkrankheit Skorbut litten. Seinen Aufenthalt in Ochotsk hatte er deshalb bereits zu entsprechenden Untersuchungen bei den dort lebenden Evenen genutzt, wobei ihm auffiel, dass sie u. a. die in Salz eingelegte Saranazwiebel im Winter ihrer Fischnahrung zufügten.

Das „leichte Gepäck", mit dem Steller unterwegs war, entsprach der indigenen Art zu reisen. Auch die Wahl seiner Transportmittel trug zu seiner Beweglichkeit im Gelände bei und ermöglichte ihm somit einen unmittelbareren Zugang zu wichtigen Lebensbereichen des von ihm eingehend untersuchten Volkes der Itelmenen. So fuhr er mit itelmenischen Booten zum Süden der Halbinsel und bis zu den Kurilen

Abb. 6: Eine kamtschadalische Sommerhütte

sowie auf Hundeschlitten kreuz und quer durch Kamčatka. Solche Strapazen wollte
er Gmelin nicht zumuten und er nutzte die Schilderung derartiger Schlittenreisen in
einem Brief vom 1. März 1741 an ihn dazu, ihn von der Weiterfahrt nach Kamčatka
abzuhalten, indem er schrieb, man säße auf diesen Schlitten so unsicher wie ein
„Steg auf einer Violine" und müsse jeden Augenblick ein Unglück befürchten (nach
Stejneger 1936: 231).

  Für sich selber allerdings erkannte Steller den Nutzen und den Vorteil des Hunde-
schlittentransports unter den dortigen Verhältnissen, wo die Hunde „im Sturm, wo
man kein Auge aufmachen kann, guter Wegweiser sind" (Steller 1774: 136). Darüber
hinaus „wärmen und erhalten sie den Herrn" während besonders starker Stürme,
„liegen neben demselben ein bis zwei Stunden ruhig und still, und hat man sich
vor nichts zu bekümmern, als dass man nicht allzu tief im Schnee vergraben und
ersticket werde" (1774: 136f.). Dazu kommt der Vorteil, dass man mit ihnen „über die
unwegsamsten Örter [...] von einem Ort zum andern kommen kann, wohin man
weder mit Pferden, noch wegen des tiefen Schnees sonstig zu Fuß kommen könne"
(1774: 136). Tief beeindruckt davon, wie die Itelmenen Hunde für ihre Zwecke nutzten
und entsprechend erzogen, widmet sich Steller diesen Tieren in geradezu verhaltens-
forschender Weise. In ihrer Ausführlichkeit mag sie manchem Leser befremdlich
vorkommen, doch greift Stellers damit offensichtlich indigene Arten der Deutung
des Umgangs mit der Natur auf. Nachdem Steller dieses Transportmittel und all die
Belastungen, denen es ausgesetzt ist, zur Genüge selbst erfahren hatte, kommt er zu
dem Schluss: „Die kamtschazkischen Schlitten sind nach den Kräften der Hunde
und nach der bergigten Gegend des Landes dergestalt wohl ausgedacht, dass solche
der beste Mechanicus nicht besser hätte erfinden können" (1774: 370).

  Eine solche „Teilnahme" am Leben der fremden Völker war für die damalige
Zeit ungewöhnlich und auch nicht ohne weiteres zu realisieren. Man hat sich vor
Augen zu halten, dass um die Zeit, als Steller bei den Itelmenen und Korjaken weilte,
gegen diese wiederholt Massaker von Russen und Kosaken verübt worden waren,
auf welche die Betroffenen mit Vergeltungsschlägen zu reagieren pflegten. Steller
reiste zumeist allein oder zu zweit und auch ansonsten weitgehend ungeschützt
und musste durch überzeugendes Auftreten sogleich das Vertrauen der Menschen
gewonnen haben, bei denen er unverhofft auftauchte. Selbst unter den für ihren
Widerstand besonders gefürchteten Aljutoren-Korjaken konnte er sich unbescha-
det und offenbar in friedlichem Einvernehmen aufhalten. Doch wie konnte er den
Menschen, auf die er unterwegs traf, klar machen, dass er mit den Gräueltaten der
Eroberer nichts zu tun hatte und solche entschieden verurteilte? Ebenso spricht dies
auch für die indigene Bevölkerung, fremden Ankömmlingen zunächst offen und
vorurteilsfrei gegenüber zu treten.

  Für Steller ergaben sich daraus offenbar Loyalitätskonflikte, da er sich auf der
einen Seite seinen Auftraggebern und der Expeditionsleitung sowie andererseits der
indigenen Bevölkerung verpflichtet fühlte, für deren Situation er Verständnis zeigte

und der seine Sympathie galt. Ähnliche Probleme stellen sich bis heute vielen Ethnologen, die sich im Verlauf einer besonders engen Zusammenarbeit mit fremden
Völkern wohl unvermeidlich bis zu einem gewissen Grad mit deren Problemen und
Interessen identifizieren, womit ihre Arbeit dann schließlich nicht mehr allein dem
ursprünglichen Forschungsauftrag entsprechen mag. So beklagte Gerhard Friedrich Müller, dass sich Steller in seinem Engagement für eine menschenwürdigere
Behandlung der indigenen Bevölkerung unnötigerweise auf Angelegenheiten ein-
ließ, die ihn eigentlich nichts angingen. Wie Steller sich selbst in solchen Konflikt-
situationen verhielt, soll folgendes Beispiel zeigen.

Gleich nach seiner Ankunft auf Kamčatka konnte Steller unmittelbar miter-
leben, wie die russische Obrigkeit mit den Itelmenen und den Korjaken verfuhr.
Da sämtliche Ausrüstungsgüter für die Expeditionsschiffe von Bol'šereck auf dem
Landweg quer durch Kamčatka zum Peter-und-Pauls-Hafen geschafft werden mussten (auf Grund der gescheiterten Umschiffung Südkamčatkas), war für den Hunde-
schlittentransport eine so große Anzahl von Einheimischen zu rekrutieren, dass
diese dafür aus einem Umkreis von mehreren 100 Kilometern, bis hin zum Tigil'-
Fluss, zusammengezogen werden mussten. Das geschah häufig mit Gewalt, da die
Hundeschlittenführer ihre Familien nicht verlassen mochten und ihre Versklavung
befürchteten. Einige Korjaken setzten sich dagegen so heftig zur Wehr, dass sie sieben Russen töteten. Bering ordnete daraufhin eine Strafexpedition an, in deren Verlauf nahezu alle Bewohner jener Siedlung, unter ihnen auch Kinder und Frauen,
umgebracht oder verwundet wurden. Die Überlebenden wurden zur Gerichtsver-
handlung an die Avača-Bucht gebracht, wo viele an den Folterungen starben oder
Selbstmord begingen. Steller, der sich während dieses Winters zunächst in Bol'šereck
und dann an der Avača-Bucht aufhielt, mussten diese Vorgänge bekannt geworden
sein – doch sein Protest gegenüber Bering fiel vergleichsweise verhalten aus, offenbar
um seine Teilnahme an der angestrebten Amerika-Reise nicht zu gefährden. So richtete sich seine Klage zunächst gegen die Kosaken, welche die Korjaken grausam und
in völlig „unchristlicher Manier" behandelt hätten (Steller 1741–42: 52). Doch Bering
verstand, dass letztlich er selbst mit dieser Kritik gemeint war, der für das Kommando verantwortlich war. Das reichte für ihn aus, Steller fortan von allen wichtigen Beratungen und Entscheidungen vor und während der Reise auszuschließen,
auch wenn er auf dessen Mitnahme nicht mehr verzichten konnte (vgl. Frost 1994).

Die Sympathien, die Steller angesichts der grausamen Behandlung durch die
Eroberer für die indigene Bevölkerung hegte, waren vermutlich nicht allein darin
begründet, dass er im Verlauf seiner Forschungen ihre Nähe gesucht und diese dort
erfahren hatte und somit ihre schwierige Situation unmittelbarer nachempfinden
konnte. Daneben wird in den verschiedenen Biografien zu Steller immer wieder auf
den prägenden Einfluss hingewiesen, den seine intensive Beschäftigung mit pietis-
tischem Gedankengut während seiner Zeit in Halle auf ihn ausgeübt haben dürfte,
als er dort in den Franckeschen Stiftungen unterrichtete. Es handelte sich dabei um

ein reformiertes Christentum, das auf eine praktizierte Nächstenliebe und auf tolerantere Methoden einer auf jeden Fall gewaltfreien Bekehrung der Ungläubigen in fremden Ländern abzielte. Das gab Steller Gelegenheit, sich besonders kritisch mit dem von ihm auf Kamčatka vorgefundenen eher formalen Christentum auseinanderzusetzen, welches er der Kollaboration mit den russischen und kosakischen Ausbeutern bezichtigte, indem er u.a. die wirtschaftlichen Verquickungen und neuen Abhängigkeiten der Einheimischen im Zusammenhang mit deren Taufe verurteilte (Steller 1774: 284).

Wie folgte nun Steller den Idealen jener christlichen Praxis, die er während seiner früheren Tätigkeit in Halle verfolgte, was jedoch hier Eingriffe in das Leben und die Kulturen dieser Völker bedeutet hätte. Steller verhält sich im diesem Punkt nicht eindeutig, aber ganz im Sinne des Pietismus. Einerseits wird seine paternalistische Haltung erkennbar, wonach die indigene Bevölkerung gegen den moralisch zersetzenden und zerstörerischen Einfluss auf einen vermeintlich glücklichen Urzustand durch die „Zivilisation" zu schützen sei, der für ihn vor allem von den russischen und kosakischen Pelzhändlern ausgeht. Andererseits fordert Steller eine gründliche Unterweisung im christlichen Glauben, da er eine formale Bekehrung oder den Vorgang der Taufe für keineswegs ausreichend und allein für sich genommen sogar für schädlich hält. Denn in der Form, wie sie bislang auf Kamčatka vorgenommen wurde (s. o.), wurde durch sie für ihn ein falscher Eindruck vom wahren Christentum vermittelt.

Steller betont immer wieder, dass der Intellekt der Einheimischen dem anderer Völker um nichts nachstünde und ihm sogar überlegen sei. Ebenso äußert er großen Respekt vor ihrem handwerklichen Können und ihrem Wissen, was die Nutzung ihrer natürlichen Ressourcen anbetrifft – wenngleich er versucht, mögliche wirtschaftliche Verbesserungen in Form neu einzuführender landwirtschaftlicher Methoden aufzuzeigen (1774: 78ff.). Seine direkteren Eingriffe in die Kulturen dieser Völker beziehen sich somit vor allem auf den religiösen Bereich. Doch im Sinne der Gewaltfreiheit ging es ihm nicht etwa um die Zerstörung ihrer Ritualgegenstände bzw. ihrer Schamanentrommeln, wie dies z. B. bei den Samen in Nordskandinavien im Zuge ihrer Missionierung der Fall gewesen war, bis sich dort pietistische Strömungen durchgesetzt hatten (Kasten 1991). Auch forderte er nicht die Liquidierung von Schamanen, wie es im Rahmen der sozialistischen Umerziehung insbesondere unter Stalin geschah (Bulgakova 2013: 193ff.). Für Steller handelte es sich bei ihren Zeremonien eher um „Gaukelpossen", welche diese Völker schon von selbst ablegen würden, wenn sie erst die entsprechende Bildung erhalten hätten. So galten seine diesbezüglichen Initiativen der Gründung einer Schule in Bol'šereck und den dort vorrangig zu vermittelnden Schreib- und Lesekenntnissen.

Stellers differenzierte Bewertung des von ihm so gründlich dokumentierten indigenen Wissens, mit dem er sich durch beharrliches Nachfragen vertraut gemacht hatte, zeigt sich u. a. darin, dass er versuchte, es verschiedenen Kategorien zuzuord-

nen. Während er dem praktischen Wissen dieser Völker im Hinblick auf die gelun-
gene Anpassung an die dortigen schwierigen Lebensverhältnisse höchste Anerkennung zollt, pflegt er die religiösen Rituale und darin zum Ausdruck kommenden
Glaubensvorstellungen – wie schon erwähnt – als „Gaukelpossen" abzutun, was ihn
aber nicht darin hindert, deren Ablauf auf das Genaueste zu dokumentieren. Mythi-
schem Wissen und oralen Traditionen hingegen, mit denen diese Völker bestimmte
Naturphänomene erklären, misst er offenbar bereits einen höheren Wert zu – soweit
eine solche Anerkennung nicht sein Weltbild und sein Vertrauen in die exakte
Wissenschaft eines Naturforschers in Frage stellte. So sind indigene Erklärungen
zu bestimmten Naturerscheinungen für ihn das Ergebnis ihres „Philosophierens".
Auf jeden Fall aber bemühte sich Steller um einen interkulturellen Dialog, indem
er dem von den Einheimischen immer wieder geäußerten Argument, dass bereits
ihre Vorfahren gut mit diesen Erklärungen gelebt hätten, seinen wissenschaftlichen
Erklärungsansatz gegenüberstellte (Steller 1774: 141ff.), ohne jedoch die Ansichten
seines Gegenübers zu verwerfen oder abzutun. Allerdings wird erkennbar, wie sich
bei Steller bereits eine gewisse Ausgrenzung des „mythischen Denkens" vollzieht,
welche dann später in der deutschen Geschichtsphilosophie des 19. Jahrhunderts
und in der Symboltheorie von Hegel zunächst zu einer Herabsetzung dieser Form
der Erkenntnis vom Standpunkt der Wissenschaft führte (vgl. Kramer 1977: 51). Vor
allem seit Cassirer (1925) findet diese Art des mythischen Denkens aber auch in der
Ethnologie wieder verstärkt Beachtung.

Wissenschaftsgeschichtlich verkörpert Steller noch den umfassenden Forschungs-
ansatz jener Zeit, in dem man noch von einer Einheit der Human- und Naturwissenschaften ausging, welcher sich in der Ethnologie zum Beispiel noch in dem
Werk von Franz Boas findet (Kasten 1992). Nachdem sich die Ethnologie im letzten
Jahrhundert vorübergehend vor allem als Sozialwissenschaft verstand, ist sie neuerdings wieder auch um ähnlich interdisziplinäre Forschungsansätze bemüht, wie
sie sich bereits bei Steller zeigten. Mit beeindruckender Genauigkeit und Umsicht
gelang es ihm auf Grund seiner breiten Vorbildung auf den Gebieten der Theologie,
Medizin und Botanik nahezu alle Wissensbereiche dieser Völker zu erfassen und
dabei jeweils solche Themen aufzugreifen, die vor allem aus der Verschränkung dieser Fachgebiete resultieren und die z. T. heute wieder unsere Diskussion bestimmen.

So finden sich in Stellers Werk erste Ansätze zur stärkeren Berücksichtigung von
indigenem Wissen im Hinblick auf dauerhafte Naturnutzung und wirtschaftliche
Entwicklung in nördlichen Gebieten (Kasten 2012). In seiner Auseinandersetzung
mit der materialisierten Kultur dieser Völker geht er über deren rein deskriptives
Erfassen äußerlicher Merkmale und Funktionen hinaus, indem er auch die in ihnen
gleichzeitig vermittelten kognitiven Inhalte hinterfragt, wie z.B. entsprechende
Bedeutungen bestimmter Farbgebungen (Steller 1774: 64). Über die demografischen
Verhältnisse vor der russischen Eroberung versucht er Aufschluss zu gewinnen,
indem er anhand verlassener Wohnplätze exakte Berechnungen anstellt und das

ganze Ausmaß der Vernichtung und der Bedrohung dieser Völker im Hinblick auf ihren Fortbestand deutlich macht (1774: 219).

Beeindruckend ist Stellers besonderes Interesse für die Sprachen der von ihm beschriebenen Völker, wobei seine Sprachaufzeichnungen eine für die damalige Zeit erstaunliche Genauigkeit erkennen lassen. Sie vermitteln uns somit auch weitere Erkenntnisse wie z. B. im Hinblick auf daraus ableitbare (verwandtschafts-)ethnologische Kategorien. Damit nimmt Steller bereits wichtige Ansätze einer späteren sprachwissenschaftlich fundierten Verwandtschaftsethnologie vorweg (s. Dürr, 290 *in diesem Band*).

Auch zu Fragen der Ethnizität, die in der heutigen ethnologischen Diskussion eine zunehmend bedeutende Rolle spielen, ist Steller schon damals zu erstaunlichen Ergebnissen gelangt. So fiel ihm eine bewusst vorgenommene Abgrenzung zwischen ethnischen Gruppen und Siedlungsgemeinschaften selbst auf engstem Raum auf, indem jeweils eigene sprachliche Varietäten besonders betont wurden (Steller 1774: 211). Dies lässt sich auch bis zu den Umsiedlungen zur Mitte des vorigen Jahrhunderts und noch in späterem sprachlichen Verhalten feststellen (Chalojmova et al. 1997, Dürr et al. 2001). Besonders aufschlussreich sind weiterhin Stellers Hinweise zu damals noch anzutreffenden Bevölkerungsgruppen an der Südspitze Kamčatkas (Lopatka) und auf den nächstliegenden Kurileninseln. Auf Grund ihrer Mittlerposition vereinten sie in sich Kulturelemente der nach Norden angrenzenden Itelmenen und der weiter südlich lebenden Ainu und waren offensichtlich im Begriff, auf dieser Grundlage eine eigene ethnische Identität herauszubilden (Steller 1774: 23ff.).

Nicht unerwähnt bleiben soll der emotionale Charakter dieser Ethnografie, die Steller seine persönlichen Empfindungen und schriftstellerisch-gestalterische Elemente mit einfließen lässt, ein Vorgehen, das in der modernen Ethnologie zeitweise verpönt war, aber in jüngster Zeit wieder zur Debatte steht (s. Kasten, 283 *in diesem Band*). Für den Leser eines solchen Werkes bietet sich dadurch die Gelegenheit, sich zusätzlich zu der ethnografischen Information die besondere Kontaktsituation zu erschließen, unter der das entsprechende Material aufgenommen worden war, welche in den meisten modernen Ethnografien ausgeblendet oder bestenfalls in einem – dem jeweiligen methodologischen Zeitgeist angepassten – Vorwort angeführt wird.

Der spontane und von persönlichen Gefühlen geprägte Stil Stellers verspricht in dieser Hinsicht insofern mehr Transparenz, indem erkennbar wird, auf welcher Grundlage bestimmte Wertungen erfolgen – die zumindest implizit in jeder Ethnografie in der einen oder anderen Form enthalten sind. Darüber hinaus werden die offenbar unvermeidlichen Frustrationen im Verlauf interkulturellen Handelns sichtbar, denen Steller – wie wohl fast jeder Feldforscher – mitunter ausgesetzt ist. Stellers Werk enthält damit jene zusätzlichen Qualitäten, wie sie vor allem in ethnografischen Tagebüchern zu finden sind, wofür das von Franz Boas während seiner Zeit bei den Inuit in Baffinland (Müller-Wille 1998) ein weiteres gutes Beispiel bietet.

Zum Abschluss stellt sich die Frage nach Stellers möglicher Rolle als eines Vorläufers einer bestimmten Richtung innerhalb der neueren Ethnologie, der *advocacy anthropology* (Sanford and Angel-Ajani 2006). Dabei ist anzumerken, dass Steller heute von Itelmenen selbst zur Betonung ihrer Ethnizität bisweilen „instrumentalisiert" und mitunter geradezu zu „ihrem" Geschichtsschreiber stilisiert wird, da er seinerzeit Ungerechtigkeiten dokumentiert hatte, unter denen die Itelmenen zu leiden hatten, wobei diese Passagen in den russischen Ausgaben des Werkes zur Sowjetzeit weggelassen worden waren (Kasten 1996).

Aktuelle Diskussionen zur Forschungsethik (siehe u. a. die Frankfurter Erklärung 2008) werfen ein neues Licht auf die Feldforschungsmethoden, die von Steller und einigen anderen der in diesem Band behandelten Forscher praktiziert wurden. So kommt Stephan Dudeck aus Erfahrungen seiner Arbeiten mit den Chanten während der letzten 20 Jahre zu dem treffenden Schluss, dass die „Definition von Richtlinien ethischen Verhaltens durch Berufsorganisationen ein anderer Weg paternalistischer Bevormundung sein kann, der den Einheimischen die Fähigkeit abspricht, die Regeln für ethnologische Forschung in ihrem gesellschaftlichen Umfeld zu bestimmen ... [wobei nur sie selbst] ... gegenüber dem Ethnologen die Grenzen des Privaten, die Regeln von Respekt und Anerkennung festlegen können" (Dudeck 2013). Manche Forscher machen es sich heute offenbar zu leicht, wenn sie meinen, mit einem fix herübergereichten und von dem Gegenüber meist kaum verstandenen „informed consent" ihrer Schuldigkeit Genüge getan zu haben. Worauf es aus Sicht der Einheimischen aber vor allem ankommt, ist zunächst der Aufbau eines Vertrauensverhältnisses und die vor allem auch von ihnen gesteuerte Einbeziehung des Fremden in ihr soziales Geflecht, was nur über einen längeren Zeitraum möglich ist. Hier zeigt sich auch vermutlich eine der Ursachen für die besondere Qualität von Stellers Informationen, dem dies offenbar zu einem gewissen Grade gelungen war, im Gegensatz zu den Ergebnissen anderer Reisender, die Kamčatka und indigenen Gemeinschaften nur kurze Visiten abstatteten.

Betrachtet man die Gesamtpersönlichkeit Stellers, so stellt sich die Frage nach seinen möglichen tatsächlichen Motiven, die ihn zum Fürsprecher oder „Advokaten" der Itelmenen werden ließen. Auch heutzutage haben Feldforscher die mitunter schwierige Gratwanderung vorzunehmen zwischen dringend gebotener Anteilnahme und oft opportunistischem Lobbyismus für eine bestimmte ethnische Gruppe. Hatte Steller mit seinen moralischen Appellen allein das Wohl der indigenen Bevölkerung im Auge – oder diente eine solche Vorgehensweise nicht auch seinen anderen Zielen, die er mit seinem Aufenthalt auf Kamčatka verfolgte? Man denkt in diesem Zusammenhang z. B. an die erwähnten Autoritätskonflikte mit den dortigen russischen Machthabern, in denen er seine Position offenbar am ehesten aus der Rolle des Moralisten heraus durchsetzten konnte, da ihm keine anderen Machtmittel zur Verfügung standen – wie es sich in der bereits erwähnten Auseinandersetzung mit Chmetevskoj zeigte. Obgleich Steller sich offensichtlich der humanistischen Tradition und den Werten des Pietismus verschrieben fühlte, war er alles andere als ein religiöser Eiferer oder idealistischer Schwärmer für gerechtere Verhältnisse in der „frontier society", die sich am äußersten Rand des Russischen Reiches ihr Leben weitgehend nach ihren eigenen Gesetzen eingerichtet hatte. Letztlich und vor allem war Steller wohl eher der Wissenschaftler, der erkannt hatte, dass es für sein eigentliches Forschungsinteresse durchaus dienlich, wenn nicht gar unabdinglich war, öffentlich auf Distanz zu den russischen Machthabern auf Kamčatka zu gehen – allerdings nur so weit, wie es den Fortgang seiner wissenschaftlichen Arbeiten nicht ernsthaft gefährdete.

## Literatur

Beck, Hanno 1974. Einführung des Herausgebers. In *G. W. Steller: Beschreibung von dem Lande Kamčatka*. Unveränderter Nachdruck der Ausgabe von 1774, Hanno Beck (Hg.). Stuttgart: Brockhaus.

Bucher, Gudrun 2002. *„Von Beschreibung der Sitten und Gebräuche der Völcker:" die Instruktionen Gerhard Friedrich Müllers und ihre Bedeutung für die Geschichte der Ethnologie und der Geschichtswissenschaft*. Stuttgart: Steiner.

Bulgakova, Tatiana D. 2013. *Nanai Shamanic Culture in Indigenous Discourse*. Fürstenberg/Havel: Kulturstiftung Sibirien.

Cassirer, Ernst 1925 [2010]. *Philosophie der symbolischen Formen. Zweiter Teil: Das mythische Denken*. Hamburg: Felix Meiner Verlag.

Chalojmova, Klavdija N., Michael Dürr, Erich Kasten, Sergej Longinov 1997 [2012]: *Istoriko-etnografičeskoe učebnoe posobie po itel'menskomu jazyku*. Petropavlovsk-Kamčatskij: Kamšat. Neuausgabe 2012. Fürstenberg/H.: Kulturstiftung Sibirien.

Dudeck, Stephan 2013. *Der Tag des Rentierzüchters. Repräsentation indigener Lebensstile zwischen Taigawohnplatz und Erdölstadt in Westsibirien*. Fürstenberg/Havel: Kulturstiftung Sibirien (im Druck).

Dürr, Michael, Erich Kasten, Klavdija N. Chalojmova 2001: Itelmen Language and Culture Multimedia CD-ROM. *Ethnographic Library on CD, vol 3*. Münster/New York: Waxmann. (Auszüge auch als Internetausgabe: http://www.siberian-studies.org/publications/PDF/ILC2additions_E.pdf.)

Frankfurter Erklärung 2008. *„Frankfurter Erklärung" zur Ethik in der Ethnologie*. Deutsche Gesellschaft für Völkerkunde. http://www.presse.dgv-net.de/tl_files/presse/ethikerklaerungDGV.pdf

Frost, O. W. 1994. Vitus Bering and Georg Steller. Their Tragic Conflict during the American Expedition. *Pacific Northwest Quarterly* 86: 3–16.

Gmelin, Johann Georg 1751 [1990]. Reise durch Sibirien von dem Jahr 1733 bis 1743. In *Die Große Nordische Expedition von 1733 bis 1743*, Doris Posselt (Hg.), 5–193. Leipzig, Weimar: Kiepenheuer.

Kasten, Erich 1991. Schamanismus der Samen: Fragen zur Variation eines religiösen Vorstellungskomplexes. In *Hungrige Geister und rastlose Seelen: Texte zur Schamanismusforschung*, Michael Kuper (Hg.), 57–75. Berlin: Reimer.

— 1992. Franz Boas: Ein engagierter Wissenschaftler in der Auseinandersetzung mit seiner Zeit. In *Franz Boas: Ethnologe, Anthropologe und Sprachwissenschaftler. Ein Wegbereiter der modernen Wissenschaft vom Menschen*, Michael Dürr, Erich Kasten, Egon Renner (Hg.), 7–37. Wiesbaden: Reichert.

— 1996. Steller und die Itelmenen. In *Georg Wilhelm Steller (1709–1746). Ein Lutheraner erforscht Sibirien und Alaska*, Wieland Hintzsche und Thomas Nickol (Hg.). Gotha: Perthes.

— 2012. Koryak Salmon Fishery: Remembrances of the Past, Perspectives for the Future. In *Keystone Nations: Indigenous Peoples and Salmon across the North Pacific*, Benedict J. Colombi and James F. Brooks (eds.), 65–88. Santa Fe: School for Advanced Research Press.

Kramer, Fritz 1977. *Verkehrte Welten. Zur imaginären Ethnographie des 19. Jahrhunderts*. Frankfurt am Main: Syndikat.

Krašeninnikov, Stepan P. 1755 [1994]. *Opisanie zemli Kamčatki*. St. Petersburg. Nachdruck 1994. Petropavlovsk-Kamčatskij: Kamšat.

Matthies, Volker 1986. Einführung des Herausgebers. In *G.W. Steller, Von Sibirien nach Amerika. Die Entdeckung Alaskas mit Kapitän Bering 1741–1742*, Volker Matthies (Hg.). Stuttgart, Wien: Thienemann.

Müller-Wille, Ludger (ed.) 1998. *Franz Boas among the Inuit of Baffin Island 1883–1884. Journals and Diaries*. Toronto, Buffalo, London: University of Toronto Press.

Rudolph, Wolfgang 1968. *Der kulturelle Relativismus. Kritische Analyse einer Grundsatzfragen-Diskussion in der amerikanischen Ethnologie*. Berlin: Duncker und Humblot.

Sanford, Victoria and Asale Angel-Ajani 2006. *Engaged Observer: Anthropology, Advocacy, and Activism*. New Brunswick: Rutgers University Press.

Stejneger, Leonard 1936. *Georg Wilhelm Steller. The Pioneer of Alaskan Natural History*. Cambridge/Mass: Harvard University Press.

Steller, Georg Wilhelm 1740 [2000]. *Briefe und Dokumente 1740*, W. Hintzsche, Th. Nickol, O. V. Novochatko (Hg.). Halle/Saale: Verlag der Franckeschen Stiftungen.

— 1741–42 [1988]. *Journal of a Voyage with Bering 1741–42*, O.W. Frost (Hg.). Stanford: University Press.

— 1753 [1974]. *Ausführliche Beschreibung von sonderbaren Meeresthieren*. Unveränderter Nachdruck. Hanno Beck (Hg.). Stuttgart: Brockhaus.

— 1774 [2013]. *Beschreibung von dem Lande Kamtschatka*. Frankfurt und Leipzig: Johann Georg Fleischer. Neuausgabe 2013, Erich Kasten und Michael Dürr (Hg.). Fürstenberg/Havel: Kulturstiftung Sibirien.

— 1793. *Reise von Kamtschatka nach Amerika mit dem Commandeur-Capitän Bering. Ein Pendant zu dessen Beschreibung von Kamtschatka.* (Vormals in *Neueste nordische Beyträge* 5: 1793). Simon Pallas (Hg.). St. Petersburg.

## Abbildungen

Sämtliche Abbildungen: Kulturstiftung Sibirien.
Quelle: Georg Wilhelm Steller (1774), Beschreibung von dem Lande Kamtschatka.

# 3 PETER SIMON PALLAS UND DIE ETHNOGRAFIE SIBRIENS IM 18. JAHRHUNDERT [1]

*Han F. Vermeulen*

## Einleitung

Der Arzt und Naturforscher Peter Simon Pallas (1741–1811) war einer der bedeutendsten Gelehrten seiner Zeit, ein universeller Naturwissenschaftler, der sich auch für die „Völker-Beschreibung" bzw. für die Ethnografie interessierte. In der Nachfolge von Gerhard Friedrich Müller, Johann Georg Gmelin, Georg Wilhelm Steller und anderer Teilnehmer der Zweiten Kamčatka-Expedition (1733–1743) trat Pallas als Leiter von einer der fünf „physicalischen Expeditionen" eine Forschungsreise durch das Russische Reich an, die ihn vom mittleren Ural über Westsibirien bis zum Kaspischen Meer führen sollte (1768–1774). Im Gegensatz zur Zweiten Kamčatka-Expedition wurden die Ergebnisse der „Akademischen Expeditionen" unmittelbar nach der Reise veröffentlicht; im Falle von Pallas erschienen die ersten zwei Teile seines dreiteiligen Reiseberichts bereits während der Reise (Pallas 1771–1776).

Auszüge aus diesen Werken erschienen als *Merkwürdigkeiten der Morduanen, Kasaken, Kalmücken, Kirgisen, Baschkiren etc.* (Pallas 1773), *Merkwürdigkeiten der Baschkiren, Metscheräken, Wogulen, Tataren etc.* (Pallas 1777a) und *Merkwürdigkeiten der obischen Ostjaken, Samojeden, daurischen Tungusen, udinskischen Bergtataren etc.* (Pallas 1777b). Noch bedeutender waren Pallas' *Sammlungen historischer Nachrichten über die Mongolischen Völkerschaften* (Pallas 1776–1801), die neben seinen eigenen auch Forschungen anderer über die Kalmücken, Burjaten und Mongolen zusammenfassten.

Während seiner zweiten Forschungsreise nach Südrussland und auf die Krim (Pallas 1793–1794) sammelte Pallas Materialien zur Zoologie, Botanik, Geologie, Geografie, Archäologie, Ethnografie und zu Sprachen von Völkern auf der Krim. Sein Reisebericht erschien in Leipzig, mit Zeichnungen von Gottfried Geißler und anderen Künstlern (Pallas 1799–1801).

Auch als Herausgeber beschäftigte sich Pallas mit völkerkundlichen Berichten, zuerst mit denen seiner Mitreisenden Samuel Gottlieb Gmelin und Johann Anton

1  Überarbeitete Fassung eines im Programm der Deutsch-Russischen Begegnungen 2011 „Zum 200. Todestag des Naturforschers Peter Simon Pallas (1741–1811)" in Halle (Saale), 13.–16. Oktober 2011 sowie bei der Pallas-Veranstaltung im Museum für Naturkunde Berlin am 18. November 2011 gehaltenen Vortrags. Ich danke Dittmar Dahlmann, Wieland Hintzsche, Ullrich Wannhoff und dem NABU Berlin für ihre freundlichen Einladungen sowie Erich Kasten für seine Ermutigung den Vortrag zu veröffentlichen. Jürgen Renn und den Mitarbeiterinnen und Mitarbeitern der Bibliothek des Max-Planck-Instituts für Wissenschaftsgeschichte bin ich für die Unterstützung zu großem Dank verpflichtet.

Güldenstädt, danach mit den Reiseberichten von Lorenz Lange, Petr Ivanovič Ryčkov, Georg Wilhelm Steller, Daniel Gottlieb Messerschmidt u. a.

Darüber hinaus gab Pallas die Zeitschrift *Neue Nordische Beyträge zur physikalischen und geographischen Erd- und Völkerbeschreibung, Naturgeschichte und Oekonomie* (Pallas 1781–1796) heraus, in der viele Aufsätze zur Völkerbeschreibung enthalten sind. Dabei stellen sich folgende Fragen: Warum hat sich Pallas mit der „Völkerbeschreibung" beschäftigt? War es damals üblich, dass Naturforscher sich auch der Ethnografie widmeten? Welche Bedeutung hatte die Ethnografie für Pallas? Und welche Gemeinsamkeiten und Unterschiede gab es zwischen Pallas und Müller?

## Pallas und die Ethnografie

Die ethnografischen Arbeiten von Pallas waren von großer Bedeutung für die frühe Entwicklung der Völkerkunde. Dabei handelte es sich um eine neue Wissenschaft, die im 18. Jahrhundert zur Zeit der Aufklärung von (meist deutschsprachigen) Gelehrten ausging, die im Auftrag der absolutistischen Zaren das Russische Reich in alle Himmelsrichtungen hin erforschten. Die Ethnografie – oder beschreibende Völkerkunde – wurde 1730–1740 von dem Historiker Gerhard Friedrich Müller (1705–1783) konzipiert und programmatisch dargestellt. Von Historikern wie Müller sowie von Naturforschern wie Daniel Gottlieb Messerschmidt, Johann Georg Gmelin, Georg Wilhelm Steller, Stepan Petrovič Krašeninnikov, sowie später auch von Peter Simon Pallas, Ivan Ivanovič Lepëchin, Johan Peter Falck, Johann Gottlieb Georgi u. a. wurde sie in der sibirischen Praxis ausgeführt.

Die Erforschung Sibiriens begann ein volles Jahrhundert nach der Eroberung dieser Gebiete durch die Kosaken. Gerhard Friedrich Müller (Abb. 1) wurde um das Jahr 1740 zum Gründervater der Ethnografie oder der beschreibenden Völkerkunde.[2] Müller war Historiker und Geograf, der sich viele Jahre mit der Geschichte Sibiriens sowie seiner Ethnografie, Linguistik und Archäologie beschäftigt hatte. Als Forschungsreisender hatte er an der Zweiten Kamčatka-Expedition (1733–1743) in Sibirien teilgenommen. In dieser Periode entwickelte er ein ethnologisches Programm für die umfassende und systematische Beschreibung aller Völker Sibiriens, das er 1740 unter dem Begriff „Völker-Beschreibung" zusammenfasste (Müller 1900, Herzog 1949. Müller (2009, 2010) gilt als Begründer der Ethnografie, weil er jenes Programm formulierte und selber teilweise ausführte, seine Mitarbeiter mit ausführlichen *Instruktionen* beauftragte die Völker Sibiriens zu beschreiben (Müller 1900, Bucher 2002) und Einfluss auf spätere Entwicklungen nahm, wie auf die Arbeiten von Pallas und die Akademischen Expeditionen (Vermeulen 2008 a, b, c). Bei der Vorbereitung seiner ersten Forschungsreise arbeitete Pallas intensiv mit Müller zusammen (Hoffmann 2005: 60).

---

2    Zur Entstehung der Ethnografie und Ethnologie in der Deutschen Aufklärung, siehe Vermeulen 1999, 2002, 2008 a, b, c, 2009.

Abb. 1: Gerhard Friedrich Müller (Miller)

Zu den ethnografischen Forschungen in Sibirien des 18. Jahrhunderts zählten:

1. Die Forschungsreise durch Sibirien (1719–1727) von Daniel Gottlieb Messer-schmidt, im ersten Jahr zusammen mit Philipp Johann Tabbert von Strahlenberg (1720–1721).
2. Die Zweite Kamčatka-Expedition (1725–1730, 1733–1743) mit Gerhard Friedrich Müller, Johann Georg Gmelin, Georg Wilhelm Steller, Johann Eberhard Fischer und Jacob Johann Lindenau sowie den Studenten Krašeninnikov, Jachontov, Gor-lanov usw.
3. Die Erste Orenburg-Expedition (1734–1737) mit Petr Ivanovič Ryčkov.
4. Die Akademische Expeditionen (1768–1774) in die Distrikte Orenburg, Astrachan und Kazan mit Peter Simon Pallas, Ivan Ivanovič Lepëchin, Johan Peter Falck, Johann Gottlieb Georgi, Samuel Gottlieb Gmelin und Johann Anton Güldenstädt.
5. Die Billings-Saryčev-Expedition (1785–1795) im Nordostpazifik mit Carl Heinrich Merck als Naturforscher.[3]

An den ersten vier dieser Forschungsreisen war Müller beteiligt: Nach Messer-schmidts Reise war er Mitglied der Akademie-Kommission, die 1728 Messerschmidts umfangreiche Sammlungen von Naturalien und Artefakten in der (1714 gegründe-ten) *Kunstkamera* ordnete. An der Zweiten Kamčatka-Expedition nahm er als For-schungsreisender und Chronist teil. Nach der Ersten Orenburg-Expedition war er Herausgeber von Ryčkovs *Istorija Orenburgskaja* (1759) und *Topografija Orenburgskaja* (1762) und bei den Akademischen Expeditionen war er Berater und Mittler. Bei der Organisation der Billings-Expedition übernahm Pallas Müllers Rolle als Berater.

Es ist bemerkenswert, dass *alle* genannten Forscher – und somit auch die Natur-forscher – gleichzeitig ebenfalls ethnografisch arbeiteten.

---
3   Siehe Wannhoff 2008, 2011; Dahlmann et al. 2009.

## Der junge Pallas

Peter Simon Pallas war Arzt und Naturforscher, der sich erst später zu einem Forschungsreisenden entwickelte. Geboren in Berlin am 22. September 1741 besuchte er
ab 1754 Vorlesungen am *Collegium medico-chirurgicum*. Er studierte ab 1758 Medizin
und Physik in Berlin, Halle, Göttingen und Leiden, wo er als 19-Jähriger über die Ein-
geweidewürmer promovierte (Pallas 1760). Er galt als hochbegabt und sprach neben
Deutsch auch Latein, Griechisch, Englisch und Französisch; zudem lernte er Russisch
und Tatarisch.[4] In Holland und England besuchte er die naturhistorischen Sammlungen und Menagerien. In Holland publizierte er zoologische Texte. Durch Veröffentlichungen versuchte er sich für eine wissenschaftliche Forschungsreise zu empfehlen.
Ende 1766 bekam er über Johann Jacob Stählin einen Ruf der Zarin Katharina II.
an die in den Jahren 1724–1725 in St. Petersburg gegründete Akademie der Wissenschaften. Im Juli 1767 traf er dort ein, wo er zuerst als Adjunkt, dann als Professor für
Naturgeschichte tätig war (Abb. 2). Pallas befasste sich zunächst mit der Ordnung
der Exponate der *Kunstkamera*. Im Mai 1768 wurde ihm die Vorbereitung und Leitung einer von fünf „physicalischen" Akademie-Expeditionen anvertraut. Erst bei der
Vorbereitung und Ausführung dieser Reisen rückte die Völkerkunde in sein näheres
Blickfeld.

Abb. 2: Der junge Pallas (Kupferstich von Johann Conrad Krüger)

---

4   Über Pallas, siehe Ratzel 1887; Masterson und Brower 1948; Winter 1953, 1962; Scurla 1963;
    Heinze 1967; Esakov 1974; Wendland 1985, 1990, 1992a-b, 2001, 2003, 2006; Lauch 1987; Schor-
    kowitz 1995; Hintzsche und Nickol 1996; Sytin 1997, 1999; Egerton 2008; Wannhoff 2008, 2011;
    Dahlmann 2009; Treziak 2011.

Während zwei längerer Reisen durch das Russische Reich widmete sich Pallas neben zoologischen, botanischen, archäologischen und historischen Forschungen auch der Ethnografie. Er publizierte zwei Reiseberichte in insgesamt fünf Bänden zusammen mit Bildern, Karten usw., die auch ethnografische Beschreibungen enthielten. Auf der Grundlage der ersten Reise veröffentlichte er eine bedeutende und ebenfalls reich illustrierte Ethnografie über die Mongolen in zwei Bänden. Außerdem gab er eine international angesehene Zeitschrift heraus und publizierte Reiseberichte anderer Forscher, die auch ethnografische Beiträge enthielten.

## Die Akademischen Expeditionen [5]

Unter der Regierung von Katharina II. wurden neue Expeditionen in alle Richtungen des Russischen Reichs ausgesandt mit dem Ziel „die Nutzen des Reichs und die Verbesserung der Wissenschaften" zu fördern.[6] Angeregt von Michail Lomonosov (1711–1765) wurden sie betreut von dem neuen Direktor der Akademie der Wissenschaften, Graf Vladimir Orlov. Anlass war die Beobachtung des Venustransits im Jahr 1767 und 1769. Ein weiteres Ziel war die Ergänzung der Bestände der Kunst-und Naturaliensammlung (*Kunstkamera)*, sowohl auf dem Gebiet der Naturhistorie als auch auf dem der Kulturgeschichte. Bei einem Brand im Dezember 1747 waren dort vor allem die ethnografischen Objekte aus Sibirien und China verloren gegangen (Russow 1900: 16).

Die Akademischen Expeditionen umfassten sowohl „astronomische" als auch „physicalische" Forschergruppen (Wendland 1992a). Erstere waren astronomisch-geografisch ausgerichtet und führten in die nördlichen, östlichen und südlichen Teile des Reiches. Letztere wurden von Naturforschern ausgeführt, die aufgefordert worden waren, die Natur und Kultur Sibiriens, des Kaukasus und der Orenburg-, Astrachan- und Kazan-Distrikte zu erforschen sowie die Voraussetzungen dazu zu schaffen, diese Gebiete wirtschaftlich zu erschließen und Verluste in der *Kunstkamera* zu ersetzen.

Die Mitglieder der „physicalischen" Expeditionen bekamen *Instruktionen*, die auf denen der Zweiten Kamčatka-Expedition aufbauten: „Gegenstände ihrer Untersuchungen sind: 1) die Natur des Erdreiches und der Gewässer; 2) die mögliche Anbauung wüster Gegenden; 3) der wirkliche Ackerbau; 4) Krankheiten, Viehseuchen, dienlich befundene Arzneymittel; 5) Viehzucht, besonders der Schafe, Bienenzucht, Seidenbau; 6) Fisch- und Wildfang; 7) Mineralien und mineralische Wasser; 8) allerley Gewerke; 9) Entdeckung nützlicher Pflanzen." Ferner „hofft man von ihnen Verbesserungen der Erdbeschreibung, meteorologische Beobachtungen, Nachrich-

---

5    Über die Akademische Expeditionen und die deutsche Russlandkunde, siehe Winter 1953, 1961, 1962–1977; Posselt 1982, 1997; Donnert 1983: 113–116; 1998, 2009; Wendland 1992a I: 80–89; Bucher 2002: 32, 167–170; Dahlmann 2009.

6    „Die Hauptabsicht dieser Expeditionen ist zweyfach: der Nutzen des Reichs und die Verbesserung der Wissenschaften" (Bacmeister 1772: 89f., zitiert in Wendland 1992a I : 91f.; Bucher 2002: 168).

ten von den verschiedenen Sitten, Gebräuchen, Sprachen, Traditionen und Alter-thümern". Außerdem sollte man „merkwürdige Naturalien theils beschreiben, auch wohl abzeichnen lassen, theils gehörig zubereitet [präpariert] an das akademischen *Naturaliencabinet* (in St. Petersburg) abschicken".[7] Diese *Instruktionen* waren von Aka-demiemitgliedern aufgestellt und gründeten sich auf denen, die seinerzeit Müller für seine Mitarbeiter und Studenten abgefasst hatte. Die Naturforscher führten Müllers ethnologisches Programm weiter, indem sie tatsächlich „Nachrichten von den ver-schiedenen Sitten, Gebräuchen, Sprachen, Traditionen und Alterthümern" sammel-ten. Ihre Forschungen bezogen sich jedoch vor allem auf Natur und Wirtschaft. Die wirtschaftlichen Interessen wurden noch zusätzlich betont seitens der 1765 gegrün-deten „Freien Ökonomischen Gesellschaft," die von Orlov und Stählin geleitet wurde (Wendland 1992a I: 90).

Die „physicalischen" Akademischen Expeditionen wurden von den unten genann-ten Personen ausgeführt, denen „drey oder vier Studenten, ein Zeichner, ein Aus-stöpfer und ein Jager" mitgegeben wurden:

- Peter Simon Pallas (1741–1811). Seine Reise führte zum Ural, Altai, Baikal-See und zum Amur-Gebiet und zurück über Orenburg und den Astrachan-Distrikt;
- Ivan Ivanovič Lepëchin (1740–1802) bereiste ebenfalls den Ural sowie den europä-ischen Teil Russlands und das westliche Sibirien;
- Johan Peter Falck (1732–1774) reiste in den Orenburg-Distrikt und nach West-sibirien;
- Samuel Gottlieb Gmelin (1744–1774) richtete seine Reise zum Astrachan-Distrikt und nach Persien;
- Johann Anton Güldenstädt (1745–1781) bereiste Südrussland und den Kaukasus;
- Johann Gottlieb Georgi (1729–1802) reiste anfangs zusammen mit Falck, ab 1772 mit Pallas.

### Pallas' erste Reise

Seine erste Forschungsreise führte Pallas nach Sibirien und in den Süden Russlands bis zum Kaspischen Meer. Vom mittleren Ural reiste er über West- und Südsibirien, den Altai, den Baikal-See bis zum Amur-Gebiet und dann zurück an der Grenze der Mongolei entlang bis zum kaspischen Meer. Dabei wurde er von seiner Frau, einem Zeichner, einem Schützen, einem Präparator und den Studenten Vasilij Fedorovič Zuev (Sujef), Nikita Petrovič Sokolov und Nikita (Nikolaj) Petrovič Ryčkov, dem Sohn von Petr Ivanovič Ryčkov, begleitet.

---

7   Die hier wiedergegebene Formulierung der Instruktion bezieht sich auf Marion Lauch (1987: 378f.). Vgl. Wendland (1992a I: 91f.), der hierzu aus Bacmeister 1772: 89f. zitiert.

Nach der Reise stand für ihn die Auswertung der Expeditionsdaten und Sammlungen im Vordergrund, was zu einer Vielzahl reich illustrierter Veröffentlichungen führte. Im Gegensatz zu den Ergebnissen der Zweiten Kamčatka-Expedition, die zunächst geheim blieben, wurden die Ergebnisse der Akademischen Expeditionen unmittelbar nach oder sogar während der Reise veröffentlicht. So enthielt der dritte Band von Johan Peter Falck *Beyträge zur topographischen Kenntniß des Rußischen Reichs* (1785–1786) *Beiträge zur Thier-Kenntniß und Völker-Beschreibung* (Titel des Bandes 3), in der nicht weniger als 30 Völker beschrieben und linguistisch dargestellt wurden. Ryčkovs *Topografija Orenburgskaja* (1762) behandelte elf Völker im Orenburg-Distrikt, einschließlich der dort lebenden Russen, sowie einige asiatische Völker, die in neuerer Zeit dorthin eingewandert waren und mindestens fünf Völker in den Grenzgebieten (Ryčkov 1983: 46–90).

Als Zusammenfassung aller bis dahin gesammelten ethnologischen Nachrichten veröffentliche Georgi eine *Beschreibung aller Nationen des Rußischen Reichs* in 4 Bänden (1776–1780). Sie war mit 95 handkolorierten Stichen von C. M. Roth illustriert. Die Klassifikation der Völker durch Georgi basierte auf der von Müller und erwies sich als sehr aufschlussreich. Noch fünfzig Jahre später fand sie Verwendung bei den Reformen der sibirischen Verwaltung durch Michail Speransky.

Zu den Ergebnissen von Pallas zählten der Reisebericht *Reise durch verschiedene Provinzen des Rußischen Reichs* (1771–1776), drei Bände mit Auszügen (siehe unten) sowie eine bedeutende Monografie über Kalmücken, Burjaten und Mongolen, die *Sammlungen historischer Nachrichten über die Mongolischen Völkerschaften* (1776–1801). Die letzte Arbeit beruhte zum Teil auf Forschungen von Johann Jährig, einem Übersetzer (*Translateur*) der Petersburger Akademie für Ostsibirien (Wendland 1992a I: 498). Die *Sammlungen* fassten Pallas' und Jährigs Forschungen zusammen, und zwar unter Einbeziehung von Materialien von Samuel Gottlieb Gmelin und Gerhard Friedrich Müller und sie waren vorbildlich illustriert (s. Abb. 3, 4).

Pallas' *Reise durch verschiedene Provinzen des Rußischen Reichs* wurde in Europa mit großem Interesse aufgenommen. Die Tatsache, dass die Leser bereits die ersten beiden Bände in der Hand halten konnten, während der Autor noch auf der Reise war, hatte die Leser fasziniert – was einen Vergleich zu Alexander von Humboldts späterer Reise durch Amerika zulässt (Henze 1967). Die drei Bände waren in Form eines Tagebuchs geschrieben und reich illustriert. Auch der Umfang von 2008 Seiten war beeindruckend. Hinzu kamen zwei Register sowie viele Kupferstiche und Karten, die in dem Nachdruck von 1967 in einem Tafelband zusammengefasst wurden, aber ursprünglich mit den Bänden mitgeliefert wurden.

Obwohl seine Beschreibungen vor allem auf die Naturgeschichte, Geografie, Wirtschaft und Topografie ausgerichtet waren, war der völkerkundliche Inhalt dermaßen ergiebig, dass Pallas' ethnologische Mitteilungen 1773–1777 ohne Angabe eines Verlags in Frankfurt und Leipzig nachgedruckt wurden. Bei diesen „Auszügen" im Klein-Oktavo Format handelt es sich um *Merkwürdigkeiten der Morduanen, Kasaken,*

Abb. 3: „Eine kalmückische Familie mit ihrem Melkvieh" (Aus: Pallas 1776–1801: Titelkupfer).

*Kalmücken, Kirgisen, Baschkiren etc.* (1773), *Merkwürdigkeiten der Baschkiren, Metscheräken, Wogulen, Tataren etc.* (1777a) und *Merkwürdigkeiten der obischen Ostjaken, Samojeden, daurischen Tungusen, udinskischen Bergtataren etc.* (1777b). Der *WorldCat* gibt an, dass die Auszüge von dem Publizisten August Wilhelm Hupel und dem Verleger Johann Friedrich Hartknoch in Riga zusammengestellt worden sind.[8] Als Herausgeber soll der bekannte Darmstädter Publizist, Redakteur und Naturforscher Johann Heinrich Merck (1741–1791) daran mitbeteiligt gewesen sein.

---

8    Wendland (1992a: 943f.) fügt als Verlagsort und Verleger hinzu: [Riga]: [J.F. Hartknoch].

Abb. 4: „Eine Mongolische Filzhütte im Durchschnitt" (Aus Pallas 1776–1801: Tafel 7).

Zur gleichen Zeit erschien jedoch eine andere Ausgabe von Pallas' *Reise durch verschiedene Provinzen des Rußischen Reichs in einem ausführlichen Auszuge*, die in Frankfurt und Leipzig von Johann Georg Fleischer herausgegeben wurde (1776–1778). Dabei handelte es sich um einen Auszug für ein breiteres Publikum. Es ist zu vermuten, dass derselbe Verleger auch für andere populär gehaltene Auszüge aus Pallas' Werken verantwortlich war. Die Bücher ähneln nämlich einem ebenfalls illustrierten Auszug aus Georgis *Bemerkungen, Merkwürdigkeiten verschiedener unbekannter Völker des Rußischen Reichs* (1777).[9]

Wie dem auch sei, es ist auffallend, dass vor allem Mitteilungen über die Völkerschaften der von Pallas und Georgi bereisten Gebiete zusammengefasst wurden. Das deutet auf ein besonderes Interesse des Bildungsbürgertums an ethnologischen Themen hin. Ebenfalls zeigt es den Versuch der Verleger, auf dieses Bedürfnis kom-

---

9  Auszug aus Georgis *Bemerkungen*. Frankfurt und Leipzig: n. p. (1777). Der Verleger kann ebenfalls Fleischer gewesen sein. Dieser Auszug hat 331 Seiten, wie der Auszug Pallas 1777b (334 Seiten). Ich danke Ullrich Wannhoff in Berlin und Swen Alpers in Göttingen für bibliografische Besonderheiten. Alpers fügt hinzu, dass die Bücher parallel in Riga und Leipzig erschienen sind und dass Hartknoch und Fleischer miteinander kooperierten.

merziell zu reagieren, um die Neugierde an Berichten aus anderen Teilen der Welt zu befriedigen.[10]

Für Pallas bezog sich die Ethnografie aber auch auf ganz allgemeine Aspekte. So konnte er 1773 während seines Besuches bei deutschen Siedlern an der Wolga feststellen, dass sich die Anzahl der Familien zwar verringert hatte, aber ein nicht unbeträchtlicher Bevölkerungszuwachs stattgefunden hat, trotz der geringen Lebenserwartung.


## Pallas als Herausgeber völkerkundlicher Schriften

So wie Pallas vor seiner ersten Reise intensiv Recherchen zu früheren Untersuchungsberichten getätigt hat, so befasste er sich auch nach der Reise mit der Erforschung und Herausgabe von Manuskripten anderer Gelehrter. Als Herausgeber beschäftigte er sich fast selbstverständlich auch mit völkerkundlichen Themen. Die ersten Werke anderer Autoren, die er herausgab, waren die seiner Mitreisenden Samuel Gottlieb Gmelin (1784, 4. Teil) und Güldenstädt (1787–1791). Wendland (1992a I: 504) schreibt, dass es zum Teil Auftragsarbeiten waren, die Pallas von der Akademie der Wissenschaften übertragen worden waren. Man kann aber annehmen, dass er solche Aufgaben gerne übernommen hat, wobei vor allem die botanischen und zoologischen Ergebnisse für seine Ziele wichtig waren. Besonders die Arbeit von Güldenstädt war für seine spätere Forschungen in Südrussland bedeutend, da er auf dieser weiter aufbauen konnte.

Auch die Reiseberichte von Lorenz Lange, Georg Wilhelm Steller, Daniel Gottlieb Messerschmidt u. a. gab Pallas zum ersten Mal heraus. Nicht weniger als 15 Reiseberichte oder Beschreibungen von deutschen oder deutschsprachigen sowie von russischen Reisenden wurden von Pallas veröffentlicht (Wendland 1992a I: 505 f.). Die Reihe begann mit dem Tagebuch der Reisen des russischen Kanzleirats Lorenz Lange von 1727–1728 und 1736 über Kjachta durch die Mongolei nach Beijing (Lange 1781). Sie war vorher im zweiten Band von Pallas' Zeitschrift *Neue Nordische Beyträge zur physikalischen und geographischen Erd- und Völkerbeschreibung, Naturgeschichte und Oekonomie* (1781–1796) erschienen. Pallas war ebenfalls bemüht, die 1755 erschienene *Orenburgische Topographie* von Petr Ryčkov übersetzen zu lassen.

Von Messerschmidt publizierte Pallas einen Teil seines Tagebuchs mit der „Wasserreise" von Mangaseya bis nach Samarov-Jam zwischen Juni 1723 und November 1725 (Pallas 1782a), von Steller dessen „Topographische und physikalische Beschreibung der Beringinsel" (Pallas 1781d) und dessen Tagebuch von der Reise mit Vitus Bering nach Amerika und zurück (Pallas 1793b), von Müller dessen „Nachrichten von den […] Schiffahrten im Eißmeer und in der Kamtschatkischen See" seit dem Jahr 1742 (Pallas 1793a). Er veröffentlichte auch Berichte zu anderen Seereisen, die von Russen unternommen worden waren, oder schrieb selber über „die im östlichen Ocean zwischen

---

10 Auch von Pallas' *Sammlungen historischer Nachrichten* erschienen Auszüge, sowohl auf Deutsch und Französisch als auch auf Russisch (Wendland 1992a II: 944–946).

Sibirien und America geschehenen Entdeckungen" (Pallas 1781c). Weiterhin publizierte er das deutsche Original von Fischers Aufsatz „Gedanken von dem Ursprunge der Amerikaner" (Pallas 1782b).

Im Einklang mit dem Programm seiner Zeitschrift kombinierte Pallas geografische und ethnografische Berichte mit Nachrichten über Naturgeschichte und Ökonomie (siehe Abb. 5).

Abb. 5

Für Pallas war die Völkerkunde – wie für Gerhard Friedrich Müller – eine umfassende, beschreibende, empirisch-kritische und möglichst objektive Beschreibung der Völker weltweit. Sie nannten diese Disziplin „Völker-Beschreibung" (Müller 1740) und „Völkerbeschreibung" (Pallas 1781). Es war eine beschreibende Wissenschaft, die vor allem versuchte, historische Beziehungen zu klären. Ein gutes Beispiel für Pallas' Vorgehensweise ist sein Aufsatz „über die zu Astrachan wohnenden Indianer" (Pallas 1782a), in dem er eine Verbindung zwischen Völkerkunde und Linguistik aufzeigt. Andere Beispiele sind seine Artikel über lamaistische Religionspraktiken in „Tybet" und der Mongolei (Pallas 1781a, b; 1782b), die auf den ersten Teilen seines Reiseberichts und seiner *Sammlungen* zu den Mongolen aufbauten.

Ab 1767 wurden im Heiligen Römischen Reich deutscher Nation und in Österreich die neugriechischen Kunstwörter „*ethnographia*" (1767–1771) und „*ethnologia*" (1781–1783) geprägt. Parallel zu den Akademischen Expeditionen in Russland wurde zuerst in Göttingen und danach in Wien eine (allgemeine) Völkerkunde oder Ethnologie entwickelt. Während die Ethnografie ein Produkt der deutsch-russischen Frühaufklärung war, war die Ethnologie ein Ergebnis der deutschen Spätaufklärung (Vermeulen 2008c).

In Russland blieb allerdings die Bezeichnung „Völker-Beschreibung" prägend, wie die Veröffentlichungen von Georgi (1776–1780), Falck (1786) und Pallas (1781–1796) zeigen. Die Kontinuität dieser Tradition seit 1740 wurde erst mit der Veröffentlichung von Müllers „Beschreibung der sibirischen Völker" in den Jahren 2009–2010 deutlich erkennbar.

## Pallas' zweite Reise

Nach längerem Aufenthalt in St. Petersburg, zu dessen Zeit Pallas seine Sammlungen überarbeitete und Berichte seiner Reisegefährten und Vorgänger herausgab, unternahm er 1793–1794 eine zweite Forschungsreise, die ihn nach Südrussland und auf die Krim führte. Auch auf dieser Reise sammelte Pallas Materialien zur Botanik, Zoologie, Geologie, Geografie sowie zur Archäologie, Ethnografie und zu den Sprachen auf der Krim. Das Ergebnis war sein Reisebericht *Bemerkungen auf einer Reise in die südlichen Statthalterschaften des Russischen Reichs in den Jahren 1793 und 1794* (Pallas 1799–1801). Die beiden Bände enthielten 52 in Kupfer gestochene Zeichnungen und 28 Vignetten sowie drei Reisekarten von Gottfried Geißler (1770–1844) und von anderen Künstlern. Es gab eine deutsche, englische und französische Ausgabe, jedoch keine russische Übersetzung.

Rückblickend betonte Pallas in dem zweiten Band seiner *Bemerkungen* die Bedürfnisse seiner Zeit: „Nichtchristliche Völkerschaften weckten das ethnographische Interesse der Gelehrten und Reisenden" (Pallas 1801). Bereits zu Lebzeiten hatte er Berühmtheit erlangt, nicht nur durch die ihm zuteil werdende Bewunderung der Zarin, sondern auch durch seine Entdeckung des großen Meteoriten von Krasnojarsk im Jahr 1772 („Pallas-Eisen").

Als Würdigung seiner Verdienste schenkte ihm Katharina II. ein Gut auf der Krim. Nach seiner zweiten Reise zog sich Pallas 1796 mit seiner Frau und Tochter sowie mit seinem Zeichner und Vertrauten Geißler auf das Gut zurück. Pallas weilte dort 15 Jahre, während Geißler 1798 nach Leipzig zurückkehrte, um den Verleger Martini für seine und Pallas' Veröffentlichungen zu gewinnen (Treziak 2011).

Geißler zeichnete am liebsten die Sitten und Gebräuche der Russen und Tartaren. So publizierte er, zusammen mit Johann Gottfried Gruber, *Sitten, Gebräuche und Kleidung der Russen in St. Petersburg* (Geißler 1801–1803). Mit Friedrich Hempel gab er eine populär-ethnologische Arbeit heraus: *Abbildung und Beschreibung der Völkerstämme und Völker unter des Russischen Kaisers Alexander menschenfreundlichen Regierung. Oder Charakter dieser Völker aus der Lage und Beschaffenheit ihrer Wohnplätze entwickelt und in ihren Sitten, Gebräuchen und Beschäftigungen nach den angegebenen Werken der in- und ausländischen Litteratur* (Geißler 1803). Danach publizierte er vier Hefte mit *Mahlerische Darstellungen der Sitten, Gebräuche und Lustbarkeiten bey den Russischen, Tatarischen, Mongolischen und andern Völkern im Russischen Reich* (Geißler 1804). Heft 1 und 2 erschienen sowohl auf Deutsch als auch auf Französisch. Hierzu hatte er insgesamt 40 Tafeln angefertigt, zu denen er selbst den Begleittext verfasst hatte.[11] Ein Jahr später veröffentlichte er zusammen mit J. G. Richter und J. G. Gruber *Sitten, Gebräuche und Kleidung der Russen aus den niedern Ständen* (Geißler 1805). Geißler versuchte demnach aus den mit Pallas unternommenen Reisen auch seinen eigenen Nutzen zu ziehen, wobei er bewusst Themen aufgriff, die bei einem breiteren Publikum beliebt waren.

Pallas beschrieb in seinem Kapitel „Nachrichten über die Völker des Caucasus" besonders die an der Nordseite des Kaukasus lebenden Ethnien (Pallas 1799–1801 I: 363–424). Er fasste die linguistischen Daten von Güldenstädt zusammen, präsentierte dessen Klassifikation der Sprachen und ergänzte sie mit Besonderheiten über die Stämme, Dörfer, politischen und sozialen Verwandtschaften, Lebensart, Kriegsführung, Manufaktur und Ökonomie. Er unterschied acht Völkerklassen und widmete den „Tscherkessen" die größte Aufmerksamkeit.

In anderen Kapiteln seiner *Bemerkungen* ließ Pallas Völkerbeschreibungen in seinen Reisebericht miteinfließen, z. B. über die Völker auf der Krim. Die Tatsache jedoch, dass er über die „zahlreichen" im Kaukasusgebirge „zusammengedrängten Nationen verschiedener Zungen" so ausführlich berichten konnte, ist dem Umstand zu verdanken, dass Güldenstädt deren Zusammengehörigkeit „durch Einsammlung genauer Sprachverzeichnisse" (Pallas 1799–1801 I: 363f.) bereits dargestellt hatte und Pallas darauf aufbauen konnte.

Obwohl Pallas vor allem Zoologe, Botaniker und Geowissenschaftler war, widmete er sich auch der Ethnografie. Warum? Das war damals durchaus nicht gängig, weil diese Wissenschaften sich in getrennten Wissensbereichen entwickelten. Von Joseph Banks, der als Botaniker 1768–1771 an James Cooks erster Weltumseglung teilnahm, sind zum Beispiel keine Beiträge zur Ethnografie Ozeaniens bekannt. Von den 17 Forschungsreisenden, die Carl von Linné als seine „Apostel" zwischen 1745 und 1796 in die Welt geschickt hatte, beschäftigten sich nur sechs (kaum ein Drittel) auch mit der Völkerkunde, nämlich Kalm, Forsskål, Falck, Afzelius, Sparrmann und Thunberg (Vermeulen 2008c). Falck war zwar ein Schüler von Linné, aber als Teilnehmer der Akademischen Expeditionen stand er unter Vertrag der Kaiserlichen Akademie der Wissenschaften in St. Petersburg. Es war also *nicht* üblich, dass Naturforscher sich

---

11  Wendland (1992 I: 705) vermutet, dass Pallas am Werk *Mahlerische Darstellungen* mitgearbeitet hat.

auch als Ethnografen betätigten. Das machten jedoch im Russischen Reich des 18. Jahrhunderts *alle* Forschungsreisenden und somit auch die Naturforscher.

Die Frage, warum Naturforscher in Russland sich auch mit der Ethnografie beschäftigten, ist bislang kaum gestellt worden. Wahrscheinlich nahm man an, dass es zu den Aufgaben der Naturforscher gehörte, alles in der Natur Befindliche zu dokumentieren und somit auch die sogenannten „Naturvölker". Jedoch stellten die „Naturvölker" im Russland des 18. Jahrhunderts noch keine eigene Kategorie dar. Erst Johann Gottfried Herder prägte 1774–1776 diese Bezeichnung,[12] wobei Rousseau mit seinem Konzept des „Naturstaats" bereits erste Ansätze dazu gegeben hatte. In Russland wurden seit dem frühen 18. Jahrhundert Völker nicht dadurch unterschieden, weil einige von ihnen angeblich Teil der Natur waren, sondern weil sie unterschiedliche Sprachen besaßen. Im vorpetrinischen Russland wurden Menschen vor allem nach ihrer Religionszugehörigkeit unterschieden. Die Kosaken betrachteten die Ureinwohner Sibiriens nicht als Barbaren, sondern als Ungläubige, die verpflichtet waren Steuern zu zahlen (Slezkine 1994: 40; Bucher 2002: 155). Sie wurden nicht als „Völker" (*narody*), sondern als *inovertsy* („Menschen eines anderen Glaubens") klassifiziert.

Seit den Theorien von Gottfried Wilhelm Leibniz (1646–1716) galt jedoch Sprache als das entscheidende Kriterium für die Verwandtschaft und Herkunft der Völker. Historiker wie Müller, Fischer, Schlözer und viele andere meinten, dass man Völker in vorgeschichtlicher Zeit, also für die es keine schriftliche Quellen gab, nur klassifizieren und unterscheiden könne, wenn man ihre Sprachen vergleichen würde. Deshalb hatte Leibniz den Zaren Peter und seine Berater wiederholt zum Sammeln von Vokabularien oder Wörterverzeichnissen angeregt (Vermeulen 2008c, 2011, 2012a, b).

## Pallas und die Linguistik

Leibniz' Anregungen folgend sammelten Naturforscher in russischen Diensten wie Messerschmidt, (Johann Georg) Gmelin, Steller, Pallas, Lepëchin, Falck, Georgi, Güldenstädt und Merck eifrig Vokabularien, und zwar im Auftrag von Historikern wie Müller und Fischer. Diese wiederum benötigten solche Wörterverzeichnisse für ihre historiografischen Untersuchungen, um festzustellen, welche Völker Sibiriens miteinander verwandt waren. Nach einem Satz von Schlözer (1771: 210 f.) würden die Sprachen für den Historiker das, was „die Staubfäden für den Botaniker" waren. Zwar sammelten die Naturhistoriker Johann Reinhold und Georg Forster während Cooks zweiter Weltreise (1772–1775) auch Sprachproben, doch eigentlich war das eine Ausnahme. Im allgemeinen betrieben sehr wenige Naturforscher im 18. Jahrhundert historisch-vergleichende Linguistik, wogegen in Russland fast alle Naturforscher dies machten.

---

12  Johann Gottfried Herder (Bückeburg) *Älteste Urkunden des Menschengeschlechts* (1774–76), herausgegeben von J. G. Müller, 1806/I (1774): 83; 1806/II (1776): 33.

Ab 1784 arbeitete Pallas im Auftrag der Kaiserin an einem Wörterbuch mit dem Titel *Linguarum totius orbis vocabularia comparativa* (Pallas 1787–1789). Es war ein „vergleichendes Wörterbuch aller Sprachen und Mundarten" in dem 285 Wörter von 200 Sprachen, davon 149 in Asien und 51 in Europa, verglichen wurden. Pallas war von Katharina zu der Arbeit aufgefordert worden, die sie seit langem vorangetrieben hatte. Sie selber stellte eine Liste von 200 Stammwörtern in Russisch auf. Pallas veröffentlichte dazu 1785 in verschiedenen Zeitschriften eine *Avis au public* und ein „Model des Vokabulariums für die Vergleichung aller Sprachen", um gelehrte Beiträge dazu einzuholen. Die Königshöfe in Europa und Amerika – wie die in London, Paris, Madrid, Den Haag oder Washington – wurden eingeladen, sich mit Wörterlisten an der Arbeit zu beteiligen. Das Ergebnis war beeindruckend, jedoch wissenschaftlich letztlich unbefriedigend. Nur die erste Sektion über europäische und asiatische Sprachen konnte erscheinen. Das von Pallas verfasste Vorwort erschien zwar auch in Lateinisch (Adelung 1815: 66–72); das Wörterbuch aber war in kyrillischer Schrift verfasst, weil man annahm, dass die russische Sprache sich am besten dazu eignete, die unterschiedlichen Laute wiederzugeben. Außerdem waren nur wenige Exemplare zum Verkauf freigegeben. Das Hauptproblem war, dass die Sprachbeispiele nur die phonetischen, aber nicht die morphologischen Strukturen der behandelten Sprachen berücksichtigten. Weitergehende Vorschläge von Müllers ehemaligem Assistenten, Hartwig Ludwig Christian Bacmeister, die bereits deutlicher die grammatikalischen Unterschiede thematisierten (1773), wurden ignoriert. Trotzdem lieferte Bacmeister die Materialien der ersten 47 europäischen Sprachen und widmete dem Werk eine neutrale Besprechung (Bacmeister 1787, Lauch 1969). Auch Müller hatte wogulische, ostjakische, samojedische und tungusische Wörtersammlungen zur Verfügung gestellt (Adelung 1815: 54). Pallas sah sich selber 1785 (*Avis au public*) nur als „typografischer Verwalter" („pour soigner la partie typographique de cet ouvrage"), was allerdings Friedrich Adelung (1815: 51, 54) für zu bescheiden hielt. Pallas hatte das Glossarium nicht nur vorbereitet und überarbeitet, sondern auch zusammengestellt. Einen Teil des Wortmaterials hatte er selber gesammelt.[13] Pallas bedauerte, dass das Wörterbuch nicht auch die „Africanischen und Amerikanischen Sprachen" enthielt. (Die Materialien zu afrikanischen und amerikanischen Sprachen wurden erst 1790–1791 in der zweiten, alphabetisch geordneten Auflage von T. Janković de Mirievo gedruckt.) Pallas stellte seine Materialien 1809 Friedrich Adelung zur Verfügung und empfahl diesem, das Werk zu vollenden und es in lateinischer Schrift drucken zu lassen.[14]

Obwohl die erweiterte Ausgabe nie realisiert wurde (Adelung 1820), stellt die deutsch-russische historisch-vergleichende Linguistik einen wichtigen Schritt in der Sprachwissenschaft des 18. Jahrhunderts dar und fand auch in Nordamerika Anklang. Der Jesuit und Reisende Pierre-François-Xavier de Charlevoix, der amerikanische Naturforscher Benjamin Smith Barton und der Politiker Thomas Jeffer-

---

13 Siehe Haarmann 1979.
14 Zitiert in Wendland 1992 a I : 708f.

son waren an Sprachvergleichen interessiert, um die „affinity of nations" zu klären. Pallas' *Avis au public* beeinflusste den späteren Präsidenten George Washington, der 1786 Regierungsbeamte in Ohio damit beauftragte, „Indian vocabularies" zu sammeln, weil diese Licht werfen könnten „upon the original history of this country and [...] forward researches into the probable connection and communication between the northern parts of America and those of Asia".[15] Barton nahm 1797–1798 Leibniz' Sprachtheorien und Pallas' Vokabularien als Ausgangspunkt, um die „Ursprünge der Stämme und Völker Amerikas" zu erforschen.

## Naturforschung, Ethnografie und Linguistik

Pallas war ein Universalgelehrter mit breitgefächerten Interessen. Seine Bibliografie (in Wendland 1992a II: 932–1010) zählt 200 Einträge. Er verfasste 20 Monografien und 102 Aufsätze (Wendland 1992a I: 521). Die meisten seiner Veröffentlichungen befassen sich mit Zoologie, Botanik, Mineralogie, Paläontologie, Geografie, Geologie, Medizin, Pharmakologie, Bergbau, Landwirtschaft und Technologie, andere aber auch mit Ethnografie, Linguistik und Archäologie. In den anonym erschienenen *Anecdoten* einer Lebensgeschichte von Potemkin, mit einer Beschreibung der „ehemaligen Krimm" sowie der Reise von Katharina II. nach der Krim, befindet sich ein Anhang „über tatarisch-scythische Alterthümer" mit Bemerkungen von (Samuel Gottlieb) Gmelin und Pallas.[16] Dieser Aufsatz im Umfang von 40 Seiten und vier Kupfertafeln aus dem Jahr 1768 belegt Gmelins und Pallas' Interesse an diesen Hinterlassenschaften, auch wenn er erst 1792 publiziert wurde.

Die wissenschaftlichen Gründe für Naturforscher wie Pallas, sich mit der Völkerkunde und Linguistik zu beschäftigen, wurden schon genannt. Die Völkerbeschreibung wurde als eine Hilfswissenschaft der Geschichte betrachtet und die historisch-vergleichende Linguistik spielte dabei eine unterstützende Rolle. Die praktischen Gründe sind jedoch bislang kaum näher untersucht. Die Historiker und Naturhistoriker, die an den großen Forschungsreisen im Russland der Aufklärung teilnahmen, beschäftigten sich mit der Völkerbeschreibung, weil die russischen Behörden bzw. die Akademie der Wissenschaften sie dazu beauftragt hatten. „Völker-Beschreibung" war für Pallas ebenso wie für Müller eine empirische Wissenschaft, die sowohl theoretischen, als auch praktischen Zielen dienen sollte.

Für die Russen waren praktische Ziele vorrangig. Für sie war Sibirien eine Kolonie (Dahlmann 2009) und „seine Völker galten als willige Lieferanten von Steuern und

---

15   Zitiert in Gray 1999: 112.
16   Ich danke dem Antiquar Swen Alpers in Göttingen für den Hinweis auf und Details über diese seltene Ausgabe. Wendland (1992a II: 958) erwähnt die „Tatarisch-scythische Alterthümer"und die *Anecdoten*, aber gibt keine Jahreszahl; die Seitenangabe ist korrekt für den *Anecdoten*, nicht aber für den Anhang.

Pelzen" (Schorkowitz 1995: 331). Wegen den vielen Eroberungen und Kriege sah sich das Russische Reich einem erheblichem Geldmangel gegenüber. Deshalb waren die russischen Motive der Erforschung der Ressourcen Sibiriens und ihrer Bevölkerung eher utilitaristischer Natur. Auf die Eroberung Sibiriens im 16. und 17. Jahrhundert folgte die Erforschung dieser Landesteile im 18. Jahrhundert. Die Ausbeutung Sibiriens, ihrer Ressourcen und ihrer Bevölkerung, wurde unter Peter I. zur erklärten Regierungspolitik. Darum wurde die Akademie der Wissenschaften vom Russischen Senat ab 1730 beauftragt, von allen Forschungsreisenden, die vor allem Mediziner und Naturforscher waren, auch Beschreibungen der Völker anfertigen zu lassen.

Die Antwort der meist deutschsprachigen Gelehrten auf eine solche Aufforderung der Akademie der Wissenschaften war pragmatisch. Wenn eine Beschreibung der sibirischen Völker gemacht werden sollte, musste diese sowohl empirisch als auch systematisch und umfassend sein, wie Müller um 1740 argumentierte (Müller 1900, 2010). Sie sollte nicht nur die Wünsche der russischen Behörden erfüllen, sondern auch den Interessen der Gelehrten in Europa entgegen kommen. In Russland wurde deshalb die Ethnografie vor allem als „Völker-Beschreibung" weiterentwickelt.

Zwischen Pallas' und Müllers Auffassungen einer solchen „Völker-Beschreibung" gab es neben Gemeinsamkeiten jedoch auch Unterschiede. Für beide war die „Völker-Beschreibung" umfassend (holistisch), systematisch-kritisch und empirisch-beschreibend. Für Müller war sie ein Teil der Geschichte (*historia civilis*), für Pallas dagegen eher ein Teil der Naturgeschichte (*historia naturalis*) oder der Geografie (Erdbeschreibung). Während Müllers ethnografische Arbeiten zu seiner Zeit weitgehend unveröffentlicht blieben und sich sein Einfluss auf Kontakte mit Assistenten (und nicht durch Publikationen) in Grenzen hielt, war Pallas' Einfluss größer. Bereits während der Reise und danach wurden seine Ergebnisse in mehreren Ausgaben und Sprachen veröffentlicht. Pallas übte durch seine Kontakte und seine Publikationen sowie durch populäre Ausgaben Einfluss aus. Aber der größte Unterschied zwischen Pallas' und Müllers Auffassungen von „Völker-Beschreibung" war, dass Müller den Nutzen der Ethnografie eher in einer geografisch-historischen Orientierung sah, während Pallas vor allem den ökonomischen Nutzen betonte und entsprechende wirtschaftliche Daten lieferte. Das stand ganz im Einklang mit einer Neuorientierung seit der Gründung der *Freien Oekonomischen Gesellschaft* in St. Petersburg und ließ zunehmende finanzpolitische Erwägungen sowie kameralistische Ideen erkennen.

Sowohl Pallas wie auch Müller waren sich bewusst, dass sich die gebildeten Kreise in Westeuropa für eine Beschreibung der Völker und deren Sitten interessierten. Pallas und Müller unterhielten bis zum Tod des Letzteren einen engen Kontakt untereinander, und ihr umfangreicher Briefwechsel zwischen 1768 und 1783 ist wahrscheinlich auch in dieser Hinsicht höchst aufschlussreich.[17]

Als Pallas im Mai 1810 mit seiner Tochter und seinem Enkel nach Berlin zurückkehrte, hoffte er dort seine Hauptwerke – darunter seine *Zoographia Rossica* – fertig-

---

17    Siehe Wendland 1992a II: 874–879 (Fond Millera) und S. 893–913 für eine Übersicht.

stellen zu können. Er starb jedoch kurz darauf, am 8. September 1811, zu einer Zeit, als er in ganz Europa bereits bekannt war.

Bislang ist die Forschung davon ausgegangen, dass die völkerkundlichen Beschreibungen von Pallas Teil seiner universalistischen Betrachtungsweise waren. Die Tatsache jedoch, dass nahezu alle Naturforscher im Russischen Reich (eine Art) Völkerbeschreibung betrieben, deutet auf utilitaristische Motive der russischen Behörden, d. h. auf staatliche Interessen hin, indem die Forscher dazu vertragsmäßig angehalten waren. Was die russischen Auftraggeber mit den ethnografischen Ergebnissen der damaligen Forschungsreisenden gemacht haben, ist eine offene Frage, die bisher noch ungeklärt ist. Ein Ergebnis war aber schließlich, dass man am Ende des 18. Jahrhunderts über mehr als ein Dutzend detaillierter Beschreibungen der russischen Völker – sowie viele Popularisierungen – in mehreren europäischen Sprachen verfügte.

Peter Simon Pallas hat dazu nicht wenig beigetragen. Warum? Weil es ihn interessierte, weil er wusste, dass es dafür ein Interesse in Europa gab, und weil er sich dazu auf Grund seiner Instruktionen verpflichtet fühlte.

## Literatur

### Pallas als Autor

1771–1776. *Reise durch verschiedene Provinzen des Rußischen Reichs.* 3 Bde. St. Petersburg, gedruckt bey der Kayserlichen Akademie der Wissenschaften. Frankfurt und Leipzig, bey Johann Georg Fleischer. Französische Übersetzung 1788–1793; Englische Übersetzung 1788–89; Russische Übersetzung von V. F. Zuev 1773–1788. 2. Auflage St. Petersburg, 1801. Reprint herausgegeben von Dietmar Henze, Graz, 1967. Auswahl von Marion Lauch, Leipzig, 1987.

1773. *Merkwürdigkeiten der Morduanen, Kasaken, Kalmücken, Kirgisen, Baschkiren etc. Nebst andern dahin gehörigen Nachrichten und Kupfern.* Ein Auszug aus Pallas Reisen [Bd. 1, 1771]. Frankfurt und Leipzig: [n. p.]

1776–1778. *Reise durch verschiedene Provinzen des Rußischen Reichs in einem ausführlichen Auszuge.* 3 Bde. Frankfurt und Leipzig, bey Johann Georg Fleischer.

1776–1801. *Sammlungen historischer Nachrichten über die Mongolischen Völkerschaften.* 2 Bde. St. Petersburg, bey der Kayserlichen Akademie der Wissenschaften. Auszüge der *Sammlungen* erschienen im *St. Petersburgischen Journal*, Jahrgang 3, in 3 Ablieferungen: März 1777: 185–106; April 1777: 276–301; Mai 1777: 356–374 (ohne Abbildungen und Literaturangaben).

1777 a. *Merkwürdigkeiten der Baschkiren, Metscheräken, Wogulen, Tataren etc. Nebst andern dahin gehörigen Nachrichten und Kupfern.* Auszug aus Pallas Reisen Zweyten Theile [Bd. 2, 1773]. Frankfurt und Leipzig: [n.p.]

1777 b. *Merkwürdigkeiten der obischen Ostjaken, Samojeden, daurischen Tungusen, udins-*

kischen Bergtataren etc. *Nebst andern dahin gehörigen Nachrichten und Kupfern*. Auszug aus Pallas Reisen drittem Theile [Bd. 3, 1776]. Frankfurt und Leipzig: [n. p.]

1781a. Nachrichten von Tybet, aus Erzählungen tangutischer Lamen unter den Selenginskischen Mongolen. In *Neue Nordische Beyträge* 1(2): 201–222.

1781b. Kurze Beschreibung derjenigen Gebräuche, welche 1729 vom 22 Jun. bis den 12 Jul. in dem Flecken Urga am Fluß Elbina bey Kundthüung der Wiedergeburt des Kutuchta, eines der vornehmsten Götzenpriester in der Mongoley, beobachtet worden. In *Neue Nordische Beyträge* 1(2): 314–324.

1782a. Etwas über die zu Astrachan wohnender Indianer. In *Neue Nordische Beyträge* 3: 84–96.

1782b. Beschreibung der feierlichen Verbrennung eines kalmückischen Lama oder Oberpriesters. In *Neue Nordische Beyträge* 3: 375–392.

1788–1793. *Voyages de M. P. S. Pallas en différents Provinces de l'Empire de Russie, et dans l'Asie Septentrionale*. 5 Bde. Paris: Maradan.

1785. *Avis au public*. Sankt Pétersbourg, De l'Imprimerie Impériale, chez J. J. Weitbrecht. 8 S. (Auch in: *Russische Bibliothek* 9, 1784: 537–542; *Berlinische Monatsschrift* 6(8), August 1785: 181–191; *Gentleman's Magazine*, September 1785; *Wöchentliche Nachrichten* 13(44), Oktober 1785: 345–348).

1785. *Modèle du vocabulaire, qui doit servir à la comparaison de toutes les langues*. (8 S.). Sankt Pétersbourg.

1788 [1785]. Avis au public concernant un vocabulaire Polyglotte. Communiqué à l'Académie le 30 Mai. In *Nova Acta Academiae Scientiarum Imperialis Petropolitanae* 3 (1785), Historia: 68–71.

1792. Tatarisch-scythische Alterthümer. In [Anonym] *Anecdoten zur Lebensgeschichte des Ritters und Reichs-Fürsten Potemkin. Nebst einer kurzen Beschreibung der ehemaligen Krimm, anitzo Taurien genannt, Kartaliniens, Kacheti, Avchasien und Cuban; desgleichen der Reise der Kaiserin Katharina der Zweyten nach der Krimm. Und einem Anhang über tatarisch-scythische Alterthümer in Bemerkungen auf einer Reise von den Professoren Gmelin und Pallas*. Freistadt am Rhein [Straßburg: Treutler], S. 238–278. Mit 4 Tafeln.

1799–1801. *Bemerkungen auf einer Reise in die südlichen Statthalterschaften des Russischen Reichs in den Jahren 1793 und 1794*. 2 Bde. Leipzig, bey Gottfried Martini.

1842. G. F. Müller and P. S. Pallas, *The Conquest of Siberia and the History of the Transactions, Wars, Commerce, etc., carried on between Russia and China from the earliest period*. Translated from the Russian of G. F. Muller and of Peter Simon Pallas. London: Smith, Elder & Co. Nachdruck 2010, New York: Cambridge University Press.

1967. *Reise durch verschiedene Provinzen des russischen Reichs*. Vorwort von Dietmar Henze. 4 Bde. Graz: Akademische Druck- und Verlagsanstalt. Nachdruck von Pallas 1771–1776 in 3 Bände mit einem Tafelband.

1967. *A Naturalist in Russia: Letters from Peter Simon Pallas to Thomas Pennant*. Carol Urness (ed.). Minneapolis: University of Minnesota Press.

## Pallas als Herausgeber

1781–1796. *Neue Nordische Beyträge zur physikalischen und geographischen Erd- und Völkerbeschreibung, Naturgeschichte und Oekonomie.* 7 Bde. St. Petersburg und Leipzig, bey Johann Zacharias Logan, Band 1.1781 bis 4.1783. Ab Band 5.1793 bis Band 7.1796 auch unter dem Titel *Neueste Nordische Beyträge…* Bd. 1–3.

1781a. Tagebuch einer in den Jahren 1727 und 1728 über Kjachta nach Peking unter Anführung des Agenten Lorenz Lange gethanen Karawanenreise. In *Neue Nordische Beyträge* 2: 83–159.

1781b. Tagebuch einer im Jahr 1736 unter Anführung des Kanzleyraths Lange und des Commissars Firsof von Zuruchaitu durch die Mongoley nach Peking verrichteten Karawanenreise. In *Neue Nordische Beyträge* 2: 160–207. 1781a, b erschienen auch als Separatdruck (Lange 1781).

1781c. Erläuterungen über die im östlichen Ocean zwischen Sibirien und America geschehenen Entdeckungen. In *Neue Nordische Beyträge* 1(2): 273–313. Englische Übersetzung "Commentary on the Discoveries that have been made in the Eastern Ocean between Siberia and America." James R. Masterson and Helen Brower (eds.) 1948, 19–46. Inklusive 4 Karten (3 von Pallas, 1 von William Coxe).

1781d. G. W. Steller, Topographische und physikalische Beschreibung der Beringsinsel, welche im östlichen Weltmeer an der Küste von Kamtschatka liegt. In *Neue Nordische Beyträge* 2: 255–301.

1782a. Nachricht von D[r] Daniel Gottlieb Messerschmidts siebenjähriger Reise in Sibirien. In *Neue Nordische Beyträge* 3: 97–158. (Mit einer Einleitung von Pallas, 97–104.)

1782b. J. E. Fischer, Muthmaßliche Gedanken von dem Ursprunge der Amerikaner. In *Neue Nordische Beyträge* 3: 289–322. Ursprünglich von J. E. Fischer in *Petersburgischen historischen Calender* 1777 publiziert.

1787–1789. *Linguarum totius orbis vocabularia comparativa; Augustissimae cura collecta.* Sectionis primae, Linguas Europae et Asiae complexae. 2 Bde. Petropoli, Typis Iohannis Caroli Schnoor. (2. Ausgabe von T. Jankovič de Mirievo. 1790–1791). Nachdruck der ersten Ausgabe mit einem Vorwort von Harald Haarmann, 2 Bde. Hamburg: Helmut Buske Verlag, 1977–1978.

1787–1791. Johann Anton Güldenstädt, *Reisen durch Rußland und im caucasischen Gebirge.* Peter Simon Pallas (Hg.). 2 Bde. St. Petersburg, bey der Kayserlichen Akademie der Wissenschaften.

1793a. Gerhard Friedrich Müllers Nachrichten von den neuesten Schiffahrten im Eißmeer und in der Kamtschatkischen See, seit dem Jahr 1742; da die zweyte Kamtschatkische Expedition aufgehört hat. In *Neueste Nordische Beyträge* 5: 1–104.

1793b. G. W. Stellers vormaligen Adjunkts bey der Kaiserl. Akademie Wissenschaften Tagebuch seiner Seereise aus dem Petripauls Hafen in Kamtschatka bis an die westlichen Küsten von Amerika, und seiner Begebenheiten auf der Rückreise. In *Neueste Nordische Beyträge* 5: 129–236. Auch als Separatdruck (Steller 1793).

## Andere Primär- und Sekundärquellen

Adelung, Friedrich von 1815. *Catherinens der Grossen Verdienste um die vergleichende Sprachenkunde.* St. Petersburg, gedruckt bei Friedrich Drechsler. Nachdruck 1976, mit einer Einleitung und bio-bibliographischem Register von Harald Haarmann.
— 1820. *Übersicht aller bekannten Sprachen und ihrer Dialekte.* St. Petersburg, gedruckt bey Nic. Gretsch.
Bacmeister, Hartwig Ludwig Christian 1772–1787 (Hg.). *Russische Bibliothek, zur Kenntniß des gegenwärtigen Zustandes der Litteratur in Rußland.* 11 Bde. St. Petersburg, Riga und Leipzig.
— 1772. Instruktion der physicalischen Expeditionen. In *Russische Bibliothek* 1: 89–90.
— 1773. *Idea et desideria de colligendis linguarum speciminibus / Nachricht und Bitte wegen einer Sammlung von Sprachproben.* St. Petersburg (Pamphlet in vier Sprachen: Russisch, Französisch, Latein und Deutsch).
— 1787. Besprechung von Peter Simon Pallas (Hg.) *Linguarum totius orbis vocabularia comparativa,* Bd. 1 (St. Petersburg 1787). In *Russische Bibliothek* 11: 1–24.
Barton, Benjamin Smith 1797. *New Views of the Origin of the Tribes and Nations of America.* Philadelphia: Printed, for the author, by John Bioren. 2nd. ed. corrected and greatly enlarged 1798. Nachdruck 1976. Milwood, NY: Kraus Reprint Co.
Bucher, Gudrun 2002. *„Von Beschreibung der Sitten und Gebräuche der Völcker.“ Die Instruktionen Gerhard Friedrich Müllers und ihre Bedeutung für die Geschichte der Ethnologie und der Geschichtswissenschaft.* Stuttgart: Franz Steiner Verlag.
Dahlmann, Dittmar (Hg.) 1999. *Johann Georg Gmelin, Expedition ins unbekannte Sibirien.* Sigmaringen: Verlag Neue Medien.
— 2009. *Sibirien vom 16. Jahrhundert bis zur Gegenwart.* Paderborn: Ferdinand Schöningh.
Dahlmann, Dittmar, Anna Friesen und Diana Ordubadi (Hg.) 2009. *Carl Heinrich Merck: Das sibirisch-amerikanische Tagebuch aus den Jahren 1788–1791.* Göttingen: Wallstein.
Donnert, Erich 1983. *Russland im Zeitalter der Aufklärung.* Leipzig: Edition Leipzig. (Nachdruck Wien: Böhlau 1984). Französische Ausgabe 1986 *La Russie au siècle des Lumières.* Leipzig: Edition Leipzig. Englische Ausgabe *Russia in the Age of Enlightenment.* Leipzig: Edition Leipzig 1986. 2. gekürzte und überarbeitete Auflage *Katharina die Große und ihre Zeit. Russland im Zeitalter der Aufklärung.* Leipzig 1996.
— 1998. *Katharina II. die Grosse (1729–1796): Kaiserin des Russischen Reiches.* Darmstadt: Wissenschaftliche Buchgesellschaft.
— 2009. *Russlands Ausgreifen nach Amerika. Ein Beitrag zur eurasisch-amerikanischen Entdeckungsgeschichte im 18. und beginnenden 19. Jahrhundert.* Frankfurt am Main: Peter Lang.
Egerton, Frank N. 2008. A History of the Ecological Sciences, Part 27: Naturalists Explore Russia and the North Pacific During the 1700s. *Bulletin of the Ecological*

*Society of America* 89(1): 39–60. http://www.esajournals.org/doi/abs/10.1890/0012-9623%282008%2989%5B39%3AAHOTES%5D2.0.CO%3B2. Datum des Zugriffs: 18. September 2013.

Elert, Aleksandr Christianovič und Wieland Hintzsche (Hg.) 2009. Gerard Fridrich Miller, *Opisanie sibirskich narodov*. [Beschreibung sibirischer Völker] Moskva: Pamjatniki Istoričeskoj Mysli (Quellen zur Geschichte Sibiriens und Alaskas aus russischen Archiven Band VIII/1).

Esakov, V. A. 1974. Pyotr Simon Pallas (1741–1811), Natural Science, Geography. *Dictionary of Scientific Biography* 10: 283–285.

Falck [Falk], Johan Peter 1785–1786. *Beyträge zur topographischen Kenntniß des Rußischen Reichs*. Herausgegeben von Johann Gottlieb Georgi. 3 Bde. St. Petersburg, bey der Kayserlichen Akademie der Wissenschaften.

Fischer, Johann Eberhard 1768. *Sibirische Geschichte von der entdekkung Sibiriens bis auf die eroberung dieses Lands durch die Russische waffen*. 2 Bde. St. Petersburg, gedruckt bey der Kayserlichen Akademie der Wissenschaften. Nachdruck 1973. Osnabrück: Biblio Verlag.

Geißler, Christian Gottfried Heinrich (mit Johann Gottfried Gruber) 1801–1803. *Sitten, Gebräuche und Kleidung der Russen in St. Petersburg*. 8 Hefte. Leipzig: Industrie-Comptoir. Französisch *Costumes, moeurs et coutumes des Russe*. Leipzig: Industrie-Comptoir.

— (mit Friedrich Hempel) 1803. *Abbildung und Beschreibung der Völkerstämme und Völker unter des Russischen Kaisers Alexander menschenfreundlichen Regierung. Oder Charakter dieser Völker aus der Lage und Beschaffenheit ihrer Wohnplätze entwickelt und in ihren Sitten, Gebräuchen und Beschäftigungen nach den angegebenen Werken der in- und ausländischen Litteratur dargestellt*. Leipzig: Industrie-Comptoir.

— (mit Friedrich Hempel) 1804. *Mahlerische Darstellungen der Sitten, Gebräuche und Lustbarkeiten bey den Russischen, Tatarischen, Mongolischen und andern Völkern im Russischen Reich*. 4 Hefte. Leipzig: Baumgärtner. Französisch *Tableaux Pittoresques des moeurs, des usages et des divertissements des Russes, Tartares, Mongols et autres nations de l'empire Russe*. A Paris chez Fuchs et chez Levrault et à Leipzig chez Baumgärtner.

— (mit Johann Gottfried Richter und Johann Gottfried Gruber) 1805. *Sitten, Gebräuche und Kleidung der Russen aus den niedern Ständen*. 2 Bde. Leipzig: Industrie-Comptoir.

Georgi, Johann Gottlieb 1775. *Bemerkungen einer Reise im Rußischen Reich in den Jahren 1772, 1773 und 1774*. 2 Bde. St. Petersburg, gedruckt bey der Kayserlichen Akademie der Wissenschaften.

— 1776–1780. *Beschreibung aller Nationen des Russischen Reichs, ihrer Lebensart, Religion, Gebräuche, Wohnungen, Kleidungen und übrigen Merkwürdigkeiten*. 4 Bde. St. Petersburg, verlegts Carl Wilhelm Müller. Französische und Russische Ausgabe in 3 Bde. 1776–1777. Englische Ausgabe in 3 Bde. London 1780. Zweite (erweiterte)

Russische Ausgabe in 4 Bde. St. Petersburg 1799. Die Abbildungen erschienen auch in einem Tafelband mit Stichen von C. M. Roth, *Les Figures appartenantes à la description de toutes les nations de l'empire de Russie*. St. Petersbourg 1776.

— 1777. *Merkwürdigkeiten verschiedener unbekannter Völker des Rußischen Reichs*. Mit Kupfern. Auszug aus Georgis *Bemerkungen*. Frankfurt und Leipzig: n. p.

Gmelin, Johann Georg 1751–1752. *Reise durch Sibirien, von dem Jahr 1733 bis 1743*. 4 Bde. Göttingen, verlegts Abram Vandenhoecks seel. Wittwe (Sammlung neuer und merkwürdiger Reisen zu Wasser und zu Lande 4–7). 4 Thle. in 2 Bde.

— 1999. *Expedition ins unbekannte Sibirien*. Herausgegeben, eingeleitet und erläutert von Dittmar Dahlmann. Sigmaringen: Verlag Neue Medien.

Gmelin, Samuel Gottlieb 1770–1784. *Reise durch Rußland zur Untersuchung der drey Natur-Reiche*. 4 Bde. St. Petersburg, gedruckt bey der Kayserlichen Akademie der Wissenschaften.

— 2007. *Travels Through Northern Persia, 1770–1774*. Translated and annotated by Willem M. Floor. Auswahl aus: *Reise durch Rußland*. Washington/DC: Mage Publishers.

Gray, Edward G. 1999. *New World Babel: Languages and Nations in Early America*. Princeton/NJ: Princeton Universtity Press.

Güldenstädt, Johann Anton 1787–1791. *Reisen durch Rußland und im Caucasischen Gebürge*. Peter Simon Pallas (Hg.). 2 Bde. St. Petersburg, bey der Kayserlichen Akademie der Wissenschaften.

— 1815. *Dr. J. A. Güldenstädts Reisen nach Georgien und Imerethi*. Aus seinen Papieren gänzlich umgearbeitet und verbessert, herausgegeben und mit erklärenden Anmerkungen begleitet von Julius Heinrich von Klaproth. Berlin: Maurer.

— 1834. *Dr. J. A. Güldenstädts Beschreibung der kaukasischen Länder*. Aus seinen Papieren gänzlich umgearbeitet und verbessert, herausgegeben und mit erklärenden Anmerkungen begleitet von Julius Heinrich von Klaproth. Berlin: Stuhr.

Haarmann, Harald 1976. Friedrich Adelung, *Catherinens der Grossen Verdienste um die vergleichende Sprachenkunde*. Nachdruck der Ausgabe St. Petersburg 1815, mit einer Einleitung und einem bio-bibliographischen Register. Hamburg: Helmut Buske Verlag.

— 1977–78. Peter Simon Pallas (Hg.) *Linguarum totius orbis vocabularia comparativa*. Nachdruck der Ausgabe St. Petersburg 1787–89. 2 Bde. Hamburg: Helmut Buske Verlag.

— 1979 (Hg.). *Wissenschaftliche Beiträge zur Erforschung indogermanischer, finnisch-ugrischer und kaukasischer Sprachen bei Pallas*. Kommentare zu Peter Simon Pallas, *Linguarum totius orbis vocabularia comparativa*, 2. Hamburg: Helmut Buske Verlag.

Henze, Dietmar 1967. Vorwort. In *Reise durch verschiedene Provinzen des russischen Reichs*, Peter Simon Pallas, Bd. 1: III-XXXI. Graz: Akademische Druck- und Verlagsanstalt.

Herder, Johann Gottfried 1774–1776. *Älteste Urkunden des Menschengeschlechts.* 2 Bde. Riga, bey Johann Friedrich Hartknoch.

Herzog, Werner 1949. *Die Völker des Lenagebietes in den Berichten der ersten Hälfte des 18.Jahrhunderts.* Dissertation zur Erlangung des Doktor-Grades der Philosophischen Fakultät der Georg-August-Universität zu Göttingen. Typoskript.

Hintzsche, Wieland (Hg.) 2010. *Gerhard Friedrich Müller, Ethnographische Schriften I.* Bearbeitet von Wieland Hintzsche und Aleksandr Christianovič Ėlert unter Mitarbeit von Heike Heklau. Halle/Saale: Verlag der Franckeschen Stiftungen zu Halle.

Hintzsche, Wieland und Thomas Nickol (Hg.) 1996. *Die Große Nordische Expedition. Georg Wilhelm Steller (1709–1746), ein Lutheraner erforscht Sibirien und Alaska.* Eine Ausstellung der Franckeschen Stiftungen zu Halle. Gotha: Justus Perthes.

Hoffmann, Peter 2005. *Gerhard Friedrich Müller (1705–1783): Historiker, Geograph, Archivar im Dienste Russlands.* Frankfurt am Main: Peter Lang.

Jankovič de Mirievo, Theodor (Hg.) 1790–1791. *Linguarum totius orbis vocabularia comparativa.* 2., überarbeitete und ergänzte Ausgabe. 4 Bde. Sanktpeterburg: Tipografija Brejtkopf.

Kasten, Erich 2013. Georg Wilhelm Stellers ethnologische Methode während seiner Forschungen auf Kamčatka (1740–1745). In *Beschreibung von dem Lande Kamtschatka von Georg Wilhelm Steller.* Neuausgabe der Auflage von 1774, Erich Kasten und Michael Dürr (Hg.). Fürstenberg/Havel: Kulturstiftung Sibirien *(Im Druck).*

Krašeninnikov, Stepan Petrovič 1755. *Opisanie zemli Kamčatki.* [Beschreibung des Landes Kamtschatka] 2 Bde. St. Petersburg, Pri Imperatorskoj Akademii Nauk. Verkürzte englische Ausgabe von James Grieve 1764, deutsche Ausgabe 1766, französische Ausgabe 1767 (beide auf Grundlage der englischen Ausgabe). Neue (komplette) französische Übersetzung von Jean Chappe d'Auteroche 1768; niederländische Übersetzung 1770; deutsche Übersetzung 1771. 2. russische Ausgabe 1786 (ohne Kupfer und Karten), 3. russische Ausgabe 1818–19, 4. russische Ausgabe 1949. Englische Übersetzung Portland 1972. Nachdruck 1994. St. Petersburg, Petropavlovsk-Kamčatskij: Nauka, Kamšat.

Lange, Lorenz 1781. *Tagebuch zwoer Reisen, welche in den Jahren 1727, 1728 und 1736 von Kjachta und Zuruchaitu durch die Mongoley nach Peking gethan worden von Lorenz Lange, ehemaligen Ruß. Kayserl. Kanzleyrat. Nebst einer geographisch-historischen Beschreibung der Stadt Peking.* Mit Kupfern. Aus ungedruckten Quellen mitgetheilt vom Herrn Prof. Pallas. Leipzig, bey Johann Zacharias Logan, Buchhändlern in St. Petersburg. Vorher in Pallas, NNB 2 (1781).

Lauch, Annelies 1969. *Wissenschaft und kulturelle Beziehungen in der russischen Aufklärung. Zum Wirken H. L. Ch. Bacmeisters.* Berlin: Akademie-Verlag.

Lauch, Marion (Hg.) 1987. *Peter Simon Pallas: Reise durch verschiedene Provinzen des Russischen Reichs.* Auswahl mit einem Nachwort von Marion Lauch. Leipzig: Verlag Philipp Reclam jun.

Lepëchin, Ivan Ivanovič 1774–1783. *Tagebuch der Reise durch verschiedene Provinzen des Russischen Reiches in den Jahren 1768 und 1769.* Aus dem Russischen übersetzt von M. Christian Heinrich Hase. 3 Bde. Altenburg, in der Richterischen Buchhandlung. Bd. 4, 1809.

Lindenau, Jacob Johann 1983. *Opisanie narodov Sibiri (pervaja polovina XVIII veka): istoriko-etnografičeskie materialy o narodach Sibiri i Severo-Vostoka.* [Beschreibung der Völker Sibiriens (der ersten Hälfte des 18. Jahrhunderts): Historisch-ethnografische Materialien über Völker Sibiriens und des nördlichen Ostens]. Übersetzt aus dem Deutschen von Z. D. Titovoi, I. S. Vdovin. Magadan: Magadanskoe knižnoe izdatel'stvo.

Masterson James R. and Helen Brower (eds.) 1948. *Bering's Successors 1745–1780: Contributions of Peter Simon Pallas to the History of Russian Exploration toward Alaska.* [*Neue Nordische Beyträge* 1781–1783] Seattle: University of Washington Press. Reprinted from the *Pacific Northwest Quarterly* 38: 35–83 (January 1947), 109–155 (April 1947).

Müller, Gerhard Friedrich 1900. Instruktion G. F. Müller's für den Akademiker-Adjuncten J. E. Fischer: „Unterricht, was bey Beschreibung der Völker, absonderlich der Sibirischen in acht zu nehmen." In: Fr. Russow, Beiträge zur Geschichte der ethnographischen und anthropologischen Sammlungen der Kaiserlichen Akademie der Wissenschaften zu St.-Petersburg. *Sbornik muzeja po antropologii i etnografii poi imperatorskii akademii nauk/Publications du musée d'anthropologie et d'ethnographie de l'Académie impériale des sciences de St.-Pétersbourg.* Bd. I, 37–83 + Anhang, 84–109. Sanktpeterburg/St.-Pétersbourg: Akademija Nauk/Académie Impériale des Sciences.

— 1999–2005. Gerard Fridrich Miller, *Istorija Sibiri.* 2. erweiterte Auflage. 3 Bde. S. I. Vainštein und E. P. Batianova (Hg.). Moskva: Izdatel'skaja firma Vostočnaja Literatura RAN (Rossijskaja Akademija Nauk, Institut ėtnografii i antropologii im. N. N. Miklucho-Maklaja).

— 2009. *Gerard Fridrich Miller, Opisanie sibirskich narodov.* [Beschreibung der sibirischen Völker]. Russische Übersetzung von Aleksandr Christianovič Elert, Anmerkungen von Wieland Hintzsche. Moskva: Pamjatniki Istoričeskoj Mysli (Quellen zur Geschichte Sibiriens und Alaskas aus russischen Archiven Band VIII/1).

— 2010. *Ethnographische Schriften I.* Bearbeitet von Wieland Hintzsche und Aleksandr Christianovič Ėlert unter Mitarbeit von Heike Heklau. Halle/Saale: Verlag der Franckeschen Stiftungen zu Halle.

Posselt, Doris (Hg.) 1990. *Die Große Nordische Expedition von 1733 bis 1743. Aus Berichten der Forschungsreisenden Johann Georg Gmelin und Georg Wilhelm Steller.* Leipzig und Weimar: Gustav Kiepenheuer. München: C. H. Beck.

— 1997. Deutsch-russische Wissenschaftsbeziehungen im 18. Jahrhundert: Beispiele aus der Geschichte der Naturwissenschaften. In *Europa in der Frühen Neuzeit.*

*Festschrift für Günter Mühlpfordt*, Band 3: Aufbruch zur Moderne, Erich Donnert (Hg.), 275–288. Köln, Weimar, Wien: Böhlau.

Ratzel, Friedrich 1887. Pallas, Peter Simon. In *Allgemeine Deutsche Biographie* (ADB), Band 25: 81–98. Leipzig: Duncker & Humblot.

Russow, Fr. [Fjodor] 1900. Beiträge zur Geschichte der ethnographischen und anthropologischen Sammlungen der Kaiserlichen Akademie der Wissenschaften zu St.-Petersburg. In *Sbornik muzeja po antropologii i etnografii poi Imperatorskii Akademij Nauk/Publications du musée d'anthropologie et d'ethnographie de l'Académie impériale des sciences de St.-Pétersbourg*. Band I: xx, 1–154. Sanktpeterburg/St.-Pétersbourg: Akademija Nauk/Académie Impériale des Sciences.

Ryčkov, Petr Ivanovič 1759. *Istorija Orenburgskaja*. Sanktpeterburg: Akademia nauk.

— 1762. *Topografija Orenburgskaja, to est': obstojatel'noe opisanie Orenburgskoj gybernii*. Neudruck 1887, Orenburg. Sanktpeterburg: Akademija nauk.

— 1771–1773. Orenburgische Topographie, oder ausführliche Beschreibung des Orenburgischen Gouvernements. Deutsche Übersetzung von Christian Heinrich Hase in *Magazin für die neue Historie und Geographie*, A.F. Büsching (Hg.), 1771(5): 457–530; 1771 (6): 475–516; 1773 (7): 1–188. Neue deutsche Übersetzung 1983.

— 1772. *Orenburgische Topographie oder umständliche Beschreibung des Orenburgischen Gouvernements. Aus dem Russischen von Jacob Rodde*. 2 Bde. Riga, bey Johann Friedrich Hartknoch.

— 1772. *Versuch einer Historie von Kasan alter und mittler Zeiten. Aus dem Russischen von Jacob Rodde*. Riga, bey Johann Friedrich Hartknoch.

— 1774. *Tagebuch über seine Reise durch verschiedene Provinzen des Rußischen Reichs in den Jahren 1769–1771*. Riga, bey Johann Friedrich Hartknoch.

— 1983. *Orenburgische Topographie, oder ausführliche Beschreibung des Gouvernements Orenburg aus dem Jahre 1762*. Leipzig und Weimar: Gustav Kiepenheuer.

Schlözer, August Ludwig 1771. *Allgemeine Nordische Geschichte*. Fortsetzung der Algemeinen Welthistorie der Neuern Zeiten [...] Dreyzehnter Theil. Halle, bey Johann Justinus Gebauer. (*Algemeine Welthistorie*, Bd. xxxi, Historie der Neuern Zeiten, Bd. 13).

Schorkowitz, Dittmar 1995. Peter Simon Pallas (1741–1811) und die Ethnographie Russisch-Asiens im 18. Jahrhundert. In *Ethnohistorische Wege und Lehrjahre eines Philosophen: Festschrift für Lawrence Krader zum 75. Geburtstag*, Dittmar Schorkowitz (Hg.), 331–349. Frankfurt am Main: Peter Lang.

Scurla, Herbert (Hg.) 1963. *Jenseits des Steinernen Tores. Entdeckungsreisen deutscher Forscher durch Sibirien im 18. und 19. Jahrhundert*. Berlin: Verlag der Nation.

Slezkine, Yuri 1994. *Arctic Mirrors: Russia and the Small Peoples of the North*. Ithaca/NY: Cornell University Press.

Steller, Georg Wilhelm 1774. *Georg Wilhelm Stellers, gewesenen Adjuncto und Mitgliede der Kayserl. Academie der Wissenschaften zu St. Petersburg, Beschreibung von dem Lande Kamtschatka, dessen Einwohnern, deren Sitten, Nahmen, Lebensart und verschiedenen Gewohnheiten*. Herausgegeben von J.B. S[cherer]. Mit vielen Kupfern.

Frankfurt und Leipzig, bey Johann Georg Fleischer. Nachdruck herausgegeben von Hanno Beck 1974.

— 1793. *Reise von Kamtschatka nach Amerika mit dem Commandeur-Captain Bering. Ein Pendant zu dessen Beschreibung von Kamtschatka.* Herausgegeben von Peter Simon Pallas. St. Petersburg. Vorher in Pallas, *Neueste Nordische Beyträge* 5, 1793.

— 2013. *Beschreibung von dem Lande Kamtschatka von Georg Wilhelm Steller.* Neuausgabe der Auflage von 1774, Erich Kasten und Michael Dürr (Hg.). Fürstenberg/Havel: Kulturstiftung Sibirien.

Sytin, Andrej C. 1997. *Petr Simon Pallas, botanik* [Peter Simon Pallas, Botaniker] Moskva: KMK Scientific Press.

— 1999. Peter Simon Pallas's (1741–1811) Botanical and Zoological Collections and Drawings. Herbarium of Komarov Botanical Institute, St. Petersburg. http://herba.msu.ru/journals/Herba/12/pallas.htm.Datum des Zugriffs: 17. Mai 2012.

Treziak, Ulrike 2011. Der Naturforscher Peter Simon Pallas und sein Zeichner Christian Gottfried Heinrich Geißler. In *Wissen – schafft – Kunst. Ausstellung des Anhaltischen Kunstvereins vom 2. April bis 21. Mail 2011, Orangerie Schloss Georgium Dessau-Roßlau,* Ullrich Wannhoff, 14–23. Dessau: Anhaltischer Kunstverein Dessau e.V.

Vermeulen, Han F. 1999. Anthropology in Colonial Contexts: The Second Kamchatka Expedition (1733–1743) and the Danish-German Arabia Expedition (1761–1767). In *Anthropology and Colonialism in Asia and Oceania,* Jan van Bremen and Akitoshi Shimizu (eds.), 13–39. London, Richmond: Curzon Press.

— 2002. Ethnographie und Ethnologie in Mittel- und Osteuropa: Völker-Beschreibung und Völkerkunde in Russland, Deutschland und Österreich (1740–1845). In *Europa in der Frühen Neuzeit. Festschrift für Günter Mühlpfordt.* Band 6: Mittel-, Nord- und Osteuropa. Erich Donnert (Hg.), 397–409. Köln, Weimar, Wien: Böhlau.

— 2008 a. Göttingen und die Völkerkunde: Ethnologie und Ethnographie in der deutschen Aufklärung, 1710–1815. In *Die Wissenschaft vom Menschen in Göttingen um 1800. Wissenschaftliche Praktiken, institutionelle Geographie, europäische Netzwerke,* Hans Erich Bödeker, Philippe Büttgen und Michel Espagne (Hg.), 199–230. Göttingen: Vandenhoeck & Ruprecht.

— 2008 b. Von der Völker-Beschreibung zur Völkerkunde: Ethnologische Ansichten von Gerhard Friedrich Müller und August Ludwig Schlözer im 18. Jahrhundert. In *Europa in der Frühen Neuzeit: Festschrift für Günter Mühlpfordt.* Band 7. Erich Donnert (Hg.), 781–801. Köln, Weimar, Wien: Böhlau.

— 2008 c. *Early History of Ethnography and Ethnology in the German Enlightenment: Anthropological Discourse in Europe and Asia, 1710–1808.* PhD thesis, University of Leiden (Buchausgabe in Vorbereitung).

— 2009. Von der Empirie zur Theorie: Deutschsprachige Ethnographie und Ethnologie von Gerhard Friedrich Müller bis Adolf Bastian (1740–1881). *Zeitschrift für Ethnologie* 134(2): 253–266.

— 2011. *Linguistik und Völkerkunde – der Beitrag der historisch-vergleichenden Lingu-*

*istik von G. W. Leibniz zur Entstehung der Völkerkunde im 18. Jahrhundert.* Halle/
Saale: Max Planck Institute for Social Anthropology Working Papers No. 133.

— 2012a. *Linguistik und Völkerkunde – der Beitrag der historisch-vergleichenden Linguistik von G. W. Leibniz zur Entstehung der Völkerkunde im 18. Jahrhundert.* Berlin: Max Planck Institute for the History of Science, Berlin, Preprint 423.

— 2012b. Linguistik und Völkerkunde im 18. Jahrhundert. Leibniz' historische Linguistik als Voraussetzung für die Entstehung der Völkerkunde. In *Die Erforschung Sibiriens im 18. Jahrhundert. Beiträge der Deutsch-Russischen Begegnungen in den Franckeschen Stiftungen,* Wieland Hintzsche und Joachim Otto Habeck (Hg.), 57–73. Halle/Saale: Verlag der Franckeschen Stiftungen zu Halle.

Wannhoff, Ullrich 2008. Der hessische Arzt und Naturforscher Carl Heinrich Merck (1761–1799) und seine Seereise von Ochotsk nach Russisch-Amerika (1789–1790). *Philippia* 13(4): 275–282.

– 2011. Beobachten – sammeln – konservieren: Ornithologische Aufzeichnungen zur Billings-Expedition in den Tagebüchern von Carl Heinrich Merck (1761–1799) sowie der Verbleib ausgewählter Vogelbälge. *Philippia* 15(1): 65–80.

Wendland, Folkwart 1985. Peter Simon Pallas (1741–1811), ein deutscher Gelehrter in Rußland. In *Leben und Wirken deutscher Geologen im 18. und 19. Jahrhundert,* Hans Prescher (Hg.), 18–43. Leipzig: VEB Deutscher Verlag für Grundstoffindustrie.

— 1990. Das Russische Reich am Vorabend der Großen Nordischen Expedition, der sogenannten zweiten Kamtschatka-Expedition. In *Die Große Nordische Expedition von 1733 bis 1743. Aus Berichten der Forschungsreisenden Johann Georg Gmelin und Georg Wilhelm Steller,* Doris Posselt (Hg.), 332–384. Leipzig, Weimar: Gustav Kiepenheuer. München: C.H. Beck.

— 1992a. *Peter Simon Pallas (1741–1811). Materialien einer Biographie.* 2 Bde. Berlin, New York: Walter de Gruyter (Veröffentlichungen der Historischen Kommission zu Berlin 80/1–2).

— 1992b. Peter Simon Pallas – eine Zentralfigur der deutsch-russischen Wissenschaftsbeziehungen im ausgehenden 18. Jahrhundert. In *Deutsch-russische Beziehungen. Ihre welthistorischen Dimensionen vom 18. Jahrhundert bis 1917,* Ludmila Thomas und Dietmar Wulff (Hg.), 138–159. Berlin: Akademie-Verlag.

— 2001. Peter Simon Pallas (1741–1811). In *Darwin & Co. Eine Geschichte der Biologie in Portraits,* Bd. 1. Ilse Jahn (Hg.), 117–138. München: C.H. Beck.

— 2003. Peter Simon Pallas (1741–1811) und Göttingen. In *300 Jahre St. Petersburg: Russland und die „Göttingische Seele."* Elmar Mittler und Silke Glitsch (Hg.), 145–162. Göttingen: Niedersächsische Staats- und Universitätsbibliothek.

— 2006. Peter Simon Pallas' Russlandschriften und ihre Rezeption in Deutschland. In *Die Kenntnis Rußlands im deutschsprachigen Raum im 18. Jahrhundert. Wissenschaft und Publizistik über das Russische Reich,* Dittmar Dahlmann (Hg.), 139–177. Göttingen: Bonn University Press bei Vandenhoeck & Ruprecht unipress.

Winter, Eduard 1953. *Halle als Ausgangspunkt der deutschen Russlandkunde im 18. Jahrhundert.* Berlin: Akademie-Verlag.

— (Hg.) 1961. *August Ludwig v. Schlözer und Russland.* Eingeleitet und unter Mitarbeit von Ludwig Richter und Liane Zeil herausgegeben von E. Winter. Berlin: Akademie-Verlag.

— (Hg.) 1962. *Lomonosov, Schlözer, Pallas. Deutsch-russische Wirtschaftsbeziehungen im 18. Jahrhundert.* Berlin: Akademie-Verlag.

— (Hg.) 1962–1977. *Daniel Gottlieb Messerschmidt, Forschungsreise durch Sibirien, 1720–1727.* 5 Bde. Teil 1: Herausgegeben von Eduard Winter und Nikolaj Aleksandrovič Figurovskij; Teil 2–5: Herausgegeben von E. Winter, G. Uschmann und G. Jarosch. Zum Druck vorbereitet von Günther Jarosch. Berlin: Akademie-Verlag.

## Abbildungen

Abb. 1     Aus *Istorija Sibiri,* Müller 1999–2005, Bd. 1, Frontispiz. Mit freundlicher Genehmigung des Staatlichen Historischen Museums, Moskau.

Abb. 2     Aus *Allgemeine deutsche Bibliothek* 55(1), 1783, Frontispiz. Mit freundlicher Genehmigung der Niedersächsischen Staats- und Universitätsbibliothek Göttingen.

Abb. 3–4   Aus *Sammlungen historischer Nachrichten über die Mongolischen Völkerschaften,* Pallas 1776–1801. Vorlage der Kupferstiche: Zeichnungen von David Renatus Nitzschmann (Sarepta, untere Wolga). Mit freundlicher Genehmigung der Niedersächsischen Staats- und Universitätsbibliothek Göttingen.

Abb. 5     Aus *Neue Nordische Beyträge zur physikalischen und geographischen Erd- und Völkerbeschreibung, Naturgeschichte und Oekonomie,* Pallas 1781–1796. Mit freundlicher Genehmigung der Niedersächsischen Staats- und Universitätsbibliothek Göttingen.

# 4 CARL HEINRICH MERCKS FORSCHUNGSARBEITEN AUF DEN HALBINSELN KAMČATKA UND ČUKOTKA WÄHREND DER BILLINGS-SARYČEV-EXPEDITION (1785–1795)

*Helena Pivovar*

*Die geheime astronomische und geographische Expedition zur Erforschung Ostsibiriens und Alaskas,* wie der ursprüngliche Titel der Billings-Saryčev-Expedition von 1785 bis 1795 lautete, wurde von Kaiserin Katharina II. (1762–1796) persönlich in Auftrag gegeben.[1] Der Zugewinn an Einfluss und politischer Macht des Russischen Reichs seit Peter I. (1689–1725) war unter der aufgeklärten Herrscherin derart vorangeschritten, dass sich das Land als erste unbestrittene Großmacht zu Land bezeichnen konnte.[2] Das Ausgreifen auf Sibirien und Amerika im 18. und beginnenden 19. Jahrhundert stand ganz im Zeichen der Beanspruchung einer Großmachtstellung des Russischen Imperiums. Der Kenntnisstand über Nordostsibirien und besonders die Nordostpassage zu Amerika war noch immer unzureichend. Zudem versetzten die Aktivitäten vor allem englischer und französischer Schiffe im Pazifik die Regierung Katharinas in Unruhe.

Als schließlich James Cook (1728–1779) in Europa die Information verbreitete, russische Handelskompanien betrieben über Jahrzehnte hinweg einen lukrativen Pelzhandel mit China, motivierte er damit die Suche nach neuen Expansionsmöglichkeiten der Engländer, Franzosen, Amerikaner, Holländer, Spanier und Portugiesen im Nordostpazifik. So entsandte Frankreich etwa 1785 eine große Pazifikexpedition unter dem Kapitän Jean-François de Galaup Comte de la Pérouse (1741–1788), die der König Ludwig XVI. (1774–1793) persönlich konzipiert hatte. Angesichts dieser Vorstöße sah Katharina II. die russische Monopolstellung im Reich der Mitte durch die verstärkten Handelsaktivitäten anderer europäischer Schiffe gefährdet. In diesem Kontext ordnete sie eine große Pazifikexpedition an, deren übergeordnete Ziele die „Klärung der dortigen Besitzverhältnisse und Einverleibung der besitzlosen Gebiete in den Bestand des Russischen Imperiums"[3] verlangten. Die wahren politischen Absichten verbarg Katharina II. jedoch unter dem wissenschaftlichen Mantel des Sankt Petersburger Admiralitätskollegiums, worunter der wissenschaftliche Anspruch jedoch keinesfalls litt.[4] Denn neben den Bestrebungen, den Großmachtanspruch auf dem gesamteuropäischen Mächteparkett zu verteidigen und

---

1 Vgl. Wendland 1992: 646f.
2 Vgl. Donnert 2002: 1023–1036, hier S. 1023.
3 Ebd., 1025.
4 Vgl. Ordubadi 2010: 95–114, hier S. 105f.

seine wirtschaftlichen Stärken nicht zu verlieren, war die Entsendung einer solch umfangreichen Expedition in den Nordosten Sibiriens auch wissenschaftlich motiviert und begründet.

Die Erforschung des sibirischen Raums wurde im 18. Jahrhundert zwar verstärkt betrieben, dennoch mangelte es an genaueren Kenntnissen über geografische Gegebenheiten, Flora, Fauna, die indigene Bevölkerung und ihre Sprache sowie Kultur. Die erste Kamčatka-Expedition (1725–1730) unter der Leitung von Vitus Bering (1681–1741)[5] etwa konnte nicht endgültig beantworten, ob es eine Verbindung zwischen Asien und Amerika gibt. Die Mannschaft, die in der Meerenge vor der Halbinsel Čukotka angekommen war, konnte aufgrund des dichten Nebels die nur wenige Kilometer entfernt liegende amerikanische Küste nicht erkennen.[6] Auch die Zweite Kamčatka-Expedition (1733–1743) oder Große Nordische Expedition stellte zwar aufgrund ihrer Erkenntnisse „ein epochales Ereignis in der Geschichte der wissenschaftlichen Entwicklung und der Erschließung Sibiriens sowie des Fernen Ostens dar",[7] viele Fragen blieben dennoch unbeantwortet. So konnten nicht alle Zweifel ausgeräumt werden, dass keine Landbrücke zwischen den Kontinenten existiere oder nördlich der Beringstraße doch noch Land zu finden sei. Darum war es für die russische Regierung von großer Bedeutung, die nordostsibirische Küste kartografisch zu erfassen. Gelänge es, die Besitzverhältnisse auf den Aleuten und im Küstenraum Alaskas zu bestimmen und jene Territorien annektieren zu können, so käme man einer möglichen englischen Expansion zuvor (Wendland 1992: 647f.). Während unter der Herrschaft der Kaiserinnen Anna (1730–1740) und Elisabeth (1741–1761) vergeblich Versuche unternommen worden waren, die Völker Ostasiens zu sesshaften und loyalen Untertanen zu bekehren, brachen nun Kriege zwischen ihnen aus. Unter heftigster Gegenwehr suchten vor allem die Čukčen und Korjaken gegen jene Übergriffe anzukämpfen. Darüber hinaus verweigerten sie jeglichen Kontakt mit den Russen und lehnten alle Bemühungen der Russifizierung strikt ab.[8]

---

5  Mehr dazu vgl. Dahlmann 2009: 115ff. Einen Überblick über die wichtigsten Expeditionen im 18. Jahrhundert und die damit verbundenen Forschungsarbeiten bietet Dahlmann 1997: 19–44.
6  Vgl. Dahlmann 1999: 1–115, hier S. 71.
7  Ebd. 72.
8  Vgl. dazu Stolberg 2009: 169f. Auch in der Mitte des 19. Jahrhunderts blieb man sich fremd und suspekt. Baron Gerhard Maydell, der 1861–1871 im Auftrag der *Kaiserlichen Geographischen Gesellschaft* auch Čukotka bereist hatte, hielt die von ihm empfundene Sonderbarkeit fest, dass die Čukčen „keine Obrigkeit" kannten. „Diese sonderbare Anarchie war schon zur Zeit der früheren Tschuktschen-Kriege zu bemerken gewesen. Man hatte es nie mit einem anerkannten Oberhaupte eines ganzen Volkes, ja selbst nie auch nur mit Stammeshäuptlingen zu thun, es schien vielmehr, dass jedes Mal gewisse, besonders reiche und daher angesehene Tschuktschen zeitweilig an die Spitze kleiner Haufen, ihnen zur Zeit Gehorchenden traten, dass das aber immer nur sowohl zeitlich sehr eng bemessene Vollmachten waren, als auch die Vollmachten selbst nur sehr beschränkte sein konnten. Es war niemals möglich, mit den bei den Russen erscheinenden Gesandtschaften irgend welche bindende Abmachungen zu treffen" (Maydell 1893: 109f.).

Während früherer Expeditionen in den ostsibirischen Raum wurde die indigene Bevölkerung stets gefordert und musste sich an der Umsetzung der Expeditionsvorhaben beteiligen. Dies gilt sowohl für die Bereitstellung von Nahrung als auch für den kilometerweiten Transport der Expeditionsmaterialien. Dabei starben viele ihrer Hunde, die zum Jagen und schließlich für die Existenz der Bevölkerung essentiell waren. Aufstände zur Zeit der Zweiten Kamčatka-Expedition ließ Bering gewaltsam niederschlagen.[9] Erst unter Katharina II. gelangte man zu der Einsicht, nicht eine militärische, sondern vielmehr eine kulturelle Durchdringung der indigenen Bevölkerung könne das gewünschte Resultat erbringen. In diesem Sinne wurde Billings angewiesen, freundlichen Umgang mit den „Wilden" zu pflegen und zur Not auch mit Bestechungsgeschenken seinem Vorhaben Nachdruck zu verleihen.[10]

Mit der Konzipierung der streng geheimen geografisch-astronomischen Expedition wurde das Sankt Petersburger Admiralitätskollegium und der Universalgelehrte an der Russischen Akademie der Wissenschaften Peter Simon Pallas (1741–1811) betraut, dessen Absicht es war, eine geografische Zoologie des Russischen Reichs zu schreiben. Leiter der Expedition war der Engländer Joseph Billings (1761–1806). Seine ersten Offiziere waren Robert Hall und Gavriil Andreevič Saryčev. Es war eine Expedition von rund 150 Matrosen und Soldaten, wovon 25 Jäger waren. Dazu kamen zwei Schiffsbauer, ein Maler, ein Mechaniker und drei Wundärzte. Außerdem standen der wissenschaftlichen Mannschaft mehrere Assistenten, darunter Zeichenmeister und Ausstopfer zur Verfügung.[11]

Ein wichtiges Mitglied war Carl Heinrich Merck, der am 19. November 1761 in Darmstadt geboren wurde und eigentlich von Beruf Arzt war. Zwischen 1780 und 1784 studierte er in Gießen und Jena Medizin. Als erster Sohn des Stadt- und Landphysikus Franz Christian Merck und der Schriftstellerin Johanna Maria Elisabetha geb. Neubauer wuchs er in einem bürgerlichen Umfeld auf. Umso erstaunlicher ist es, seinen Lebensweg von der hessischen Provinz in die sibirische Tundra und von der westeuropäischen Zivilisation zum Lebensraum schriftloser Völker und Kulturen beobachten zu können. Dass er eine Einladung der Kaiserin Katharina II. nach Russland erhielt, war vermutlich seinem Onkel Johann Heinrich Merck zu verdanken, der als Vermittler auftrat und seine Kontakte zur Sankt Petersburger Akademie der Wissenschaften und wichtigen Persönlichkeiten im Russischen Reich nutzte, um seinen Neffen in jene Kreise einzuweisen. In der Konsequenz befand sich Carl Heinrich Merck im Sommer 1785 als Hospitalarzt in Irkutsk, wo sich im Februar 1786 auch die Mannschaft der Nordostpazifischen Expedition versammelte. Da der französische Mineraloge und Botaniker Eugène-Melchior Louis Patrin (1742–1815) offiziell aus gesundheitlichen Gründen ausfiel, musste schnell ein Vertreter gefun-

---

9 Dahlmann 2005: 55–71, hier S. 68ff.
10 Vgl. Ordubadi 2010: 104f.
11 Vgl. ebd. 650ff.

Abb. 1: Vermutlich einzig authentischer Scherenschnitt von Carl HeinrichMerck (1761–1790) aus dem Jahr 1781, als Merck von Gießen an die Universität Jena wechselte.

den werden. Dabei fiel die Wahl auf Merck.[12] Obwohl dieser fürchtete, „daß er dem Geschäfte nicht gewachsen sey" (Sauer 1802: 18), stimmte er seiner Teilnahme zu. Sodann wurden ihm die Instruktionen zu dieser Expedition, die Pallas als wissenschaftlicher Kopf der Unternehmung angefertigt hatte, übergeben. In zwölf Punkten wurde sein Aufgabenbereich definiert. Man erwartete „alles was Ihre Einsichten, Ihr Eyfer für die Wissenschaft und für den Dienst, und Ihnen eigene Ehrbegierde zur Pflicht machen." Merck wurde angewiesen, ein „vollständiges Topographisches und Historisches Journal [zu] halten, darinnen die Gegenden, Flüße, Bäche, Seen, Gebürge und deren Fortsetzungen, Küsten und Inseln, Ihre Merkwürdigkeiten aus den dreien Reichen der Natur, die vorkomende Einwohner, und was von Ihnen Denkwürdiges gesagt werden kann"[13] täglich zu verzeichnen. Pallas' Instruktionen sind sehr detailreich und reichen von der Beschreibung der geologischen und klimatologischen Verhältnisse, der Pflanzen- und Tierwelt bis hin zur indigenen

---

12  In den Quellen wird Patrins Erkrankung einstimmig als Grund für sein Ausscheiden aus der Expedition behandelt. Vgl. dazu Wendland 1992: 650f. In der historischen Forschung wird jedoch auch die Vermutung geäußert, er könne mit den Bedingungen für die Teilnahme nicht einverstanden gewesen sein. Er war es gewohnt, selbstständig zu arbeiten und einen Teil seiner gesammelten Proben verwalten zu können. Pallas Instruktionen hingegen sahen vor, dass sämtliche Proben und Arbeitsergebnisse an die Akademie der Wissenschaften ausgeliefert werden sollten. Vgl. dazu Dahlmann/Friesen/Ordubadi 2009: 7–86, hier S. 31ff.

13  „Instruction für den bey der geheimen See Expedition unter Commando des Herrn Capitains Billings, als Naturforscher und Reise Beschreiber angestellten Herrn Doctor Merck", in: Wendland 1992: 823–829, hier S. 824.

Bevölkerung. Merck wurde angehalten, sämtliche Informationen von der äußeren Erscheinung über ihre Lebensweise und Gebrauchsgegenstände bis zu ihrer „sittlichen Beschaffenheit"[14] zusammenzutragen. Als Arzt sollte er auch die Krankheiten von Mensch und Tier untersuchen und seine fachliche Einschätzung einfließen lassen. Die Besoldung legte das Admiralitätskollegium auf 800 Rubel Jahreslohn fest. Während der Expedition erhielt Merck wie die übrigen Offiziere das doppelte Gehalt und hatte nach Beendigung der Unternehmung eine lebenslange Pension in der Höhe eines einfachen Gehalts in Aussicht. Zur zusätzlichen Motivation wurden die ranghohen Teilnehmer für einzelne Verdienste entlohnt. So wurde Merck in den Rang des Kollegienassessors und somit in den erblichen Adelsstand berufen und 1787 sogar zum Kaiserlichen Hofrat ernannt (Dahlmann, Friesen, Ordubadi 2009: 45).

Im Mai 1786 brach die Mannschaft unter Billings Kommando von Irkutsk aus über Jakutsk nach Ochotsk auf. Dort trafen sie auf Saryčev, der bereits seit mehr als einem Monat den Bau der Hauptexpeditionsschiffe koordinierte. Diese Aufgabe trat er jedoch auf Befehl Billings an Robert Hall, dessen Ordonanzoffizier, ab. So konnte er sich der Expeditionsgruppe nach Verchnekolymsk, zu der auch Merck gehörte, anschließen und an seinem wissenschaftlichen Journal arbeiten. Im Mai 1787 begann die Erkundungsfahrt zur Kolyma-Mündung. Die Expeditionsteilnehmer waren beauftragt, einen Weg aus dem Ostsibirischen Meer durch die Beringstraße in den Pazifik zu suchen. Die russische Regierung hoffte, mit der Entdeckung eines solchen Seeweges die Erschließung schwer erreichbarer Gegenden am Rande des Reichs vorantreiben zu können. Die Umsetzung des Auftrags gelang der Mannschaft allerdings nicht, da sie am Kap Baranij Kamen' auf undurchdringliche Eisfelder stieß und somit gezwungen war, umzukehren und in Jakutsk erneut Winterquartiere zu beziehen. Erst im Oktober 1789 erfolgte die Fertigstellung der beiden Hauptexpeditionsschiffe in Ochotsk.

Merck nutzte unterdessen die Gelegenheit, seiner Forschungsarbeit nachzugehen und die neue Umgebung genauestens zu erkunden. Die Weiterfahrt verzögerte sich jedoch erneut, da eines der beiden Expeditionsschiffe infolge eines Unfalls an der Ochota-Mündung barst, weshalb die Expedition mit dem einzig verbliebenen Schiff fortgeführt werden musste. Unter Billings Kommando nahm die *Slava Rossii* Kurs auf die Kurilen-Kette und anschließend den Peter-Pauls-Hafen an der südöstlichen Küste Kamčatkas. Während der dortigen Überwinterung häuften die Wissenschaftler Gesteinsproben an, untersuchten den Vulkanismus und die heißen Quellen (Merck 1790: 158) auf der Halbinsel; sie sammelten ebenso Informationen über die dort lebenden Itelmenen, die von den Russen als Kamčadalen bezeichnet wurden. Im Mai 1790 brach das Expeditionsschiff in Richtung der aleutischen Inselkette auf und verweilte auf den größten Inseln Unalaška und Kodiak. Den Winter verbrachte die Mannschaft wieder auf Kamčatka. Im Mai 1791 setzte sie ihre

---

14  Ebd. 826.

Erkundungsfahrten fort und erreichte Anfang August die St. Lorenz-Bucht auf der Halbinsel Čukotka. Von hier aus begann ein neuer Abschnitt des gesamten Expeditionsvorhabens: Joseph Billings verließ zusammen mit Carl Heinrich Merck, einem Wundarzt, einem Gehilfen und Zeichenmeister das Schiff und betrieb die Erforschung der Halbinsel auf dem Landweg. Zuvor war ihm der Gedanke gekommen, man könne über die Meerenge entlang der Küste des Nordpolarmeeres zur Kolyma-Mündung gelangen. Wie er aber von angetroffenen Čukčen erfahren hatte, war dieser Weg völlig vereist und unpassierbar. Saryčev übernahm das Schiffskommando der _Slava Rossii_ und reiste wieder zu den Aleuten zurück, wo das neue Schiff _Černyj Orel_ ebenfalls zusammen mit Robert Hall ankam.[15]

Derweilen schlossen sich Billings, Merck und ihre Begleiter einer Gruppe von Čukčen an und begleiteten sie durch das Landesinnere. Die Forscher lebten unter ihnen und konnten somit authentische Beobachtungen zu ihrer Lebensweise anstellen. Nach einem halbjährigen Aufenthalt auf der Čukčen-Halbinsel erreichte die Mannschaft im April 1792 Jakutsk, wo Saryčevs Expeditionsteam im Sommer des darauffolgenden Jahres ebenfalls eintraf. Wenige Monate später reiste die Mannschaft geschlossen nach St. Petersburg zurück und erreichte die russische Hauptstadt im April 1794. Mehr als ein Jahr später wurde die Expedition offiziell aufgelöst, nachdem die mitgebrachten Unterlagen wie Berichte und Zeichnungen, Naturalien und weitere Proben sortiert werden konnten.[16]

Während der Expedition fertigte Merck mehrere Mitschriften an. Zum umfangreichsten Werk gehört sein Tagebuch – ein „rohes' Dokument, nicht in geschliffener Sprache geschrieben wie Georg Forsters Bericht, sondern in großen Teilen in sibirischer Kälte eher dahingekritzelt, häufig schwer zu entziffern und zu lesen" und zugleich ein „faszinierendes Zeugnis und eine wertvolle Quelle aus dieser Epoche."[17] Dies gilt nicht weniger für das Manuskript _Beschreibung der Tschucktschi – von ihren Gebräuchen und Lebensart_,[18] welches Merck gesondert führte. In den 64 Manuskriptseiten widmete sich Merck ganz einer indigenen Ethnie, deren soziale Struktur, Kultur und Lebensweise zuvor noch nicht beschrieben worden waren. Ohne Zweifel weckten sie sein Interesse und dies spiegelt sich unweigerlich in der Art und Weise seiner Niederschrift wider. Das Manuskript über die Čukčen lässt sich in die Kategorien Beschreibung des Umlandes, Riten, religiöse Überzeugungen, Feste und Mythen, Statik und Aufbau der Behausungen, Alltags- und Sozialleben, Sexualität, Bekleidungen, Jagd und Nahrung, kriegerische Auseinandersetzungen, äußere

---

15  Vgl. dazu in ausführlicherer Weise Dahlmann/Friesen/Ordubadi 2009: 49ff., sowie Donnert 2002: 1027f.

16  Vgl. Dahlmann/Friesen/Ordubadi 2009: 59.

17  Dahlmann/Friesen/Ordubadi 2009: 10. Das originale Manuskript befindet sich im Firmenarchiv Merck in Darmstadt.

18  Carl Heinrich Merck „Beschreibung der Tschucktschi. Von ihren Gebräuchen und Lebensart", in: Russische Nationalbibliothek, Handschriftenabteilung, F. IV, Nr. 173. Eine Kopie des Manuskripts liegt im Firmenarchiv Merck in Darmstadt vor.

Erscheinungsformen wie Tätowierungen und Sprache gliedern. Beide Quellen bieten nicht nur einen authentischen Zugriff auf wesentliche Abläufe der Expedition, sondern erlauben auch einen Einblick in die wissenschaftliche Arbeit des Naturforschers Merck. Von besonderem Interesse erscheint dabei die Frage nach seinem Wissenschaftsverständnis sowie dessen Auswirkungen auf seine Forschungsarbeit zu sein. Durch den von Merck selbst gesetzten Fokus auf ein indigenes Volk ist zu fragen, wie hierbei die einzelnen Themenabschnitte behandelt werden. Ferner, wie trifft ein Abkömmling der „zivilisierten Welt" auf Naturvölker, deren Lebensweisen befremdlich, gar abstoßend wirken? Schlagen sich diese Unterschiede in seinen Beschreibungen nieder?

Bereits zu Beginn unterscheidet Merck grundsätzlich zwischen „Stillsitzenden" und „Rentiertschuktschen", also zwischen sesshaften und nomadisierenden Čukčen. In seinem Manuskript geht er stets auf Unterschiede und Gemeinsamkeiten ihrer Lebensweisen ein. Es finden ebenso andere indigene Völker Erwähnung, so etwa die Korjaken, Tungusen und „Kamčadalen" bzw. Itelmenen. Die Rentier-Čukčen treiben ihre Herden ins Landesinnere, stets auf der Suche nach Weideflächen für ihre Tiere. Im Sommer verweilen sie in der Nähe der Wohnplätze der „Stillsitzenden". In dieser Zeit ernähren sie sich vom Fleisch der „Seetiere" also Robben, Walrossen und Fischen, und legen sich einen Vorrat an Tran, Walfischbarten und rohen Häuten an. Wenn der Herbst anbricht, wandern sie mit ihren Herden und Zelten ins Gebirge und überwintern an Flüssen oder Binnenseen. Dann ernähren sie sich die meiste Zeit von ihren eigenen oder wilden Rentieren, während die „Stillsitzenden" auf die Jagd nach „Seetieren" gehen. Beide haben sowohl Winter- als auch Sommerhütten. Während die Rentier-Čukčen – durch ihre nomadisierende Lebensweise bedingt – Zelte haben, die einfach auf- und abgebaut werden können, leben die „Stillsitzenden" nur im Sommer in Zelten. Für den Winter haben sie sich „Erdhütten" angelegt, die sie vor der Kälte und dem Frost schützen (Merck n. d.: 11).

Zu den großen Verdiensten Merckscher Forschungsarbeit gehörte die Aufzeichnung der unterschiedlichsten Bezeichnungen beispielsweise für Gebirge, Flüsse, Tiere oder Gebrauchsgegenstände in der čukčischen Sprache, indem er die Laute, die er hörte, in das ihm bekannte Alphabet mit der dazugehörigen Lautsprache transferierte. Nach Möglichkeit verglich er sie im Anschluss mit denen anderer Ethnien. Ein interessantes Ergebnis seiner Arbeit bilden mehrere Wortlisten, welche er nach der Expedition in St. Petersburg anfertigte. Im Manuskript hebt Merck u. a. das Wort *Tangitan* hervor, das so viel wie Feinde bedeuten soll. Damit bezeichnen die Čukčen ihre Nachbarn, die Korjaken. Ebenso benennen sie die Russen *Milgitangitan*, abgeleitet vom Wort Feuer und Feind, da sie mit Feuer Krieg führen. Kriegerische Auseinandersetzungen waren den Čukčen nicht fremd. Im Gegenteil, sie überfallen laut Merck oft die Zeltplätze der Korjaken, die es ihnen wiederum vergelten. Rentier-Čukčen und Korjaken leben in Konkurrenz zueinander. Beide bestreiten ihre Existenz mit der Rentierzucht. Merck berichtet, dass die Korjaken jedoch sehr viel größere Herden führen, weil sie die Tiere nicht so häufig schlachten und mehr in Flüssen nach Fischen sowie wilden Rentieren jagen (Merck n. d.: 6).

Bei der Lektüre wird schnell evident, dass Stellen, in denen Merck seine persönlichen Empfindungen preis gibt, rar sind. Es erweist sich schließlich als ein Mercksches Spezifikum, dass seine Beschreibungen jener Naturvölker wertfrei sind. Nur wenige Momente deuten auf seine Gefühlslage hin. Als die Mannschaft am 4. August 1791 die St. Lorenz-Bucht auf der Halbinsel Čukotka erreicht hatte, beobachtete Merck, wie sich „eine Baidare mit Tschuktschi, doch ohne an unser Fahrzeug zu kommen" (Merck 1792, Bericht No. 6: 303) ihrem Schiff näherte, bald aber wieder zurückruderte. Als sie an Land gingen, kamen ihnen einige „Stillsitzende" entgegen und haben ihnen „durch Zeichen zu verstehen gegeben, alles was Gewehr gleiche, da sie selbst unbewaffnet waren, zu entfernen" (Merck 1792, Bericht No. 6: 303). Anschließend nahmen sie die Fremden mit in ihr Dorf. Nach einer Weile kamen auch die Rentier-Čukčen dazu. Wie schon zuvor auf Kamčatka oder den Aleuten versuchten die Forscher mit Geschenken das Wohlwollen der Indigenen zu erlangen, um ihnen so bei ihrer Arbeit behilflich zu sein. Dafür eignete sich insbesondere Blättertabak, der „eine werthe Ware in diesem Land" darstellte (Merck 1791: 298). Neugierde bestand auf beiden Seiten, war doch der Anblick des jeweils anderen keineswegs alltäglich:

> Man unterhielt sich mit Gesprächen. Jeder erzählte das Seyne, während sich eine Kamtschadale auf den Tornister eines kurz vorher angekommenen Kosacken gesetzt. Und da er ihn nicht zugeschnürt fand, so untersuchte ihn seine Neugierde. (Merck 1791: 298)

Mercks Neugierde galt von Berufs wegen auch ihren Krankheiten, die er in aller Ausführlichkeit festhielt:

> In Tschekafka traf ich ein Weib, so gegen die dreißige, die an ähnlichen Mutterbeschwerden litt, den in dieser Gegend der Aberglaube zwar kein Beseßensein, so wie um Jakuzk und Kovyma, doch ein Verderben, wie sie's nennen, (ein Beschreien) von Mütterchen, wen man ihren Liebeskram die quere komt, als Ursache zuschreibt. Eine kränkliche Reizbarkeit der Nerven, Fehlen der Monatszeiten, seltener bei Mädchen, mer bei Verheirateten, die vielleicht nie geboren oder unreife Geburten gebracht. Der Anfal trift sie zu jeder Jahreszeit. An 8 Tage vorher, ist sie wie zu allem untauglich. Den folgt tobendeß Unbewußtsein, das an 2 Stunden dauert; biß sie einschläft; wozu man sie mit Weihwasser besprengt. Darauf erwacht sie wie aus tiefem Schlaf, ohn alles Rückerinnern; nur daß ihr überal schmerzt und sie auf 8 Tage geschwächt einhergeht. (Merck 1790: 186f.)

Dabei war Merck unweigerlich mit einheimischen Heilverfahren und den damit verbundenen spirituellen Überzeugungen konfrontiert, die nicht nur seinem fachlich medizinischem Verständnis, sondern auch der europäischen Vorstellung von einer zivilisierten und aufgeklärten Gesellschaft widersprachen. Umso erstaunlicher ist es jedoch, dass der Naturforscher das Erlebte zu keinem Zeitpunkt mit seiner subjektiven Einschätzung kommentierte. Bei der Beschreibung ihrer Gebräuche blieb Carl Heinrich Merck stets in der beobachtenden Perspektive. Besonders deutlich wird dies bei der Behandlung der weltanschaulichen Überzeugungen der Indigenen. Die Čukčen lebten in einer tiefen Naturverbundenheit und deuteten Naturerscheinungen als Vorzeichen für bestimmte Ereignisse. Das helle Leuchten der Sterne etwa bewerteten sie als Zeichen der guten Gesinnung der Fremden ihnen gegenüber. Denn Himmelskörper betrachteten sie zugleich als höhere Wesen oder Gottheiten. Sie trugen „Holzgötze" entweder an ihren Gürteln oder Schlitten mit sich. In erster Linie dienten sie ihnen als Glücksbringer, der den Besitzer beschützen soll, konnten aber auch als Gebrauchsgegenstände im Alltag genutzt werden. Mit ihnen führten sie auch zahlreiche Riten durch: So bezeichneten sie die „Götzen" mit gleichem Namen wie die Götter ihrer Rentiere und der Erde, schmückten sie bei ihren Festen mit einem Weidenkranz oder einem Band von Sehnen um den Hals und hofften, dass ihre Rentiere, die sich in Schneestürmen häufig verirren, den Weg zur Herde wiederfinden (Merck n. d.: 7).

Ein weiterer Ritus, den Merck bei den Rentier-Čukčen beobachten konnte, war das Schlachten ihrer Nutztiere. Dazu gebrauchten sie ähnliche „Götzen", die sie auf weißes oder gescheckstes Rentierfell legten. Sie hingen zusätzlich an einem Faden. Bewegten sie sich bei der gestellten Frage, so war es ein gutes, wenn nicht, ein schlechtes Zeichen. Auf diese Weise zumindest suchten sie den Ausgang ihrer Unternehmungen zu erforschen: „Auch bei ihren Opfern", so Merck, „glauben sie die Zukunft enträtseln zu können." Dabei achteten sie einerseits auf die Bewegungen, die das Tier machte, wenn es den „tödlichen Stich" (Merck n. d.: 8) mit einem langen Spieß versetzt bekam. Auch beobachteten sie das Fallen des getöteten Tiers, setzte es sich nämlich zuerst auf den Hintern und fiel dann zurück, hielten sie dies für ein schlechtes Omen. Zuletzt entnahmen sie dem Tier das Schulterblatt, brannten es an einem Fleck seiner dünnsten Stelle etwa über einer Lampe an. Bekam die Stelle einen Riss, so begannen sie mit der Deutung, ob ihre anstehende Fahrt einen glücklichen Ausgang haben oder ob eine Krankheit bald überstanden sein werde. Dabei wurde die Stelle solange über die Lampe gehalten, wie die Risse sich unentwegt fortsetzten. Bekam die Stelle ein Loch, so werteten sie dies als ein schlechtes Zeichen. Mit diesem Ritus versuchten die Čukčen also, Vorhersagen über ihre Zukunft anzustellen. Die Opferung erfolgte dabei meistens an eine Gottheit, die früher auf der Erde und jetzt im Himmel wohnt, um die Teufel der Erde davon abzuhalten, ihnen Schaden zuzufügen.

Während die Rentier-Čukčen ihre Rentiere opferten, verwendeten die „Still-sitzenden" für jenen Ritus Hunde. Es gab einige Merkmale, die sich davon zusätzlich unterscheiden. Beim Töten warfen sie nämlich immer mit der „hohlen Hand Blut aus der Wunde der Sonne zu". Carl Heinrich Merck beschreibt, wie er des Öfteren solche Opfer entlang eines Strandes auffand, „mit dem Kopf dem Meer zuliegend, die außer an Kopf und Füßen vom Fell entblößt waren" (Merck n.d.: 9). Sich jeglichen Kommentars enthaltend führt er weiter aus, dass dies eine Gabe an das Meer sei, um es für ihre Ausfahrten mit den Baidaren zu besänftigen. Ihre Sorge, das Meer könne sie einverleiben, war offenbar derart groß, dass sie gelegentlich an hohen und steilen Felsen des Strandes halten, ein Feuer legten und den Opferritus durchführten.

Subjektive Bewertungen jener religiösen Ansichten und Riten bleiben im Journal über die Lebensart der Čukčen aus. Merck beschreibt lediglich, dass es sehr viele Unklarheiten gibt und die Zusammenhänge nicht immer eindeutig zu erschließen seien. Doch bezeugt dies eher, dass er versucht, ihre Gebräuche zu verstehen und zu durchdringen, ihm aber dazu nun einmal Grenzen gesetzt sind. Erich Donnert beschreibt Merck als „aufgeschlossen" und „verständnisvoll", der zugleich „jedwedem Rassenvorurteil abhold" bleibe (Donnert 2009: 70). Gewisse Vorbehalte aber hat Merck dennoch gegenüber den Schamanen der Čukčen, durch die sie ihre religiösen Riten erst praktizieren konnten:

> […] worin sie sich vor andern dieser Kunst etwa hervorthun, ist, daß sie wißen bei ihren Gaukeleien in abweichender oder fremder, dumpfer Stime zu antworten oder antworten zu laßen, womit sie den Haufen täuschen, als wen die Teufel ihren Fragen eigenmündigen Bescheid ertheilten; und da sie bei Krancksein auf ihren Unternehmungen sowohl den Helfer als den Vorhersager spielen, so können sie jener schnöden Geisteraussprüche so lenken, daß selbe […] eins der besten Renthiere der Herde bestimt fordern, und dies wird den, außer etwa des Kopfs, den sie zur Schau aufstellen, oder nur der Geweihe, die sie auf der Opferstelle zurücklassen und einige handvoll Bluts, die sie der Sonne zu werfen, mit Haut und Fleisch das Ihrige. (Merck n.d.: 10)

Die spirituellen Vorstellungen der Čukčen an und für sich werden hier dennoch keiner Wertung unterzogen, auch dann nicht, wenn Merck beschreibt, dass sich die Schamanen „durch ihre Handpauke in Taumel geeifert" haben und nun im Kreis laufen sowie sich mit einem Messer in die Zunge oder in den Leib schneiden. Merck nennt sie „Gauckler" (Merck n.d.: 10). Durch seine Beschreibung entsteht der Eindruck, er glaube nicht an ihre Praktiken – allerdings nicht aufgrund ihrer Sonderbarkeit, sondern aus der Tatsache heraus, dass sie ihre Mitmenschen hinters Licht führen. Doch diese Stellen, in denen man etwas über Mercks persönliche Meinung erfahren kann, sind selten. In der Folge fährt er mit der grundlegenden Beschreibung des äußerlichen Auftretens eines Schamanen fort.

Mit seiner Unbefangenheit gegenüber den religiösen Praktiken der Čukčen war Merck seiner Zeit weit voraus, betrachtet man die seit Peter I., aber vor allem in der Regierungszeit Elisabeths II. systematisierten Missionierungsversuche in den Wohngebieten indigener Völker. Lange Zeit befanden sich die Regenten in dem Glauben, das Christentum treibe durch Bildung das „Wilde" in ihnen heraus und ihre Russifizierung voran.[19] Dennoch ist aber anzunehmen, dass Merck das Leben unter den Čukčen als äußerst beschwerlich empfand,[20] nicht zuletzt aufgrund der ihm vertrauten Wertvorstellungen, Tugenden und Prinzipien. So verfällt er gelegentlich in einen negativen Sprachduktus, indem er sie als „Wilde" bezeichnet:

> Schwer genug blieb es uns, diese sechs Monate durch unter einem Schwarm von Wilden zu leben, die auch nicht der Schein von Gesetzen beschränkt, wo selbst der Vattermörder nie fremden Vorwurf zu erwarten hat, und deren Gebräuche jeden nur zum unumschränkten Herrn zu bilden sich bemühen, die fremdes Eigenthum zu rauben für eine Fertigkeit halten, und bei denen der Wechsel von Freundschaft zu tötendem Haß kaum den schwächsten Übergang leidet. (Merck 1792: 306)

Es bleibt darauf hinzuweisen, dass Mercks Forschungsarbeit vor dem Hintergrund extremer klimatischer Widrigkeiten und Gefahren entstanden ist:

> Welche Gefahren sind Sterbliche nicht al unterworfen. Gottheit unter welchem Nahmen dich die Welten al auch anruffen, laß mich meine Knie zu dir beugen, laß mich mit der dankbarsten Rührung für deinen Schutz zu dir hin seufzen – du bist! Noch erquickte in der ersten Dämmerung unsere durch ungewohntere Mühe ermatteten Glieder sanfter, jeden Traum verscheuchender Schlummer, als sich aus NO mit allem Ungestüm und dichtem Schnee ein schwerer Sturm erhob. Jeder Stoß schien ihn zu verstärken biß mit mächtigerm Angriff die Stangen unseres niedrigen Zelt's knickten und es mit einem Schnewirbel – dem ersten nachsehn entschwand. Jeder Antrieb durch näßte uns mer, trieb mein kleinen Mantelsack [MS 33] und Kissen weg [...]. (Merck 1790: 177)

Diesen Strapazen war die gesamte Expeditionsmannschaft ausgesetzt, worunter viele gesundheitlich zu leiden hatten:

---

19  Vgl. Dahlmann 2005: 69. Zur Missionierung der orthodoxen Kirche auf Kamčatka, vgl. Gernet 2007: 80ff.

20  Dazu zählen besonders die hygienischen Bedingungen, welche die Forscher beobachten konnten und unter welchen sie auch leben mussten. So schreibt Merck von ihrer „säuischen Lebensart", da sie in ihren Hütten schlafen, kochen und ihre Notdurft verrichteten. Vgl. Merck n.d.: 14.

„Was die Gesundheit unsrer Manschaft während dieser Reise betraf, so erlauben mir Ew. Hochwolgebohren folgendes aus dem Tagebuch deß Herrn Stabswundarztes Robeck beizusetzen. Nur gegen's Ende der Fart, da Zwieback fehlten und Wasser knaper wurde, weshalb sie auch kein Salzfleisch mehr, sondern mit wenig Wasser dickgekochte Erbsen und Grütze nebst Butter bekamen, zeigten sich Merkmale von Scharbock: Verstopfungen, feiner juckender Ausschlag, Bluten deß Zahnfleisches, Nasenbluten, Schmerzen in den Füßen, welche zuletzt bei letzten mit Geschwulst. Bei unsrer Rückkunft im Haven bekamen gleich merere Gliederschmerzen, [MS 107] Mattigkeit, fliegende Hitze, trocknen Husten nebst Beklemmung der Brust. Sparsam Aderläße, wobei's Blut dick und zäh, nebst verdünten Getränken und frischen Fischen gaben baldig fast allen vorige Gesundheit. […] Im ganzen starben nur zwei Mann. Der eine an hartnäckiger Verstopfung […]. Der zweite starb an einer Entkräftung nach einer geschwundenen Wassersucht." (Merck 1790: 296f.; Bericht No. 5)

Für die russische Regierung war die immerhin insgesamt zehn Jahre dauernde und kostspielige Expedition ein voller Erfolg, da die Großmacht so ihr Staatsterritorium um die bereisten Gebiete zu erweitern vermochte. Dies gilt ganz besonders für die Angliederung der Halbinsel Čukotka. Vor diesem Hintergrund ist allerdings grundsätzlich zu konstatieren, dass die Forschungsarbeit Carl Heinrich Mercks während der Billings-Saryčev-Expedition zwischen 1785 und 1795 zu seinen Lebzeiten nie die würdigende Anerkennung, welche ihr ohne Zweifel zustand, erfuhr. Seine Sammlung mineralogischer und pflanzlicher Proben sowie die umfassende Beschreibung der sibirischen Fauna dienten Pallas schließlich zur Vervollständigung seiner *Zoographia Rosso-Asiatica*. Womöglich mag die geringe Würdigung seiner Arbeit aber auch an seinem nur vier Jahre nach der Nordostpazifischen Expedition erfolgten Tod gelegen haben, der wahrscheinlich durch die gesundheitlichen Strapazen während dieser Zeit verfrüht eingetroffen ist. 1799 starb Carl Heinrich Merck im Alter von 37 Jahren an einem Schlaganfall.[21] Zudem lenkten andere Expeditionsteilnehmer mit ihren rasch publizierten Tagebüchern die Aufmerksamkeit der europäischen Öffentlichkeit auf sich. Darunter zählen Saryčev (1791) (1763–1831), als einer der beiden Leiter der Expedition, und Martin Sauer, der als Sekretär von Joseph Billings die Expedition begleitet hatte. So könnten Mercks Forschungsarbeiten im Trubel der übrigen Veröffentlichungen in den Hintergrund geraten sein. Sein Tagebuch galt über lange Zeit hinweg verschollen und wurde erst 1936 in einem Leipziger Antiquariat wiederentdeckt. Das Manuskript über die Sitten und Gebräuche der Čukčen wurde nach seinem Tod in sprachlich stark überarbeiteter Form publiziert.[22]

---

21   Vgl. Dahlmann/Friesen/Ordubadi 2009: 63.
22   Merck 1814, Bd. 16: 1–27, 184–192; Bd. 17: 45–71, 137–152.

Eine gründliche Aufarbeitung seines Nachlasses konnte über einen Zeitraum von zwei Jahrhunderten hinweg nicht erfolgen. Seit Kurzem bemüht sich die historische Forschung, die Authentizität seiner überlieferten Schriften und die Verdienste seiner Forschungsarbeit herauszustellen.

## Literatur

Dahlmann, Dittmar 1999. Die Eroberung und Erforschung Sibiriens vom 16. bis zum Ende des 18. Jahrhunderts. In *Geschichte Rußlands und der Sowjetunion*, Kurseinheit 4, Fernuniversität Hagen, 1–115. Hagen.

— 2009. *Sibirien. Vom 16. Jahrhundert bis zur Gegenwart*. Paderborn: Schöningh.

— 2005. Sibirien: Der Prozess der Eroberung des Subkontinents und die russische Zivilisierungsmission im 17. und 18. Jahrhundert. In *Zivilisierungsmissionen. Imperiale Weltverbesserung seit dem 18. Jahrhundert*, Boris Barth, Jürgen Osterhammel (Hg.), 55–71. Konstanz: UVK Verlagsgesellschaft.

— 1997. Von Kalmücken, Tataren und Itelmenen: Forschungsreisen in Sibirien im 18. Jahrhundert. In *„Barbaren" und „Weiße Teufel". Kulturkonflikte und Imperialismus in Asien vom 18. Bis zum 20. Jahrhundert*, Eva-Maria Auch, Stig Förster (Hg.), 19–44. Paderborn u.a.: Ferdinand Schöningh.

Donnert, Erich 2002. Die Billings-Saryčev-Expedition in den Nordostpazifik 1785–1793 und der Naturforscher Carl Heinrich Merck. In *Europa in der Frühen Neuzeit*. Festschrift für Günter Mühlpfordt. Erich Donnert (Hg.), Bd. 6, 1023–1036. Köln, Weimar, Wien: Böhlau.

— 2009. *Russlands Ausgreifen nach Amerika. Ein Beitrag zur eurasisch-amerikanischen Entdeckungsgeschichte im 18. und beginnenden 19. Jahrhundert*. Frankfurt a.M. u.a.: Peter Lang.

Gernet, Katharina 2007. *Evenen – Jäger, Rentierhirten, Fischer. Zur Geschichte eines nordostsibirischen Volkes im russischen Zarenreich*. Stuttgart: Harrassowitz Verlag.

Maydell, Gerhard Baron 1893. *Reisen und Forschungen im Jakutischen Gebiet Ostsibiriens in den Jahren 1861–1871*. Erster Theil in Beiträge zur Kenntnis des Russischen Reiches und der angrenzenden Länder Asiens, Vierte Folge, Leopold v. Schrenck, Friedrich Schmidt (Hg.), Bd. 1, St. Petersburg: Buchdruckerei der Kaiserlichen Akademie der Wissenschaften.

Merck, Carl Heinrich 1814. Nachrichten von den Sitten und Gebräuchen der Tschuktschen, gesammelt von Dr. K.H. Merck auf seinen Reisen im nördlichen Asien. *Journal für die neuesten Land- und Seereisen und das Interessanteste aus der Völker- und Länderkunde zur angenehmen Unterhaltung für gebildete Leser in allen Ständen*, Bd. 16: 1–27, 184–192; Bd. 17: 45–71, 137–152.

— 2009. *Das sibirisch-amerikanische Tagebuch aus den Jahren 1788–1791*. Dittmar Dahlmann, Anna Friesen und Diana Ordubadi (Hg.). Göttingen: Wallstein.

— n. d. *Beschreibung der Tschucktschi. Von ihren Gebräuchen und Lebensart.* Russische Nationalbibliothek, Handschriftenabteilung, F. IV, Nr. 173.

Ordubadi, Diana 2010. Reiseberichte aus der Billings-Saryčev-Expedition (1785–1795). Spiegelbilder der russischen Sibirien- und Fernostforschung im 18. Jahrhundert. In *Stadt, Land, Fluß. Landes-, Orts- und Reisebeschreibungen aus historischer und geographischer Perspektive*, Johannes Hofmeister (Hg.), 95–114. Norderstedt: Books on Demand.

Saryčev, G. A. 1952. *Putešestvie po severo-vostočnoj časti sibiri ledovitomu morju i vostočnomu okeanu.* Moskva: Gosudarstvennoe izdatel'stvo geografičeskoj literatury.

Sauer, Martin 1802. *Geographisch-astronomische Reise nach den nördlichen Gegenden Rußlands und zur Untersuchung der Mündung des Kowima, der ganzen Küste der Tschuktschen und der zwischen dem festen Lande von Asien und Amerika befindlichen Inseln.* Auf Befehl der Kaiserin von Rußland, Catharine der Zweiten in den Jahren 1785 bis 1794 unternommen von Kapitän Joseph Billings und nach den Original-Papieren herausgegeben von Martin Sauer, Sekretär der Expedition. Berlin: Oehmigke.

Stolberg, Eva-Maria 2009. *Sibirien: Russlands „Wilder Osten". Mythos und soziale Realität im 19. Und 20. Jahrhundert.* Stuttgart: Franz Steiner Verlag.

Wendland, Folkwart 1992. *Peter Simon Pallas (1741–1811). Materialien einer Biographie*, Bd. 1, Berlin, New York: Walter de Gruyter.

## Abbildungen

Abb. 1   Merck-Archiv, Darmstadt. Signatur: Y1/04586-01.

# 5 DIE HALBINSEL KAMČATKA IN DEN SCHRIFTEN DES LEITERS DER ERSTEN RUSSISCHEN WELTUMSEGLUNG (1803–1806) ADAM JOHANN VON KRUSENSTERN UND SEINES NATURFORSCHERS GEORG HEINRICH FREIHERR VON LANGSDORFF[1]

*Diana Ordubadi*

> *„Es ließe sich gewiss so gut in Kamtschatka,*
> *wie sonst irgendwo, ja sogar besser und wohlfreier,*
> *als in vielen Provinzen Russlands leben"*
> *(Krusenstern 1811: 237)*

Am 15. Juli 1804 ging das russische Schiff *Nadežda* („Die Hoffnung") unter dem Kommando des Kapitäns Adam Johann von Krusenstern (Ivan Fedorovič Kruzenštern) im Peterpaulshafen der Halbinsel Kamčatka vor Anker. Nach fünfmonatiger Weltumseglung konnte die Besatzung erneut russischen Boden betreten. Für den deutschstämmigen Naturforscher der Expedition Georg Heinrich Freiherr von Langsdorff war es der erste Besuch im Russischen Reich. Ihm boten sich auf Kamčatka nicht nur spannende Naturphänomene zur wissenschaftlichen Untersuchung, sondern auch zahlreiche Gelegenheiten, seine Forschung und seine Fähigkeiten für die Reorganisation dieser Halbinsel einzusetzen.

Der Umstand, dass auf einem russischen Schiff ein ausländischer Forscher aktiv mitwirkte, bildete keine Ausnahme in der Geschichte russischer Forschungsreisen. Seit der Zweiten Kamčatka-Expedition (1733–1743) unter der Leitung des dänischen Kapitäns Vitus Bering lud die russische Regierung ausländische Spezialisten in ihre Dienste ein, vor allem, wenn diese sich durch hervorragende Kenntnisse auf dem Gebiet der Naturwissenschaften auszeichneten und zu deren Förderung in Russland beitragen konnten.[2] Im Laufe des 18. Jahrhunderts entwickelten sich vornehmlich intensive deutsch-russische Wissenschaftsbeziehungen, die nicht zuletzt von solch herausragenden Mitgliedern der St. Petersburger Akademie der Wissenschaften wie August Ludwig Schlözer, Gerhard Friedrich Müller, Georg Wilhelm Steller, Peter Simon Pallas u. a. gefördert und vertieft wurden. So konnte Georg Heinrich Langsdorff mit seiner Tätigkeit eine langjährige Tradition enger deutsch-russischer Zusammenarbeit fortsetzen. Die Besonderheit seines Lebenslaufes bestand jedoch darin, dass Langsdorff ursprünglich selbst den brennenden Wunsch entwickelte, an der Weltumseglung teilzunehmen, ohne dass die russischen Behörden ein bestimmtes Interesse an seiner Kandidatur gezeigt hätten.

---

1 Dieser Beitrag ist die leicht veränderte Version meines bereits in russischer Sprache veröffentlichten Artikels (Ordubadi 2010). Die ersten Ausarbeitungen wurden außerdem in Zusammenarbeit mit Dittmar Dahlmann bereits in der Zeitschrift *Damals* 40 (2008), 11 vorgestellt.

2 Vgl. Dahlmann 2004: 119–132, hier S. 121ff.

Zusammen mit einer außergewöhnlichen wissenschaftlichen Neugier und Tüchtigkeit brachte der gebürtige Hesse in die russischen Dienste auch seine hervorragende humanistisch geprägte Ausbildung in Medizin und Naturwissenschaften mit, die er während seines Studiums 1793–1797 in Göttingen erworben hatte. Göttingen war damals eine der angesehensten und modernsten Universitäten im deutschsprachigen Raum. Langsdorff gehörte zu einer Gruppe von Studenten, die persönlich von Johann Friedrich Blumenbach (1752–1841), einem der bekanntesten Naturforscher, Anthropologen und Ethnografen seiner Zeit, betreut wurde. Neben der Geschichte der geografischen Entdeckungen und der Fähigkeit zur kritischen Analyse unterschiedlicher Reisebeschreibungen bemühte sich Blumenbach seinen Schülern beizubringen, nicht nur detailliert die Kultur, Sprache und die Sitten des jeweiligen Landes zu durchleuchten, sondern auch den Blickwinkel der Einheimischen zu berücksichtigen, ihre Mentalität, alltägliche Schwierigkeiten und Freuden versuchen zu begreifen oder sogar mitzuerleben.[3] Dank seines Mentors verinnerlichte Langsdorff diese Vorgehensweise sowie eine selbstlose Reise- und Forschungslust schon sehr früh, ähnlich wie andere bekannte Blumenbach-Schüler und Reiseforscher, zu denen auch Alexander von Humboldt, Maximilian zu Wied-Neuwied und Johann Ludwig Burckhardt (1784–1817) zählten.

Nachdem Langsdorff 1797 sein Medizinstudium mit einer Promotion abgeschlossen hatte, reiste er als Leibarzt des Prinzen Christian von Waldeck nach Lissabon ab. Der fünfzigjährige Prinz wurde als General in die Dienste der portugiesischen Armee berufen. Infolge einer Verletzung starb er allerdings bereits ein Jahr später. Langsdorff blieb in Lissabon und widmete sich neben seiner ärztlichen Privatpraxis auch dem Dienst im dortigen deutschen Hospital. 1801 trat er in den britischen Militärdienst und musste sein Korps nach Spanien begleiten, wo die Einheit schließlich 1802 aufgelöst wurde. Von Spanien segelte Langsdorff nach Großbritannien, besuchte anschließend Paris und kehrte erst 1803 nach Göttingen zurück.[4]

Während seiner Abwesenheit gelang es Langsdorff trotz ununterbrochener Ausübung seines medizinischen Berufs, nicht nur umfassende naturwissenschaftliche Sammlungen in Portugal und Spanien anzulegen, sondern auch eine Fachkorrespondenz mit der Akademie der Wissenschaften in St. Petersburg zu beginnen. 1803 wurde er zum offiziellen korrespondierenden Mitglied der Akademie ernannt, an die er bereits aus Portugal seine systematisierten Insekten- und Fischsammlungen verschickte (Becher 1987: 65). Nach dem Sortieren seiner Kollektionen in Göttingen suchte Langsdorff nach einer Möglichkeit, seine Forschungen nun außerhalb von Europa fortzusetzen.

Im gleichen Jahr erfuhr er über einen russischen Kollegen, den Physiker L. J. Kraft, von der Vorbereitung eines Seeunternehmens rund um die Welt unter der

---

3   Zu Blumenbachs Einfluss auf Langsdorff vgl. ausführlicher Plischke 1937: 60ff.; Komissarov 1975: 7ff.
4   Über die Zeit in Portugal vgl. Komissarov 1975: 10–14.

Leitung von A. J. von Krusenstern. Langsdorff bewarb sich unverzüglich als Naturforscher für eine Teilnahme, erhielt jedoch eine Absage, da die Expeditionsschiffe
den Kronstadt-Hafen bereits verlassen hatten.[5] Dies hinderte den Forscher jedoch
nicht daran, noch am Tage, an dem er den Brief erhalten hatte, nach Kopenhagen
aufzubrechen, wo er gerade noch die Expeditionsmannschaft einholen konnte.
„Noch nie habe ich eine Weltreise mit so warmen teilnehmenden Wünschen begleitet, als diese, die […] einer meiner persönlichen Bekannten und Freunde, Langsdorff
mitmacht", schrieb dazu Johann Friedrich Blumenbach, „er hatte ehedem bey uns
studiert, war seitdem fünf Jahre lang meist in Portugall gewesen, kam eben wieder
mit großen naturhistorischen Schätzen hierher zurück, als die Nachricht von der
Krusenstern'schen Expedition bekannt geworden war; er brannte vor Begier mitzu-
gehen, erfuhr aber auf sein Anerbieten von St. Petersburg aus, daß die Schiffe schon
gegen Helsingör abgesegelt seyen; den Brief erhielt er den 18. Aug. bestellte sogleich
sein Haus, vermachte auf seinen Sterbefall seine köstlichen Naturaliensammlungen
unserm academischen Museum, nahm von seinen Freunden Abschied, und eilte
noch denselben Abend aufs Gerathewohl von dannen, um die Schiffe aufzusuchen."[6]

Abb. 1: Adam Johann von Krusenstern

Die erste Weltumseglung unter russischer Flagge, an der Langsdorff so sehn-
süchtig teilnehmen wollte, wurde als ein Riesenunternehmen – basierend auf dem
Konzept von Krusenstern und bedingt durch politisch-ökonomische Interessen
Russlands – initialisiert. Schon während der Regierungszeit Pauls I. entwarf der

5    Vgl. Komissarov und Šafranovskaja 1975: 86–118, hier S. 87.
6    Zit. nach Plischke 1937: 63.

russische Kapitän deutschbaltischer Abstammung Adam Johann von Krusenstern ein aufwendiges Projekt einer ersten russischen Weltumseglung, die zur russischen internationalen Handelsentwicklung und Bereicherung des Landes beitragen sollte.[7] Das Vorhaben wurde beim Vizepräsidenten des Russischen Admiralitätskollegiums G.G. Košelev eingereicht. Darin bemühte sich sein Verfasser, die Regierung auf besonders hohe Profite hinzuweisen, die bei Pelzlieferungen nach China erzielt werden könnten, wenn diese ausschließlich auf dem Meereswege betrieben würde. Über längere Zeit führte Russland einen Pelzhandel mit China, indem Edelpelzfelle aus russisch-amerikanischen Kolonien zuerst mit Schiffen nach Ochotsk und anschließend auf dem Landwege nach Kjachta an der russisch-chinesischen Grenze gebracht wurden. Solch umständliche Lieferungen konnten bis zu zwei Jahren dauern und führten unweigerlich dazu, dass ein Teil der wertvollen Fracht beschädigt wurde (Paseckij 1974: 17). Krusenstern argumentierte zudem, dass eine Seefahrt auch besser zur Versorgung der russisch-pazifischen Besitzungen geeignet sei als die langwierigen Transporte durch das Landesinnere Sibiriens. Krusenstern gelang es jedoch nicht sofort die Unterstützung des Admiralitätskollegiums zu gewinnen. Erst nach der Thronbesteigung von Alexander I. und mit Hilfe des Kommerzministers N.P. Rumjancev erhielt er die Erlaubnis, mit der Vorbereitung der Expedition zu beginnen.

Im Frühjahr 1803 wurden in London zwei passende Schiffe gekauft, nach Kronstadt gebracht und auf die Namen *Nadežda* („Hoffnung") und *Neva* getauft. Der Auswahl der Mannschaft und der Schiffsausrüstung widmete sich Krusenstern gemeinsam mit seinem Freund Jurij Fedorovič Lisjanskij, der das Kommando über die *Neva* erhielt. Die Finanzierung der Reise übernahm die Russisch-Amerikanische Kompanie,[8] deren Leiter Graf Nikolaj P. Rezanov sich in diplomatischer Mission ebenfalls an der Weltreise beteiligte. Im Jahr 1796 hatten 15 Japaner auf den Aleuten Schiffbruch erlitten. Vier von ihnen sollte Rezanov nach Japan bringen und bei dieser Gelegenheit versuchen, Handelsbeziehungen mit dem bis dahin nach außen völlig verschlossenen Japan aufzubauen.[9]

Ausgerechnet Rezanov traf Langsdorff als Ersten in der dänischen Hauptstadt. Wie Rezanov in seinem Reisetagebuch vom August 1803 vermerkte, blieb ihm auf-

---

7   Proekt organizacii russkoj krugosvetnoj ėkspedicii v interesach razvitija torgovli i obogaščenija strany, in: Das Russische Staatliche Marine-Archiv (RGAVMF), f. 14, op. 1, d. 22.

8   Die Russisch-Amerikanische Kompanie (RAK, auch Russisch-Amerikanische Compagnie) wurde im Juli 1799 durch einen Zusammenschluss von mehreren kaufmännischen Gesellschaften unter der Schirmherrschaft Pauls I. zur Förderung des russischen Handels in Fernost und Erschließung von russischen Ländern in Nordamerika gegründet. Die halbstaatliche Organisation genoss mehrere Privilegien einschließlich des Handelsmonopols in Russisch-Amerika. Die RAK organisierte zahlreiche Expeditionen, darunter 13 Weltumseglungen, und spielte eine wichtige Rolle bei der russischen Kolonialisierung des Fernen Ostens. Nachdem 1867 das Russische Reich Alaska an die USA verkauft hatte, wurde die RAK 1868 liquidiert.

9   Bucher 2008: 286; vgl. auch Scurla 1974: 249–350, hier S. 252.

grund von Langsdorffs Forschungswillen, dessen überzeugender, aber höflicher Art und dessen Mitgliedschaft in der St. Petersburger Wissenschaftsakademie gar keine andere Wahl, als ihn in die Expedition aufzunehmen, obwohl sich bereits Wilhelm Gottlieb Tilesius von Tilenau als Naturforscher an Bord befand.[10] Von der Energie und Zielstrebigkeit des deutschen Naturalisten wurde schnell auch Krusenstern überzeugt, der Langsdorff auf dem Schiff *Nadežda* mitfahren ließ. In die russische Hauptstadt wurde eine Anfrage über die offizielle Aufnahme des deutschen Arztes in die Unternehmensmannschaft abgeschickt. Für den Fall einer Absage versicherte Langsdorff gegenüber Krusenstern und Rezanov seine überzeugte Bereitschaft, auch aus eigenen Mitteln an der Forschungsreise teilnehmen zu wollen.

Abb. 2: Georg Heinrich Freiherr von Langsdorff

In den nächsten Monaten konnte Langsdorff den Kreis seiner wissenschaftlichen Interessen stark erweitern. Ursprünglich mit dem botanischen, zoologischen und mineralogischen Teil der Expedition beauftragt, befasste er sich während der Fahrt zu den Kanarischen Inseln und an die brasilianische Küste zusätzlich immer mehr mit Ethnografie und Linguistik. Nach dem Aufenthalt in Brasilien zum Proviantauffüllen erreichten die Expeditionsschiffe im März 1804 Kap Hoorn an der Südspitze des amerikanischen Doppelkontinents und gelangten danach in den Pazifischen Ozean. Auf dem Weg gen Norden besuchte die *Nadežda* die Marquesas- und die Hawaii-Inseln. Im Juli 1804 ging die *Nadežda* in Petropavlovsk auf Kamčatka vor Anker. Bereits bis hierher erwies sich Langsdorff als ein unermüdlicher Forscher, der

---

10   Vgl. Kommissarov 1975: 16; Kommissarov und Šafranovskaja 1975: 87.

jeden Zwischenhalt für vielseitige wissenschaftliche Beobachtungen nutzte. Zwischen 1803 und 1804 erstattete er mehrere Berichte an die St. Petersburger Akademie der Wissenschaften über die geologischen Charakteristika von Teneriffa, über die brasilianische Insel St. Catharina, über das Phänomen des Meeresleuchtens sowie über die Sitten und Bräuche der indigenen Bevölkerung der Marquesas-Inseln. Einige Teile seines Reiseberichtes wurden – vermutlich mit Hilfe von Blumenbach, mit dem Langsdorff während der Expedition korrespondierte – im Weimarer *Magazin für den neuesten Zustand der Naturkunde* veröffentlicht (Langsdorff 1805a: 203–206; 1805b: 220–223).

Schon als die Expedition sich den Ufern Kamčatkas näherte, verzeichnete Langsdorff eine bezaubernde Schönheit der dortigen Natur, die er in ihrem Florareichtum mit Brasilien und in ihrer malerischen Ausstrahlung sogar mit den Alpen verglich: „Die mit grünen Waldungen bedeckten niedrigen Berge überraschten uns durch ihre Anmut und Schönheit. Seitdem wir Brasilien verlassen hatten, sahen wir keine Gegenden, die uns so freundlich anlachten, als diese, unschuldiger Weise, in so üblen Ruf stehende Halbinsel von Kamtschatka. Die schönen Birkenwälder und dick begrasten Hügel im Vordergrund hatten so viele Ähnlichkeit mit einer europäischen Landschaft, dass wir uns schon in Gedanken in unser Vaterland versetzt glaubten" (Langsdorff, Bd 1, 1812: 174). Auf dem Lande aber wurden die Reisenden vor allem von der Armut und Ungepflegtheit russischer Siedlungen nachhaltig überrascht. „Der erste Anblick von St. Peter und Paul mochte bei einem, mit der Geschichte dieser Russischen Besitzung nicht bekannten Ankömmlinge den Gedanken erregen, dass es eine Kolonie sei, die man vor einigen Jahren angelegt habe, nun aber schon gesonnen sei, wieder aufzugeben. Man sieht hier nichts, was einen könnte glauben machen, dass dieser Ort von zivilisierten Menschen bewohnt sei" (Krusenstern 1811: 231), schrieb Krusenstern. Bekannt durch seine Gründlichkeit und besondere Fürsorge gegenüber der eigenen Mannschaft empörte sich der Kapitän der *Nadežda* beim Anblick eines direkt im Hafen versunkenen Schiffes besonders. Dieses war nur 15 Jahre zuvor im Rahmen der geheimen nordostpazifischen Regierungsexpedition[11] für die Seefahrt auf die Aleuten erbaut worden: „Die Slava Rossii, das Schiff, welches Billings, und nach ihm der jetzige Vizeadmiral Sarytscheff kommandierte. Nach Beendigung der Reise ließ man die Offiziere zu Lande zurückkommen; der größte Teil der Equipage wurde zum Ochotskischen Hafen versetzt. Die Slava Rossii versank bald, aus Mangel an Aussicht, im Hafen St. Peter und Paul. Sie war in dem besten Zustände, und hätte sehr gut die Reise nach Cronstadt unternehmen können" (Krusenstern 1811: 231).

Auf der Grundlage weiterer ähnlicher Beobachtungen mussten Krusenstern und seine Begleiter zu dem Schluss kommen, dass Kamčatka sich in einem völlig ver-

---

11  Gemeint ist eine nach ihren beiden Leitern Joseph Billings und Gavriil Saryčev genannte nordostpazifische geheime Regierungsexpedition 1785–1795. Vgl. dazu ausführlicher Sarytschew, 1954; Sauer 1802; Merck 2009.

wahrlosten Zustand befand, was jedoch entgegen der verbreiteten Meinung nicht so sehr an den schweren klimatischen Bedingungen der Region, sondern vielmehr an der mangelhaften Organisation der lokalen Verwaltung sowie an rapide zurückgehenden Bevölkerungszahlen lag.

Trotz der allgemein schlechten Versorgungslage auf der Halbinsel genoss die Mannschaft der *Nadežda* einen durchaus warmen Empfang in Petropavlovsk, konnte ihre Vorräte auffüllen und sich gründlich auf die Seefahrt nach Japan vorbereiten. Auf Grund seiner Befugnisse ernannte Rezanov dabei Langsdorff zum Russischen Hofrat und verfestigte so den Status des deutschen Arztes innerhalb der Expedition, indem er Langsdorff von einem freiwilligen Naturforscher zum offiziellen Mitglied der staatlichen diplomatischen Mission nach Japan beförderte (Komissarov 1975: 29).

Vor der Abfahrt nach Nagasaki nutzte Langsdorff die Zeit, um alle für ihn zugänglichen Regionen von Kamčatka zu erkunden. Ein ungewöhnliches Hindernis bildete dabei für den Naturforscher, der fünf Fremdsprachen beherrschte, die fehlende Kenntnis des Russischen. Da es an freien Dolmetschern mangelte, war Langsdorff zusammen mit Tilesius von Tilenau gezwungen, sich ausschließlich mit der Beobachtung von Petropavlovsk selbst sowie einem naheliegenden Dorf Avača zufrieden zu geben. Avača wurde zu dem Zeitpunkt lediglich von 30 Kamčadalen bewohnt, die ihr Überleben nur durch die Jagd und den Fischfang sicherten, ohne in irgendeiner Form die Landwirtschaft zu betreiben. Mit Bedauern berichtete Langsdorff in seinem Reisebericht auch, dass eine aus den Aufzeichnungen des berühmten britischen Seefahrers James Cook[12] und des ersten französischen Weltumseglers La Pérouse[13] bekannte und damals noch blühende Siedlung Paratunka nun komplett ausgestorben war, während die zivile Administration auf der ganzen Halbinsel durch die Militärverwaltung ersetzt wurde (Langsdorff, Bd. 1, 1812: 177).

> Kaiser Paul wollte der immer zunehmenden Entvölkerung der Halbinsel steuern, und beorderte vor etwa 10 bis 12 Jahren ein Bataillon von 800 Mann von dem Irkutskischen Regiment dahin, um als eine Art von Landmiliz Ackerbau und Kultur zu befördern. Die Absicht war die beste, sie wurde aber, wie das oft der Fall ist, durch Nebenumstände und einen äußerst unglücklichen Erfolg vereitelt. (Langsdorff, Bd. 1, 1812: 177)

Die Soldaten wurden weiterhin aus Irkutsk mit Kleidung, Proviant und Waffen versorgt, was enorme Kosten verursachte und sich nach Langsdorffs Beobachtungen keineswegs rentierte:

> Sie [die Soldaten] haben nichts zu tun, als Schildwache zu stehen, und die ihnen zugefügten Magazine zu bewachen. Faul, träge, nachlässig, und gänz-

---

12 Zu James Cook vgl. ausführlicher Beaglehole 1955–1967; ders. 1998.
13 Vgl. Lesseps 1790; La Pérouse 1799–1800.

lich des Ackerbau's unkundig, haben sie in den wenig Jahren bei weitem mehr
geschadet als genützt, fallen den Kamtschadalen zur größten Last, saugen
den armen Landmann vollends aus, und legen den Grund zum physischen
und moralischen Verderbnis dieser Nation, so dass, wenn die weite Regierung nicht bald andere Wege einschlägt, die armen gutartigen Eingeborenen,
deren Anzahl von etwa 10 000 bis zu 3 000 Seelen eingeschmolzen ist, nach
und nach gänzlich aufgerieben werden. (Langsdorff, Bd. 1, 1812: 178)

Die Lebensweise und die Lage der indigenen Bevölkerung auf Kamčatka ließen
Langsdorff nicht unberührt. Dabei blieb er nicht in der Position eines einfachen
Beobachters, sondern entwickelte mehrere Ideen zur Verbesserung und Modernisierung der lokalen Landwirtschaft. In einem Brief an das Akademiemitglied
Kraft schrieb er über die primäre Notwendigkeit einer Besiedelung von Kamčatka
mit fleißigen Ackerbauern, Handwerkern und Gewerbetreibenden (Vypiska... 1805:
157–159). In seiner Korrespondenz mit Blumenbach lieferte er darüber hinaus eine
genaue physisch-geografische Beschreibung der Halbinsel und schloss sich dabei
der Auffassung von Krusenstern an, dass Kamčatkas Importbedürfnisse durch den
Handel mit Japan viel effektiver gedeckt werden könnten als durch die gebräuchliche Lieferung der nötigen Güter aus dem europäischen Teil Russlands über Sibirien
(Komissarov und Šafranovskaja 1975: 89).

Leider konnte die Rezanov-Gesandtschaft zwischen Oktober 1804 und April
1805 keinerlei Fortschritte bei den diplomatischen Verhandlungen mit Japan erzie-
len. Die Mannschaft der *Nadežda* verbrachte fast sieben Monate lang entweder auf
dem Schiff selbst, das vor Nagasaki vor Anker ging, oder auf einem kleinen Stück
Land, auf dem sie von dem alltäglichen Geschehen im japanischen Staat strengst
isoliert wurden. Aber sogar diese Gelegenheit wurde von den Naturforschern für die
Durchführung astronomischer Beschreibungen genutzt.

Im Juni 1805 kehrten sie wieder nach Petropavlovsk zurück, wo Langsdorff nun
eine wichtige Entscheidung treffen musste:

Es war meiner Wahl überlassen, mit unserem liebenswürdigen Chef von
Kruzenstern, über Ochota, Canton und St. Helena zu Wasser nach Europa
zurückzukehren, oder einen vielversprechenden Vorschlag [von Rezanov]
und schriftlich unterzeichnete Versprechungen anzunehmen, nach den
Besitzungen der Russisch-Amerikanischen Compagnie, nämlich den aleu-
tischen Inseln und der Nordwestküste von Amerika zu segeln, und dann die
Rückkehr zu Lande durch das nordöstliche Asien, d.h. Sibirien zu machen.
(Langsdorff 1812, Bd. 2: 8)

Nach einigem Zögern entschied sich Langsdorff zusammen mit dem von der
russischen Regierung dazu beauftragten Rezanov die Gebiete der stärksten russi-

schen Handelsgesellschaft zu besuchen, weil er „doch der Wissenschaft schuldig zu sein glaubte, diese ungewöhnliche und seltene Reise unter solchen, dem Anscheine nach, günstigen Aussichten nicht versäumen zu dürfen".

Die Eindrücke in Russisch-Amerika boten dem wissbegierigen Gelehrten tatsächlich genügend Stoff zur Forschung, wie er es sich auch erhofft hatte. Sie stellten aber auch seine humanistischen Ideale und seinen Mut auf eine harte Probe.[14] Nach einem kürzeren Aufenthalt auf den Inseln St. Paul, Unalaška und Kad'jak kamen die Reisenden zum Überwintern in Novoarchangel'sk-Hafen auf Alaska an, wo Langsdorff folgendes an Blumenbach schrieb:

> Seit jener Zeit, sehe ich mich in diesen entfernten Theil der neuen Welt versetzt, von wo aus tägliche Seufzer und heiße Sehnsucht nach der alten, meinen einzigen Trost ausmachen. Bey unserer Ankunft fanden wir in diesem neuen Etablissement der R. A. Compagnie einen Mangel an allen Bedürfnissen des Lebens. (Langsdorff 1812, Bd. 2: 86)

Der deutsche Reisende, der sich intensiv mit der Kultur, aber auch zunehmend mit den Nöten der indigenen Bevölkerung beschäftigte, war schockiert von den schrecklichen Umständen, unter denen die Aleuten für die russischen Kaufleute arbeiten mussten.

> Vielen dieser dürftigen und erkrankten Menschen, die täglich hart arbeiteten, und unglücklicher Weise der Compagnie schuldig waren, gab man nicht mal einmal Credit, um sich die erforderliche Nahrung kaufen zu können; gab ihnen nicht einmal für Geld die geforderten Lebensmittel, und ließ sie öfters, wenn sie entkräftet auf dem Krankenbette lagen, zur Arbeit hinprügeln. (Langsdorff 1812, Bd. 2: 82)

Langsdorff berichtete, dass die Kompanie den Aleuten ihre *Baidaren* (traditionelle indigene kajakähnliche Boote) entzog und damit auch die Möglichkeit, durch Meeresjagd und Fischfang für das eigene Überleben zu sorgen. In einem späteren Brief an Krusenstern erzählte er, dass die Zahl der Indigenen auf Kad'jak in den letzten zwanzig Jahren von 3 000 auf 400 zurückgegangen war. Nicht viel besser erging es auch den einfachen russischen Handelsleuten der Kompanie, die ihren Lohn jahrelang nicht ausgezahlt bekamen und sich deswegen bei der Handelsgesellschaft verschulden mussten. Dringende Probleme, unter dem sowohl die Aleuten als auch viele Russen zu leiden hatten, waren häufige Hungersnöte und Skorbutepidemien.

Selbst in einem kleinen Kämmerchen untergebracht, wo beim häufigen Regenfall das Wasser direkt auf sein Bett tropfte, versuchte Langsdorff als Arzt zu helfen, wo

---

14  Vgl. dazu ausführlicher Komissarov 2002: 377–387.

er konnte. Aus eigenen Mitteln kaufte er immer wieder einige vorrätige Nahrungs-
mittel, um diese mit den geschwächten Indigenen zu teilen, bemühte sich um eine
trockene, warme und saubere Hütte, in der die Kranken zweckmäßig behandelt werden könnten und wurde sogar öfter ausgelacht, wenn er diesen gegen Skorbut einen
warmen, an Vitamin C reichen Tannentee verabreichte. „Das ist doch ein guter Doctor! hieß es dann, der seinen Kranken gutes Essen und Trinken, anstatt Medizin,
verordnet" (Langsdorff 1812, Bd. 2: 85).

Trotz all dieser Strapazen fand der Wissenschaftler auch Kraft, weiter seine
Naturforschungen zu betreiben. In seinen Aufzeichnungen finden sich akkurate
Naturbeschreibungen von Alaska sowie ethnografische Beobachtungen der indigenen Tlingit (*kološi*). Darüber hinaus gelang es ihm, seine Russischkenntnisse soweit
zu verbessern, dass er nun ohne Dolmetscher zurechtkam.

Im Februar 1806 nahm Rezanov seinen Leibarzt mit nach St. Francisco, wo Proviant (vor allem Getreide) für Novoarchangel'sk besorgt wurde. Diese Gelegenheit
nutzte Langsdorff zur Erforschung der Lebensweise von kalifornischen Indianern.
Nach seiner Rückkehr nach Sitka zog es Langsdorff vor, sich von Rezanov als seinen
Vorgesetzten zu trennen, und reiste auf dem Schiff *Rostislav* unter der Leitung des
amerikanischen Kapitäns John D'Wolf nach Kamčatka ab.

Nach der *Rostislav* erreichten auch die Schiffe *Junona* (*Juno*) und *Avos'* unter der
Leitung der Kapitäne N. A. Chvostov und G. I. Davydov den Peterpaulshafen. Mit
Letzteren schloss Langsdorff bereits in Novoarchangel'sk eine feste Freundschaft, als
gemeinsam versucht wurde, die Willkür der RAK gegenüber den Eingeborenen zu
reduzieren. Zum dritten Mal befand sich der deutsche Arzt und Naturforscher auf
Kamčatka, wo ihm nun eine Überwinterung bevorstand. Im Kreise von angenehmen Personen und im eigenen Forschungsdrang unbehindert widmete er sich einer
intensiven Erkundung der Halbinsel, die ihm bereits seit den letzten Besuchen sehr
positiv in Erinnerung geblieben war.

Auf der Basis seiner Beobachtungen kam Langsdorff zu dem Schluss, dass Petropavlovsk trotz der aktuellen Vernachlässigung das Potenzial besaß, sich zu einer
wirtschaftlich attraktiven Stadt entwickeln zu können:

> Der Hafen gehört nach Aussage aller Seefahrer, zu einem der besten, die man
> kennt, und es ist höchst wahrscheinlich, dass bei einer zunehmenden Indust-
> rie und Handelsverbindung mit China, Japan, Amerika, den Aleutischen und
> anderen Inseln der Südsee, St. Peter und Paul der Mittelpunkt des Landes und
> eine sehr blühende Stadt werden wird. (Langsdorff 1812, Bd. 1: 175)

Von Petropavlovsk aus unternahmen die Freunde Langsdorff, Davydov und
Chvostov einige Ausflüge in die naheliegenden Gebiete und besuchten die Siedlungen Avača, Načika und Malka. In der Letzten faszinierten Langsdorff vor allem die
heißen Quellen. Abgesehen von der wissenschaftlichen Neugier an einem unter-

irdischen Wasserbrunnen und seinem spezifischen Geschmack und Geruch weckte auch die praktische Nutzung dieses Naturphänomens das besondere Interesse des Forschers:

> Dicht neben diesem Bache ist ein kleiner Behälter, in welchem sich das Wasser abkühlt, und der den hierher kommenden Personen zum Badeplatz dient; auch sind in der Nachbarschaft bei Quellen einige Hütten erbaut, in denen die mit Gicht und anderen Beschwerden behafteten Kranken im Notfall wohnen können. Die Einwohner von Malka benutzen das warme Wasser, teils um sich darin zu baden, teils auch ihr Weißzeug damit zu waschen. Das Fleisch und die Fische, die man eine Zeitlang in der Quelle liegen lässt, werden bald darin gar gekocht (Langsdorff 1812, Bd. 2: 263).

In seinem Bestreben, alle Einzelheiten der dortigen Lebensweise zu durchdringen, begann Langsdorff damit, auch die theoretischen und praktischen Grundlagen der kamčadalischen Hundezucht zu studieren. Ihn begeisterte die Idee Hunde als Zugtiere einzusetzen, was eine ernsthafte Konkurrenz für Pferde bot und in vielerlei Hinsicht Vorzüge hatte. Schnell erlernte er die Kunst Hundeschlitten zu lenken und wagte im Januar 1807 sogar eine längere Reise durch Kamčatka, gezogen von 13 Hunden. Als Ziel dieser Unternehmung visierte er die damalige Hauptstadt der Halbinsel Nižnekamčatsk an, wo er auch einen Monat später – mit Beobachtungen solch kleinerer Ostrogen (Siedlungen) wie Verchnekamčatsk, Mil'kovo, Tolpačinskoe und Ključevskaja bereichert – ankam. Nach einem freundlichen Empfang beim Gouverneur von Kamčatka P. I. Košelev wählte Langsdorff für die Rückfahrt eine noch längere Route, die über Tigil' und Bol'šereck führte.

Im Mai 1807 verließ Langsdorff die Halbinsel endgültig und segelte zusammen mit Kapitän D'Wolf aus dem Peterpaulshafen nach Ochotsk. In seinem Gepäck führte er mehrere schriftlich festgehaltene Eindrücke über die Region sowie einige Projekte bezüglich ihrer Neuorganisation mit.

Während seiner Erkundungsfahrten auf Kamčatka blieb der Forschungsreisende kaum für längere Zeit an einem Ort, bemühte sich jedoch, überall seine wichtigsten und interessantesten Beobachtungen auf Papier festzuhalten. Seine ständige Eile und Weigerung, jegliche Untersuchungen unnötig in die Länge zu ziehen, notierten bereits die Mannschaftsmitglieder der *Nadežda* (Komissarov und Šafranovskaja 1975: 88). Auf Kamčatka sorgten diese Eigenschaften dafür, dass die unterschiedlichsten Untersuchungsgegenstände seine ganze, geschärfte Aufmerksamkeit auf sich zogen und er nichts als irrelevant ansah. Langsdorff behielt während der gesamten Zeit auf Kamčatka eine äußerst humane Sichtweise auf all seine Beobachtungsobjekte. Die Bewohner der Halbinsel und ihre Probleme verdienten aus seiner Perspektive genauso viel Achtung und Würdigung wie ungewöhnliche Naturerscheinungen. So sprengten seine hiesigen Aufzeichnungen den Rahmen jeder engen Wissenschafts-

richtung. Skizzierung von Besonderheiten der lokalen Mineral-, Pflanzen- und
Tierwelt wurde durch Beschreibungen der sozialen Organisation und der sozialen
Bedürfnisse der Bewohner von Kamčatka sowie der natürlichen Ressourcen der
Halbinsel vervollständigt. So erarbeitete Langsdorff ein umfassendes, zuverlässiges
Charakteristikum der dortigen Gebiete.

Als erstes bemühte er sich eine in Westeuropa fest verankerte, aber irrtümliche
Vorstellung über „das schlechteste Klima und eine unerhörte Kälte" (Langsdorff
1812, Bd. 2: 217) auf Kamčatka aufzulösen. Mittels eigener Daten und bezugnehmend
auf die Berichte seiner berühmter Vorgänger Krašenninikov, Steller, Pallas und
Saryčev bewies er, dass das kamčadalische Klima im Allgemeinen mit dem Nord-
europas vergleichbar sei und daher kein Argument gegen eine sinnvolle Förderung
der Landwirtschaft auf dieser „bezaubernd schönen" (Langsdorff 1812, Bd. 2: 262)
Halbinsel liefern könne. Als niedrigste Temperaturen, die er persönlich in Petropavlovsk erlebte, nannte der Forscher minus 22 Grad Celsius – eine Lufttemperatur, die
niemanden in Zentralrussland erschrecken oder überraschen konnte.

Zur Bestätigung seiner Behauptungen, Kamčatka könne sich selbst mit verschie-
densten Nahrungsmitteln und Gewerbewerkzeugen versorgen, stellte Langsdorff
eine ausführliche Beschreibung lokaler Säugetiere, Vögel, Fische, Wälder und
Mineralien zusammen.[15] Seine detaillierte Aufzählung biologischer Spezifika, aber
auch unmittelbarer Vorzüge der dortigen Flora und Fauna zeugen von einer für die
damalige Zeit sehr fortschrittlichen Art, die Naturbeobachtungen zu führen. Der
deutsche Arzt nutzte eine Methode, die das parallele Sammeln von Objekten und
ihre analytische Systematisierung gleich vor Ort voraussetzte.

Die meisten Forschungsreisenden des ausgehenden 18. Jahrhunderts trauten sich
noch nicht an diese Vorgehensweise heran und zogen es vielmehr vor, die Auswertung ihrer Funde entweder bis zum Ende der Expedition aufzuschieben oder gar
anderen Kollegen z. B. an der St. Petersburger Akademie der Wissenschaften zu
überlassen. Andererseits folgte Langsdorff in seinen Forschungen einer festen Tradition von Universalgelehrten des 18. Jahrhunderts, indem er stets um vielseitige
Naturbeschreibungen bemüht war und die einzelnen Phänomene nicht getrennt von
einander, sondern als zusammenhängende Teile eines einheitlichen Natursystems
betrachtete. So vereinte der eifrige Naturalist in seinen Aufzeichnungen alte und
neue methodologische Wissenschaftstendenzen des späten 18. und des frühen 19.
Jahrhunderts.

Unter den Völkerbeschreibungen von Langsdorff auf Kamčatka sind seine Beobachtungen der indigenen Korjaken in der Nähe der Tigil'-Festung besonders erwäh-
nenswert. Im Unterschied zu den sesshaften Itelmenen (damals von Russen nur
als Kamčadalen bezeichnet) hatten die Korjaken zu Langsdorffs Zeiten noch einen
großen Teil ihrer ursprünglichen kulturellen Überlieferung bewahren können, was

---

15    Vgl. dazu ausführlicher Langsdorff 1812, Bd. 2: 222–252.

vornehmlich durch ihre nomadische Lebensweise bedingt war und den deutschen Forscher nicht unbeeindruckt lassen konnte (Langsdorff 1812, Bd. 2: 274–278):

> Es ist merkwürdig hier wieder eine Nation kennenzulernen, deren Wohlstand und Reichtum, deren Lebensweise und Unterhalt, deren Nahrung und Kleidung beinahe bloß und allein ebenso von dem einzigen Rentier abhängt, als die Existenz der Aleuten von dem Seehunde. Die Hütte und die Kleidungsstücke aller Art werden aus der Haut der Rentiere gemacht, deren Magen zur Aufbewahrung verschiedener Flüssigkeiten dient und deren Fleisch die tägliche Nahrung darbietet. (Langsdorff 1812, Bd. 2: 276)

Der Wissenschaftler wurde freundlich im Lager der Korjaken empfangen, was ihm die Möglichkeit gab, detaillierte Daten über dieses Volk zu sammeln. In allen Einzelheiten beschrieb er die Gesichtszüge von Vertretern dieser ethnischen Gruppe und bemerkte zutreffend, dass sie zwar eine eigene Sprache benutzen, sich jedoch in ihrem Äußeren nur wenig von Itelmenen unterschieden. Ihre Traditionen und alltägliche Bräuche drehten sich um die Pflege und Zucht von Rentieren sowie um die Jagd auf wilde Pelztiere. Gegen Rentierfleisch und Zobelfelle tauschten sie bei den Russen gerne Tabak, Wodka, Kessel, Messer und andere häusliche Gerätschaften. Außerdem bemerkte Langsdorff auch, dass die Korjaken es trotz der eindeutigen Bewahrung ihrer kulturellen Unabhängigkeit doch vorzogen, eine gewisse räumliche Nähe zu der russischen Bevölkerung zu pflegen, um im Notfall Unterstützung gegen die nomadisierenden Rentierčukčen zu haben, mit welchen sie seit Jahrzehnten verfeindet waren.

Das Leben und die Sitten der sesshaften Itelmenen beschäftigten Langsdorff genauso stark wie die ihrer nomadisierenden Nachbarn. Immer wieder zeichnet sich in den Aufzeichnungen des deutschen Humanisten, ähnlich wie im Reisebericht von Krusenstern, ein Bild der ehrlichen Kamčadalen ab, „die an Güte des Herzens, an Treue, Folgsamkeit, Gastfreiheit, Beharrlichkeit, Ergebenheit für ihre Obern nicht leicht übertroffen werden können" (Krusenstern 1811: 265). Langsdorff stellte fest, dass die Kamčadalen sich stark an die russische Lebensweise anpassten und anstelle ihrer ursprünglichen Traditionen neue, miteinander vermischte Bräuche zu entwickeln begannen. Ehen zwischen Russen und Kamčadalinnen waren zu diesem Zeitpunkt schon keine Seltenheit mehr. Sogar in rein itelmenischen Siedlungen waren verschiedene indigene Alltagsgegenstände aus dem Gebrauch gekommen und durch russische ersetzt worden. So berichtete Langsdorff, dass die Kamčadalen nicht mehr in ihren traditionellen unterirdischen Jurten, sondern in Häusern ähnlich denen der Russen wohnten, alle des Russischen mächtig waren und aus Europa stammende Kleidung bevorzugten (Langsdorff 1975: 108).

Die Itelmenen schienen für die russische Bevölkerung auf Kamčatka fast unentbehrlich zu sein, denn sie waren nicht nur gute Nachbarn und Tributzahler, sondern dienten als freundliche Dolmetscher und sachkundige Reisebegleiter für Europäer durch die unerschlossenen Gegenden Kamčatkas, wie Adam Johann von Krusenstern es in seinem Bericht erläuterte:

> Wie notwendig die Kamtschadalen in Kamtschatka sind, würde schon allein daraus erhellen, dass sie die allgemeinen Wegweiser des Landes sind, und die Posten führen; das Führen der Posten verrichten sie über dem noch unentgeltlich. Im Winter müssen sie die Reisenden von Ostrog zu Ostrog transportieren, und sind verpflichtet, die Hunde derjenigen, welche mit ihren eigenen reisen, mit Jukola zu versorgen, so wie sie auch die Reisenden immer bewirten. Doch zum letzteren werden sie nicht gezwungen. Diese gastlichen Leute haben es sich selbst zum Gesetze gemacht, sowohl jeden Reisenden zu bewirten, als auch seine Hunde zu füttern, ohne Entschädigung zu fordern. [...] Indes sind sie bei ihrer großen Armut dennoch ein Muster von Ehrlichkeit. Diese kann in der Tat nicht übertroffen werden, und es ist eben so selten, einen Kamtschadalen zu finden, der ein Betrüger, als einen der wohlhabend wäre. (Krusenstern 1811: 270f.)

Die ethnografischen Beobachtungen Langsdorffs gingen in die ähnliche Richtung wie die seines Vorgesetzten Krusenstern. Immer wieder wurde er Zeuge von Feierlichkeiten in russischen Siedlungen, bei denen sich kamčadalische und russische Traditionen auf eine originelle Weise vermischten. So erlebte er während seines ersten Besuches in Petropavlovsk ein Fest, bei dem die weibliche Gesellschaft aus russischen Ehefrauen von Soldaten sowie einigen Kamčadalinnen bestand, die alle nach europäischer Mode angezogen waren. Als Krönung des Abends wurden rituelle kamčadalische Tänze vorgeführt, die in Akustik und Rhythmus örtliche Tiere imitierten.

Je mehr Langsdorff die dermaßen enge Verbindung der russischen und kamčadalischen Bevölkerung realisierte, desto unbegreiflicher schien ihm die armselige Lage der Indigenen auf der Halbinsel. Nachdem er persönlich die Gutherzigkeit und Offenheit der Itelmenen miterlebt hatte, verfestigte sich in ihm der Glaube, dass die Pflicht des Zaren und seiner Vertreter auf Kamčatka darin bestehe, die Lebensumstände der neuen russischen Untertanen zu verbessern, vor allem wenn sie ihre Existenz und ihr Schicksal so folgsam in den Dienst des Russischen Reiches gestellt hatten.

Als überzeugter Monarchist zeigte er sich in seinen Schriften ganz zuversichtlich darüber, dass Zar Alexander I. lediglich in angemessenem Umfang über die allgemeine Lage von Kamčatka unterrichtet werden müsse, um fortschrittliche Reformen für diese Region in die Wege zu leiten. Das aus Sicht von Langsdorff entscheidende Problem bestand darin, dass „während der ganzen Zeit der militärischen Regierungsverwaltung auch nicht ein einziger von den vielen Offizieren, die sich in

Kamtschatka aufhielten, aufgetreten ist, der mit einem philosophischen Überblick des Ganzen, solche Vorschläge gemacht hätte, welche auf Sach- und Lokalkenntnis gegründet waren, und die Beförderung des allgemeinen Wohls der Halbinsel zur Absicht hatten" (Langsdorff 1812, Bd. 2: 268).

Eben diese Lücke strebte Langsdorff zu füllen, als er schon aus Petropavlovsk eine intensive Korrespondenz mit dem russischen Kommerzminister N. P. Rumjancev begann. Dass seine Ideen beim Minister auf ein offenes Ohr stießen, ist vermutlich dadurch zu erklären, dass Langsdorffs Onkel mütterlicherseits, Geheimrat Koch, ihn protegieren konnte. Es ist davon auszugehen, dass Koch mit Rumjancev seit dessen Zeit als russischer Diplomat in deutschen Ländern persönlich bekannt war (Komissarov und Šafranovskaja 1975: 91).

Nachdem Langsdorff sich der Unterstützung des Ministers sicher war, schickte er diesem am 21. Oktober 1807 ein Manuskript mit dem Titel *Darstellung der politischen Lage von Kamtschatka und Vorschlag zur Verbesserung des zerrütteten Zustandes dieser Halbinsel* [16] ab. Als Anhänger der humanistischen Ideen von Johann Gottfried Herder (1744–1803) über die Einmaligkeit und Gleichwertigkeit verschiedener Zivilisationsphasen für eine fortschrittliche Kultur- und Geschichtsentwicklung plädierte Langsdorff in seinem Dokument dafür, den „hilflosen und verlassenen" Kamčadalen zu helfen und deren Lage mit Hilfe einiger wirtschaftlicher Maßnahmen zu verbessern. [17] So hoffte er, sein Traktat könnte bis zum Kaiser gelangen.

Als der Forscher im Frühling 1808 aus Ochotsk nach einem langen Landweg durch ganz Sibirien endlich St. Petersburg erreichte, erhielt er schnell eine Audienz bei dem Kommerzminister Rumjancev und zählte seitdem zu dessen engstem Vertrautenkreis. Bereits im Juli 1808 wurde er Adjunkt für Botanik in der Akademie der Wissenschaften (Komissarov 1975: 46). Seit 1809 beteiligte er sich aktiv an den Sitzungen der Akademie und verfasste einige Berichte zur Erforschung der von ihm bereisten Territorien. Darunter bereitete er für die Kollegen eine Vorlesung über das Entstehen einer neuen Insel im Aleutischen Archipel vor, stellte im Juli 1809 eine illustrierte Handschrift über die Fische rund um Petropavlovsk zusammen, verfasste im Juni 1811 einen Bericht über die Hundezucht auf Kamčatka und publizierte 1812 seine Notizen dazu (Langsdorff 1975: 96–118). In den Jahren 1810 und 1811 nahm er an der Arbeit zweier Regierungskomitees teil, die Reformpakete für Kamčatka entwarfen (Komissarov 2002: 384). Unter dem Vorsitz des sibirischen Generalgouverneurs I. B. Pestel' und vor solchen Ratsmitgliedern wie Krusenstern und Gavriil A. Saryčev

---

16 Die deutschsprachige Originalschrift wird im Archiv für Auswärtige Politik des Russischen Imperiums (AVPRI) in Moskau aufbewahrt. Eine französischsprachige Übersetzung des Dokuments, die für die Vorstellung dem russischen Kaiser angefertigt wurde, liegt heutzutage im Russischen Historischen Staatsarchiv (RGIA) in St. Petersburg. Veröffentlicht wurde das Dokument das einzige Mal in russischer Übersetzung in: Komissarov und Šafranovskaja 1975: 97–116.

17 Vgl. Komissarov 2002: 377–387, hier S. 378.

ergriff Langsdorff hier die Gelegenheit, persönlich seine Reformentwürfe zu verteidigen, die größtenteils bereits in der *Darstellung der politischen Lage von Kamtschatka* festgehalten waren (Komissarov 1975: 49).

Als erstes verurteilte er das Verhalten russischer Soldaten auf Kamčatka auf das Schärfste, die seiner Ansicht nach nicht nur ein faules Leben auf Kosten der Indigenen führten, sondern in vielerlei Hinsicht zum Niedergang der ganzen Halbinsel beitrugen (Langsdorff 1975: 98). Denn diese weigerten sich außer militärischen irgendwelche anderen Dienste zu leisten und beanspruchten oft sämtliche Wintervorräte der örtlichen Itelmenen für sich, was für die Einheimischen eine bittere Hungersnot und den Tod ihrer Zughunde bedeutete (Langsdorff 1975: 99f.).

Zur Wiederherstellung der Disziplin schlug Langsdorff vor, die Soldaten zu Ackerbau und Viehzucht oder wenigstens zum Kirchenbau zu zwingen. Auf der Basis eigener Berechnungen und gesammelter Daten legte er dar, dass Boden und Natur auf Kamčatka für eine erfolgreiche Landwirtschaft bestens geeignet seien. Dabei plädierte er ernsthaft für die Auflösung der dortigen Militäreinheiten, deren Angehörige vor die Wahl gestellt werden sollten, sich entweder dem lokalen Kosakentum anzuschließen und auf diese Weise vor Ort ihre Nützlichkeit zu beweisen oder aber zum Ableisten ihres Dienstes nach Sibirien zurückzukehren.

In seinem Eifer unterschätzte Langsdorff die militärische Bedeutung russischer Militäreinheiten an der fernöstlichen Grenze Russlands zu Japan und den USA. Naiv vermutete der deutsche Arzt, dass die Kosaken und Bauern im Notfall genügend Kraft aufbringen würden, ihre Heimat zu verteidigen. Obwohl dieser Schluss aus politisch-strategischer Sicht unsinnig war, kann er unter der Berücksichtigung von Langsdorffs persönlichen Beobachtungen dennoch gut nachvollzogen werden. Die von ihm gesehenen Militärvertreter machten tatsächlich kaum den Eindruck, ihre Pflicht der Landesverteidigung erfüllen zu wollen.

Des Weiteren erstellte Langsdorff eine genaue Übersicht von Tieren und Pflanzen auf Kamčatka, die nicht nur vor Ort, sondern auch für den Export nach Sibirien sehr profitabel genutzt werden konnten. Zudem wies der Gelehrte darauf hin, dass sich das kamčadalische Holz sehr gut für den Schiffsbau eignete, was bei richtiger Organisation umständliche Transporte durch ganz Sibirien überflüssig machte. Anhand genauer Zahlen konnte er auch beweisen, dass das groß angelegte Räuchern von Fischen ein entscheidendes ökonomisches Wachstum dieser Region sichern würde. Mehrere sibirische Siedlungen bis nach Irkutsk könnten dann mit Meeresprodukten beliefert werden. Eine besondere Aufmerksamkeit widmete Langsdorff auch dem akuten Salzmangel auf Kamčatka. Dazu empfahl er einige kostengünstige Methoden für die Salzgewinnung aus Meerwasser.

Der deutsche Arzt erinnerte das Komitee außerdem an die dringende Notwendigkeit, neue Krankenhäuser mit ausreichender Ausstattung und kompetentem Personal auf Kamčatka einzurichten. Als abschreckendes Beispiel nannte er ein Hospital in Verchnekamčatsk, in dem Arzneimittel gänzlich fehlten und die letzte

Medikamentenlieferung drei Jahre zurücklag, während die Patienten wegen mangelnder Hygiene und Luftzufuhr nicht kuriert werden konnten (Langsdorff 1812, Bd. 2: 264f.).

Langsdorffs Bemühungen blieben nicht erfolglos. Am 9. April 1812 unterschrieb Kaiser Alexander I. eine offizielle „Bestimmung zur Reorganisation von Kamčatka" (Položenie… 1830: 282–292), in der die meisten Empfehlungen des Gelehrten berücksichtigt wurden. Mit diesem Gesetz wurde die „besonders ausgedehnte und für die Region zu komplizierte" Bezirksverwaltung aufgehoben, das Land sollte nun im kaiserlichen Namen von einem einzigen Kommandeur mit Hilfe eines überschaubaren Beamtenapparates regiert werden (Položenie… 1830: 285–286). Um die militärische Verteidigung der Halbinsel zu sichern, musste der Oberbefehlshaber unbedingt ein Seeoffizier sein. Die Hauptstadt der Halbinsel wurde nach Petropavlovsk verlegt, wo die Entstehung eines Flottenstützpunktes geplant war. Auch die Ideen Krusensterns über die Versorgung der Halbinsel mit Werkzeugen und Produkten ausschließlich über den Seeweg fanden sich im Reformpaket wieder. Paragraph 85 forderte die regelmäßige Entsendung eines Transportschiffes mit Versorgungsvorräten aus Kronstadt über Kap Hoorn nach Kamčatka, das zudem von einer kleinen Militärfregatte begleitet werden sollte (Položenie… 1830: 291).

Die kaiserlichen Bestimmungen regelte in einem umfassenden Abschnitt auch die Entlassung sämtlicher niederer Ränge des Kamčatka-Bataillons, die ihre Dienstpflicht zeitlich bereits erfüllt hatten. Sie durften wählen, ob sie zur Niederlassung auf Kamčatka bleiben oder „in das Reichsinnere" (Položenie… 1830: 282) zurückkehren wollten. Weitere Paragraphen sahen vor auf Kamčatka verbliebene Soldaten bei ihrer Siedlung zu unterstützen, um diese zu Ackerbau und Viehzucht zu bewegen. Darüber hinaus sollten an den Ufern von Kamčatka mehrere Salzsiedereien eingerichtet werden, was offensichtlich auf die Vorschläge Langsdorffs zurückzuführen war.

Ein eigener Paragraph regelte die Verbesserung der medizinischen Versorgung der Halbinsel und legte den zu entsendenden Ärzten ans Herz, eine umfassende Pockenimmunisierung unter Itelmenen durchzuführen (Položenie… 1830: 287). Hier machen sich wiederum Langsdorffs Einflüsse bemerkbar, denn der Arzt hatte bereits in Brasilien mit Pockenimpfungen unter den Eingeborenen begonnen, was er sicherlich auch auf Kamčatka fortgesetzt hätte, wenn ihm nur der passende Impfstoff zur Verfügung gestanden hätte.

Zur besseren Durchführung all dieser Maßnahmen sah das Gesetz eine Volkszählung vor. Ihre Ergebnisse sollten den Tributzahlungen zugrunde gelegt werden, damit die Itelmenen ihre Abgaben an das Russische Reich entsprechend der tatsächlich vorhandenen Anzahl von Familienmitgliedern und nicht für längst Verstorbene leisten müssten. Darüber hinaus ordnete das Gesetz regelmäßige Blei- und Schießpulverlieferungen auf die Halbinsel an, wo diese zu niedrigen Preisen an die Indigenen verkauft werden durften. So versuchte man das von Langsdorff geschilderte Problem zu lösen, dass die bereits an die Nutzung von Flinten gewöhnten Itelmenen im Winter oft keinerlei Möglichkeit hatten, sich mit Schießpulver zu versorgen und deswegen völlig auf die Jagd und somit auch auf die ausreichende Nahrungszufuhr verzichten mussten (Langsdorff 1975: 108).

Das Gesetz sprach zudem ein strenges Verbot aus, den Indigenen hochprozentige alkoholische Getränke wie Branntwein oder Wodka zu verkaufen, die die Eingeborenen kaum vertrugen. Im Alkoholrausch zeigten sie sich sehr gefügig, was von russischen Gewerbetreibenden mehrmals ausgenutzt wurde, um den Kamčadalen ihre ganze Pelzausbeute fast umsonst abzunehmen. Eine solche Willkür sollte künftig mit Hilfe treugesinnter orthodoxer Priester unterbunden werden. Insgesamt versuchte das Gesetz dem „allgemeinen Verfall der Sitten" auf Kamčatka entgegenwirken, weswegen für eine verbreitete Einrichtung von Kirchen unter unmittelbarer Kontrolle der lokalen Administration plädiert wurde.

Für seine Verdienste bei der Reformierung der fernöstlichen Halbinsel wurde Langsdorff 1810 mit dem Orden der Heiligen Anna zweiter Klasse geehrt (Komissarov und Šafranovskaja 1975: 95). Bald nach dem Inkrafttreten der kaiserlichen „Bestimmung zur Reorganisation von Kamčatka" wurde er als russischer Generalkonsul nach Rio de Janeiro geschickt.[18] Sein Interesse an den fernöstlichen Gebieten erlosch auch dort nicht, wie seine brasilianischen Tagebücher belegen. Aus der Ferne verfolgte er weiterhin die Veränderungen auf der von ihm heiß geliebten fernöstlichen Halbinsel Kamčatka, deren Schönheit und Nöte ihn während der ersten russischen Weltumseglung so beeindruckt hatten.

## Literatur

Barman, Roderick J. 1971. The Forgotten Journey: Georg Heinrich Langsdorff and the Russian Imperial Scientific Expedition to Brazil, 1821–1829. In *Terrae Incognitae. The Annals of the Society for the History of Discoveries,* vol. III, 67–96.

Beaglehole, John C. 1955–1967. *The Journals of Captain James Cook on His Voyages of Discovery.* 4 Bde. Cambridge: Hakluyt Soc. at the University Press.

— 1998. *The Life of Captain James Cook.* London: Stanford University Press.

Becher, Hans 1987. *Georg Heinrich Freiherr von Langsdorff in Brasilien. Forschungen eines deutschen Gelehrten im 19. Jahrhundert.* Berlin: Reimer.

Bucher, Gudrun 2008. Georg Heinrich von Langsdorff – Teilnehmer der russischen Weltumseglung (1803–1806) und Erforscher von Russisch-Amerika. *Philippia: Abhandlungen und Berichte aus dem Naturkundemuseum im Ottoneum zu Kassel* 13(4): 283–294.

Dahlmann, Dittmar 2004. Gelehrte auf Reisen. In *Über die trockene Grenze und über das offene Meer. Binneneuropäische und transatlantische Migrationen im 18.*

---

18 Vgl. dazu u. a. Barman 1971: 67–96.

*und 19. Jahrhundert*, Mathias Beer und Dittmar Dahlmann (Hg.), 119–132. Essen: Klartext.

Komissarov, Boris N. 1975. *Grigorij Ivanovič Langsdorf.* Leningrad: Nauka.

— 2002. G. I. Langsdorf i Russkaja Amerika. In *Russkoe otkrytie Ameriki.* Sbornik statej, A. O. Čubar'jan, B. Bejlin, S. I. Žuk u. a. (Hg.), 377–387. Moskau: ROSSPEN.

Komissarov, B. N. und T. K. Šafranovskaja 1975. Neizvestnaja rukopis' akademika G. I. Langsdorfa o Kamčatke. *Strany i narody Vostoka.* Vypusk 17, 86–118.

Krusenstern, Adam Johann von 1811. *Reise um die Welt in den Jahren 1803, 1804, 1805 und 1806 auf Befehl seiner Kaiserlichen Majestät Alexander des Ersten auf den Schiffen Nadeshda und Newa.* Zweiter Teil, St. Petersburg: gedruckt in der Schnoorschen Buchdruckerei auf Kosten des Verfassers.

Langsdorff, Georg Heinrich Freiherr von 1812. *Bemerkungen auf einer Reise um die Welt in den Jahren 1803–1807.* 2 Bde. Frankfurt am Main: Verlag bei Friedrich Wilmans.

— 1805a. Reisenachrichten von Hrn. D. Langsdorff von Santa Cruz auf Tenerife, den 25. Oct. 1803. *Magazin für den neuesten Zustand der Naturkunde* 9: 203–206.

— 1805b. Reisenachrichten von Hrn. D. Langsdorff von der Insel St. Catharina an der Küste von Brasilien, den 15. Januar 1804. *Magazin für den neuesten Zustand der Naturkunde* 9: 220–223.

— 1975. Zamečanija o političeskom i prirodnom položenii Kamčatki. In *Neizvestnaja rukopis' akademika G. I. Langsdorfa o Kamčatke*, B. N. Komissarov und T. K. Šafranovskaja (Hg.), 96–118.

La Pérouse, Jean-François 1799–1800. *Entdeckungsreise in den Jahren 1785, 1786, 1787 und 1788.* 2 Bde. Berlin: Reinecke & Voss.

Lesseps, Jean Baptiste Barthélemy de 1790. *Journal historique du voyage de M. de Lesseps,* Consul de France, employé dans l'expédition de M. le Comte de La Pérouse [...], 2 Bde. Paris: Moutard.

Merck, Carl Heinrich 2009. *Das sibirisch-amerikanische Tagebuch aus den Jahren 1788–1791.* Dittmar Dahlmann, Anna Friesen und Diana Ordubadi (Hg.). Göttingen: Wallstein.

Ordubadi, Diana 2010. Grigorij Ivanovič Langsdorf (1774–1852): nemeckij gumanist na Kamčatke. In *Kul'tury i landšafty Severo-Vostoka Azii: 250 let russko-nemeckich issledovanij po ėkologii i kul'ture korennych narodov Kamčatki.* Erich Kasten (Hg.), 21–41. Norderstedt: Books on Demand.

Paseckij, Vasilij 1974. *Ivan Fedorovič Kruzenštern.* Moskau: Nauka.

Plischke, Hans 1937. *Johann Friedrich Blumenbachs Einfluß auf die Entdeckungsreisenden seiner Zeit.* Göttingen: Vandenhoeck & Ruprecht.

Položenie…1830. „Položenie o preobrazovanii na Kamčatke voennoj i graždanskoj časti, ob ulučšenii sostojanija tamošnich žitelej i voobše ėtogo kraja" ot 9 aprelja 1812. In *Polnoe sobranie zakonov Rossijskoj imperii, serija I* (1649–1825), Bd. 32, 282–292. St. Petersburg: Tipografija II sobstvennoj Ego Imperatorskogo Veličestva Kančeljarii.

Sarytschew, G. A. 1954. *Reise durch den Nordostteil Sibiriens, das Eismeer und den Östlichen Ozean.* Gotha: VEB Geographisch-Kartographische Anstalt.

Sauer, Martin 1802. *Geographisch-astronomische Reise nach den nördlichen Gegenden Russlands und zur Untersuchung der Mündung des Kowima, der ganzen Küste der Tschuktschen und der zwischen dem festen Lande Asien und Amerika befindlichen Inseln.* Auf Befehl der Kaiserin von Russland, Catharine der Zweiten in den Jahren 1785 bis 1794 unternommen von Kapitän Joseph Billings und nach den Original-Papieren herausgegeben von Martin Sauer, Sekretär der Expedition. Berlin: Oehmigke.

Scurla, Herbert 1974. Georg Heinrich von Langsdorff. In *Reisen in Nippon. Berichte deutscher Forscher des 17. und 19. Jahrhunderts aus Japan.* Herbert Scurla (Hg.), 249–350. Berlin: Verlag der Nation.

Vypiska… 1805. Vypiska iz pis'ma G. Langsdorfa k akademiku Kraftu o Kamčatke. In *Technologičeskij žurnal.* t. II (1805), čast' 2: 157–159.

## Abbildungen

Abb. 1   Zentral- und Landesbibliothek Berlin.

Abb. 2   Diana Ordubadi, Quelle: Langsdorff, Georg Heinrich Freiherr von, Bemerkungen auf einer Reise um die Welt in den Jahren 1803–1807, Bd. 1: Tafeln, Frankfurt am Main 1812.

# 6 LOKALES WISSEN IN DEN REISEBESCHREIBUNGEN VON OTTO VON KOTZEBUE UND ADELBERT VON CHAMISSO[1]

*Marie-Theres Federhofer*

## „Verstand und Gefühl reifen nicht in diesem kalten Lande"

1795 veröffentlichte August von Kotzebue (1761–1819) sein Schauspiel *Graf Benjowsky oder die Verschwörung auf Kamtschatka*. Der 34-jährige Schriftsteller hatte sich zu dem Zeitpunkt bereits einen soliden Ruf als erfolgreicher Dramatiker erworben. Mit der Wahl des Sujets zu seinem neuen Theaterstück bewies er einmal mehr, wie geschickt er Sehnsüchten und Fantasien des Publikums seiner Zeit entgegenzukommen wusste. Als Vorlage dienten ihm die damals ungemein populären Erinnerungen des Abenteurers Moritz von Benjowski, *Reisen durch Sibirien und Kamtschatka über Japan und China nach Europa* (1790),[2] in denen der Held u. a. von seiner Verbannung nach Kamčatka, dem dort angezettelten Aufstand (1771) und seiner spektakulären Flucht mit der Gouverneurstochter Afanassia berichtet. Kotzebues Schauspiel wurde unter der Leitung August Wilhelm Ifflands 1796 allein in Berlin vierzigmal aufgeführt.

Schauplatz der intrigenreichen Handlung, die allen Klischeevorstellungen von Liebe und Eifersucht, Rache und Vergebung mehr als Genüge leistet, ist die im Fernen Osten Russlands gelegene Halbinsel Kamčatka, die Ende des 17. Jahrhunderts von Kosaken erobert wurde und seitdem unter russischer Herrschaft stand. Nur wenig Vorteilhaftes weiß Kotzebues Theaterstück von diesem Ort zu sagen: „rauh und kalt" sei das Land, „Blumen riechen nicht", und „Früchte sind sauer" (Kotzebue 1795: 51). Die „Weisheit" der Menschen erschöpfe sich darin, „den Werth eines Zobelfells [zu] beurtheilen [und] den Gewinn einer See-Reise zu berechnen", ihre „Freude" bestehe in einem „gelungnen Handel" (ebd.: 4). Kurz: „Verstand und Gefühl reifen nicht in diesem kalten Lande (ebd.)." Diese abwertenden Einschätzungen von Kamčatkas Natur und Bevölkerung, die Kotzebue seinen Dramenfiguren in den Mund legt, waren im ausgehenden 18. Jahrhundert keine Seltenheit. Unter dem Eintrag „Kamtschatka" ist in dem großen deutschsprachigen Aufklärungsnachschlagewerk von Johann Georg Krünitz, in der *Oeconomischen Encyclopädie*,

---

1  Der vorliegende Beitrag ist eine erweiterte Version meines Aufsatzes „Fremdes Land" – „altes Europa": Kamčatka in den Reisebeschreibungen Otto von Kotzebues und Adelbert von Chamissos (Federhofer 2011a).

2  Zu den drei deutschen Übersetzungen von Benjowskis Werk, vgl. Siegel 2001: 95. Dass allein drei Übersetzungen dieses Werkes in kurzer Zeit erschienen, zeigt, wie beliebt Benjowskis Memoiren in Deutschland seinerzeit waren.

nachzulesen, dass die Kamčadalen „sorgenlos, wollüstig und grausam" und ihre „Sitten [...] rauh" seien. Ihre „Unterredung ist dumm und verräth sogleich die größte Unwissenheit", „ihr Witz ist sehr plump, unanständig und schamlos" (Krünitz Bd. 34, 1785: 90, 92, 109). Ein nur wenig älterer Zeitgenosse Kotzebues, der spätaufklärerische Schriftsteller Johann Karl Wezel (1747–1819), meinte diffamierend: „Die Kamtschadalen machen ihre Götter zu Schweinen, weil sie es selbst sind" (Wezel ²1990: 255). Weder Kotzebue noch der Verfasser des Artikels noch Wezel sind jemals auf Kamčatka gewesen. Überzeugt von ihrer eigenen kulturellen Überlegenheit, waren sie sich offenbar sicher, über jene Lebensart und guten Sitten zu verfügen, die sie der Bevölkerung Kamčatkas absprachen. Kotzebue dürfte bei der Veröffentlichung seines Theaterstückes kaum geahnt haben, dass sich genau 20 Jahre später sein Sohn, der Kapitänleutnant Otto von Kotzebue (1787–1846), zu einer dreijährigen Weltreise anschickte, auf der er im Auftrag der russischen Regierung eben jene „ungebahnte[n] Meere" (Kotzebue 1795: 35) östlich der Halbinsel durchforschte, die dem literarischen Helden Benjowski die Flucht erschwert hatten.

## Nach Osten: Russische Forschungsreisen im 18. und frühen 19. Jahrhundert

Nach monatelangen Vorbereitungen konnte im Sommer 1815 die zweite russische Weltumsegelung beginnen. Am 30. Juli 1815 stach die Brigg *Rurik*, benannt nach dem Gründer Russlands (ca. 830–ca. 879), im nordwestrussischen Marinestützpunkt Kronstadt in See. Sie stand unter dem Kommando des jungen, aber erfahrenen deutsch-baltischen Kapitänleutnants Otto von Kotzebue, der bereits als Kadett an der ersten russischen Weltumsegelung (1803–1806) unter der Leitung Adam Johann von Krusensterns (1770–1846),[3] des Admirals der russischen Flotte, teilgenommen hatte. Hinzu kam, dass Kotzebue ein besonderes Geschick für kartografische und astronomische Messungen hatte. Das vorrangige Ziel der Expedition war es, an der Küste Alaskas den Eingang zur Nordwestpassage zu finden. Drei Jahre lang sollte die Expedition den süd- und nordpazifischen Raum erforschen, bevor sie schließlich am 3. August 1818 in St. Petersburg vor Anker ging.

Nachdem die Brigg ihren Ausgangshafen verlassen hatte, durchquerte sie zunächst, unterbrochen von Aufenthalten auf Teneriffa und auf Santa Catarina, einer Brasilien vorgelagerten Insel, den Atlantik, umsegelte Kap Hoorn, hielt sich länger in Chile auf und erreichte, nachdem im polynesischen Raum bislang unbekannte Inseln kartografiert worden waren, im Juni 1816 das erste größere Etappenziel: Kamčatka. Von der Hauptstadt Kamčatkas, Petropavlovsk, aus, begann 1816 die Sommerkampagne. Die eisfreie Zeit wurde genutzt, um so weit wie möglich nach Norden in die Beringstraße vorzustoßen und geeignete Ankerplätze für ein weiteres Vordringen

---

3    Zur Biografie A. von Krusensterns vgl. Krusenstjern 1991.

im darauf folgenden Jahr zu finden. Nachdem die Mannschaft den Winter 1816/17 in südlichen Regionen, u. a. auf Hawaii und den Marshall-Inseln, verbracht hatte, begann im Sommer 1817, ebenfalls von Petropavlovsk aus, die zweite Sommerkampagne. Die Expedition erreichte im Juli die St. Lawrence-Insel und stieß dort auf Eis. Ein weiteres Vordringen wurde dadurch verhindert. Da der Gesundheitszustand des Kapitäns sich zudem verschlechterte und das Schiff durch einen Sturm ziemlich in Mitleidenschaft gezogen war, entschloss sich Kotzebue am 12. Juli 1817, die Entdeckungsreise abzubrechen und zurückzukehren. Über Unalaska, Hawaii und die Marshall-Inseln segelte die *Rurik* zunächst nach Manila, von dort durch den Indischen Ozean am Kap der Guten Hoffnung vorbei, passierte die Kanarischen Inseln, legte für eine kurze Weile in Portsmouth an und kehrte im Sommer 1818 nach St. Petersburg zurück.

Gut hundert Jahre bevor der junge Kotzebue mit der *Rurik* in See stach, hatte Russland während der Regierungszeit Peters I. gezielt mit der wissenschaftlichen Erforschung Sibiriens begonnen. Erhebliche Anstrengungen finanzieller, logistischer und personeller Art wurden unternommen, um die riesige, weitgehend unbekannte Region östlich des Urals systematisch zu erkunden und um Expeditionen auszurüsten, von denen man sich genauere Kenntnisse über das Land wie den Verlauf der Meeresküste versprach. Mit der Gründung der St. Petersburger Akademie der Wissenschaften (1724) wurde zudem eine wichtige institutionelle Plattform geschaffen, die die geografischen und handelspolitischen Interessen des russischen Kaisers unterstützte. Denn die Akademie war oft entscheidend daran beteiligt, Anweisungen für die großangelegten Expeditionsunternehmen nach Fernost zu formulieren und deren Ergebnisse später auszuarbeiten. In der Regel wurden von wissenschaftlicher Seite vor Reisebeginn sogenannte Instruktionen[4] verfasst, die die Erkenntnisziele der Reisen detailliert definierten und den Expeditionsleitern wie begleitenden Forschern bzw. Forscherteams eine Art Gebrauchsanweisung boten, worauf sie unterwegs zu achten und wie sie ihre Beobachtungen durchzuführen hatten. Zu berücksichtigen waren geologische, botanische und zoologische Phänomene wie ethnologische oder linguistische Besonderheiten, und die anzuwendenden Methoden waren Verfahren der – heute würde man sagen – empirischen Feldforschung: Beobachten, Beschreiben, Aufzeichnen, Messen, Sammeln und Abbilden.

Zu den zahlreichen Forschungsreisen in fernöstliche Regionen zählen etwa die beiden Kamčatka-Expeditionen, 1725–1730 und 1733–1743 durchgeführt unter der Leitung des dänischen Kapitäns Vitus Bering, die sog. Akademie-Expeditionen in unterschiedliche Regionen des Russischen Reiches, 1768–1774, geplant und teilweise geleitet von Peter Simon Pallas und die Nordostpazifik-Reise von Joseph Billings

---

4 Die Ausarbeitung wissenschaftlicher Instruktionen für Forschungsreisen setzte erst im späten 18. Jahrhundert ein. Die Instruktionen lösten die vormals gebräuchlichen Apodemiken, also Anweisungen zum ‚richtigen‘ Reisen, ab. Vgl. dazu Bucher 2002: 183–193.

und Gavriil Andreevič Saryčev, 1785–1793.[5] Es waren wissenschaftliche Großunternehmen, mit denen sich Russland im akademischen Feld der Zeit selbstbewusst als
europäische, zivilisierte Großmacht positionierte. „Eine Welt wird erforscht", so
nennt der Osteuropahistoriker Dittmar Dahlmann (2009: 105–142) diese Periode in
der Geschichte der russisch-sibirischen Beziehungen.

Die im 18. Jahrhundert begonnene nationale Strategie, die Imperialisierung des
Ostens, wurde im 19. Jahrhundert fortgesetzt. Allerdings wurde jetzt noch weiter
nach Osten ausgegriffen, auf amerikanisches Terrain nach Alaska, das seinerzeit russisch war. Und es waren nicht mehr Landreisen, sondern Seereisen in den bis dahin
wenig erforschten Pazifik, die das Russische Reich im Interesse imperialer Selbstvergewisserung ausrüstete. Allein in der ersten Hälfte des 19. Jahrhunderts wurden
28 russische Weltreisen ausgerichtet.[6] Vorrangig galt es, eigene Besitzansprüche im
fernöstlichen Raum durchzusetzen und sich als wichtiger politischer Akteur im ostasiatischen und nordpazifischen Raum zu profilieren, da die britischen und spanischen Seemächte ebenfalls begannen, in den Nordpazifik vorzudringen und dort
Interessen zu signalisieren – Cook etwa hatte während seiner dritten Weltreise den
Auftrag, eine nördliche Verbindung zwischen Atlantik und Pazifik zu suchen. So
gesehen dürften die russischen Weltreisen zu jenen „Veränderungen" und „Umwälzungen der Verhältnisse" beigetragen haben (Osterhammel [5]2010: 160), die während
des 19. Jahrhunderts generell im pazifischen Raum stattgefunden haben.

Der russisch-kanadische Historiker Ilya Vinkovetsky hat überzeugend dargelegt, dass sich mit den Weltumseglungen das Selbstverständnis des russischen
Staates markant veränderte, denn erst durch die Weltreisen setzte in Russland ein
imperial-kolonialer Diskurs ein (Vinkovetsky 2001, 2011). Mit den Weltumseglern,
die russischen Boden verließen, sobald sie in der Ostsee (Kronstadt) in See stachen,
die während der Durchquerung der Weltmeere an Häfen in englischen, französischen oder spanischen Kolonien angelegt hatten, bevor sie schließlich an den äußersten Grenzen des Russischen Reiches im Pazifik landeten – auf Kamčatka oder in
Russisch-Amerika (so die damalige Bezeichnung für das heutige Alaska) – entstand
die Vorstellung eines kulturell ‚Anderen'. Die indigenen Bevölkerungsgruppen
im russischen Fernen Osten, mit denen die russischen Marineoffiziere in Kontakt
kamen, wurden nicht als Bewohner des Russischen Reiches gesehen, dessen Boden
die Weltumsegler ja während der Reise nicht betreten hatten. Vielmehr betrachteten
sie die indigene Bevölkerung – die Čukčen, Itelmenen, Aleuten oder Inuit – ähnlich
wie die Polynesier oder südamerikanischen Indianer, denen sie unterwegs begegnet
waren, als Angehörige einer exotischen, anderen Kultur, die es zu kolonialisieren
galt. Mit Beginn der Weltumseglungen definierte sich Russland, auf gleicher Ebene
wie die anderen westeuropäischen Großmächte, als eine Kolonialmacht.

---

5  Vgl. Posselt 1990; Nickol und Hintzsche 1996; Nickol und Hintzsche 2002: 903–917; Urness
   2002: 899–902; Merck 2009.
6  Vgl. Bouditch 2004: 95; vgl. auch Donnert 2002a.

Wie auch bei Reisen früherer Zeiten gingen bei den russischen Weltumseglungen des 19. Jahrhunderts Expansion und Exploration Hand in Hand (vgl. Osterhammel ⁵2010: 1166). Ökonomische Interessen und wissenschaftliche Neugier waren oft zwei Seiten derselben Medaille. Es erscheint im nachhinein müßig, den wirtschaftlich-politischen Nutzen gegenüber dem wissenschaftlichen Gewinn aufrechnen zu wollen. Verfolgt wurden merkantile wie geopolitische Absichten, sei es, dass man sich die natürlichen Ressourcen des Fernen Ostens zunutze machen oder neue Absatzmärkte in China, Japan und Nordamerika erobern wollte, sei es, dass man durch verbessertes kartografisches bzw. geografisches Wissen eine Vormachtstellung in der nordostpazifischen Region zu erringen und Land zu annektieren suchte. Ausdrücklich hält Krusenstern in seinem Bericht über die erste russische Weltumseglung fest: Die Reise sollte, „obgleich von Militär-Personen ausgeführt und zu einem wissenschaftlichen Zweck bestimmt doch vorzüglich dem Handel dienen".[7]

## Imperiale Positionierungen:
## Die Weltumseglungen Otto von Kotzebues, 1815–1818 und 1823–1826

Die zweite russische Weltumseglung unter dem jungen Kotzebue fügt sich in dieses Bild. Ökonomisch-politische Interessen sollten erfüllt, wissenschaftliche Ambitionen befriedigt werden. Ein von der Regierung offiziell ernanntes Forschungsteam stand dem Kapitän zur Seite, betraut mit der Beschreibung vornehmlich geologischer, botanischer, zoologischer und ethnologischer Besonderheiten: der deutsch-baltische Arzt und Zoologe Johann Friedrich Eschscholtz (1793–1831), der dänische Botaniker Morten Wormskjold (1783–1845), der deutsch-russische Maler Ludwig Choris (1795–1828) und der gebürtige Franzose, Schriftsteller und Naturforscher Adelbert von Chamisso (1781–1838). Finanziert wurde das kostspielige Unternehmen von dem russischen Staatskanzler Graf Nikolaj Petrovič Rumjancev, seinerzeit Hauptaktionär der Russisch-Amerikanischen Handelskompanie. Die 1799 gegründete Kompanie besaß das Monopol auf Waren aus Alaska und von den Aleuten, insbesondere auf die lukrativen Pelzwaren dieser Gegenden. Der Pelzhandel zählte damals zu den wichtigsten Einnahmequellen des Russischen Reiches,[8] allerdings war der Transport von Alaska nach Europa lang und teuer. Eine effizientere Logistik, durch die sich Transportdauer und -kosten reduzieren ließen, musste den Interessen der Handelskompagnie also entgegenkommen. Ein vorrangiges Ziel der Reise war es daher, an der amerikanischen Küste nach dem Beginn eines nördlichen Handelsweges zwischen Atlantik und Pazifik zu suchen.

---

7   Krusenstern ²1985: 7. Vgl. auch den Beitrag von Diana Ordubadi, 93f. *in diesem Band.*
8   Vgl. Bassin 2002; Donnert 2002c; Lüdemann 2005. Über die Rolle der Russisch-Amerikanischen Kompanie bei der Kolonialisierung Russisch-Amerikas (d.i. Alaskas) und deren Bedeutung beim Aufbau Russland als einer europäischen Großmacht vgl. Vinkovetsky 2011: 52–72. Vgl. hierzu auch den Beitrag von Diana Ordubadi, 94 *in diesem Band.*

Doch die Verkürzung von Handelswegen war nur ein Ziel. Den Eingang zur Nordwestpassage zu finden war gleichzeitig ein ehrgeiziges wissenschaftliches Unternehmen, mit dem eine der seinerzeit letzten ungelösten Fragen der Geografie geklärt werden sollte. Krusenstern, der auf Wunsch Otto von Kotzebues die Einleitung zur einige Jahre nach der Weltumseglung erschienenen Reisebeschreibung seines „Zöglings"[9] verfasst hat, hebt bereits im ersten Satz hervor, dass die Entdeckung „einer nördlichen Durchfahrt aus dem Atlantischen Ocean nach dem Süd-Meer, oder umgekehrt, aus dem Süd-Meer in den Atlantischen Ocean" eines der „Probleme" sei, das „seit Jahrhunderten [...] besonders den Seemann beschäftigt". Dieses Problem, so fährt er fort, sei „noch bis auf diesen Tag der Gegenstand hypothetischer Theorien und praktischer Anstrengungen [...]. Dreihundert Jahre hindurch, hat man vergebens die Verbindung der beiden Oceane gesucht".[10] Trotz dieser Fehlschläge hat sich Krusenstern „wenigstens einen Funken von Hoffnung" bewahrt, „an der Küste von Amerika [...] einen Einschnitt zu finden, welcher in Verbindung [...] mit irgend einem in das Eis-Meer sich ergießenden Flusse [steht] [...], von wo es leichter sein würde, in den Atlantischen Ocean zu kommen, als durch die Berings-Straße um das Eis-Vorgebirge herum" (Kotzebue 1821, Bd. 1: 6). Allerdings sollte es auch Kotzebue nicht gelingen, diese Verbindung zu entdecken. Wie weiter vorne erwähnt, musste er die Reise abbrechen, ohne den Eingang zur Nordwestpassage gefunden zu haben.[11]

Dennoch war die Expedition kein Misserfolg. Denn sie hatte auch andere Aufgaben zu erfüllen, die sie mit größerem Glück verrichtete. So sollte das Küstengebiet Alaskas, dieses „gänzlich unbekannten Theils von Amerika", kartografisch genauer erfasst werden, „um zu erfahren, wie weit sich die Küste nach Norden zu erstreckt, und in welchem Grad der Breite sie ihre Richtung nach Osten zu nehmen anfängt" (Kotzebue 1821, Bd.1: 7). Tatsächlich hatte James Cook es während seiner dritten Weltumseglung (1776–1779), die ihn u. a. in die Beringstraße führte, unterlassen, diese Küstenlinie zu kartieren. Unbekannt waren seinerzeit auch große Teile der südpazifischen Inselwelt, etwa die Marianen- und Karolinen-Archipele. Es ist hin und wieder etwas mühsam zu lesen, wie regelmäßig und akribisch Kotzebue in seinem Reisebericht die geografischen Positionen der bereisten Gegenden angab, und er versäumte es dabei nicht, in einzelnen Fällen darauf hinzuweisen, dass seine Messungen und Berechnungen deutlich präziser als jene Cooks seien: „Cook ist mit dieser Küste etwas nachlässig verfahren" (Kotzebue 1821, Bd. 1: 154), ist ein Vorwurf,

---

9   Kotzebue 1821, Bd. 1: 3. Krusensterns Beitrag zu Kotzebues Reisebericht ist zweigeteilt. Nach einer „Einleitung" (Kotzebue 1821, Bd. 1: 3–19) folgt eine „Übersicht der Polar-Reisen zur Entdeckung einer nördlichen Durchfahrt aus dem Atlantischen Meer in das Süd-Meer" (ebd.: 21–72).

10  Ebd.

11  Bekanntlich glückte 1878–79 Alfred Erik Nordenskiöld die Durchfahrt durch die Nordostpassage, während die Nordwestpassage in ihrer vollen Länge erst 1903–1906, also in einem mehrjährigen Unternehmen, von Roald Amundsen durchquert wurde.

den er häufiger gegen den ‚Übervater‘ der Weltumsegler erhebt und an dessen Autorität er sich gleichsam abzuarbeiten scheint. Daher erwartete sich Krusenstern von der *Rurik*-Expedition „nicht wenig zur Erweiterung unserer Kenntnisse von diesem großen Ocean [gemeint ist der Südpazifik], so wie von den Bewohnern der hier in großer Menge zerstreuten Inseln" (Kotzebue 1821, Bd. 1: 7). Seine Erwartung wurde nicht enttäuscht: Kotzebues Reise trug dazu bei, das seinerzeitige kartografische Wissen über die Küstenlinie Alaskas und über Inselgruppen im Südpazifik erheblich zu erweitern, und die geografischen Neuerkenntnisse sind aus zeitgenössischer wie heutiger Sicht[12] zu den wichtigsten Resultaten des Unternehmens gezählt worden. Erstmals wurden etwa der Küstenverlauf auf beiden Seiten der Beringstraße oder die Ratak-Inselkette, ein Teil der Marshall-Inseln, kartografiert.[13] Als eine der größten Leistungen in geografischer Hinsicht gilt außerdem die Entdeckung des Kotzebue-Sundes, eines Meeresarmes in Alaska, den man zu Ehren des Kapitäns nach diesem benannte und von dem zunächst vermutet wurde, er sei der Eingang zur Nordwestpassage.

Dass die geografischen Untersuchungen, die Kotzebue vornahm, nicht „ausschließlich [der] Erweiterung [...] der Wissenschaften"[14] dienten, wie Krusenstern gleich mehrfach hervorhebt, sondern auch einem machtpolitischen Kalkül gehorchten, zeigt die gleichzeitige Erwähnung der Seefahrernationen England, Frankreich und Spanien. Über sie weiß der Admiral zu berichten, dass sie seinerzeit ebenfalls Expeditionen „nach entfernten Regionen" entsandten, um unbekanntes Terrain, unbekanntes Gewässer und unbekannte Küstenlinien – das Innere Afrikas, das Chinesische Meer oder die Nordwestküste Australiens etwa – zu erforschen und zu vermessen.[15] Im internationalen Wettbewerb um die Vormachtstellung auf den Weltmeeren wollte Russland nicht nachstehen. Nicht zufällig spielen daher geografische Beschreibungen und Untersuchungen in Kotzebues Reisebericht eine vorrangige Rolle, die er selbst in jenem Spannungsfeld zwischen wissenschaftlicher Exploration und machtpolitischer Expansion veortete. Das wird wohl an kaum einer Stelle seines Reiseberichts deutlicher als dort, wo er auf die Entdeckung des Kotzebue-Sundes zu sprechen kommt. „So unbedeutend die Entdeckung dieses Sundes auch seyn mag, so ist sie doch ein Gewinn für die Geographie", notiert er voller Forscherstolz. Und bemerkt gleich im Anschluss daran, dass dieser Sund „dem Handel mit Pelzwaaren

---

12 Vgl. Kotzebue 1821, Bd. 1: 13; Göttingische Gelehrte Anzeigen 1830; Kortum 2002; Bouditch 2004.

13 Vgl. die in Kotzebues Reisebericht veröffentlichten Karten.

14 Kotzebue 1821, Bd. 1: 14, vgl. auch ebd.: 18f.

15 Kotzebue 1821, Bd. 1: 18. Vgl. auch Vinkovetsky 2011: 38 zur Bedeutung und Vorbildrolle britischer und französischer Reisebeschreibungen für die russischen Weltumsegler im beginnenden 19. Jahrhundert. „The officers and scientists who joined the expeditions were well versed in the sizable European [...] travel literature and aspired to contribute to it. [...] Adam Johann-Anton von Krusenstern [...] styled his journal on James Cook's, and he looked on the famous Englishman as a role model for dealing with the South Pacific islanders."

[...] wesentliche Vortheile bringen [wird], da sie [die Pelzwaren] hier im Ueberfluß vorhanden sind" (Kotzebue 1821, Bd. 1: 154). Wissenschaftliche Entdeckerfreude und wirtschaftspolitisches Machtkalkül gehörten bei Kotzebue zusammen.

Damit bestätigt sich auch in diesem Fall eine Einschätzung des Historikers Jürgen Osterhammel, der die Geografie eine „imperiale Wissenschaft", „eine Art von Komplizenfach der europäischen Expansion" (Osterhammel ⁵2010: 1164) im 19. Jahrhundert nennt. Chamisso hat dies bereits frühzeitig erkannt und brachte den Sachverhalt auf den Punkt: „Zweck" der Reise von Kamčatka gen Nordosten „war die Geographie" (Chamisso 1982, Bd. 2: 173) notierte er kurz und bündig in seinem Reisetagebuch.

Abb. 1: „Île d' Younaska à 12 milles de distance"

Osterhammel freilich weist in seinen Ausführungen zum Verhältnis zwischen Geografie und Imperialismus auch auf eine gewisse Ironie in der Geschichte dieser wissenschaftlichen Disziplin hin: Die Begründer der modernen Geografie, Alexander von Humboldt und Carl Ritter, waren eines kolonial-imperialen Habitus völlig unverdächtig (Osterhammel ⁵2010: 1164). Diese Ambivalenz zwischen einer Geografie, die in einen politisch-kolonialen Diskurs eingebettet ist, und einer Geografie, der es in erster Linie um Wissenserweiterung geht und die sich nicht instrumentalisieren lassen will, lässt sich an den beiden Reiseberichten Kotzebues und Chamissos exemplarisch ablesen. Etwas plakativ könnte man vielleicht sagen, dass der koloniale Diskurs eines russischen Marineoffiziers dem wissenschaftlich-akademischen Diskurs eines französischen Emigranten, der vor Reisebeginn noch Student an der neugegründeten Berliner Universität war, gegenüber steht.

Die zweite russische Weltumseglung war also ein insgesamt ambitioniertes wissenschaftliches Unternehmen. Davon zeugt nicht zuletzt die ausführliche *Instruction für die astronomischen und physikalischen Arbeiten* des Schweizer Astronomen Johann Kaspar Horner[16] – er hatte an der ersten russischen Weltumseglung teilgenommen (vgl. Mumenthaler 1996: 379–394) –, die ebenfalls in Kotzebues Reisebericht veröffentlicht ist und sich ausdrücklich an den „wissenschaftlichen Seefahrer" (Kotzebue 1821, Bd 1: 73) und dessen „Forschbegierde" (ebd.: 91) wendet. Auf knapp 20 Seiten wird dort ein umfangreiches wissenschaftliches Programm entworfen, das der Devise gehorcht: „Jede ungewöhnliche Erscheinung aufmerksam zu beobachten und umständlich zu beschreiben und besonders alles Meßbare zu messen" (ebd.: 73). Neben astronomischen Beobachtungen, mit denen etwa die geografische Breite und Länge von Küstenlinien ermittelt, auffallend hohe Berge vermessen oder die Strahlenbrechung der Sonne je nach Stand am Horizont bestimmt werden sollten, wurden auch „physikalische Versuche und Wahrnehmungen" (ebd.) erwartet. Dazu rechnet Horner u. a. das Messen von ozeanischen Strömungen, die Bestimmung des Salzgehaltes und der Temperatur des Meeres oder Beobachtungen zum Meeresleuchten. Doch gibt er nicht nur genaue Anweisungen, welche Aufgaben die Expedition zu erledigen hat, sondern zeigt auch anhand zahlreicher trigonometrischer Formeln, auf welche Weise sie zu erfüllen sind. Seine *Instruction* enthält also neben dem Auftrag zu einer vergleichsweise spezialisierten naturwissenschaftlichen Feldforschung auch eine Methode, wie diese Forschung durchzuführen ist und die Daten zu erheben sind. Anweisungen zur Untersuchung von Flora und Fauna erteilt Horner nicht, ebenso wenig fordert er zu ethnografischen Beobachtungen auf. Vermutlich war er zu sehr Astronom und Mathematiker, um auf die Beschreibung botanischer, zoologischer oder ethnologischer Phänomene näher einzugehen bzw. eingehen zu können.

Die Reise war nicht nur in geografischer Hinsicht ein Erfolg, sie war auch ein persönlicher Erfolg für den jungen Kotzebue: 1823 wurde ihm das Kommando der dritten russischen Weltumseglung anvertraut. Obwohl auch dieses Unternehmen zunächst wissenschaftlichen Zwecken dienen sollte, änderte die russische Regierung schließlich ihre Pläne. In seinem Reisebericht erinnert sich Kotzebue:

---

16 Johann Kaspar Horner (1774–1834) zählt zu jenen Schweizer Gelehrten, die wie etwa Leonard Euler oder Daniel Bernouilli im 18. Jahrhundert aus Russland günstige Angebote erhielten und dort als Wissenschaftler arbeiteten, da sie in ihrem Heimatland zunächst keine adäquate Stellung fanden. Mit der Gründung der Russischen Akademie der Wissenschaften unter Peter dem Großen 1725 öffnete sich Russland nach Westen und versuchte, da das Land noch nicht über ausreichend eigene Fachkräfte verfügte, Wissenschaftler aus dem Ausland zu gewinnen. Für die Wissenschaftler bedeutete ein Aufenthalt in Russland oft ein Karrieresprung und führte zu sozialem Aufstieg. Horner war ein ausgebildeter Theologe, studierte, nachdem er eine Zeitlang als Pfarrer tätig gewesen war, im Wintersemester 1797 und Sommersemester 1798 Naturwissenschaften in Göttingen, u. a. bei Georg Christoph Lichtenberg und erhielt dann die Gelegenheit, als Astronom an der ersten russischen Weltumseglung unter Adam von Krusenstern teilzunehmen. Nach Beendigung dieser insgesamt erfolgreichen Expedition half er Krusenstern bei der Abfassung des Reiseberichts, kehrte 1809 nach Zürich zurück und wurde hier politisch sehr einflussreich, da er sich u. a. für die Gründung der Universität in Zürich engagierte. Vgl. Mumenthaler 1996: 97–105, 379–406; zu Horner als Hörer Lichtenbergs vgl. Heerde 2006.

Im März des Jahres 1823 ward ich von Seiner Kaiserlichen Majestät, Alexander dem Großen [...] zum Befehlshaber des, noch nicht vollendeten Schiffes *Predpriatie*, zu deutsch: die Unternehmung, ernannt. Es war zu einer rein wissenschaftlichen Reise bestimmt; bald aber traten Umstände ein, die es nothwendig machten, einen ganz anderen Zweck zu verfolgen. Ich ward nun angewiesen, in Kronstadt eine Ladung verschiedener Materialien einzunehmen, sie nach Kamtschatka zu bringen, und von da nach der Nordwestküste von Amerika zu segeln, um dort dem, von ausländischen Schiffen getriebenen, der russisch-amerikanischen Compagnie nachtheiligen Schleichhandel zu wehren. Ein Jahr sollte das Schiff an der amerikanischen Küste verweilen, und sodann, von einem andern abgelöst, die Rückfahrt nach Kronstadt antreten. Sowohl bei der Hin- als bei der Herreise war es mir freigestellt, den Weg nach meinem Gutdünken zu nehmen. (Kotzebue 1830, Bd. 1: 1f.)

Der gewählte Weg glich weitgehend der einige Jahre zuvor eingeschlagenen Reiseroute. Obwohl das vorrangige Ziel also handelspolitischer Art war, nahmen auch an dieser Reise Wissenschaftler teil, unter ihnen Johann Friedrich Eschscholtz, der bereits an der vorigen Weltumseglung Kotzebues beteiligt war. Er veröffentlichte im Anschluss an Kotzebues Reisebericht eine „Übersicht der zoologischen Ausbeute", die er während der Fahrt machte.[17] Außerdem gelang es Kotzebue, erstmals das zu den Marshall-Inseln zählende Bikini-Atoll zu vermessen, das er seinem Schiffsarzt zu Ehren Eschscholtz-Inseln nannte.

## „Ich wollte, ich wäre mit diesen Russen am Nordpol!" Adelbert von Chamissos Aufbruch zu einer Weltreise

Adelbert von Chamisso wollte seit Beginn seiner Studienzeit an einer Weltreise teilnehmen: „ [...] ich will alle Naturwissenschaften mehr oder weniger umfassen und in einigen Jahren als ein gemachter Mann und ein rechter Kerl vor mir stehen, der zu einer gelehrten Reise [...] als tauglich sich vorstellen könne,"[18] bekannte er wenige Monate nach Studienbeginn. Das Studium war für den 31-jährigen französischen Adligen im preußischen Exil eine biografische Zäsur. Hatte die politische Situation in Europa – Französische Revolution und Napoleonische Kriege – dem Grafensohn bislang nur wenig Spielraum bei der Berufswahl gelassen, so entschloss sich Chamisso nach Jahren der Perspektivlosigkeit für einen Neuanfang und begann 1812 an der kurz zuvor gegründeten Berliner Universität Medizin und Naturwissenschaften zu studieren.

---

17  Vgl. Kotzebue 1830, Bd. 2, Anhang.
18  Chamisso an Louis de la Foye, vermutlich Berlin, November 1812, in Chamisso ³1852, Bd. 5: 369f.

Er konnte nicht ahnen, dass sein Studium tatsächlich der Auftakt zu einer Weltreise war. Denn drei Jahre später, 1815, sollte er an einer Weltumseglung teilnehmen, die ihn durch die Südsee nach Kamčatka und von dort bis in die Beringstraße und an die Küste Alaskas führte. Aus dem französischen Emigranten und Berliner Studiosus wurde ein Naturforscher und Weltreisender in russischen Diensten. Doch die Reise führte ihn nicht nur ans Ende der seinerzeit bekannten nordpazifischen Küstenregionen. Sie verschaffte ihm soziales Prestige und berufliche Anerkennung in seiner Wahlheimat Berlin. Der Weltumsegler wurde nach seiner Rückkehr ein geachtetes Mitglied in den akademisch-bürgerlichen Kreisen der preußischen Hauptstadt.

Abb. 2: Adelbert von Chamisso

1792 verließ der 11-jährige Louis Charles Adélaïde de Chamisso mit seiner Familie das heimatliche Schloss Boncourt in der Champagne, da sich sein Vater den antirevolutionären Emigrantentruppen in den Niederlanden anschließen wollte. Er gelangte nach Jahren des Herumirrens mit Eltern und Geschwistern 1796 schließlich nach Berlin. Dort wurde er dank der Verbindungen seiner Familie zu französischen Adeligen- und Emigrantenkreisen zunächst Page am Hofe der Königin Friederike Luise, besuchte in dieser Zeit das Französische Gymnasium und trat 1798 in den preußischen Militärdienst ein. Der Leutnant, der enge Kontakte zum frühromantischen Kreis in Berlin um Fichte, Friedrich de la Motte Fouqué, Julius Eduard Hitzig und Karl August von Varnhagen und die Gebrüder Schlegel unter-

hielt und sich seinerseits als Schriftsteller und Mitherausgeber eines Musenalma-
nachs[19] hervortat, nannte sich jetzt Adelbert von Chamisso. Nach der verheerenden
Niederlage des preußischen Heeres gegen die napoleonischen Truppen im Jahr 1806
bei Jena und Auerstedt reichte er sein Abschiedsgesuch ein und quittierte den Militärdienst endgültig 1808. Die folgenden Jahre verbrachte er zum Teil im Kreis der
Madame de Staël, zunächst in Frankreich, dann in der Schweiz und beklagte sich
in seinen Briefen häufig über die Aussichtslosigkeit seiner Situation. Dennoch sollte
sich gerade während dieses Aufenthaltes eine berufliche Perspektive herausbilden.
Durch das gemeinsame Botanisieren mit Auguste-Louis, dem älteren Sohn der Staël,
wurde sein wissenschaftliches Interesse geweckt, man müsste wohl sagen, wieder
geweckt. Denn bereits als Kind hatte sich Chamisso begeistert mit unterschiedlichen
Naturphänomenen beschäftigt, ohne dass sich dies allerdings auf seine Berufswahl
ausgewirkt hätte.

[...] ich weiß noch, wie ich die Insekten erspähte, neue Pflanzen fand, die
Gewitternächte anschauend und sinnend an meinem offenen Fenster durch-
wachte, wie alle meine Spiele, mein Schaffen und Zerstören auf physikalische
Experimente und nach Forschen der Gesetze der Natur ausging, weiß, dass,
damals geleitet, ich vielleicht ein Büffon mit unendlichen Kenntnissen ausge-
rüstet dastehen würde [...].[20]

Die Ausflüge mit Auguste-Louis de Staël sowie eigene Wanderungen in die
Schweizer Alpen bestärkten Chamisso in seinem Entschluss, das in der Jugend Versäumte nachzuholen. Beeinflusst worden sein dürfte die Entscheidung, den wissenschaftlichen Ambitionen ernsthaft nachzugehen, aber auch durch eine Wissen-
schaftsbegeisterung, die Chamisso im Umkreis der Berliner Frühromantik kennengelernt hat. Der Nordsternbund, dieser 1804 gegründete Freundschaftsbund, dem
neben Chamisso u.a. Karl August von Varnhagen, Julius Eduard Hitzig, Wilhelm
Neumann und Johann Ferdinand Koreff angehörten, wollte nicht nur die früh-
romantische Dichtung und Kunst fördern und verbreiten. Die Nordsternbündler
einte ein weiteres Ziel – die Wissenschaft. „Das wissenschaftliche Studium erscheint
als Refugium [...]. Wissenschaft bildet in ihrem Denken die Basis, um ein diffuses
Weltbild faßbar zu machen" (Dorsch 1994: 123). Bezeichnenderweise nahmen Varnhagen und Neumann 1805 ihr Studium in Hamburg auf, während Koreff nach Halle
zog, um dort zu promovieren. Auch Chamisso wollte in dieser Zeit, angeregt durch
die Bildungsvorstellungen seiner Freunde, „ordentliche Studien [...] treiben."[21] Wie

19  Zu Chamissos Mitarbeit an den Musenalmanachen auf das Jahr 1804, 1805, 1806 vgl. Varnha-
    gen von Ense 1987, Bd. 1: 282–341; Pissin 1910; Feudel 1980: 30–32.
20  Chamisso an Louis de la Foye, Berlin, 20. Januar 1805, in Chamisso ³1852, Bd. 5: 60, vgl. auch
    ebd.: 365.
21  Varnhagen von Ense 1987, Bd. 1: 341, vgl. auch Chamisso an Louis de la Foye, September 1804,
    in Chamisso ³1852, Bd. 5: 45.

erwähnt, beendete er 1808 die Offizierslaufbahn und nahm 1812 ein Studium an der Berliner Universität auf. Zu seinen Lehrern zählten die ersten Professoren der neugründeten Alma mater: der Mineraloge Christian Samuel Weiss, der Zoologe Martin Hinrich Lichtenstein und der Physiker Paul Erman. Die Jahre des ziellosen Herumirrens und Suchens waren vorbei.

Doch bereits ein halbes Jahr später musste Chamisso seine ambitioniert begonnenen Studien unterbrechen. Mit dem Beginn der preußischen Befreiungskriege wurde die Berliner Universität vorläufig geschlossen. Der „studiosus medicinae"[22] nahm, offenbar auf Drängen von Freunden (vgl. Chamisso ³1852, Bd. 5: 376), an den antinapoleonischen Freiheitskriegen nicht teil und verbrachte Sommer und Herbst 1813 stattdessen auf dem ‚märkischen Musenhof‘ der Familie von Itzenplitz in Kunersdorf an der Oder. Vermittelt wurde der Aufenthalt auf dem Gut der aufgeschlossenen und kunstsinnigen Adelsfamilie durch Lichtenstein, der ihn dem Hausherrn, Peter Alexander von Itzenplitz, als „ebenbürtige[n] Gast und Liebhaber der Botanik" empfahl.[23] Chamisso „widmete", wie er einem Freund mitteilte, „in freundlicher Umgebung unter guten Leuten meinen Sommer ausschließlich der Botanik und es ward mir so wohl als mir immer nur sein konnte."[24] Entstanden ist in Kunersdorf bekanntlich das Werk, das ihm literarischen Weltruhm einbringen sollte und bis heute zu den Klassikern der deutschsprachigen Literatur zählt: *Peter Schlemihls wundersame Geschichte*. Weniger bekannt dürfte allerdings sein, dass dort auch sein wissenschaftliches Erstlingswerk entstanden ist, ein Standortverzeichnis über Pflanzen aus der Umgebung von Berlin und Kunersdorf, in dem er insbesondere Wasserpflanzen aus brandenburgischen Gewässern näher untersucht.[25]

Die Völkerschlacht bei Leipzig im Oktober 1813 bedeutete das Ende der napoleonischen Vormachtstellung in Europa. In Berlin beruhigte sich die Lage soweit, dass die Universität wieder geöffnet wurde und Chamisso seine naturwissenschaftlichen Studien im Wintersemester erneut aufnehmen konnte. Gleichzeitig arbeitete er am einige Jahre zuvor gegründeten Zoologischen Museum,[26] das seit 1813 von Lichtenstein geleitet wurde. Er war damit beschäftigt, die Krebs- und Eingeweidewürmer-

---

22  Chamisso an Louis de la Foye, vermutlich Berlin, November 1812, in Chamisso ³1852, Bd. 5: 369–370.

23  Zu Chamissos naturwissenschaftlichem Dilettantismus vgl. Federhofer 2010a.

24  Chamisso an Louis de la Foye, Mai/Juni 1814, in Chamisso 1934: 205; vgl. auch Chamisso an Karl August von Varnhagen, 27. Mai 1813, in Chamisso ³1852, Bd. 5: 376.

25  Das kleine Werk trägt den Titel: Adnotationes quaedam ad floram Berolinensem C. S. Kunthii. [Anmerkungen, nämlich zur Berlinischen Flora C. S. Kunths]. Die „Adnotationes" waren als Teilbeitrag beigegeben der dritten Auflage von: Verzeichnis der auf den Friedländischen Gütern cultivirten Gewächse. Nebst einem Beitrage zur Flora der Mittelmark. Alphabetisch geordnet so weit sie bestimmt sind. Berlin ³1815. Das Verzeichnis hat der Obergärtner der Itzenplitz' in Kunersdorf, Friedrich Walter, angefertigt. Chamisso hat seinen Beitrag in wenigen Drucken auch separat veröffentlicht. Vgl. auch Schmid 1942: 32.

26  1810 gegründet, ist das Zoologische Museum seit 1889 ein Teil des Museums für Naturkunde.

Sammlungen „in Ordnung zu bringen".[27] Zufrieden war er in dieser Zeit nicht. Eine „sehr geschlagene Kreatur" nannte er sich, die zwar dank des Studiums „nicht in die Lüge wieder untergetaucht" war, aber sich „überall wund und weh" fühlte.[28] Die politischen Verhältnisse machten es dem gebürtigen Franzosen, der niemals „mehr Unlust an dem Politischen und mehr Ekel gegen Frankreich empfunden [hat], als eben jetzt", schwer, sich im anti-napoleonischen und franzosenfeindlichen Berlin jener Zeit zurechtzufinden.

Ein Zufall änderte seine widrige Lage. 1815 las Chamisso eine Zeitungsnotiz, „worin von einer nächst bevorstehenden Entdeckungs-Expedition der Russen nach dem Nordpol verworren Nachricht gegeben ward. ,Ich wollte, ich wäre mit diesen Russen am Nordpol!', rief [er] unmutig aus".[29] Auch in dieser Situation konnte er sich, wie schon zwei Jahre zuvor während der Befreiungskriege, auf sein Freundes-Netzwerk verlassen. Sein Freund und Mentor „Vater Ede",[30] der Jurist, Verleger und Schriftsteller Julius Eduard Hitzig, nahm sich der Sache an: „So schaffe mir augenblicklich Zeugnisse über Deine Studien und Befähigung zur Stelle. Wir wollen sehen, was sich thun läßt" (Chamisso ³1852, Bd. 5: 394). Hitzig schrieb an August von Kotzebue, dessen Sohn Otto, wie schon erwähnt, zum Leiter dieser russischen Expeditionsreise ernannt worden war. Er knüpfte dabei an alte Geschäftskontakte mit dem populären Theaterschriftsteller an, dessen *Russisch-Deutsches Volksblatt* er verlegt hatte (Dorsch 1994: 241).

Ein weiterer Umstand dürfte Chamissos Anliegen entgegen gekommen sein: August von Kotzebue war mit Adam von Krusenstern verschwägert. Krusenstern war auch für die wissenschaftliche Planung und praktische Vorbereitung der zweiten russischen Weltumseglung verantwortlich – eben jener „Entdeckungs-Expedition", von der Chamisso in der Zeitung las. Wenn August von Kotzebue Hitzig also versprach, „an Krusenstern (den Leiter der Expedition) zu schreiben" und „alle Papiere des H. v. Ch. mitzutheilen",[31] wusste er, dass er sein verwandtschaftliches Patronage-Netzwerk mobilisieren konnte. Dieses förderte nicht nur entscheidend die Karriere des Sohnes, sondern konnte auch die Wünsche des französischen Emigranten und Außenseiters Chamisso erfüllen.[32] Hitzigs Bemühungen waren erfolgreich. Im August 1815 ging Chamisso in Kopenhagen an Bord der Brigg *Rurik*, um sich

---

27  Chamisso an Louis de la Foye, vermutlich Berlin, Frühling 1814, in Chamisso ³1852, Bd. 5: 385; vgl. auch ebd.: 383.

28  Chamisso an Louis de la Foye, vermutlich Berlin, Frühling 1814, in Chamisso ³1852, Bd. 5: 385.

29  Vgl. Chamisso 1982, Bd. 2,: 88; Chamisso ³1852, Bd. 5: 394.

30  Vgl. Chamisso an Louis de la Foye, Berlin, 6. Januar 1824, in Chamisso ³1852, Bd. 6: 199.

31  A. von Kotzebue an J. Hitzig, Königsberg, 30. Mai 1815, Märk. Mus. Berlin, XV 590; zitiert nach Dorsch 1994: 241.

32  Liebersohn 2006: 119f. Es wäre daher zu überlegen, ob Chamisso tatsächlich im Unterschied zu Otto v. Kotzebue, dem „ultimate insider" und „special favorite of a patron" (Liebersohn 2006: 120), bloß die Außenseiterrolle einnahm, die Liebersohn ihm zuschreibt, oder ob diese Netzwerke weiter gedacht werden müssten.

dem Kapitän von Kotzebue vorzustellen. Er war von der russischen Regierung offiziell zum Naturforscher der Weltreise ernannt worden.

Reisen sind nicht nur Bewegungen im Raum. Reisen hinterlassen auch Spuren, können sich in unterschiedlicher Weise und in unterschiedlichen Medien materialisieren. In Sammlungen und Bildbänden, in Tagebüchern und Reiseberichten, in vor der Reise verfassten Instruktionen und nach der Reise veröffentlichten wissenschaftlichen Resultaten dokumentieren sich Erwartungen, die erfüllt, aber auch enttäuscht wurden, Entdeckungen, die gelangen, Beobachtungen, die angestellt wurden.

Auch Kotzebues Weltumseglung hat solche Spuren hinterlassen. Erwähnt wurde bereits der insgesamt dreibändige Reisebericht, der drei Jahre nach Rückkehr der *Rurik*, 1821, auf Deutsch erschien. Er wurde im gleichen Jahr noch ins Englische übersetzt[33] und in den Jahren 1821–1823 auch ins Russische.[34] Tatsächlich handelt es sich bei diesem Reisebericht um ein kollektives Unternehmen. Denn er erhält neben Kotzebues Aufzeichnungen, die freilich den weitaus größten Anteil ausmachen, im ersten Band die schon genannte ausführliche Einleitung Krusensterns, während der dritte Band ausschließlich die wissenschaftlichen Anmerkungen von Chamisso und Eschscholtz umfasst. Außerdem veröffentlichte der Maler der Expedition, Ludwig Choris, einen eindrucksvollen Bildatlas zu der Reise, *Voyage pittoresque autour du monde*. Der Band enthält 104 kolorierte Lithografien, die Choris meist nach eigenen Zeichnungen angefertigt hat (Zeichnungen von einigen Meeresweichtieren sind von Chamisso). Der Autor gruppiert die Abbildungen in sieben Kapitel, die den jeweiligen Reiseabschnitten korrespondieren und beschreibt am Ende jedes Kapitels die entsprechende Etappe sowie einige seiner Abbildungen. Dargestellt werden neben Pflanzen und Tieren hauptsächlich einheimische Bevölkerungsgruppen des Nord- und Südpazifik, ihre Kleidung und ihre Werkzeuge, ihre Waffen und ihre Boote. Choris' Werk ist daher ein unschätzbares ethnografisches Dokument über die indigenen Kulturen u. a. auf Kamčatka, in der Beringstraße, auf den Aleuten, auf Hawai und den Marschall-Inseln. Schließlich veröffentlichte Adelbert von Chamisso 1836 seine *Reise um die Welt mit der Romanzoffischen Entdeckungsexpedition in den Jahren 1815–1818*. Dieser Bericht ist zweigeteilt. Im ersten Teil, dem *Tagebuch*, gibt Chamisso seine persönlichen Eindrücke und Erfahrungen wieder, die er während der Reise machte. Der zweite Teil, die *Bemerkungen und Ansichten*, hält die

---

33 Der Titel der englischen Übersetzung lautet: A voyage of discovery into the South Sea and Beering's Straits for the purpose of exploring a north-east passage. London 1821. Der Übersetzer, Hannibal Evans Lloyd (1771–1847), war seinerzeit ein wichtiger Vermittler deutschsprachiger Schriften in den englischen Sprachraum. Evans übersetzte neben deutschen Schriftstellern wie Friedrich Gottlieb Klopstock, August Wilhelm Iffland und Friedrich von Raumer zahlreiche Reiseberichte und gab eine englisch-deutsche Grammatik heraus.

34 Der Titel der russischen Übersetzung lautet: Putešestvie v Južnyj okean i v Beringov proliv dlja otyskanija severo-vostočnogo morskogo prochoda, predprijatoe v 1815, 1816, 1817 i 1818 godach na korable *Rjurike*. St. Peterburg 1821–1823.

wissenschaftlichen Ergebnisse fest und ist weitgehend identisch mit den in Kotzebues Reisebericht veröffentlichten Resultaten.

Auf die reizvolle Aufgabe, diese drei sehr unterschiedlichen Zeugnisse der russischen Weltreise im Zusammenhang zu vergleichen, muss hier aus Platzgründen
verzichtet werden. Stattdessen konzentriere ich mich abschließend auf Kotzebues
und Chamissos Kamčatka-Beschreibungen.

### „Ein Mexico für Russland". Otto von Kotzebues Blick auf Kamčatka

Kotzebue äußert sich im Bericht über seine Weltreise mit der *Rurik* nur knapp über
Kamčatka. „Ich werde mich auf keine Beschreibung von Kamtschatka einlassen,
da so viele Reisende vor mir es thaten [...]" (Kotzebue 1821, Bd. 1: 132), konstatiert
er, und er teilt in den wenigen Abschnitten, die dem Aufenthalt auf Kamčatka
gewidmet sind, wirklich nichts über die einheimische Natur oder Bevölkerung mit.
Offenkundig fand Kotzebue es überflüssig, der seinerzeit vorliegenden Kamčatka-
Literatur noch eine weitere Schrift hinzuzufügen, deren Informationswert aufgrund
der Zeit, die ihm zur Verfügung stand, doch nur gering sein konnte. Denn tatsächlich war der Aufenthalt von nur einem Monat im Jahr 1816 zu knapp bemessen, um
ausführlichere Feldforschungen durchführen zu können. Die Zeit musste zudem zu
Ausbesserungsarbeiten am Schiff genutzt werden.

Kotzebue registriert nicht ‚das Unbekannte', ‚das Fremde' und ‚das Andere' auf
Kamčatka. Ethnografische Details interessieren ihn nicht. Es sind vielmehr die Zeichen technischer Innovation, die ihm bei seiner Ankunft zuerst ins Auge fallen: „ [...]
als wir uns der Awatscha-Bay näherten, erblickten wir auf dem hohen Felsen, der
den nördlichen Theil derselben bildet, einen Telegraphen in voller Thätigkeit; ein
Anblick, der uns überraschte da man früher an dergleichen nützliche Einrichtungen
in Kamtschatka nicht gedacht hatte" (Kotzebue 1821, Bd. 1: 131f.). Es handelte sich um
einen jener sog. Balken- bzw. optischen Telegrafen, die in Europa vor Einführung
der elektrischen Telegrafie verwendet wurden. Mit Hilfe von Schwenkarmen, die
an einem hohen Mast befestigt waren und unterschiedliche Positionen einnehmen
konnten, wurden Botschaften übermittelt. Anhand eines Codes war festgelegt, welche Position einem Buchstaben entsprach.

Instrumente spielen auch eine Rolle, als er während der kurzen Zeit eigene Untersuchungen unternahm. Er weiß die „Güte"[35] seiner Chronometer zu schätzen, die
ihm den Längengrad des Hafens als nahezu identisch mit der astronomisch ermit-
telten „wahre[n] Länge" (Kotzebue 1821, Bd. 1: 132) anzeigten. Im Anschluss an die
Kamčatka-Abschnitte fügt Kotzebue eine Tabelle über an unterschiedlichen Orten
und zu unterschiedlichen Zeiten ermittelte Meerestemperaturen an. Auch hier lobt

---

35  Kotzebue 1821, Bd. 1: 132. Bei den Marinechronometern oder Schiffsuhren handelt es sich um
    sehr präzise Uhren, mit denen man die geografische Länge bestimmen konnte.

Abb. 3: „Vue de l' île de St. Paul dans le mer de Kamtchatka (avec les lions marins)"

Abb. 4: „Tchouktchis et leurs habitations"

er sein „gute[s] Sixtermometer"[36] und bürgt für die „Genauigkeit" (Kotzebue 1821,
Bd. 1: 133) der Beobachtungen. Es sind also spezifisch europäische kulturelle Techniken, die sich jenem „quantifying spirit"[37] verdanken, der mit der Aufklärung das
wissenschaftliche Denken zunehmend bestimmte – Beobachten, Messen, tabellari-
sches Erfassen –, die Kotzebue während seines Kamčatka-Aufenthaltes beschreibt.
Obwohl er sich hier nicht weiter über die Urbevölkerung äußert, darf man anhand
anderer Passagen, in denen er sich wenig vorteilhaft über die einheimische Bevölkerung in der Beringsee äußert – über Tschuktschen, Aleuten und Bewohner Alaskas,
deren „widerliche [...] Gesichter [...]" (Kotzebue 1821, Bd. 1: 141), „ekelhaftes Ansehen"
(ebd.) und „unreinliche Kleidung" (ebd.: 157) ihn abstoßen – unterstellen, dass er
auch die indigene Bevölkerung Kamčatkas abschätzig beurteilte.

Sehr viel ausführlicher beschreibt Kotzebue Kamčatka hingegen in seinem zweiten Reisebericht, in dem er die Weltumseglung von 1823–1826 schildert. Er hielt sich
hier deutlich länger als während seiner vorigen Reise auf, vom 7. Juni 1824 bis zum
20. Juli 1824. Die Schilderung seiner Abreise von der Halbinsel beschließt er mit
einer überraschend positiven Einschätzung zur Zukunft dieser Gegend: „Das öde,
bis jetzt so wenig beachtete Land wird vielleicht einst ein Mexico für Russland werden" (Kotzebue 1830, Bd. 2: 13). Der Vergleich mit dem einst reichen Aztekenreich,
dessen Gold und Reichtümer europäische Eroberer reizten, zeigt freilich, dass sich
diese Prophezeiung nicht zuletzt merkantil-imperialen Interessen verdankt.

Doch daneben weiß Kotzebue, gleichsam aus ‚interesselosem Wohlgefallen',
überaus Vorteilhaftes über Kamčatka zu berichten: es ist „besser [...], als [sein] Ruf"
(Kotzebue 1830, Bd. 2: 3). Trotz aller handelspolitischen Interessen, die der Kapitän
in russischen Diensten an dieser Gegend hat oder haben mag, verschließt er sich
nicht dem ästhetischen Reiz, den die Landschaft auch auf ihn ausübt. In ein „Feen-
land" glaubt er sich versetzt und ist fasziniert von den „Krystallenbergen [...], die, von
der Sonne beschienen, [...] für Brillantenfelsen gelten können [...]" (ebd.: 3). Über-
schwänglich lobt er „den herrlichen Anblick", den „das hohe zackige Land" ihnen
bei der Ankunft gewährt, findet „den Sommer hier viel kürzer, aber dagegen weit
schöner, und die Vegetation weit üppiger" als in vergleichbaren europäischen Breiten
(ebd.), zählt den Landstrich zu den mineralogisch „interessantesten Ländern" und
weiß, dass auch „der Botaniker und Zoologe [...] hier nicht leer aus[gehen]" (ebd.:
5). Lebhaft beschreibt er etwa die Geschicklichkeit, mit der „das hier einheimische,
sogenannte wilde Schaaf" sich in der unwegsamen Bergwelt bewegt, und beschließt
seine Beobachtungen mit der nicht ganz unironischen Bemerkung: „Unsere Ballet-
tänzer könnten sich an ihm das Beispiel eines vollkommenen Aplombs nehmen"
(ebd.).

---

36  Kotzebue 1821, Bd. 1: 133. Das Six-Thermometer, benannt nach seinem Erfinder James Six, ist
    ein Flüssigkeitsthermometer, das sich besonders zur Temperaturmessung in großen Meeres-
    tiefen eignet.
37  Vgl. zu dieser Formulierung Frängsmyr 1990.

Es sind aber nicht nur die naturgegebenen Besonderheiten Kamčatkas, die Kotzebue eingehend beschreibt. Ein sorgfältiger Berichterstatter ist er auch in ethnografischer Hinsicht, wenn er unterschiedliche Aspekte der indigenen Kultur zwar kurz, aber vorurteilslos und gewissenhaft darstellt. Die Religion der Kamčadalen und ihre Gastmahlsrituale[38] zählen ebenso dazu wie ihre Hochzeits- und Begräbnisbräuche (vgl. Kotzebue 1830, Bd. 2: 6–10). Vorwurfsvoll registriert Kotzebue „die fast gänzliche [...] Ausrottung der Kamtschadalen" durch „die rohen Kosacken" und zeichnet ein fast liebevolles Bild der Urbevölkerung: „Die jetzigen Kamtschadalen sind ein äußerst gutmüthiges, gastfreies und furchtsames Völkchen [...]" (ebd.: 10).

## „Erste Bekanntschaft mit Rußland". Adelbert von Chamisso auf Kamčatka

Auf Kamčatka „betrat" Chamisso „zuerst den russischen Boden" (Chamisso 1982, Bd. 2: 166). Bereits vor Ort machte er Aufzeichnungen, die er dann nach seiner Rückkehr zu wissenschaftlichen Aufsätzen ausarbeitete. Spuren dieses Arbeitsprozesses finden sich im Chamisso-Nachlass. Dort hat sich ein Notizheft erhalten, das eine mit „Kamtschatka" überschriebene, anderthalb Seiten lange, zweispaltige Liste mit lateinischen Pflanzennamen enthält.[39] Diese Pflanzennamen tauchen nahezu identisch in den Kamčatka gewidmeten Abschnitten der *Bemerkungen und Ansichten* auf, dem wissenschaftlichen Teil seines Reiseberichts (Chamisso 1982, Bd. 2: 616). Auch linguistische Beobachtungen hat Chamisso während seines Aufenthaltes offenbar angestellt. In einem anderen Studienheft finden sich folgende Aussagen: „Die nomadischen Tschuktschen und die RennThier Koräken sprechen eine Sprache" und: „Die Kamtschadalen von Ober und unter Kamtschatka haben mit den Tigilskern eine Sprache."[40] Diese Observationen hat er allerdings später nicht weiter ausgearbeitet.

Chamisso begann mit der Niederschrift seiner Abschnitte über das sibirisch-amerikanische Terrain im Herbst 1819. In einem Brief an den Grafen Rumjancev vom 3. September 1819 berichtet er, dass einzelne Teile seines Berichtes bereits fertig sind – u. a. jene über Teneriffa, Brasilien, Chile, Kalifornien und Polynesien –, und er fährt fort: „Il me reste encore pour satisfaire à nos engagements à ecrire sur les terres arctiques. Jai attendu pour le faire, ainsi que je lui dois à votre Excellence, le voyage du Capt. Ross. Je ne l'ai point encore recu, mais il m'est incessement promis."[41] Der erwartete Reisebericht von John Ross sollte schließlich eintreffen und wird auch im Kamčatka-Teil der *Bemerkungen und Ansichten* mehrfach zitiert. Aus einer nicht

---

38 Kotzebue erwähnt in diesem Zusammenhang eigens den Genuss eines rauschauslösenden Fliegenpilzgetränks. Europäische Beobachter waren davon offenbar frühzeitig fasziniert, da der „Fliegenschwammsaft" bereits bei Krünitz erwähnt wird, vgl. Krünitz 1785; Bd. 34: 108.
39 Staatsbibliothek zu Berlin, Nachl. Adelbert von Chamisso, K. 8, Nr. 6.
40 Vgl. Staatsbibliothek zu Berlin, Nachl. Adelbert von Chamisso, K. 34, Nr. 1.
41 Staatsbibliothek zu Berlin, Nachl. Adelbert von Chamisso, K. 30, Nr. 22.

datierten Notiz oder einem Briefentwurf geht ausserdem hervor, wie sich Chamisso die Konzeption dieser Passagen vorstellte: „Je réunirai dans un seul article et considererai sous le même point de vue, la region boreale que borne au sud la chaine des Iles Aleutiennes. – Ici j'aurai plus à parler de la nature que les hommes."[42] Der endgültige Titel lautet dementsprechend *Kamtschatka, die Aleutischen Inseln und die Berings-Straße*, und in diesem Abschnitt behandelt Chamisso tatsächlich die Natur ausführlicher als die Menschen.

Während der Arbeit am Reisebericht kam es zwischen Chamisso und der Expeditionsleitung zu gewissen Missverständnissen und Meinungsunterschieden. Die Misshelligkeiten betrafen sowohl die Form bzw. Struktur der von Chamisso verfassten Abschnitte als auch das Publikationstempo. Chamisso insistierte von Anfang an darauf, seine Beobachtungen getrennt und unter eigenem Namen zu veröffentlichen und berief sich dabei auf den ähnlich konzipierten Reisebericht Krusensterns: „[...] je n'ai point écrit ces *Observations et Vues generales* pour être *fondues* dans la redaction generale du voyage, mais pour l'accompagner come un ouvrage propre et détaché tel que je l'ai conçu et redigé. C'est ainsi que des memoires des MM Horner, Espenberg & Tilesius accompagnent la relation du voyage du M J. Krusenstern."[43] Ihm dauerte die Veröffentlichung des offiziellen Berichts zu lange, und er wollte daher seine Ergebnisse vorab publizieren. Allerdings hatte er sich in diesem Fall den Richtlinien der Expeditionsleitung zu fügen. Admiral Krusenstern teilte ihm unmissverständlich mit:

> Der Kanzler hat mir einen Brief von Ew Hochwohlgebohren an ihn mitgetheilt, in welchem Sie den Wunsch äussern, die von Ihnen während der Reise gemachten Bemerkungen, getrennt von der Reisebeschreibung des H. von Kotzebue, drucken zu lassen. Schon aus einem frühern Brief des Kanzlers werden Ew Hochwohlgebohren ersehen haben, daß es nicht der Wunsch des Kanzlers ist, es auch wohl nicht seyn kann, daß, ehe die von ihm veranstaltete Reisebeschreibung gedruckt ist, ein früherer Bericht der Reise erscheinen sollte. Ich finde es sehr natürlich, daß Sie ohne Zeit Verlust Ihre gewiß höchst interessanten Bemerkungen der Welt mitzutheilen wünschen; allein ich bin auch zu sehr von der Billigkeit Ihrer Gesinnungen überzeugt, daß Sie Vors Erste gerne darauf Verzicht leisten, wenn Sie erfahren, daß eine frühere Herausgabe Ihres Buches nicht mit den Wünschen des Kanzlers, auch nicht mit denen Ihres gewesenen Capitains übereinstimmt.[44]

---

42  Staatsbibliothek zu Berlin, Nachl. Adelbert von Chamisso, K. 8, Nr. 2.

43  Undatierter Briefentwurf an Rumjancev. Staatsbibliothek zu Berlin, Nachl. Adelbert von Chamisso, K. 8, Nr. 2. Unterstreichungen im Original.

44  Krusenstern an Chamisso, 27. Januar 1820. Staatsbibliothek zu Berlin, Nachl. Adelbert von Chamisso, K. 28, Nr. 67.

Tatsächlich musste Chamisso bis 1821 warten, bis seine *Bemerkungen und Ansichten* endlich im dritten Band von Kotzebues Reisebeschreibung erschienen. 1836 veröffentlichte Chamisso diese Abschnitte nochmals, diesmal, wie vorne bereits erwähnt (vgl. S. 129), ergänzt durch das *Tagebuch* und unter dem Titel *Reise um die Welt.*

Die *Bemerkungen und Ansichten* sind mithin Chamissos wissenschaftlicher Ertrag der Weltreise und von Beginn an bewusst nüchtern und objektiv konzipiert: „Ces articles, depouillés de toute narration, seront purements objectifs, et ne contiennnent que des vues generales et des notices ou observations particulières."[45] Chamissos Beschreibung der sibirisch-amerikanischen Gegenden folgt formal einem traditionellen naturhistorischen Modell, der Vorstellung von den drei Naturreichen: Steine, Pflanzen und Tiere. Freilich gibt ihm diese letztlich auf antike Naturkonzeptionen rekurrierende Einteilung nur die äußere Struktur für seine Ausführungen vor, denn er diskutiert geologische, botanische und zoologische Themen im Kontext neuerer zeitgenössischer Reise- und Forschungsliteratur, die er nach seiner Rückkehr offenbar gezielt konsultiert hat. Seine Literaturrecherchen waren gewissenhaft und umfassend, denn neben deutschsprachigen Quellen – u. a. Georg Wilhelm Steller, Carl Heinrich Merck, Simon Peter Pallas – verweist er auch auf englische und russische Arbeiten.

Ausführlich widmet er sich dabei zunächst der „letzten wichtigen Streitfrage [...] der Erdkunde" (Chamisso 1982, Bd. 2: 604), nämlich der Frage, ob zwischen den Kontinenten Asien und Amerika eine Landverbindung besteht oder nicht, er beschreibt den unterschiedlichen Aufbau und Verlauf der amerikanischen und asiatischen Küste längs der Beringstraße, stellt mit Bezug auf Alexander von Humboldts Isothermen-Theorie pflanzengeografische Überlegungen an, wieso Klima und Vegetation jener Region so anders sind als in den in den gleichen Breiten gelegenen europäischen Gegenden, gibt eine detaillierte Beschreibung der „arktischen Flora", die sich nur wenig von der „alpinischen Flora" unterscheide[46] und geht kurz auf die subpolare Fauna ein.

Nach diesem Gang durch die drei Naturreiche beginnt der knappe ethnografische Teil seiner Ausführungen. „Es bleibt uns übrig, die Völker zu betrachten, welche die Küsten und Inseln, die wir überschaut haben, bewohnen" (Chamisso 1982, Bd. 2: 637). Er ist von der Verwandtschaft der sibirisch-amerikanischen Bevölkerung überzeugt, die sich in ihrer „Lebensart", ihren „Sitten" und ihrer „ganz eigentümliche[n] Schiffahrt in ledernen Booten" dokumentiert wie auch durch ihre „Sprache" belegt wird, die „von ausgezeichnet künstlichem Bau" ist: „ [...] man unterscheidet kaum

---

45  Undatierter Entwurf Chamissos, vermutlich 1818/1819. Staatsbibliothek zu Berlin, Nachl. Adelbert von Chamisso, K. 8, Nr. 2.

46  Chamisso 1980, Bd. 2: 621. Chamissos Sammeltätigkeit während der Reise, seine Herbarien und seine Pflanzenbeschreibungen bildeten tatsächlich die Grundlage für eine wissenschaftliche Beschäftigung mit der Flora der Aleuten und Alaskas. Vgl. Hultén 1960 [1937]; Imchanizkaja 2004.

in dem Atlas der Reisenden den Grönländer von dem Tschuktschen oder Konägen"
(ebd.). Die „Kamtschadalen" zählt er allerdings nicht „zu diesem Volksstamme"
und meint: „Sie sind gleichfalls mongolischer Race und reden verschiedene Dialekte einer anscheinlich eigentümlichen Sprache" (ebd.: 638). Darin weiß er sich mit
Kotzebue einig, der ebenfalls auf die Verwandtschaft der sibirischen und amerikanischen Urbevölkerung hinweist (Kotzebue 1821, Bd. 1: 135f.). Anders aber als Kotzebue reflektiert Chamisso bei allen seinen Beobachtungen fremder Gegenden und
fremder Menschen die Schwierigkeit, das eigene kulturelle Situiert-Sein hinter sich
zu lassen und einen unbefangenen Blick auf fremde Kulturen zu gewinnen. Die Geografie, eine „imperiale Wissenschaft" bei Kotzebue, ist bei Chamisso eine Disziplin,
die sich in der gewissenhaften Beschreibung fremder Räume der Perspektivität der
eigenen Wahrnehmung selbstkritisch bewusst ist.

Abb. 5: „Interieur d' une maison dans l'île St. Laurent"

Unmissverständlich äußert Chamisso, was er von der russischen Kolonialisierung der sibirisch-amerikanischen Gegenden hält. Seine Kritik fällt umso schärfer
aus, als sie den beanstandeten Sachverhalt gerade nicht weiter benennt. Die ellipti-
sche Auslassung konturiert ihn nur desto deutlicher: „Über die Aleuten und die Russisch-Amerikanische Compagnie zu reden, ist der Verfasser nicht befugt. Er würde
nur sein gekränktes Gefühl und sein Erbarmen auszudrücken vermögen" (Kotzebue
1821, Bd. 1: 135f.). Nüchternes Zahlenmaterial in einer Fußnote – innerhalb von zehn
Jahren ist die männliche Bevölkerung auf einer der Aleutischen Inseln durch rus-

sische Kolonisatoren um das Dreifache reduziert worden – ist zudem gewiss eine subtilere Anklage als demonstratives Anprangern.

Freilich hängt Chamisso ebenso wie Kotzebue einem kulturgeografischen Vorurteil an, das ihn den Süden als eine dem Norden überlegene Region wahrnehmen bzw. stilisieren lässt.[47] Innerhalb dieses Denkmusters ist es daher naheliegend, dass er den Süden und dessen „Gärten der Wollust" gegenüber dem „düstern Norden" (Chamisso 1982, Bd. 2: 602) bevorzugt und die „anmutsvollen Polynesier" den „Nordländern"[48] vorzieht. Allerdings distanziert er sich nachdrücklich von Kotzebues Sprachgebrauch, die indigene Bevölkerung als „Wilde" zu bezeichnen (ebd. 160, 186) und beweist eine im damaligen Kontext ungewöhnliche Sensibilität dafür, dass Kolonialisierung auch eine Form sprachlicher Bemächtigung und Aneignung ist: „Wir bemerken, daß wir meist dieser Völker und Völkerschaften mit Namen benennen, die sie sich nicht selber, sondern die ihnen Fremde auferlegt."[49]

Auch in seinem *Tagebuch* hält Chamisso Eindrücke seines Kamčatka-Aufenthaltes fest. Doch im Unterschied zu den *Bemerkungen und Ansichten* dokumentiert er hier nicht eine unbekannte Natur und Kultur, es sind vielmehr – ähnlich wie in Kotzebues erstem Reisebericht – bekannte, ‚europäische' Spuren, die er registriert. Sie rühren von der ihm vertrauten Welt der Gesellligkeit und des Studiums her: das „auf Glas gemalte Bild Portrait von Madame Récamier, der liebenswürdigen Freundin der Frau de Staël" (Chamisso 1982, Bd. 2: 168), in deren Kreis sich Chamisso bekanntlich länger aufgehalten hat, „Bücher, so von Berings Zeiten her […] zurückgelassen", die „sich in St. Peter und Paul zu einer Bibliothek angesammelt" (ebd.: 169) oder „ein paar kleine Kisten" (ebd.) getrockneter Pflanzen, die ein längst vergessener Naturforscher gesammelt hat. Es scheint, als bestätige Chamisso hier seine eigene Beobachtung, wie schwer es ist, bei der Bekanntschaft mit einem fremden Land die eigene Standortgebundenheit hinter sich zu lassen: „Das Ziel der weiten Reise möchte sein, in das fremde Land zu gelangen; das ist aber schwer, schwerer als es sich einer denkt. Überall ist für einen […] das alte Europa, dem er zu entkommen vergeblich strebt […]" (ebd.: 98). So gesehen belegen die Aufzeichnungen Chamissos, dass die Beschreibung eines geografischen Raumes nicht nur innerhalb eines kolonialen Diskurses stattfinden muss. Gewiss nimmt auch Chamisso – darin Kotzebue vergleichbar – die ‚Andersheit' des kulturell ‚Anderen' in den Blick. Doch im Unterschied zu Kotzebue führt der Kontakt mit anderen Ethnien bei Chamisso nicht (oder weniger) zu einem kulturellen Überlegenheitsgefühl, sondern zu einer Reflexion der eigenen historischen und kulturellen Kontingenz.

---

47 Zu Chamissos literarischem und wissenschaftlichem Blick auf den Norden vgl. Federhofer 2011b.

48 Chamisso 1982, Bd. 2: 189. Auch Kotzebue konstruiert einen Nord-Süd-Gegensatz zwischen „lustigen Südsee-Insulanern" und „ernsten Nordländern". Kotzebue 1830, Bd. 1: 143.

49 Chamisso 1982, Bd. 2: 637. – Am Rande sei hier erwähnt, dass Chamisso das naturkundliche Wissen der indigenen Bevölkerung ernst nahm und für eigene Forschungsarbeiten verwendete, vgl. Federhofer 2010b.

## Das Wissen der Aleuten

Diese Haltung trug mit dazu bei, dass Chamisso das naturkundliche Wissen indigener Bevölkerungsgruppen ernst nahm und für eigene Forschungsarbeiten verwendete. Dazu abschließend ein paar Bemerkungen.[50]

1824 veröffentlichte Chamisso in der Schriftenreihe der Leopoldina, in den sog. *Nova Acta Physico-Medica Academiae Naturae Curiosorum*, eine lateinische Schrift über Wale des Nordpazifik. Die kleine Abhandlung war ein Resultat seiner zoologischen Untersuchungen während der Weltreise und verdankte sich einem zweimaligen Aufenthalt auf den Aleuten, die Chamisso in den Sommermonaten 1816 und 1817 besuchte. Dort gelang es ihm, sich von Einheimischen hölzerne Walmodelle anfertigen zu lassen. Sie bilden neben mündlichen Informationen, die Chamisso von der Lokalbevölkerung erhielt, die empirische Grundlage der Walschrift. Der vollständige Titel seiner Walschrift lautet übersetzt: „Abbildungen von Walen des kamtschatkischen Meeres. Von Aleuten aus Holz geschnitzt, gezeichnet und besprochen von Dr. Adelbert von Chamisso."[51] Es handelt sich hier also keineswegs um eine popularisierende Schrift, sondern, wie die gewählte Sprache und der Publikationsort zeigen, um eine gelehrt-wissenschaftliche Arbeit, die basiert auf dem Wissen einer laienhaften, nicht-europäischen Kultur.

Es ist heute nicht ganz einfach zu rekonstruieren, was Chamisso damals über Wale wusste. Aus seiner Studienzeit an der Universität Berlin haben sich handschriftliche Aufzeichnungen aus den Jahren 1812 bis 1814 erhalten, die sich heute im Chamisso Nachlass der Staatsbibliothek zu Berlin befinden.[52] Wie seine Notizen nahelegen, spielte bei diesen Studien die Beschäftigung mit der Tier- und Pflanzensystematik eine wichtige Rolle. Systematisierungsfragen waren für Zoologen im beginnenden 19. Jahrhundert generell von großem Interesse, da der Zuwachs an naturkundlichem Wissen Artbestimmungen, wie sie Carl von Linné vorgeschlagen hatte, obsolet werden ließ. Offenbar waren Arten nicht so konstant und diskret, wie Linné meinte, denn die zunehmende Erforschung bis dahin unbekannter Tierarten zeigte, wie schwierig Arten sich tatsächlich voneinander abgrenzen lassen. Auch Chamisso befasste sich mit Fragen der Artbestimmung. Bemerkenswert genug war er dabei „seiner Zeit [...] weit voraus" (Glaubrecht 2007: 45), da er einen biologisch begründeten Artbegriff vertrat. Nicht das Kriterium der „wesentlichen Merkmale", sondern das Kriterium gemeinsamer Fortpflanzung begründet Chamisso zufolge eine Art (ebd.: 44f.). Vor diesem Hintergrund ist auch seine Walschrift zu verstehen, in der er zunächst einmal versucht, die äußerlichen Differenzen unterschiedlicher Wale zu beschreiben.

---

50  Für eine ausführliche Darstellung vgl. Federhofer 2012. Teile dieser Darstellung sind für den vorliegenden Beitrag übernommen.

51  Der Originaltitel lautet *Cetaceorum maris kamtschatici imagines, ab Aleutis e ligno fictas, abumbravit recensuitque Adelbertus de Chamisso, Dr.*

52  Staatsbibliothek zu Berlin, Nachl. Adelbert von Chamisso, K. 3, Nr. 5 und 8.

Abschnitte aus seinem Bericht *Reise um die Welt*, in dem er die Ereignisse und wissenschaftlichen Beobachtungen der Weltumseglung festhält, zeigen, dass Chamisso sich bereits während dieser Forschungsreise mit Plänen zu einer Wal-Studie beschäftigt hat:

Die Wallfische, die in der Bucht von Conception häufig gesehen werden, wo ihnen damals nur die Amerikaner nachstellten, geleiteten uns noch eine Zeit. Erst nachdem die Wallfische des Nordens gehörig untersucht und beschrieben sein werden, wird es an der Zeit sein, den Wunsch zu äußern, auch die des Südens mit ihnen zu vergleichen. (Chamisso 1982, Bd. 2: 157)

An späterer Stelle schildert er in seinem Reisebericht auch die näheren Umstände bei der Erforschung der nördlichen Wale:

Von den erfahrensten Aleuten ließ ich mir die Wallfisch-Modelle verfertigen und erläutern, die ich in dem Berliner Museum niedergelegt und in den Verhandlungen der Akademie der Naturforscher [...] abgebildet, beschrieben und abgehandelt habe. Für diesen Teil der Zoologie ist jede Nachricht schätzbar. (ebd. 286)

Bereits der Titel der zoologischen Schrift weist explizit darauf hin, dass sich Chamisso hier des Wissens von Einheimischen, der Aleuten, bedient. Zwar stützt er sich bei der Beschreibung von bis dahin wenig erforschten Walarten des Nordpazifiks in seiner Klassifikation größtenteils auf das monumentale Werk Peter Simon Pallas', *Zoographia Rosso-Asiatica* (1811ff.) und listet wie dieser sechs Arten von Bartenwalen („Balaena") und drei Arten von Zahnwalen („Physeter") auf.

Allerdings zeigt der Vergleich zwischen der Schrift Chamissos mit den entsprechenden Stellen aus Pallas' insgesamt vierbändigem Werk auch Differenzen. Pallas, der wie auch Chamisso die beschriebenen Wale kaum selbst gesehen hat, stützt sich bei der Beschreibung der unterschiedlichen Arten vorzugsweise auf europäische Quellen, hauptsächlich Reiseberichte, die er auch dann erwähnt, wenn sie einen vergleichsweise geringen Informationswert haben, während er Berichte der Einheimischen zwar referiert, sie jedoch gleichzeitig marginalisiert, insofern er sie als „relationes" abwertet. Einleitend schreibt Pallas zu seiner Übersicht über die von ihm beschriebenen Walarten: „Wenn wir uns auf die Lokalbevölkerung verlassen können, gibt es in den östlichen Gewässern eine größere Anzahl von Walarten als bisher angenommen, und aus diesem Grund ist es nicht überflüssig, die äußere Form (‚umbras') aller Arten und Varietäten anzugeben, die sich in den Erzählungen der Hyperboräer sammeln ließ." [53] Nach einen knapp einseitigen Überblick über die

---

53   Pallas 1811, Bd. 1: 288. „Balaenarum quoque, si fides accolis, major in orientalibus maribus specierum numerus, quam nobis hucusque innotuit, dicitur occurrere, ideoque non erit superflu-

Walarten, über die ihn die Lokalbevölkerung informieren konnte, fährt Pallas fort: „Nach diesen [Arten] will ich die Arten auflisten, über die, wenn sie auch wenige sind, sicheres Wissen vorliegt."[54]

Demgegenüber trennt Chamisso nicht zwischen den „Erzählungen der Hyperboräer" und „sicherem Wissen", vielmehr interessiert er sich gerade für diese Berichte: Sie präsentiert er ausführlich, ihnen weist er den Status „gesichertes Wissen" zu. Im Unterschied zu Pallas, der hauptsächlich aus europäischen Reiseberichten zitiert, beruft sich Chamisso auf die Beobachtungen der Einheimischen, die damit zu wissenschaftlichen Zeugen werden, gleichrangig mit Steller und Merck, den Hauptquellen Pallas'. Marginalisiert bei Pallas, ist das Wissen der Aleuten in Chamissos Abhandlung zentral. Detailliert referiert er, was die Aleuten über das Aussehen und den Nutzen der Tiere wussten.

Zudem verwendet Chamisso, der sich wie erwähnt zwar weitgehend affirmativ auf die Systematisierungsvorgaben des berühmten Naturforschers und Russlandkenners bezieht, nicht die lateinische binäre Nomenklatur, sondern nutzt als ordnendes Prinzip für seine Auflistung die Bezeichnungen der Ureinwohner: „Die Namen gibt der Aleute an [...]."[55] Angeführt werden folgende Bezeichnungen: Kuliomoch, Abugulich, Mangidach, Agamachtschich, Aliomoch, Tschikagluch [= Bartenwale] und Agidagich, Alugninich, Aguluch [= Physeter, Zahnwale]. Chamisso weist Pallas in diesem Zusammenhang Missverständnisse hinsichtlich seines Gebrauchs der aleutischen Sprache nach – und damit eine Ungenauigkeit in seiner Systematik: Während Pallas den „Balaena Kamschalang" als eigene Bartenwal-Art auflistet (vgl. Pallas 1811, Bd. 1: 289), korrigiert Chamisso: „Das Wort Kamschalang heißt denn doch soviel wie greise oder alt; aber es ist nicht die Bezeichnung einer Walart, sondern der Beiname für alle ausgewachsenen Tiere; [...]."[56] Weiterhin bezieht Chamisso die Informationen, die er von den Einheimischen erhielt, auf Systematisierungsversuche und morphologische Beschreibungen von europäischen Zoologen, etwa von Bernard de La Cépède, Georges Cuvier und Pallas.[57] Im Zusammenhang mit dem „Kulimoch" diskutiert er etwa die Frage, ob dieser eine „Balaena mysticetus" (Grönlandwal) sei oder eine „Balaena boops" (Finnwal).[58] Nach einer ausführlichen Beschreibung des „Kuliomoch" etwa, die auf Berichten der Lokalbevölkerung beruht, bemerkt Chamisso lakonisch: „Die Beschreibungen der Arten von Balaenae

---

um hic enumerare quotquot e relationibus hyperboreorum colligere datum fuit specierum vel varietatum umbras."

54  Pallas, Bd. 1: 289. „Hic praemissis enumerabo species, licet paucas, de quibus certo constat." Ich danke Per Pippin Aspaas, Universitätsbibliothek Tromsø, für die Übersetzungshilfe bei den beiden Pallas-Stellen.

55  Chamisso 1824: 249; vgl. für die deutsche Übersetzung Federhofer 2012: 58.

56  Chamisso 1824: 252; vgl. für die deutsche Übersetzung Federhofer 2012: 59.

57  Chamisso 1824: 251f., 256f., 260; vgl. für die deutsche Übersetzung Federhofer 2012: 60–62, 69.

58  Chamisso 1824: 253; vgl. für die deutsche Übersetzung Federhofer 2012: 60.

und Balaenopterae durch La Cépède scheinen sich auf zu unsichere und unzurei-
chende charakteristische Eigenschaften zu stützen."[59]

Die kleine Walschrift zeigt nicht nur Chamissos erstaunliche Belesenheit auf
dem Gebiet der Waltaxonomie seiner Zeit, sondern auch seine Souveränität im
Umgang mit den Informationen der Urbevölkerung. Es ist faszinierend zu lesen,
wie ernsthaft er die Berichte der Aleuten im Zusammenhang mit den zoologischen
Systematisierungsversuchen europäischer Gelehrter diskutiert und auf den ‚Stand
der Forschung' bezieht.[60] So zieht Chamisso, nachdem er dank der Beobachtungen
und Informationen der Ureinwohner ausführlich das Aussehen eines Bartenwals,
des „Abugulich", beschrieben hat, eine bisherige wissenschaftliche Klassifizierung
in Zweifel und gelangt zu dem bündigen Schluss: „Aus dem Vorausgeschickten ist
klar, dass der Balaena Mysticetus nicht an diese Stelle gehört."[61]

Wie ernst Chamisso das Wissen der Aleuten nahm, zeigt sich allerdings nicht
nur daran, dass er deren mündliche Berichte als seriöse Quellengrundlage verwendete. Es zeigt sich nicht zuletzt auch daran, dass er sich von ihnen – wie schon
erwähnt – verkleinerte Holzmodelle einiger Walarten anfertigen ließ:

> Wir ließen also von Aleuten hölzerne Modelle der ihnen bekannten Wale
> schnitzen, so gut sie es bei ihrer Kunstfertigkeit konnten, und diese bemalen.
> Die Namen der Wale und gewisse Anmerkungen, zumal solche, die sich auf
> die Verwendbarkeit dieser Tiere beziehen, fügten der Künstler, seine Lands-
> leute und russische Einwohner hinzu. […] Auch wenn dies alles unvollstän-
> dig und unvollkommen ist, wird es bei dem Mangel an genauerer Kenntnis
> doch willkommen sein.[62]

Chamisso hat dann später die Modelle „von der Seite, dem Rücken und dem
Bauch" (Chamisso 1824: 249) selbst nachgezeichnet und diese Abbildungen als wissenschaftliche Illustrationen seiner Schrift in lithografierter Form beigefügt. Sie
befinden sich heute unter der Signatur B XII 245 – BXII 250 im Museum für Naturkunde in Berlin, dem sie Chamisso nach seiner Rückkehr übergab (ebd.: 262). Dort
wurden sie anfangs in Gläsern aufbewahrt und in der Säugetierabteilung zwischen
echten, in Alkohol konservierten Walpräparaten eingeordnet. Sie galten also in
der systematischen zoologischen Sammlung als „echte" Belegexemplare.[63] Ebenso
wie in Chamissos Schrift wurden die Holzmodelle der Aleuten auch in der Institution Museum – einer genuin europäischen Einrichtung, deren Anfänge sich bis in
die Gelehrtenkultur der Renaissance zurückverfolgen lassen – nicht als exotische

---

59 Chamisso 1824: 253; vgl. für die deutsche Übersetzung Federhofer 2012: 60.
60 Chamisso 1824: 253f., 256; vgl. für die deutsche Übersetzung Federhofer 2012: 60–63.
61 Chamisso 1824: 256; vgl. für die deutsche Übersetzung Federhofer 2012: 63.
62 Chamisso 1824: 249; vgl. für die deutsche Übersetzung Federhofer 2012: 58.
63 Freundliche Auskunft von Dr. Hannelore Landsberg, Museum für Naturkunde Berlin.

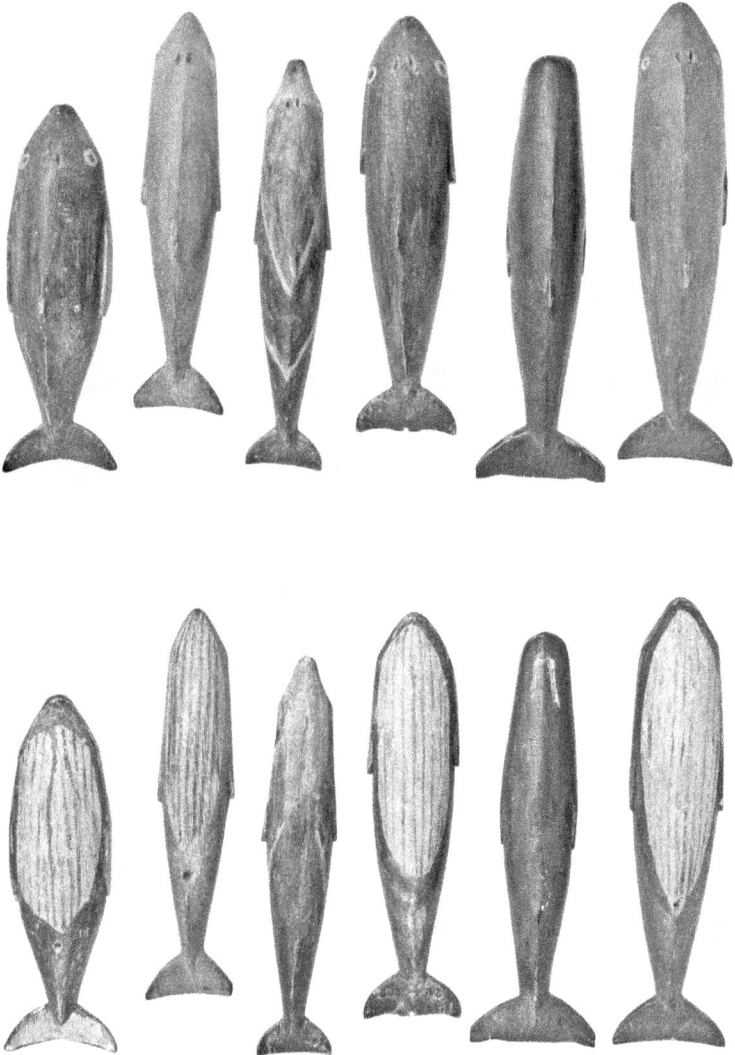

Abb. 6, 7: Sechs Walmodelle, 21 cm

Kuriositäten aufbewahrt, sondern zunächst als wissenschaftliche Dokumente ernst genommen und in einen wissenschaftlichen Kontext gestellt.[64]

Chamisso transportiert und integriert das lokale, erfahrungsbasierte Wissen der Aleuten, die gejagte oder gestrandete Tiere aus eigener Anschauung kannten, in einen ganz anderen, nämlich europäisch-gelehrten Wissenskontext. Er nimmt das indigene Wissen dort insofern als erkenntnisrelevante und erkenntniserweiternde Quelle ernst, als es dazu dient, von Europäern angestellte zoologische, also wissenschaftlich-systematische Beobachtungen zu stützen oder gegebenenfalls zu hinterfragen. Im historischen Rückblick berührt es schmerzlich, dass sich Chamisso ausgerechnet zu einem Zeitpunkt ernsthaft mit den Kenntnissen der Aleuten auseinandersetzte, als diese brutal von russischen Pelzhändlern unterdrückt und versklavt wurden. Innerhalb nur weniger Jahre wurde die Bevölkerung durch die rücksichtslose Verfolgung russischer Kolonialherren auf ein Drittel reduziert.

Die Walforschung hat Chamisso mit seiner Studie gewiss nicht revolutioniert. Allerdings ist seine Walschrift – seine einzige naturwissenschaftliche Studie über Wirbeltiersystematik – methodologisch eine originale Leistung. Denn er verwendet darin die Kenntnisse einer Urbevölkerungsgruppe, und es gelingt ihm, dieses Wissen in die Ordnung eines europäischen Wissenschaftsverständnisses hinein- und weiterzuvermitteln. Chamissos Wissen über Wale ist mithin das Resultat von Übersetzungsprozessen: Das visuelle Wissen (Modelle) und das mündlich überlieferte Wissen der Aleuten werden in eine europäische Form der Wissenspräsentation übersetzt, sie werden verschriftlicht und einem europäischen Denkstil, der zoologischen Systematik, angepasst.

Als eine Übersetzungsleistung, die mehr als eine rein linguistische Übersetzung darstellt, zeigt Chamissos Walschrift, wie die „umfassendere Übertragung fremder Denkweisen, Weltbilder und differenter Praktiken" (Bachmann-Medick 2006: 243) gelingen kann. Tatsächlich bezeichnete sich Chamisso, der Repräsentant zweier nationaler und zweier intellektueller Kulturen, gelegentlich als ein „vermittelnde[r] Dolmetscher [...]".[65] Er verstand sich als ein Übersetzer, der zwischen den Kulturen vermittelt und der Wissensbestände aus einem Bereich in einen anderen Bereich überträgt. Damit nähert er sich einem Verständnis von Kultur, das Austausch- und Transferprozesse zu deren Konstituenten erklärt. Soweit ich sehe, ist das Verfahren, indigene Kenntnisse in einen europäischen Kontext zu übersetzen, im Zusammenhang seiner anderen naturwissenschaftlichen Schriften einmalig. So erschließt die Walschrift nicht nur die Arbeitsweise des Naturforschers Chamisso und seine verblüffend gründlichen Kenntnisse der zeitgenössischen walkundlichen Forschungsliteratur. Die kleine Abhandlung lässt sich auch als ein ethnografisches Dokument

---

64 Abgebildet sind die Walmodelle bezeichnenderweise in dem Ausstellungskatalog *Theater der Natur*, vgl. Bredekamp 2000: 35.

65 A. v. Chamisso: *Ansichten von der Pflanzenkunde und dem Pflanzenreiche* (1827), zitiert nach Chamisso 1983: 145–228, das Zitat auf S. 215, vgl. auch Federhofer 2010a.

lesen, das von Chamissos Umgang mit fremden Kulturen zeugt. Mit einem Begriff aus der modernen sozialanthropologischen Forschungsliteratur ließe sich seine Arbeit somit den „locality studies" zuordnen, denen es wesentlich darauf ankommt, das Potential indigenen Wissens in einem westlich geprägten Wissensdiskurs aufzuzeigen und zu entwickeln.[66] Chamisso bringt die Perspektive des ‚Anderen' nicht zum Verschwinden, im Gegenteil, ihm verdankt er seine Nomenklatur, während er selbst, „der Reisende, [...] sich auf diesem unsicheren Gebiet nicht auskennt".[67] Auf faszinierende Weise wird in einer sich als modern verstehenden zoologischen Schrift das Wissen einer vormodernen und außereuropäischen Kultur anerkannt und weiter transportiert.[68] Von heute aus betrachtet, scheint Chamisso seiner Zeit damit weit voraus zu sein. Sein respektvoller und kluger Umgang mit dem Wissen der Aleuten erinnert an Claude Lévi-Strauss, der das magische Denken als „Wissenschaft vom Konkreten", als eine Art „wissenschaftlicher Erkenntnis" betrachtete – und nicht lediglich als Vorform wissenschaftlichen Denkens.[69] Der Zoologe Chamisso verfährt nicht anders als ein moderner Ethnograf, der die Eurozentrik seiner eigenen Position weder verleugnet noch die Perspektive des ‚Anderen' diskreditiert.

## Literatur

Ungedruckte Quellen:

Staatsbibliothek zu Berlin, Nachl. Adelbert von Chamisso, K. 3, Nr. 5.
Staatsbibliothek zu Berlin, Nachl. Adelbert von Chamisso, K. 3, Nr. 8.
Staatsbibliothek zu Berlin, Nachl. Adelbert von Chamisso, K. 8, Nr. 2.
Staatsbibliothek zu Berlin, Nachl. Adelbert von Chamisso, K. 8, Nr. 6.
Staatsbibliothek zu Berlin, Nachl. Adelbert von Chamisso, K. 28, Nr. 67.
Staatsbibliothek zu Berlin, Nachl. Adelbert von Chamisso, K. 30, Nr. 22.
Staatsbibliothek zu Berlin, Nachl. Adelbert von Chamisso, K. 34, Nr. 1.

---

66  „It is essential that locality studies of these other knowledge traditions become incorporated into the archive of human history. Such a project, wherever carried out, must recognize the dangers of exploitation and repression that are in some measure inherent in ethnographic studies conducted by the center. For these reasons, such projects must allow the voice of the colonized and subjugated cultures to be heard in their own terms." (Chambers and Gillespie 2001: 233.) Zum Konzept „local knowledge" vgl. auch Cooper 2007: 11f.

67  Chamisso 1824: 249; vgl. für die deutsche Übersetzung Federhofer 2012: 58.

68  Wie aktuell dieser Ansatz tatsächlich ist, zeigt sich, wenn man die Veröffentlichung der UNESCO, *The Declaration on Science*, liest. Dort wird postuliert „that traditional and local knowledge systems as dynamic expressions of perceiving and understanding the world, can make and historically have made, a valuable contribution to science and technology [...]." Zitiert nach: Chambers and Gillespie 2001: 234.

69  Lévi-Strauss [1962] 1973: 29; vgl. auch Berlin 1992. Eine bestechende Analyse von Chamissos ethnologischer Position während der sog. *Sattelzeit,* also während des Übergangs vom 18. zum 19. Jahrhundert, hat jetzt Harry Liebersohn geliefert, vgl. Liebersohn 2012.

Gedruckte Quellen/Sekundärliteratur:

Bachmann-Medick, Doris 2006. *Cultural Turns. Neuorientierungen in den Kulturwissenschaften*. Rowohlt: Reinbek bei Hamburg.
Bassin, Mark 2002. Imperialer Raum/Nationaler Raum. Sibirien auf der kognitiven Landkarte Rußlands im 19. Jahrhundert. *Geschichte und Gesellschaft* 28(3): 378–403.
Berlin, Brent 1992. *Ethnobiological Classification. Principles of Categorization of Plants and Animals in Traditional Societies*. Princeton: Princeton University Press.
Bouditch, Lioudmila 2004. Die Romanzow-Expedition. Der russische Blick auf die „Reise um die Welt". In *Mit den Augen des Fremden. Adelbert von Chamisso – Dichter, Naturwissenschaftler, Weltreisender*, Klaus Bzdziach (Hg.), 91–104. Berlin: Gesellschaft für interregionalen Kulturaustausch e. V.
Bredekamp, Horst, Jochen Brüning, Cornelia Weber (Hg.) 2000. *Theater der Natur und Kunst. Wunderkammern des Wissens. Theatrum naturae et artis*. Katalog und Essays. Berlin: Henschel.
Bucher, Gudrun 2002. *„Von Beschreibung der Sitten und Gebräuche der Völker." Die Instruktionen Gerhard Friedrich Müllers und ihre Bedeutung für die Geschichte der Ethnologie und der Geschichtswissenschaft*. Stuttgart: Steiner.
Chambers, David Wade, Richard Gillespie 2001: Locality in the History of Science, in *Nature and Empire. Science and the Colonial Enterprise*, Roy M. MacLeod (Hg.), 221–240. Chicago: University of Chicago Press.
Chamisso, Adelbert von 1824. *Cetaceorum maris kamtschatici imagines, ab aleutis e ligno fictas, adumbravit recensuitque Adelbertus de Chamisso*. Nova Acta Physico-Medica Academiae Naturae Curiosorum.
— ³1852. *Werke*, 6 Bde, Julius Eduard Hitzig (Hg.). Leipzig: Weidmann.
— 1934. *Correspondance d'Adalbert de Chamisso. Fragments inédits (lettres de Chamisso, Louis de La Foye, Helmina de Chézy, Varnhagen van Ense, Wilhelm Neumann, J. A. W. Neander)*. Suivis de Das stille Julchen par Helmina von Chézy, R. Riegel (ed.). Paris: Editions Internationales.
— 1982. *Sämtliche Werke in zwei Bänden*, Werner Feudel und Christel Laufer (Hg.). Darmstadt: Wissenschaftliche Buchgesellschaft.
— 1983. *...und lassen gelten, was ich beobachtet habe. Naturwissenschaftliche Schriften mit Zeichnungen des Autors*. R. Schneebeli-Graf (Hg.). Berlin: Reimer.
Choris, Louis 1822. *Voyage pittoresque autour du monde, avec des portraits de sauvages d' Amérique, d'Asie, d'Afrique, et des îles du Grand Océan [...] accompagné de descriptions par Cuvier et A. de Chamisso et d'observations sur les crânes humains par le docteur Gall*. Paris: Didot.
Cooper, Alix 2007. *Inventing the Indigenous. Local Knowledge and Natural History in Early Modern Europe*. Cambridge u. a.: Cambridge University Press.

Dahlmann, Dittmar 2002. Die „fremden Völker" Alaskas und Sibiriens in deutschsprachigen Reisebeschreibungen des 18. und frühen 19. Jahrhunderts. In *Europa in der Frühen Neuzeit. Festschrift für Günther Mühlpfordt.* Bd. 6: Mittel-, Nord- und Osteuropa. Erich Donnert (Hg.), 1011–1016. Köln: Böhlau.

— 2009. *Sibirien. Vom 16. Jahrhundert bis zur Gegenwart.* Paderborn: Ferdinand Schöningh.

Donnert, Erich 2002a. Russische Entdeckungsreisen und Forschungsexpeditionen in den Stillen Ozean im 18. und beginnenden 19. Jahrhundert. In *Europa in der Frühen Neuzeit. Festschrift für Günther Mühlpfordt.* Bd. 6: Mittel-, Nord- und Osteuropa. Erich Donnert (Hg.), 837–867. Köln: Böhlau.

— 2002b. Die Billings-Saryčev-Expedition in den Nordostpazifik 1785–1793 und der Naturforscher Carl Heinrich Merck. In *Europa in der Frühen Neuzeit. Festschrift für Günther Mühlpfordt.* Bd. 6: Mittel-, Nord- und Osteuropa. Erich Donnert (Hg.), 1023–1036. Köln: Böhlau.

— 2002c. Russische Kolonisation im nordpazifischen Raum von der Mitte des 18. bis zu Beginn des 19. Jahrhunderts. Zur Wirksamkeit der Russisch-Amerikanischen Kompanie. In *Europa in der Frühen Neuzeit. Festschrift für Günther Mühlpfordt.* Bd. 6: Mittel-, Nord- und Osteuropa. Erich Donnert (Hg.), 1039–1054. Köln: Böhlau.

Dorsch, Nikolaus 1994. *Julius Eduard Hitzig. Literarisches Patriarchat und bürgerliche Karriere. Eine dokumentarische Biographie zwischen Literatur, Buchhandel und Gericht der Jahre 1780–1815.* Frankfurt a. M., Berlin u. a.: Lang.

Federhofer, Marie-Theres 2010a. Der Dilettant als Dolmetscher. Beobachtung zum naturwissenschaftlichen Werk Adelbert von Chamissos. In *Dilettantismus als Beruf,* Safia Azzouni und Uwe Wirth (Hg.), 47–64. Berlin: Kadmos.

— 2010b. The Natural Scientist as Translator. Adelbert von Chamissos ‚Cetaceorum maris kamtschatici imagines' (1824) and the Transfer of Natural Knowledge in the Beginning of the 19th Century. In *Whaling and History III,* J. E. Ringstad (ed.), 27–36. Sandefjord: Kommandør Chr. Christensens Hvalfangstmuseum.

— 2011a. „Fremdes Land" – „altes Europa": Kamčatka in den Reisebeschreibungen Otto von Kotzebues und Adelbert von Chamissos. In *Adam von Krusenstern, Georg Heinrich von Langsdorff, Otto von Kotzebue, Adelbert von Chamisso: Forschungsreisen auf Kamtschatka. Auszüge aus den Werken,* Marie-Theres Federhofer und Diana Ordubadi (Hg.), 157–180. Fürstenberg/Havel: Kulturstiftung Sibirien.

— 2011b. De to kulturer: Det litterære og det vitenskapelige blikk på nordområdene hos Adelbert von Chamisso (1781–1838). Bilder av det nordlige i tysk romantikk. In *Reiser og ekspedisjoner i det litterære Arktis.* Cathrine Theodorsen (Hg.), 137–160. Trondheim: Tapir Akademiske Forlag.

— 2012. *Chamisso und die Wale.* Mit dem lateinischen Originaltext der Walschrift Chamissos und dessen Übersetzung, Anmerkungen und weiteren Materialien. Fürstenberg/Havel: Kulturstiftung Sibirien.

Feudel, Werner 1980. *Adelbert von Chamisso. Leben und Werk*. Leipzig: Reclam.

Frängsmyr, Tore, J. L. Heilbron, Robin E. Rider (eds.) 1990. *The Quantifying Spirit in the 18th Century*. Berkeley: University of California Press.

Glaubrecht, Matthias 2007. Von „biologischen" Arten und ihrer Entdeckung: Traditionsreiche Forschung zur Arten-Frage am Berliner Museum für Naturkunde. In *Als das Leben laufen lernte. Evolution in Aktion*, M. Glaubrecht, A. Kinitz, U. Mordrzyk (Hg.), 44–55. München, Berlin, London, New York: Prestel.

Göttingische Gelehrte Anzeigen 1830. [Besprechung der beiden Reisebeschreibungen Otto von Kotzebues 1821 und 1830]. 97. Stück, 21. Juni 1830: 961–966.

Heerde, Hans Joachim 2006. *Das Publikum der Physik. Lichtenbergs Hörer*. Göttingen: Wallstein.

Hultén, Eric 1960 [1937]. *Flora of the Aleutian Islands and westernmost Alaska Peninsula with Notes on the Flora of Commander Islands*. Second edition. Weinheim/ Bergstr.: J. Cramer.

Imchanizkaja, Nadeshda Nikolejewna 2004. Adelbert von Chamissos Herbarium im Botanischen Museum von St. Petersbur g. In *Mit den Augen des Fremden. Adelbert von Chamisso – Dichter, Naturwissenschaftler, Weltreisender*, Klaus Bzdziach (Hg.), 123–132. Berlin: Gesellschaft für interregionalen Kulturaustausch e. V.

Kortum, Gerhard 2002. Germania in Pacifico: Humboldt, Chamisso and Other Early German Contributions to Pacific Research, 1741-1876. In *Oceanographic history. The Pacific and beyond*, K. R. Benson and Ph. F. Rehbock (eds.), 107–117. Seattle, London: University of Washington Press.

Kotzebue, August von 1795. *Graf Benjowski oder die Verschwörung auf Kamtschatka. Ein Schauspiel in fünf Aufzügen*. Leipzig: Paul Gotthelf Kummer.

Kotzebue, Otto von 1821. *Entdeckungsreise in die Südsee und nach der Beringstraße zur Erforschung einer nördlichen Durchfahrt. Unternommen in den Jahren 1815, 1816, 1817 und 1818 [...]*. 3 Bde. Weimar: Gebrüder Hoffmann.

Kotzebue, Otto von 1830. *Neue Reise um die Welt in den Jahren 1823, 24, 25 und 26*. 2 Bde. Weimar: Wilhelm Hoffmann, St. Petersburg: J. Brief.

Krünitz, Johann Georg 1785: *Oeconomische Encyclopädie oder allgemeines System der Land-, Haus- und Staats-Wirthschaft. In alphabetischer Ordnung*. Bd. 34. Berlin: Pauli. http://www.kruenitz1.uni-trier.de/home.htm

Krusenstern, Adam Johann von ²1985. *Reise um die Welt. Erlebnisse und Bordbuchnotizen des Kommandanten der Expeditionsschiffe „Nadeshda" und „Newa" bei der ersten Weltumseglung unter russische Flagge in den Jahren 1803–1806*. Ausgewählt, bearbeitet und herausgegeben von Christel und Helmuth Pelzer. Mit einem Nachwort von Helmuth Pelzer. Leipzig: VEB F. A. Brockhaus.

Krusenstjern, Ewert von 1991: *Weltumsegler und Wissenschaftler. Adam von Krusenstern 1770–1846. Ein Lebensbericht*. Gernsbach: Katz.

Lévi-Strauss, Claude [1962] 1973. *Das wilde Denken*. Übersetzt von Hans Naumann. Frankfurt a. M.: Suhrkamp.

Liebersohn, Harry 2006. *The Travelers' World. Europe to the Pacific.* Cambridge/
Mass.: Harvard University Press.
— 2012. Chamisso and Five Hundred Years of Ethnography. In *Korrespondenzen
und Transformationen. Neue Perspektiven auf Adelbert von Chamisso,* Marie-
Theres Federhofer und Jutta Weber (Hg.), 21–31. Göttingen: Vandenhoeck &
Ruprecht unipress.
Lüdemann, Volker 2005. Die Russisch-Amerikanische Handelskompagnie. In *Stu-
dien zur Rechts- und Zeitgeschichte. Liber discipulorum. Professor Dr. Wulf Eckart
Voß zum 60. Geburtstag,* Andreas Bauer (Hg.), 111–132. Göttingen: V&R unipress.
Merck, Carl Heinrich 2009. *Das sibirisch-amerikanische Tagebuch aus den Jahren
1788–1791.* Dittmar Dahlmann, Anna Friesen, Diana Ordubadi (Hg.). Göttingen:
Wallstein.
Mumenthaler, Rudolf 1996. *Im Paradies der Gelehrten. Schweizer Wissenschaftler im
Zarenreich (1725–1917).* Zürich: Rohr.
Nickol, Thomas und Wieland Hintzsche (Hg.) 1996. *Die Große Nordische Expedition.
Georg Wilhelm Steller (1709-1746). Ein Lutheraner erforscht Sibirien und Alaska.*
Katalog zur Ausstellung der Franckeschen Stiftungen zu Halle. Gotha: Perthes.
Nickol, Thomas und Wieland Hintzsche 2002. Die Zweite Kamčatka-Expedition
1733–1743 und das Laster in Sibirien. In *Europa in der Frühen Neuzeit. Festschrift
für Günther Mühlpfordt.* Bd. 6: Mittel-, Nord- und Osteuropa. Erich Donnert
(Hg.), 903–917. Köln: Böhlau.
Osterhammel, Jürgen ⁵2010. *Die Verwandlung der Welt. Eine Geschichte des 19. Jahr-
hunderts.* München: Beck.
Pallas, Peter Simon 1811: *Zoographia Rosso-Asiatica* […]. Bd. 1. St. Petersburg: Kaiser-
liche Akademie der Wissenschaften.
Pissin, Raimund. 1910: *Almanache der Romantik.* Berlin: Behr.
Posselt, Doris (Hg.) 1990. *Die Große Nordische Expedition von 1733 bis 1743. Aus
Berichten der Forschungsreisenden Johann Georg Gmelin und Georg Wilhelm
Steller.* Nachwort von Folkwart Wendland. Leipzig, Weimar: Gustav Kiepen-
heuer.
Schmid, Günther 1942. *Chamisso als Naturforscher.* Leipzig: K. F. Koehler.
Siegel, Monika 2001. *„Ich hatte einen Hang zur Schwärmerey ...". Das Leben der
Schriftstellerin und Übersetzerin Meta Forkel-Liebeskind im Spiegel ihrer Zeit.*
Darmstadt: Technische Universität, Dissertation.
http://tuprints.ulb.tu-darmstadt.de/epda/000222/
Urness, Carola 2002. Die Erste Kamčatka-Expedition unter Vitus Bering 1725–1730.
In *Europa in der Frühen Neuzeit. Festschrift für Günther Mühlpfordt.* Bd. 6: Mit-
tel-, Nord- und Osteuropa. Erich Donnert (Hg.), 899–902. Köln: Böhlau.
Varnhagen von Ense, Karl August 1987. *Denkwürdigkeiten des eigenen Lebens,* 3 Bde,
Konrad Feilchenfeldt (Hg.). Frankfurt a. M.: Deutscher Klassiker Verlag.

Vinkovetsky, Ilya 2001. Circumnavigation, Empire, Modernity, Race: The Impact of Round-the-World-Voyages on Russia's Imperial Consciousness. *Ab Imperio* 1(2): 191–210.

Vinkovetsky, Ilya 2011. *Russian America. An Overseas Colony of a Continental Empire, 1804–1867*. Oxford: Oxford University Press.

Wezel, Johann Karl ²1990: *Robinson Krusoe*. Berlin: Lütten und Roening.

**Abbildungen:**

Abb. 1    Göttinger DigitalisierungsZentrum (GDZ) der Niedersächsischen Staats- und Universitätsbibliothek.

Abb. 2    Marie-Theres Federhofer und Michael Schmidt: Loose Blättersammlung, Tromsdalen.

Abb. 3–5  Göttinger DigitalisierungsZentrum (GDZ) der Niedersächsischen Staats- und Universitätsbibliothek.

Abb. 6–7  Carola Radke, Museum für Naturkunde in Berlin.

# 7 FRIEDRICH HEINRICH FREIHERR VON KITTLITZ: EIN DEUTSCHER ADELIGER ERFORSCHT IM DIENSTE DER KAISERLICH RUSSISCHEN AKADEMIE DER WISSENSCHAFTEN DIE HALBINSEL KAMČATKA

*Lisa Strecker*[1]

Für Friedrich Heinrich von Kittlitz stellte die Teilnahme an einer russischen Weltumseglung die Erfüllung eines Lebenstraumes dar. Noch Jahrzehnte nach seiner Rückkehr war er mit der künstlerischen und wissenschaftlichen Ausarbeitung sowie mit der Beschreibung der Reise beschäftigt. Die Anstellung als Ornithologe auf der Weltumseglung (1826–1829) unter Kapitän Fëdor Petrovič Graf Litke (auch: Friedrich Benjamin Lütke) ermöglichte dem deutschen Naturforscher Gebiete zu bereisen, die wissenschaftlich nur kaum oder bis dahin gar nicht beschrieben waren. Gerne hätte er nach der Rückkehr eine Stellung an der Russischen Akademie der Wissenschaften angenommen, es ergab sich jedoch keine Zusammenarbeit. Seine Publikationen sind teils auf Russisch, größtenteils jedoch auf Deutsch verfasst und somit nur wenigen Menschen in Russland zugänglich. So gehört es heute mit zu den Aufgaben der deutsch-russischen wissenschaftlichen Zusammenarbeit, die Ergebnisse früherer Projekte auch einem breiteren Publikum in Russland zugänglich zu machen, wie es bereits mit der russischen Version dieses Beitrags geschehen ist (Strecker 2010). Hier soll der Naturforscher und Künstler Freiherr Friedrich Heinrich von Kittlitz vorgestellt werden, der auf Kamčatka nicht nur hervorragende wissenschaftliche Arbeit leistete, sondern der Nachwelt auch einmalige Bilder seiner Reisen hinterließ.

## Friedrich Heinrich von Kittlitz – Ornithologe und Künstler

Friedrich Wilhelm Heinrich Freiherr von Kittlitz und Ottendorf kam am 16. Februar 1799 als Erstgeborener von Friedrich von Kittlitz und Henriette von Diebitsch in Breslau (Wrocław, heute Polen) zur Welt. „Ein sich früh aussprechender Trieb zur Malerei" (Bd. 1: 4) sowie seine Begeisterung für die Vogelwelt führen dazu, dass er

1 An dieser Stelle sei allen gedankt, die mich bei meiner Recherche zu diesem Beitrag unterstützt hatten. Besonders dankbar bin ich vor allem dem kunstinteressierten Ornithologen Prof. Dr. Hans Engländer, der mir großzügig seine Vorarbeiten zu einer nie realisierten Publikation zu Friedrich Heinrich von Kittlitz zur Verfügung stellte sowie 12 Aquarelle aus seiner damaligen Privatsammlung, die erstmals in Kittlitz (2011) veröffentlicht wurden. Mein Dank gilt ebenfalls Mitgliedern der Familie von Kittlitz, die mir bei weiteren Nachfragen wohlwollend entgegenkamen.

schon als Kind die ersten naturgetreuen und als sehr künstlerisch gelobten Zeichnungen von Vögeln anfertigt. Das Gymnasium, das er in der schlesischen Stadt Oels besucht um später Jurist zu werden, verlässt er zu Beginn der Befreiungskriege gegen Napoleon im Alter von 13 Jahren. Er dient als Freiwilliger im Bataillon seines Vaters, der Hauptmann bei einem schlesischen Infanterieregiment ist. Wie sich später herausstellt, entspringt diese Entscheidung eher „Tradition, Standesbewußtsein und Zeitverhältnisse[n]" (Steinbacher 1955: 122) und weniger den eigentlichen Neigungen des jungen Menschen. Er bedauert diesen Schritt später zutiefst. Er beteiligt sich an den Kämpfen in Frankreich und erkrankt lebensgefährlich an Typhus.

Dass ihm die Naturkunde mehr als der Armeedienst liegt, zeigt das folgende Zitat. Ganz offensichtlich ist es allein seiner liebenswerten Natur zuzuschreiben, dass ihm von seinen Vorgesetzten trotz seiner wenig ausgeprägten militärischen Neigung positive Zeugnisse ausgestellt werden. „Bezeichnend für den Eifer, ja die Leidenschaft, mit der Kittlitz sich ornithologisch betätigte, ist es, daß das ganze 34. Infanterie-Regiment, dem er angehörte, nach seinem Vorbild Vogeljagd und Vogelfang betrieb und einen Sommer lang das Feldlager vor Mainz von jung aufgezogenen Vögeln nur so wimmelte" (Steinbacher 1955: 122).

Während seiner Zeit beim Militär, zuerst in Schlesien und später in Mainz, untersucht er die Vogelwelt an seinem jeweiligen Standort aufs Genaueste und fertigt zahlreiche Zeichnungen an. Er führt Abschusslisten und ornithologische Tagebücher, in denen er seine Beobachtungen und Entdeckungen einträgt, genauestens beschreibt und kunstvoll illustriert. Dabei trägt er sich mit dem Gedanken, ein bebildertes ornithologisches Fachbuch herauszugeben (Steinbacher 1955: 121f.; Anonymus: 1–3; Kittlitz 1858, Bd. 1: 5;[2] Petersen 1875: 41).

## Wissensdrang und Reisepläne

Doch schon hier geschieht etwas, das ihm in seinem weiteren Leben mehrmals widerfahren wird: Seine eigenen, sehr hohen Ansprüche einerseits und Gesundheitsprobleme andererseits führen dazu, dass die Vorbereitung seiner Veröffentlichung zu viel Zeit in Anspruch nimmt und ihm jemand zuvor kommt. Damit war sein Publikationsvorhaben, trotz der vorangeschrittenen Vorarbeiten, hinfällig geworden. Die intensive Auseinandersetzung mit der heimischen Vogelwelt hat den Wissensdrang des jungen Friedrich von Kittlitz keineswegs gestillt, sondern erst geweckt. Hoch motiviert sucht er sich ein Forschungsgebiet, dessen Vogelwelt weniger gut beschrieben, oder noch besser, der damaligen westlichen Wissenschaft unbekannt ist: „Namentlich war die Zoologie des östlichen Sibiriens mit dem daran

---

2 Die beiden Bände der Reisebeschreibungen von Kittlitz' *Denkwürdigkeiten einer Reise…* werden im Folgenden mit „Bd. 1" bzw. „Bd. 2" abgekürzt. Er werden hier ebenfalls die Seitenangaben für die Neuausgabe beider Werke in Kittlitz (2011) gegeben.

hängenden Kamtschatka für uns fast unbekannt, und es mußte sich viel Neues und Interessantes daselbst erwarten lassen (Bd. 1: 5)." Laut Kittlitz gab es damals, bis auf das von ihm häufig zitierte Werk von Pallas, keine umfassenden zoologischen Werke zu dieser Gegend[3] (Bd. 2: 5; Steinbacher 1995: 123).

## Von der militärischen zur wissenschaftlichen Karriere

Und so richtet er seinen Blick auf die Möglichkeit, an einer der damals fast jährlich stattfindenden russischen Weltumseglungen teilzunehmen. Dabei spielen die Kontakte der im russischen Militärdienst stehenden Verwandtschaft sowie einflussreiche Freunde der Familie sicherlich auch eine wichtige Rolle: „Privatverhältnisse schienen mir den Eintritt in das damals noch in unsren Kreisen so wenig bekannte russische Reich wesentlich erleichtern zu müssen" (Bd. 1: 5).

Obwohl einer Erfolg versprechenden militärischen Karriere nichts im Wege steht, beschließt er als 19-jähriger Premierleutnant den Militärdienst zu quittieren, seiner wahren Berufung zu folgen und eine naturwissenschaftliche Laufbahn einzuschlagen. 1824 wird er zum korrespondierenden Mitglied der Senckenbergischen Naturforschenden Gesellschaft[4] ernannt und nimmt mit 26 Jahren, im Jahre 1825, als Hauptmann endgültig Abschied vom Militär. In den Jahren 1826–1829 nimmt er an der russischen Weltumseglung unter der Leitung von Kapitän Litke teil. Doch im Jahr der Rückkehr von dieser Reise, 1829, ist Kittlitz wegen einer Erkrankung an einem Empfang des russischen Kaisers für alle Expeditionsmitglieder verhindert. Deshalb kommt er als Einziger nicht in den Genuss einer Auszeichnung, die ganz offensichtlich auch mit einer erheblichen finanziellen Zuwendung verbunden ist. Für die Zeit, die er zur Ausarbeitung seiner wissenschaftlichen Ergebnisse braucht, zahlt

---

3  Erwähnt sei hier die *Zoographia Rosso-Asiatica, sistens omnium animalium in extenso Imperio Rossico et adiacentibus maribus observatorum recensionem, domicilia, mores et descriptiones anatomen atque icones plurimorum.* St. Petersburg 1831. Dieses Werk war den damaligen Expeditionsteilnehmern jedoch nicht verfügbar, da es zwar im Todesjahr seines Autors 1811 fertigstellt, kurz darauf jedoch unauffindbar verschollen war und erst 16 Jahre später wieder auftauchte. Lediglich ein Exemplar des ersten Bandes soll sich nach Angaben Kittlitz' in Berlin befunden haben.

4  Die Senckenbergische Naturforschende Gesellschaft wurde in Gedenken und Anerkennung nach ihrem Begründer, dem Arzt und Naturforscher Dr. Johann Christian Senckenberg (1707–1772), benannt und 1817 in Frankfurt am Main gegründet. Die von Senckenberg mit seinem gesamten Vermögen ausgestattete Stiftung finanzierte den Aufbau eines Bürgerhospitals und einer wissenschaftlichen Forschungseinrichtung. Letztere umfasste unter Anderem ein wissenschaftliches medizinisches Institut, eine Bibliothek, eine naturhistorische Sammlung, ein chemisches Laboratorium und eine anatomische Abteilung. Das Forschungsinstitut wie auch das Museum Senckenberg sind als wissenschaftliche Einrichtung immer noch aktiv, indem sie sich weiterhin mit aktuellen Themen auseinandersetzen. Das Institut unterhält innerhalb Deutschlands neun Forschungsstandorte. (www.senckenberg.de)

ihm die Kaiserliche Russische Akademie der Wissenschaften jedoch zumindest ein Jahresgehalt von 2500 Rubel.

Kurz darauf kehrt er nach Frankfurt am Main zurück, wo er sich einer Expedition von Eduard Rüppell [5] nach Afrika anschließt. Allerdings erkrankt er auf dem Nil derart, dass er nicht nur umgehend heimkehren muss, sondern zu seinem großen Bedauern auch in Zukunft keine größeren Reisen mehr unternehmen kann. Von 1832 bis 1843 lebt er in Köln und widmet sich hauptsächlich der Ausarbeitung seiner 24 *Vegetationsansichten*. 1845 zieht er nach Berlin, wo er in der Gesellschaft von Alexander von Humboldt und anderen namhaften Naturforschern der Zeit verkehrt. Nach wenigen Jahren lebt er wieder in Mainz und arbeitet vor allem an der Veröffentlichung seiner Forschungsergebnisse (Litke 1836, Bd. 1: 5f.; Steinbacher 1955: 122; Petersen 1875: 43).

## Auswertung seiner weltumspannenden Forschungsreisen in Deutschland

1844 heiratet Friedrich Heinrich von Kittlitz die verwitwete Julie Schulz, die einen Sohn mit in die Ehe bringt. Dieser stirbt in jugendlichem Alter. Friedrich und Julie von Kittlitz haben zusammen eine Tochter und zwei Söhne. Julie stirbt vor ihrem Mann, ebenso die gemeinsame Tochter Ida. Zu den beiden Söhnen scheint er ein sehr inniges Verhältnis gehabt zu haben (Steinbacher 1955: 128; Kittlitz 1858, Bd. 2: 5f.).

In seinem zweibändigen Werk *Denkwürdigkeiten einer Reise nach dem russischen Amerika, nach Mikronesien und durch Kamtschatka (1858)* berichtet Kittlitz von seiner drei Jahre dauernden Weltumseglung. Sein ursprüngliches Vorhaben, die Reisebeschreibungen durch eine Vielzahl von Kupferstichen zu illustrieren bzw. eine Art Bildband herauszugeben, scheitert an den hohen Kosten und dem Zeitaufwand, die ein solches Vorhaben verursacht hätte. Das verspätete Erscheinen der Reisebeschreibungen, nämlich fast 30 Jahre nach der Expedition, ist eine der Ursachen, warum Kittlitz dafür nicht die Anerkennung bekommen hat, die ihm für dieses Werk hätte zustehen müssen (Bd. 1: v).

Kittlitz beschreibt in diesem Werk mit der ihm eigenen Liebe zum Detail und Genauigkeit seine Reise auf der *Senjavin*. Dabei bedient er sich einer sehr überlegten Wortwahl, da „ein einfacher, prunkloser Vortrag diesen Zauber eher bewirkt, als ein mit pomphafter Schilderung überladener […] " (Bd. 1: VI). Außerdem thematisiert er die „Wichtigkeit mancher scheinbarer Nebenumstände, die der Erzähler nicht übergehen darf, wenn der Hörer oder Leser lebendigen Anteil an der Erzählung nehmen soll." (Bd. 1: 6).[6] Es enthält Informationen zu allen Forschungsbereichen. Trotz der

---

5   Eduard Rüppell, Forschungsreisender, Geograf, Zoologe (*1794 Frankfurt a. M., † 1884 ebd.).
6   Für Kittlitz ist der Prozess des Schreibens eine kreative Arbeit: „ […] gelangt' ich zu der Überzeugung, daß auch das bloße Wort den Anblick von Bildern ersetzen kann, wenn es dem Verfasser eines Buches gelingt, etwas von derjenigen Kunst anzuwenden, welche, nach der

teilweise seitenlangen Aufzählungen von beobachteten Vögeln liest sich das Werk flüssig und kurzweilig.

Während seiner letzten Lebensjahre widmet sich Kittlitz auch ästhetischen und philosophischen Studien. Er setzt sich intensiv mit Homer auseinander und sein letztes veröffentlichtes Werk (1873) enthält sein philosophisches Glaubensbekenntnis, worin er die Philosophie als ein Teilgebiet der Naturwissenschaften angesehen wissen will, welches das sinnlich nicht Wahrnehmbare erfasst. Auch diese philosophischen Veröffentlichungen finden allgemein Anklang. 1863 publiziert er unter anderem *Psychologische Grundlagen für eine neue Philosophie der Kunst* (1863) sowie *Schlussfolgerungen von der Seele des Menschen auf die Weltseele* (1873).

In den Kriegsjahren 1870–1871 leitet er Heimlazarette. Am 10. April 1874 stirbt Friedrich Heinrich von Kittlitz im Alter von 75 Jahren in Mainz an einer Lungenentzündung (Petersen 1875: 44; Anonymus o. J.: 5).

### Reise nach Kamčatka

Dank der Vermittlung durch seinen Onkel[7] und einen Freund seines Vaters reist Kittlitz in der Gefolgschaft von Prinz Karl von Preußen von Berlin nach St. Petersburg (Steinbacher 1955: 123). Schon kurz nach ihrem Eintreffen bekommt von Kittlitz dank der Kontakte seiner Fürsprecher eine Anstellung an der Kaiserlichen Russischen Akademie der Wissenschaften um als Naturforscher, insbesondere aber als Ornithologe an der schon fast reisefertigen Marineexpedition unter der Leitung des Kapitäns und späteren Admirals Fëdor Petrovič Graf Litke teilzunehmen. Die Zeit bis zur Abreise nutzt Kittlitz, um die Stadt St. Petersburg kennenzulernen, sich erste Worte der russischen Sprache anzueignen und wichtige Kontakte zu anderen Wissenschaftlern zu knüpfen. Er lernt Adam Johann Baron von Krusenstern kennen, besucht den botanischen Garten sowie die Kunstkammer, die auch später den Großteil der von ihm mitgebrachten Vogelbälge beherbergen soll. Zum damaligen Zeitpunkt wirkt sie auf ihn heruntergekommen. Er hat jedoch den Eindruck, als befinde sie sich wieder im Aufbau. Bemerkenswert findet Kittlitz die beiden ausge-

---

sinnreichen Anschauungsweise von der Alten, von den beiden ältesten Musen ausgeht. Es ist die Kunst des Erzählens, deren der epische Dichter sowohl als der Geschichtsschreiber bedarf, um sein Publikum für den Gegenstand seiner Erzählung zu gewinnen und festzuhalten. [...] wir sehen dann aber auch die Wichtigkeit mancher scheinbarer Nebenumstände, die der Erzähler nicht übergehn darf, wenn der Hörer oder Leser lebendigen Antheil an der Erzählung nehmen will. Diese Vorstellungen von der großen Menge derjenigen zu unterscheiden, die besser verschwiegen werden, das eben ist das Schwierige der Kunst. Die bescheidnen Dichter des Altertums betrachteten die guten Gedanken, die zu dieser Unterscheidung führen, als Eingebung wohlthätiger Gottheiten, Musen genannt" (Bd. 1: VI).

7   Der Stiefbruder seiner Mutter, der deutsch-russische Feldmarschall Hans Karl von Diebitsch-Sabalkanski (Ivan Ivanovič Dibič-Zabalkanskij), stand im Dienste des russischen Zaren.

stopften Diener Peters des Ersten, die in ihren Gesichtszügen zur Unkenntlichkeit verschrumpelt sind (Bd. 1: 15–18).

Litke entschließt sich, die Rückkehr der *Predprijatie* unter der Leitung von Otto von Kotzebue abzuwarten, der auch kurz darauf von seiner dritten Weltumseglung (1823–1826) zurückkehrt. Kittlitz erhält somit die Möglichkeit, den an der Expedition teilnehmenden Naturforscher Johann Friedrich von Eschscholtz kennenzulernen und sich mit ihm wissenschaftlich auszutauschen (Bd. 1: 28).

Am 26. August 1826 verlässt Kittlitz an Bord der *Senjavin* den Hafen von St. Petersburg. Die anfängliche Begeisterung macht bald einer stark ausgeprägten Seekrankheit Platz, die ihn während der gesamten Expedition nicht mehr verlassen soll. Zunächst wird Kronstadt angesteuert; im Weiteren folgt eine Reise, die den jungen Forscher über folgende Punkte einmal um den Globus führen soll: Teneriffa, Kanarische Inseln (14. November 1826); Rio de Janeiro, Brasilien (Januar 1827); Kap Hoorn, Südamerika (Februar); Valparaiso, Chile (27. März); Stiller Ozean (15. April); Bucht von Sitka, Nordwest-Amerika (Neu-Archangelsk); Aleuten und Petropavlovsk (bis 31. Oktober); die Karolinen und Bonin-Inseln (Ogasawara-Inseln). Am 9. Juni 1828 treffen sie erneut in Petropavlovsk ein. Hier geht Kittlitz von Bord, um einen Sommer lang auf Kamčatka zu forschen. Am 10. November trifft er nach seiner Reise durch die Halbinsel wieder im Hafen von Petropavlovsk ein, wo er sich erneut der Expedition anschließt und Kamčatka auf der *Senjavin* verlässt. Kapitän Litke hat währenddessen die Anweisungen seiner Majestät befolgt und „die Küste der Korjaken und Tschuktschen" (Litke 1836, Bd. 1: XI) erkundet, die – so Litke in seiner Einleitung – seit Bering nicht beschrieben worden ist. Die Rückreise führt über die Philippinen, St. Helena und die Azoren zurück nach Europa, wo Kittlitz am 12. Juni 1829 in Le Havre an Land geht (Stricker 1882: 46).

Die von Litke geleitete Expedition besteht aus zwei Schiffen, der *Senjavin* und der *Moller*. Die unter der Leitung von Kapitän Stanjukovič stehende *Moller* und die *Senjavin* haben teilweise gemeinsame, teilweise getrennte Segelrouten. Beide Korvetten sind speziell für diese Expedition angefertigt worden. Litke beschreibt die Schiffe von ihrer Bauart als ideal für lange Fahrten, da sie gut im Wasser liegen und zum Manövrieren nur relativ wenig Besatzung vonnöten ist. Als Schiffe der Marine sind sie auch mit 16 Kanonen ausgestattet. Insgesamt befinden sich 62 Menschen an Bord der *Senjavin*: Besatzung, Wissenschaftler und Menschen, die nach Ochotsk und Petropavlovsk gebracht werden sollen. Neben Kittlitz reisen als Naturforscher noch der Arzt und Botaniker Dr. Karl Heinrich Mertens sowie der Zeichner und Mineraloge Alexander Postels mit der Expedition. Während der gesamten Expedition ereignet sich auf der *Senjavin* nur ein einziger Unfall, bei dem ein Matrose vom Mast stürzt und ums Leben kommt.

In erster Linie dient diese Fahrt dazu, Personal, Güter und Post an entfernte Posten des Russischen Reiches, nach Ochotsk und dem Peter-Pauls-Hafen auf Kamčatka zu bringen. Kapitän Litke beschreibt es als großes Glück, dass sie in Friedenszeiten segeln konnten und somit der Expedition ein Jahr allein zum Forschen gegeben worden war. Er erhält eine lange Liste mit Orten, die untersucht und beschrieben werden sollen (Litke 1836: Einleitung, Bd. 1: 31).

## Erste Eindrücke von Kamčatka: Der Peter-Pauls-Hafen und seine Umgebung

Am 24. September 1827 läuft die *Senjavin* zum ersten Mal auf ihrer Reise in den Hafen der Hauptstadt Kamčatkas, den Peter-Pauls-Hafen, ein. Knapp und sehr bildhaft zeichnet Kittlitz dem Leser ein Bild dieser Stadt, in der nach seinen Angaben damals 200 Menschen leben. Ihm fallen sogleich die charakteristischen *Balagane* kamčadalischer Ortschaften auf und er beschreibt die russischen Wohngebäude sowie die hölzerne Kirche im „russisch-griechischen Styl" (Bd. 1: 306f., 2011: 10f.).

Gleich im Anschluss berichtet Kittlitz von seinen ersten ornithologischen Ausflügen in die direkte Umgebung der Hauptstadt, zu denen er sich offensichtlich unverzüglich nach seiner Ankunft aufmacht. Kittlitz merkt dazu selber an: „Die Vögel standen berufsmässig unter den von mir auf dieser Reise beobachteten Gegenständen oben an" (Bd. 1: XII).

Den ersten Teil der Beschreibung Kamčatkas widmet Kittlitz der Vogelwelt und so gehören die ersten Seiten allein seinen ornithologischen Beobachtungen und Überlegungen: „Bekanntlich gehören die Vögel zu den wesentlichsten Zierden, wel-

Abb. 1: „Ansicht von Peter-Pauls-Hafen, im Oktober 1827"
[Federzeichnung, im Hintergrund Reste der Bleistift-Vorzeichnung]

che die Natur den einzelnen Ländern gleichsam als charakteristische Bezeichnung verliehen hat, - und ihr Leben verbindet sich so innig mit den übrigen Naturerscheinungen, daß in einer Erzählung wie die gegenwärtige ziemlich ausführliche Nachrichten über dieses Leben an ihrem Platze sein müssen" (Bd. 1: XI).[8]
Eine der ersten Feststellungen ist der Eindruck „einer beklemmenden Todtenstille", die auf der Halbinsel herrscht (Bd. 1: 312, 2011: 14). Als Europäer fehlt ihm das gewohnte allgegenwärtige und vielstimmige Vogelgezwitscher. Als eine mögliche Ursache dafür führt er später in seinen Beschreibungen die unvorstellbar große Anzahl an „blutrünstigen" Mücken an, gegen die Vogeleltern ihre noch nackten Jungen unmöglich schützen könnten. Ausführlicher setzt er sich mit dieser Frage jedoch nicht auseinander.

Kamtschatka, das noch gestern einen so tristen Eindruck auf mich gemacht hatte, schien mir jetzt nichts geringeres als ein Paradies; die allergewöhnlichsten Naturschönheiten strahlten in zauberischem, mir stets unvergeßlichem Lichte [...] gleichwohl waren diese Lobeserhebungen nur ein schwacher Ausdruck meiner eigenen Gefühle. (Bd. 1: 314f., 2011: 15)

Und so fasst er unmittelbar nach seiner Ankunft den Beschluss, sich zeitweilig von der Expedition zu trennen, um die Halbinsel, die ihn sogleich in ihren Bann gezogen hat, genauer zu erkunden. Der Anblick des berühmten Riesenseeadlers (Haliaeetus pelagicus, PALLAS) lässt das Herz des passionierten Ornithologen höher schlagen und er beschließt länger als geplant in Kamčatka zu verweilen:

Im Augenblick, als die Segel anzogen, kam ein prachtvoller Adler von der früher schon erwähnten großen Art plötzlich über die steile Halbinsel und streifte rechts herfliegend nahe dem Schiffe vorbei, worauf er sofort hinter dem Vorgebirge Signalnoi Muys verschwand. – Dieses ächt homerische Vogelzeichen entriß Allen, die es mit ansahen, einen Freudenschrei. (Bd. 2: 203, 2011: 42)

Diese Entscheidung wird sowohl von Kapitän Litke als auch von der lokalen Verwaltung begrüßt. Dies sichert ihm die nötige Unterstützung, die ihm bei Reisen in einem unwegsamen Land wie Kamčatka von unentbehrlicher Hilfe sind. Und so geht Kittlitz beim zweiten Aufenthalt der *Senjavin* in Petropavlovsk am 8. Juni 1828 an Land und lässt dabei offen, ob er sich von der Expedition nur für die Zeit des Sommers oder aber für immer trennt. Mit ihm geht der Seemann Wittrin von Bord. Offensichtlich war er als Begleiter von Kittlitz gedacht, doch kann er aufgrund einer Erkrankung nicht an den Reisen durch die Halbinsel teilnehmen.

8   Eine umfassende Beschreibung des Landes mit seinen Landschaftstypen und Pflanzengesellschaften gibt Kittlitz in seinem Werk *24 Vegetationsansichten...* (Kittlitz 1844).

Mögen die Beschreibungen der Schönheit der Halbinsel Kamčatka auch aufrichtig sein – Kittlitz scheint seinen Entschluss sich von der Expedition getrennt zu haben zumindest teilweise bereut zu haben: „Erst nach einer ganzen Reihe von Jahren, als ich den gedruckten Reisebericht des Admirals Lütke gelesen hatte, bin ich zu der wirklichen Ueberzeugung gelangt, daß mein damaliger Entschluß, mich von der Expedition zu trennen, ein höchst unglücklicher war" (Bd. 2: 194, 2011: 36). – Diese Aussage lässt sich allerdings schlecht mit den umfassenden Forschungsergebnissen seines Kamčatka-Aufenthalts in Einklang bringen. Dennoch schreibt Kittlitz rückwirkend, er habe damals die Freudigkeit bei der Ausübung seines Berufs empfindlich vermisst. Teilweise scheinen ihn Trübsinn und Melancholie vollkommen am Arbeiten gehindert zu haben. Kittlitz erklärt sich diese Gemütsveränderung durch die lokalen klimatischen Besonderheiten. Der an mehreren Stellen als „Abspannung" beschriebene Zustand kann also als eine Folge der lang anhaltenden physischen Überlastung und eines seelischen Erschöpfungszustandes verstanden werden (Bd. 2: 194f., 2011: 37; Steinbacher 1955: 124).

Bevor Kittlitz zu seiner größeren Reise in den zentralen Teil der Halbinsel aufbricht, erkundet er die Vogelwelt in der Umgebung der Hauptstadt. Eines seiner Ziele ist am 30. Juni die Insel Staričkov. „Hier, in der wenigen Dammerde haben die *Toporki* [Papageientaucher] ihre Höhlen. Sie selbst saßen, als wir ankamen, bei der noch frühen Tageszeit in beträchtlicher Anzahl oben, was zwischen den Grashalmen hindurch ein eigenthümliches Bild gab" (Bd. 2: 211, 2011: 47).

Wie die Ausflugsgesellschaft schnell feststellt, muss die Insel kurze Zeit zuvor bereits besucht worden sein: Die sich in gut erreichbarer Nähe befindlichen Seevogelnester waren allesamt ausgeraubt und sie fanden neben einer frischen Feuerstelle die Reste von 100 Papageientauchern. Und so staunt Kittlitz im Weiteren nicht schlecht über die Behändigkeit und den Mut seiner Begleiter beim Sammeln von Vogeleiern an den steilen Hängen, die von den vorherigen Besuchern der Insel nicht abgesammelt worden sind (siehe Aquarellzeichnung in Kittlitz 2011: 203).

An dieser Stelle geht Kittlitz auf die Folgen der rücksichtslosen Bejagung der Papageientaucher ein: „Die Verheerung, welche das häufige Fangen dieser brütenden Vögel anrichtet, muß besonders deshalb beträchtlich sein, weil sie nur das weibliche Geschlecht trifft. Zu meinem Erstaunen fand ich in den Mägen der so gefangenen Weibchen dieser Art immer nur frisches Gras, dem Anschein nach dasselbe, das in unmittelbarer Nähe der Nester wächst, die man nur an grasbedeckten Abhängen bemerkt. Auf diese Nahrung scheinen die Vögel während des Brütens angewiesen, um das Nest nur auf Augenblicke verlassen zu dürfen, während man die umherfliegenden Männchen auf dem Meere schwimmend ihre Nahrung suchen sieht"(Bd. 2: 220f., 2011: 53; siehe Abb. 2).

Abb. 2: „Papageientaucher-Sammler auf der Insel Staritschkow"

Abb. 3: „Eine von Mücken geplagte Ortschaft am mittleren Kamtschatka-Flusse"

## Reise nach Zentral-Kamčatka

Die erste große Reise in Kamčatka führt Kittlitz nach Ključi und zurück. Er kommt dabei durch Avača, Paratunka, Starij ostrog (Alt-Avača), Korjaki, Načiki, Malka, Ganaly, Puščino, Šaromy, Verchnyj Kamčatsk, Mil'kovo, Kirganik, Ščapino, Kosyrevsk, Uški, Kresty. Das Hauptziel der Reise Kittlitz' waren die Nadelwälder in Zentral-Kamčatka.

Zur damaligen Zeit reiste man in Kamčatka im Sommer zu Fuß, zu Pferd oder auf dem Wasser. Auf den Flüssen werden die landesüblichen Boote, nämlich Einbäume benutzt. Als Kittlitz einmal in Malka Wagenspuren entdeckt, erstaunt ihn das zutiefst. Neben der Natur beschreibt er während seiner Reise auch die von ihm besuchten Orte mit der ihm eigenen Genauigkeit (Bd. 2: 271, 2011: 84).

Besonderes Lob erfährt bei ihm die Gastfreundschaft, die ihm vielerorts teilweise recht stürmisch begegnet. So zeigt er sich verwundert über die bei der Begrüßung landesüblichen anhaltenden „Ehrenfeuer", bei denen man sein kostbares Pulver verschoß" (Bd. 2: 289, 2011: 94). Danach folgt üblicherweise die umfangreiche Bewirtung im Hause des Gastgebers, und wenn der Gast vielleicht nur zehn Tassen Tee zu sich genommen hat, ruft man ihm zu: „Odnako malo kuschali!" (Bd. 2: 316, 2011: 111). – Sinngemäß: „Sie haben ja noch kaum etwas zu sich genommen!"

Obwohl Kittlitz diese Gastfreundschaft aufrichtig erscheint, bemerkt er dennoch, dass Reisen wie die seine eine erhebliche Belastung für die Bevölkerung darstellen. Durch ein Schreiben der Verwaltung Kamčatkas hat von Kittlitz Anspruch auf Reisehilfe. Anweisungen dieser Art verpflichten die Bewohner der Halbinsel häufig im Auftrag der Regierung Transportdienste leisten. Dabei wird keine Rücksicht darauf genommen, ob die Arbeitskraft der Transporthelfer an anderer Stelle nicht dringender benötigt wird. Gerade in Monaten, in denen Vorräte angelegt werden müssen, wie zur Zeit des Lachszuges, hält diese Pflicht fähige und starke Männer für Tage von der Arbeit ab (Bd. 2: 251, 2011: 71).

Aus seinen Beschreibungen von Reisebegleitern oder Menschen, die ihm begegnen, geht nicht immer hervor, welcher Volksgruppe sie angehören. Dies ist jedoch keineswegs auf Ignoranz zurückzuführen, sondern darauf, dass ihm dies in seinen zwischenmenschlichen Beziehungen offensichtlich nicht besonders wichtig war. Die Kamčadalen, mit denen er am meisten Kontakt hatte, beschreibt er sehr achtungsvoll. An bestimmten Stellen äußert er sich zu der einen oder anderen Gruppe und gibt in gewohnter Genauigkeit ihre Wohnstätten und deren Bauweise (Bd. 2: 315, 2011: 111; Abb. 3) sowie Kleidung (Bd. 2: 462, siehe Aquarellzeichnung in Kittlitz 2011: 174) und Lebensweise in Wort und Bild wieder.

Die Strapazen, die mit einer Reise zur damaligen Zeit verbunden sind, erwähnt Kittlitz, wenn überhaupt, dann nur in einem Nebensatz. Den hauptsächlichen Verdruss stellen für ihn die Mücken dar. Zeitweise setzen sie dem Reisenden so zu, dass er außer Stande ist, zu Fuß zu gehen und daher auf ein Reittier angewiesen ist. Er

schildert die Mückenplage, unter der Mensch und Tier gleichermaßen leiden, am
Kamčatka-Fluss als besonders schlimm:

> In Schapina vermeidet man es im Sommer sorgfältig, einen Hund im
> Freien anzubinden, weil er dadurch leicht gehindert werden kann, sich nach
> Gewohnheit in den Boden einzuscharren, wobei namentlich für den vordern
> Theil des Kopfs gesorgt wird. Ohne diese Vorsicht wird das die ganze Nacht
> über Mückenstichen ausgesetzte Thier leicht das Opfer einer Hautentzün-
> dung, die besonders an den Augen und der Nasen gefährlich sein soll. Auch
> wird hier von Rennthieren erzählt, die man im Walde todt gefunden haben
> will, mit allen Spuren einer solchen Todesart. (Bd. 2: 283, 2011: 90f.).

Kittlitz beschreibt jedoch auch Reisehindernisse eher angenehmer Art. So hatte
er einmal lange auf seine Begleiter mit den Pferden zu warten, bis sich herausstellte,

> [dass] sie mit Beerenessen auf den Haiden sich unterwegs aufgehalten hat-
> ten [...]. Die leidenschaftliche Gier nach der das Land weithin bedeckenden
> angenehmen Erfrischung [...] gehört zu den besondern Charakterzügen des
> hiesigen Menschenlebens. So ist denn auch eine der bedeutsamsten Fabeln
> von Kutcha die: daß er einst am jenseitigen Ufer eines sehr reißenden Baches
> vortreffliche Preißelbeeren gesehen und, weil er kein anderes Mittel, dahin zu
> kommen gekannt, seinen Kopf abgerissen und hinüber geworfen habe. (Bd.
> 2: 344f., 2011: 129).[9]

Kittlitz reist ohne ständige Begleiter und erfährt allerorts offene Gastfreundschaft und Unterstützung. Seine hauptsächlichen Reisebegleiter scheinen drei Brü-
der mit Nachnamen Koršunov zu sein, die von der Hauptstadt in ihre Heimatorte
am Kamčatka-Fluss unterwegs sind. Bei der Fortbewegung ist ihm ein offizielles
Schreiben des Befehlshabers von Kamčatka, das er bei sich führt, sicherlich auch
sehr nützlich, da es die lokale Bevölkerung zur Hilfe bei der Weiterreise verpflichtet.
Mittlerweile scheint Kittlitz auch die russische Sprache erlernt zu haben; außerdem
führt er einen Fundus an Geschenken und Tauschwaren wie beispielsweise Rum
und Tee mit sich. Aus der Art und Weise, wie Kittlitz gelegentlich aus Gesprächen
zitiert oder Begebenheiten nacherzählt, wird ein sehr achtungsvoller Umgang mit
den Bewohnern des jeweils besuchten Ortes sowie seinen Mitreisenden deutlich,
die nichts mit der zeitweiligen Abhängigkeit von diesen Menschen zu tun zu haben

---

9   Kutcha (auch: Kutch, Kutkinjaku u.ä. Wortformen) ist ein rabengestaltiges Wesen mit mensch-
lichen Zügen und die zentrale Figur in der Mythologie und Erzähltraditionen der Itelmenen,
Kamčadalen und Korjaken. Kutcha soll die Welt in all ihrer Unvollkommenheit erschaffen
haben, die den Menschen durch seine Taten mit viel Ironie unter Anspielung auf von ihm an
den Tag gelegtes allgemein-menschliches Fehlverhalten erklärt wird (Anm. E. Kasten).

scheint. Insbesondere von den einheimischen Kamčadalen hat er eine sehr hohe Meinung (Bd. 2: 341f., 2011: 127).

Die Aufgaben, die der Naturforscher Kittlitz auf seiner Kräfte zehrenden Reise durch die Halbinsel erledigt, sind mehr als beachtlich: Er beobachtet, schießt, präpariert, zeichnet und beschreibt Vögel, weiter sucht er deren Nester auf, um Eier zu finden. Ebenso versucht er anderer Tiere der Halbinsel habhaft zu werden. Er zeichnet Säugetiere und sammelt ihre Bälge; Fische werden ebenfalls bildlich festgehalten. Immer wieder kommt es in seinen Beschreibungen vor, dass ihm Menschen vor Ort helfen einzelne Tierarten aufzufinden. Dabei schießen sie Vögel für ihn oder unterstützen ihn beispielsweise beim Auffinden der von ihm gesuchten schwanzlosen Bergmaus. Ein anderes Mal sieht die hier eher unbeabsichtigte wissenschaftliche Zuarbeit so aus: „In einem Winkel des Zimmers hatten frühere Bewohner desselben einen Haufen Entenköpfe liegen lassen, unter denen ich jetzt glücklich genug war auch den eines Männchens von Kassatoi Schelesen[10] im Frühlingskleide zu finden; er war mir zur Bestimmung der Art von Wichtigkeit und ich hab' ihn mit nach Petersburg gebracht" (Bd. 2: 306f., 2011: 105).

Für ein Schneeschaf (*Ovis nivicola* ESCHSCHOLTZ, Kittlitz bezeichnet dies als Bergschaf) erklimmt er dreimal in Begleitung von erfahrenen Jägern die Berge des Ganalskij Chrebet, doch bleibt die Jagd jedes Mal erfolglos. Weiter sammelt er Pflanzen, bestimmt und beschreibt diese, versucht ihre bevorzugten Standorte sowie die jeweils lokalen Bezeichnungen sowie Nutzungsarten in Erfahrung zu bringen. Diese Beobachtungen fließen mit in seine Vegetationsansichten ein, die einen umfassenden Überblick von der Vegetation Kamčatkas mit ihren Arten sowie den verschiedenen Pflanzengesellschaften vermitteln. Nicht zuletzt führt er ein Tagebuch, aus dem viele Jahre später seine Werke *Denkwürdigkeiten einer Reise...* (1858) sowie die Begleittexte der *24 Vegetationsansichten...* (1844) entstehen. Da er nie länger an einem Ort verweilt, erledigt er all dies „im Vorbeigehen" und beklagt sich dennoch bitterlich über gelegentlich vorkommende erfolglose Tage und vertane Gelegenheiten. Solche Tiefpunkte stehen aber meist mit konkreten Ärgernissen im Zusammenhang, wie beispielsweise an dem Tag, an dem ihm die „verwegene Katze" des Hauses einen seltenen, bereits präparierten Vogel zerfetzt (Bd. 2: 412, 2011: 170).

## Ethnobiologische Beobachtungen

An verschiedenen Stellen beschreibt Kittlitz, wie seine itelmenischen bzw. kamčadalischen Reise- oder Jagdgenossen bestimmte Verhaltensregeln und Rücksichtsmaßnahmen der Tierwelt gegenüber befolgen, um sicherzustellen, auch in Zukunft genug Fisch und Jagdwild zu haben. Eine solche kulturell verankerte nachhaltige

---

10  Bd. 2: 296. „*Anas falcata*, Pallas, die hier Kassatoi [297] Schelesen genannt wird" [heute: *Anas falcata* GEORGI].

Ressourcennutzung ist angesichts der gegenwärtig häufig rücksichtslosen Ausbeutung erneuerbarer Naturbestände vor allem heute ein sehr aktuelles Thema.

Zu den quer über Flüsse gebauten Fischfangwehren bemerkt Kittlitz etwa, sie seien so konstruiert, dass Fische entkommen könnten und auch kleinere Fische die Möglichkeiten hätten zu entweichen. So sei sichergestellt, dass immer noch genügend Fische zum Laichen weiter schwimmen könnten. Dem wachsamen Auge Kittlitz' entgeht nicht, dass auch die Kinder beim Spielen kleine Wehre bauen, in denen sie hin und wieder sogar eine Forelle fangen.

In Mašura schießt er auf einen Königslachs und der itelmenische *Tojon* des Ortes, Aleksej Gavrilič macht ihm den Vorwurf, dass der angeschossene und entwichene Fisch nun seinen Kameraden erzählen werde, dass man auf ihn geschossen habe.

> Er brach nun das Gespräch ab, allen Anschein nach, weil seine natürliche Gutmüthigkeit und Höflichkeit ihm verwehrte, mir jetzt noch einen Vorwurf zu einer Sache zu machen, die nicht mehr zu ändern war. Mich aber plagte von Stund' an die Besorgnis, daß vielleicht im nächstfolgenden Jahre die Tschewitscha durch Zufall in ungewöhnlich geringer Zahl ankommen, ich aber dann mit der Schuld belastet erscheinen möchte, durch unpassende Behandlung diesen edelsten Fisch verscheucht zu haben.[11] (Bd. 2: 310, 2011: 107)

Jahre später erfährt er zu seiner großen Erleichterung von Adolph Erman, „daß im darauffolgenden Jahre zu Maschura keine Beschwerde der Art über mich geführt worden ist" (ebd.). In einer weiteren Episode (s. Abb. 10) beschreibt Kittlitz sehr einfühlsam nicht nur die Verhaltensregeln von Einheimischen, sondern auch wie sie auf ihre eigene Art damit umgehen, wenn Fremde sich nicht daran halten:

> Man solle nämlich sich hüten, bei der Jagd des Barans [Schneeschaf] irgend eine Bergpflanze mitzunehmen, weil sonst Regenwetter entstehe. Regen aber ist bei solch einer Jagd von den schädlichsten Folgen, weil er nicht nur die Aussicht und das Pulver verdirbt, sondern auch die Gebirgswände schlüpfrig und besonders das Herabsteigen höchst gefährlich macht. Ich merkte wohl, dass man mir mit dieser Erzählung einen Wink geben wollte. (Bd. 2: 334, 2011: 122)

Also beschließt Kittlitz sich weiter oben im Gebirge von der Gruppe zu trennen, damit er ungesehen botanisieren kann. Die Jagd sieht zu Beginn recht erfolgreich aus und Kittlitz ist besonders von der Aussicht, die sich von dem Gebirge ins Umland eröffnet, angetan. Wie geplant trennt er sich mit seinem Begleiter von der Jagdgesellschaft und geht seinen Naturforscherpflichten nach und sammelt Pflanzen. Noch bevor jemand schießen kann, bricht ein Regenguss los und die beiden kehren umgehend ins Lager zurück, wo sie vergeblich auf ihre Jagdfreunde warten:

---

11   Russisch: Tschewitscha / Čavyča: = Königslachs.

Auch sie waren gänzlich am Schießen gehindert worden, obgleich sie vier schöne Böcke des Bergschafs [Schneeschaf] gesehn hatten. Bei dem allen überraschte mich die Heiterkeit ihrer Mienen, in denen durchaus kein Verdruß dieser so ganz unerwarteten Vereitlung unsres Unternehmens zu lesen war. [...] Zu meinem Erstaunen äußerten sie nicht das Geringste von Unzufriedenheit über mein Pflanzensammeln, dessen Ertrag sich doch in dem engen Zelte gar nicht verbergen ließ. Gleichwohl hatten sie mir dasselbe zu ernstlich widerrathen, um ganz frei von jenem Aberglauben erscheinen zu können, und ich konnte nicht umhin, ihr Schweigen darüber der nämlichen Selbstbeherrschung zuzuschreiben, mit welcher sie den Unmuth überhaupt niederhielten. (Bd. 2: 341, 2011: 127)

Zu den Bären hingegen, die der Reisegruppe regelmäßig begegnen, bemerkt Kittlitz: „Man entschließt sich auf Kamtschatka sehr ungern, einen Bären unverfolgt zu lassen" (Bd. 2: 330, 2011: 119f.). Das heißt, den Tieren wird bei jeder sich bietenden Gelegenheit mit großem Eifer, jedoch meist ohne Erfolg nachgestellt. Bis auf wenige Ausnahmen entkommen die angeschossenen Tiere. Die Beschreibungen geben unschwer zu erkennen, dass diese Jagdleidenschaft auch von Kittlitz Besitz ergriffen hat. Eine kritische Auseinandersetzung mit der Frage, was mit den angeschossenen Tieren weiter passiert, bleibt der Autor schuldig. Er erwähnt lediglich, dass verletzte und nicht gleich getötete Tiere für den Jäger ein erhebliches Risiko darstellen können. Den Beschreibungen von Kittlitz ist aber auch zu entnehmen, dass Bären damals nicht als begrenzte Ressource wahrgenommen wurden, sondern vielmehr sehr häufig anzutreffen waren. Folglich bestand auch kein Bewusstsein dafür, dass man durch angemessenes Verhalten für ein Vorhandensein von Bären in der Zukunft Sorge trägt.

### Reise an die Westküste

Nach seinen Reisen in den inneren und mittleren Teil Kamčatkas plant Kittlitz noch einen Besuch der Kurilen. Zunächst unternimmt er von der Hauptstadt Peter-Pauls-Hafen aus noch einige kleinere Ausflüge, beispielsweise an die Seen am Fuße des Kozelskij-Vulkans. Da man ihm viel von den verschiedenartigsten Robben an der westlichen Küste der Halbinsel erzählt hat, entschließt er sich, die Reise dorthin noch anzutreten, obwohl es bereits Herbst ist.

Am 7. September 1828 beginnt er seine zweite größere Reise auf Kamčatka. Sie führt ihn über Bol'šereck und Golygino nach Javino und zurück zum Peter-Pauls-Hafen. Kittlitz beklagt sich immer häufiger über seine „Abspannung". Dieser Zustand spiegelt sich teilweise auch in seinen Beschreibungen. Hinzu kommt, dass ihm der westliche Teil Kamčatkas viel weniger abwechslungsreich vorkommt als die bisher besuchten Gegenden der Halbinsel. Die folgende Impression aus der Umgebung von Bol'šereck kann daher als Abbild des seelischen Zustandes des Autors gelesen werden, zugleich stellt sie eine sicherlich treffende Beschreibung des Ortes dar:

> Es hielt des hohen Grases wegen schwer, bis zu den verlassenen Gebäuden zu gelangen; neben ihnen lag, umgekehrt und theilweise im Boden versunken, eine sehr alte Barkasse, die noch aus Benjowsky's Zeiten herzurühren schien; wir mochten wohl nicht die Ersten sein, die sich aus Mangel an Holz an dieser Antiquität vergriffen, indem wir Stücke davon zum Theefeuer benutzten. Gleich dahinter zeigten eine Menge von alten hölzernen inschriftslosen Kreuzen einen ehemaligen Kirchhof an, das sprechende Symbol der ganzen Landschaft. (Bd. 2: 374, 2011: 147) [12]

Durch die parallel zur Küste verlaufenden Flüsse und Binnengewässer reist man auf Booten zwar entlang der Küste, jedoch auf der dem Meer abgewandten Seite. In Javino eingetroffen erfährt Kittlitz, dass die Stürme und Regengüsse, die ihn auf der Reise bis dahin begleitet haben, bereits Vorboten des Winters waren und alle Boote schon eingewintert seien. Angesichts des stürmischen Wetters wäre es auch viel zu gefährlich gewesen, eine Überfahrt zu den Kurilen-Inseln zu wagen (Bd. 2: 387f., 2011: 156). Trotz der allgemeinen Erschöpfung und der Enttäuschung, nun nicht mehr die Vögel und Seesäuger der Region untersuchen zu können, schreibt Kittlitz:

> Gleichwohl erfüllte der Anblick dieser Inseln [Kurilen] bei hellem Sonnenschein mich plötzlich mit einer Begeisterung, [...] so zog mich jetzt die muthmaßliche Thierwelt dieser Felseninseln und des sie umgebenden Meeres an; und so unentschieden bisher immer die Frage bei mir geblieben war, ob ich mit dem Senjawin nach Europa zurückkehren oder fürerst noch auf Kamtschatka verweilen sollte, so plötzlich stand hier mein Entschluß fest, den Frühling im Peter-Pauls-Hafen abzuwarten und dann möglichst bald hierher zurückzukehren. Ja, ich ging im Stillen so weit, den Pik Alaïd, diesen verständigen Berg, [...] förmlich zum Zeugen meines Entschlusses zu nehmen, und ich verabschiedete mich von ihm wie von Jemand, den man in kurzem wiederzusehn erwartet. (Bd. 2: 388, 2011: 156).

---

12 Matúš Móric Benyowsky (auch: Graf Moritz Benjowski), (*1746 Ungarn, † 1786 Madagaskar). Der Unabhängigkeitskämpfer Benyowsky zettelt 1770 als Verbannter auf Kamčatka einen Aufstand an, kapert ein Schiff und flieht. Er landet in Madagaskar, wo er später, nach einem abenteuerlichen Leben, als madagassischer König stirbt (Meyers Konversationslexikon 1885–1892: 694).

## Abschied von Kamčatka und Rückreise

So kehrt er, ohne auf den Kurilen gewesen zu sein und ohne die zahlreichen Robben, von denen man ihm wiederholt berichtet hatte, gesehen zu haben, wieder nach Peter-Pauls-Hafen zurück. Noch auf dem Rückweg erfährt er, dass die *Senjavin* bereits im Hafen liegt, und so eilt er, ungeachtet seiner kurz vorher gefassten Pläne, im darauf folgenden Jahr seinen Besuch auf den Kurilen nachzuholen, dorthin, um wieder an Bord gehen zu können. Am 10. November 1828 verlässt Kittlitz Kamčatka für immer. Die Schiffe *Senjavin* und *Moller* treten nun gemeinsam den Rückweg über die Philippinen, St. Helena und die Azoren Richtung Heimathafen an. Am 12. Juni 1829 verlässt Kittlitz in der französischen Stadt Le Havre mit anderen Reiseteilnehmern die Expedition, um auf dem Landweg nach St. Petersburg zu reisen (Bd. 2: 411f., 415 2011: 172f.; Petersen 1875: 42).

## Ergebnisse von Kittlitz' wissenschaftlicher und künstlerischer Arbeit auf Kamčatka

Kittlitz kehrte von seiner Expedition mit einer reichen Ausbeute heim: von den 750 Vogelbälgen, die ca. 300 verschiedenen Arten angehörten, blieb der Großteil in St. Petersburg. Zahlreiche dieser Vögel sind von Kittlitz erstmals beschrieben worden. Ethnografika wurden von allen drei Naturforschern gesammelt. Diese wurden, ebenso wie eine Mappe mit Zeichnungen, von denen 700 Alexander Postels, 200 Friedrich Heinrich von Kittlitz und die restlichen Dr. Karl Heinrich Mertens angefertigt hatte, dem Museum der Akademie der Wissenschaften in St. Petersburg übergeben. Ferner hat er 77 Bälge von zwei Säugetier- und 44 Vogelarten 1830 dem Senckenberg-Museum gestiftet. Diese zählen zu den wichtigsten in der frühen Vogelsammlung des Senckenberg-Museums (Petersen 1875: 43; Völkl 1968: 177f.; Litke 1836: xx, Steinbacher 1955: 129; Kittlitz 1858, Bd. 1: xii).

Die wissenschaftliche Auswertung der Expedition zog sich viele Jahre hin. Kittlitz war in erster Linie Ornithologe. Schon als junger Mensch, in den Jahren 1817–1824, führt er ornithologische Tagebücher, von denen vier Hefte erhalten sind. 1832 beginnt er mit der Herausgabe der bebilderten *Naturgeschichte der Vögel*, die jedoch aus Kostengründen nach nur drei Ausgaben wieder eingestellt werden muss.

Von 1830 bis 1835 veröffentlichte er zahlreiche ornithologische Abhandlungen in den Memoiren der Kaiserlichen Russischen Akademie der Wissenschaften, in denen er die von ihm neu entdeckten Arten beschreibt (Kittlitz 1831–35, 1831, 1835). Er publizierte aber auch in Zeitschriften wie dem *Museum Senckenbergianum* und anderen über die von ihm entdeckten Vögel und Fische (Kittlitz 1834 a,b; 1835). Die Vögel, die Kittlitz in Kamčatka antraf, sind in seinem Werk *Denkwürdigkeiten...* (1858) ausführlich beschrieben (Moyat und Schuster 1906: 359; Steinbacher 1955: 128; Stricker 1874: 199).

Im Jahr 1848 zog Kittlitz von Berlin über Wiesbaden nach Mainz und arbeitete
an den *Vegetationsansichten aus den westlichen Sudeten* sowie an *Naturscenen aus
Kamtschatka.* Von den in der Literatur ohne jeden weiteren Zusatz erwähnten *Naturscenen aus Kamtschatka* konnten während der Recherche zu diesem Artikel weder
entsprechende Einzelbilder noch Veröffentlichungsnachweise gefunden werden.
Über die in Kittlitz (2011) erstmals veröffentlichten Aquarelle gab es wiederum in
der gesichteten Literatur keinerlei Hinweise. Es ist daher nicht ausgeschlossen, dass
mit dieser Bezeichnung die Motive auf den hier vorgestellten Aquarellen gemeint
sind (Petersen 1875: 43; Steinbacher 1955: 128).

Die Recherche zu diesem Artikel ist größtenteils von Deutschland aus betrieben
worden. Daher konnten Schriftstücke und Bildwerke, deren Verbleib trotz Nach-
forschungen vor Ort immer noch in St. Petersburg vermutet wird, nicht einbezogen
werden.[13] Von anderen Arbeiten ist nur bekannt, dass Kittlitz daran gearbeitet
hat, sie wurden jedoch offenbar nie veröffentlicht, noch sind ihre Aufenthaltsorte
bekannt. Die in diesem Aufsatz gegebene Aufzählung der Werke von Kittlitz ist
daher als vorläufig und unvollständig anzusehen. Dennoch ist anhand der bereits
bekannten Werke das umfangreiche Lebenswerk von Kittlitz und sein reicher Beitrag für Wissenschaft und Kunst gut zu erkennen.

Kittlitz verfasste meist illustrierte Aufsätze in verschiedenen Zeitschriften, so in
*Bilder vom Stillen Ozean,* und liefert mit seinen Illustrationen unter anderem auch
einen Beitrag zu dem Werk *Reise um die Erde* von Adolf Erman (1848). Weiterhin
schreibt er ein ausführliches Kapitel über zoologische Beobachtungen im 3. Band des
Reiseberichts von Kapitän Litke (1836). Sein schließlich wohl wichtigstes Werk *Denkwürdigkeiten einer Reise um die Welt* [...] erfuhr in Fachkreisen höchste Anerkennung.
Es ist in Kittlitz (2011) im ersten Teil in seinen Auszügen zu Kamčatka vollständig wiedergegeben und gewährt somit aufschlussreiche Einblicke in Kittlitz' wissenschaftliches Werk, und zwar vor allem im Zusammenhang mit seinen Landschaftsskizzen
(*Vegetationsansichten*) und seinen Aquarellen, die dort zum ersten Mal in dieser Form
veröffentlicht worden sind.

## Vegetationsansichten

In einer Zeit, in der Reisen in ferne Länder mit enormem Aufwand, Gefahren und
Kosten verbunden waren und zudem die Fotografie sich noch in den Kinderschuhen
befand, waren originales Anschauungsmaterial und naturgetreue Darstellungen
des in der Fremde Erblickten von unschätzbarem Wert. Daher wurde der künst-

---

13   Im Oktober 2010 führte die Autorin im Archiv der Russischen Akademie der Wissenschaften
     und in weiteren Einrichtungen in St. Petersburg Recherchen durch. Bis auf zwei Briefe von
     Kittlitz an Litke verlief diese Unternehmung ergebnislos. Allerdings konnten zu diesem Zeit-
     punkt nicht alle Orte mit möglichen Beständen hierzu aufgesucht werden.

lerisch begnadete Kittlitz mit der Aufgabe betraut, während der Expedition „möglichst viele Porträts von Bäumen und charakteristische Skizzen von der Vegetation zu zeichnen" (Kittlitz 1844). Dies war die Vorgabe zu seinem weiteren bedeutenden Werk, den *24 Vegetationsansichten von Küstenländern und Inseln des Stillen Ozeans* (1844). Der sehr um eine möglichst naturgetreue Wiedergabe bestrebte Kittlitz legte großen Wert darauf, sogar die zeitintensive Arbeit des Übertragens der Vegetationsansichten auf Kupferplatten selbst auszuführen und er erlernte daher noch im Alter von 50 Jahren das Kupferstechen.

„Die vorläufige Ausführung des ganzen Bildes geschah gewöhnlich gleich, nachdem wir ein Land verlassen hatten, wenn die auf Himmel und Wasser beschränkte Aussicht der lebhaften Erinnerung an das eben Gesehene keinen Abbruch that." Für Nachfragen war der Botaniker der Expedition Dr. Mertens zugegen, der ihm bei der Ausführung der Bilder in dieser Hinsicht beistand und den „Einfluss einer heilsamen Kritik" ausübte (Bd. 1: 5f.).

Der von Kittlitz menschlich wie auch fachlich hoch geschätzte Dr. Mertens verstarb nach der Expedition ohne sein Vorhaben, die Bilder durch einen erklärenden Text zu ergänzen, ausgeführt zu haben. Deshalb stammen die Texte zu den Bildern ebenfalls von Kittlitz. Die geniale Synthese von begabtem und detailgenauem Künstler und zugleich hervorragendem Naturwissenschaftler erfährt in diesem Werk ihre Vollendung. Dass die Umsetzung der eigenen, hohen Ansprüche in den „24 Vegetationsansichten" gelungen ist, bezeugt der Anklang, den dieses Werk in der Fachwelt fand. Es erhielt besondere Wertschätzung und gilt auch heute als eines der wichtigsten Werke von Kittlitz. Auch die Kollegen Alexander von Humboldt und Jakob Schleiden drücken ihre „größte Anerkennung" aus und loben sowohl den Ansatz als auch die Ausführung der Vegetationsansichten in höchsten Tönen.

Aufgrund Kittlitz' schwacher Gesundheit und der Aufwendigkeit seines Vorhabens zieht sich die Veröffentlichung bis 1844 hin. Kurz darauf erscheinen in London offensichtlich unautorisierte fotografische Reproduktionen der *24 Vegetationsansichten*. Da inzwischen auch vielerlei Berichte anderer Reisender publiziert werden, erfährt von Kittlitz auch mit diesem Werk letztlich nicht die Würdigung und finanzielle Entschädigung, die er für seine Leistung verdient hätte (Petersen 1875: 43; Steinbacher 1955: 126; Anonymus o. J.: 4f.). Sechs dieser Tafeln sind der Vegetation Kamčatkas gewidmet und zwei davon sind hier wiedergegeben, die übrigen sind in Kittlitz (2011: 196–199) abgebildet.

Trotz aller Bescheidenheit, mit der der Künstler auf die vermeintliche Unzulänglichkeit der Begleittexte aus seiner Feder hinweist, zeigt sich Kittlitz damit als fachkundiger Kenner der Vegetation der Halbinsel. Die kurz und prägnant gehaltenen Texte umfassen alle Vegetationstypen der Halbinsel und haben von ihrer Aktualität bis heute nichts eingebüßt.

Abb. 4: Tafel XXI aus „24 Vegetationsansichten…" (1844): Kamtschatka. Gebirgswald. August.

Abb. 5: Tafel XXII aus „24 Vegetationsansichten…" (1844): Kamtschatka. Grasflur im Gebiet der Bol-
schaja Reká. September. [Nach den ersten Frösten bleiben von der üppigen Krautflur nur noch die
kahlen Fruchtstände von *Angelica ursina* (Rupr.) Maxim übrig.]

## Aquarelle

Die in Kittlitz (2011) erstmals veröffentlichten Aquarelle, von denen hier zwei wiedergegeben werden, zeigen verschiedene Landschaften und Szenen aus Kamčatka. Sie
können eindeutig entsprechenden Textpassagen in seinem Werk *Denkwürdigkeiten*
... zugeordnet werden, so dass mit Sicherheit gesagt werden kann, dass zumindest
die Vorlagen von Kittlitz stammen. Auch wenn die Bilder nicht signiert sind, so gibt
es dennoch überzeugende Hinweise dafür, dass Kittlitz die Bilder eigenhändig angefertigt hatte. So finden sich zu den einzelnen Bildern (von ihm signierte) Studien
und Vorarbeiten, in denen Details skizziert werden und das spätere Aquarell vorweg genommen wird. Zu dem Aquarell „Fischbarriere am Kamtschatkafluss" (Abb.
Umschlag) gibt es eine Tuschzeichnung (Abb. 6), die den zentralen Ausschnitt des
Aquarells zeigt. „Winteranfang zu Awatscha" (Kittlitz 2011: 213) existiert als ganzes
Bild ebenfalls in dieser Form. Diese Zeichnungen sind nummeriert, doch konnten
sie bisher nicht zusammenfassend präsentiert werden. Es ist jedoch anzunehmen,
dass sie Teil eines umfangreicheren Arbeitsvorhabens von Kittlitz waren.

Als drittes Beispiel kann das Aquarell „Strand" angeführt werden (Abb. 9). Die
darauf abgebildeten Vogelfelsen im Meer finden sich ebenso wie die beiden am Ufer
liegenden Robben als Illustrationen in seinem Buch „Denkwürdigkeiten..."

Kittlitz thematisiert und bedauert mehrmals die Diskrepanz zwischen seinen
Vorlagen und deren Umsetzung in Kupferstiche oder Holzschnitte durch andere.
Eine naturgetreue Abbildung hat für Kittlitz jedoch höchste Priorität und sie ist,

Abb. 6: „Fischbarriere am Kamtschatka-Fluss bei Mil'kovo...", siehe Umschlag.

Abb. 7: Illustration aus *Denkwürdigkeiten* ...
Bd. 1: 328, siehe Abb. 10.

Abb. 8: Illustration aus *Denkwürdigkeiten* ...
Bd. 2: 397, siehe Abb. 10.

wie oben beschrieben, auch die Motivation dafür, dass er das Kupferstechen selbst erlernt hatte, um seine Vorstellungen direkt realisieren zu können.

Eben jenes Streben nach größtmöglicher Detailtreue findet sich auch in den Aquarellen wieder. Bisher konnten keine inhaltliche Fehler und kaum Ungenauigkeiten entdeckt werden. Auf die künstlerische Freiheit im Sinne einer Abweichung von einer sogenannten „fotografischen Wiedergabe" wurde lediglich dann zurückgegriffen, wenn es sich um Bildkompositionen handelt, die dazu dienen, den vorgestellten Sachverhalt umfassend darzustellen.

Als Beispiel hierfür kann das Aquarell „Ganaly" (Abb. 10) aufgeführt werden: Die hier dargestellten Pflanzen und Tiere sind allesamt charakteristisch für das abgebildete Ökosystem; ob sie jedoch in der dargestellten Anordnung wuchsen bzw. sich zeitgleich einfanden bleibt das Geheimnis des Künstlers. Die entsprechenden Textpassagen deuten jedoch darauf hin, dass es sich um eine Komposition handelt. Dies ist für den Betrachter von großem Gewinn, da er ein Bild vor sich hat, das sehr viel mehr Detailinformation enthält, als dies bei einer Fotografie je möglich sein könnte.

Die durchgehend korrekte Darstellung der Details wie beispielsweise Blattform und -farbe einzelner Pflanzen im Kleinen und Linien wie von Bergzügen im Großen ist ein überzeugendes Argument dafür, dass die Bilder von Kittlitz selber stammen. Denn außer ihm und seinen einheimischen Reisebegleitern hat niemand das von ihm künstlerisch Wiedergegebene so gesehen. Die Titel der Bilder stammen aus der Beschreibung von Prof. Hans Engländer, die wiederum aus Kittlitz' Reisebeschreibungen entnommen sind.

## Schlussbemerkungen

Auch wenn Kittlitz als junger Mensch zuerst eine militärische Laufbahn eingeschlagen hat, so können wir heute nur von Glück sagen, dass er schon kurz darauf seine wahre Berufung erkannt hat und ihr gefolgt ist. Kittlitz war ein idealistischer

Abb. 9: Strand. Mündung eines Flusses ins Meer. Kormoran-Felsen. Goldregenpfeifer, Möwen, Albatros, Seehunde, Wal und verschiedene Algen.

Abb. 10: Ganaly. Gebirgsgegend bei Ganaly mit Bergpflanzen, Schneeschaf, Murmeltier und Schneefink. 15. August. [zur Jagd auf das Schneeschaf: siehe. S. 160f.]

Künstler und begnadeter Naturforscher mit später philosophischer Neigung. In Fachkreisen wurden seine Fähigkeiten als „anregender Schriftsteller und meisterhafter Illustrator" sowie seine Leistungen auf dem Gebiet der Ornithologie bewundert und anerkannt.

Kittlitz wurde am meisten für seine detailgenauen Naturdarstellungen gelobt, die nur durch das glückliche Zusammentreffen von unermüdlichem Fleiß, profundem Wissen der belebten Natur und seiner künstlerischen Gabe in dieser Form entstehen konnten. Ein gutes Beispiel hierfür sind die 12 Aquarelle zu Kamčatka. Seine ornithologischen Arbeiten haben noch heute wissenschaftliche Bedeutung und seine Reisebeschreibungen sind auch für den Leser unserer Tage eine reiche und unterhaltsame Informationsquelle.

„Übertriebene Gewissenhaftigkeit und Ehrenhaftigkeit" in Verbindung mit „mangelndem Geschäftssinn" (Stricker 1882: 47) führten dazu, dass ihn sein emsiger Fleiß und sein umfassendes Wissen weder zu Ruhm noch zu finanziellem Wohlstand führten. Hinzu kamen häufige Krankheiten, die zur Folge hatten, dass er bei Ehrungen öfter nicht anwesend sein konnte oder seine Publikationen nur sehr zeitverzögert erschienen; seine Leistungen erfuhren deshalb nicht die ihnen gebührende Würdigung.

Innere Befriedigung und Bescheidenheit scheinen ihn jedoch vor Verbitterung bewahrt zu haben und so liest man in seinem Nachruf eines Mitarbeiters des Forschungs-Instituts Senckenberg, dass er zwar „in einem Gefühl der Vereinsamung, aber dennoch heiter und gelassen starb" (Steinbacher 1955: 122; Gebhardt 1977: 694). Bezeichnender Weise findet sich weder in Texten über Kittlitz noch in dessen eigenen Veröffentlichungen ein Hinweis darauf, dass er mit anderen Menschen in Zwist oder Streit gelebt hätte. Er wird als ein „durch und durch guter Mensch, leutselig, freundlich und zuvorkommend über alle Maaßen" beschrieben (Petersen 1875: 44).

Welche Rolle er in der Wissenschaftsgeschichte der Ornithologie spielte, zeigt sich auch in den Namen der Arten, die nach ihm benannt sind. Er gilt als Erstbeschreiber zahlreicher Arten, so der *Lilium debile* in Kamčatka, von denen manche heute sehr selten sind oder bereits als ausgestorben gelten.

Ein Beitrag zur posthumen Ehrung seines umfassenden Wirkens wäre die Übersetzung seiner Werke ins Russische, die hiermit angeregt sei. Weiterhin könnten weitere Recherchen in russischen Archiven und Museen zu Kittlitz im Rahmen der deutsch-russischen wissenschaftlichen Zusammenarbeit das Bild der hier vorgestellten Persönlichkeit sicherlich vervollständigen und einen umfassenden Eindruck von der Tätigkeit eines deutschen Naturforschers in russischen Diensten geben.

## Literatur

Anonymus o. J. *J. Friedrich Wilhelm Heinrich Freiherr von Kittlitz und Ottendorf 1799–1874.* 10 Seiten. Unveröffentlichtes Manuskript eines unbekannten Nachfahren von Friedrich Heinrich von Kittlitz. Privatsammlung von Prof. Dr. Hans Engländer.

Engländer, Hans 1963. Landschaftsaquarelle als Reiseberichte des Naturforschers Friedrich Heinrich von Kittlitz. *Natur und Museum* 93 (11): 443–448.

— o. J. *Bilder einer Reise nach Kamtschatka in den Jahren 1827/28 von F. H. von Kittlitz* (den Aquarellen beiliegende Beschreibung).

Erman, Adolph 1848. *Reise um die Erde durch Nord-Asien und die beiden Oceane in den Jahren 1828, 1829 und 1830.* Abt. 1: Historischer Bericht ; Bd. 3: Die Ochozker Küste, das Ochozker Meer und die Reisen auf Kamtschatka im Jahre 1829. Berlin: Reimer. Neuausgabe 2013, Erich Kasten (Hg.). Fürstenberg/Havel: Kulturstiftung Sibirien.

Gebhardt, Ludwig 1977. Kittlitz, Heinrich Freiherr von. *Neue deutsche Biographie.* Bd. 11: 694–695. Berlin: Duncker & Humblot.

Kittlitz, Friedrich Heinrich von 1822–23. *Kupfertafeln zur Naturgeschichte der Vögel.* Frankfurt a. M.: Sauerländer.

— 1831. „*Ueber die Vögel der Inselgruppe Boninsima, beobachtet zu Anfang May 1828. (Avec quatre plaches gravées et enluminées).*" Mémoires présentés à l'Académie Impériale des Sciences de Saint-Pétersbourg par divers savants, et lus dans les assemblées I: 231–248.

— 1831–35. „*Ueber einige Vögel von Chili, beobachtet im März und Anfang April 1827. (Avec 17 planches gravées et enluminées).*" Mémoires présentés à l'Académie Impériale des Sciences de Saint-Pétersbourg par divers savants, et lus dans les assemblées I, II. I: 174–194, II: 321–330.

— 1833. *Kupfertafeln zur Naturgeschichte der Vögel.* Frankfurt a. M.: Sauerländer.

— 1834a. Nachrichten von den Brüteplätzen einiger tropischer Seevögel. *Museum Senckenbergianum* 1: 116–126. Frankfurt a. M.: Sauerländer.

— 1834b. Beschreibung mehrerer neuer und wenig gekannter Arten des Geschlechts Acanthurus, im Stillen Ozean beobachtet und nach dem Leben abgebildet. *Museum Senckenbergianum* 1: 190–196. Frankfurt a. M.: Sauerländer.

— 1835. „*Ueber einige noch unbeschriebene Vögel der Insel Luzon, den Carolinen und den Marianen. (Avec dix planches gravées et coloriées).*" Mémoires présentés à l'Académie Impériale des Sciences de Saint-Pétersbourg par divers savants, et lus dans les assemblées II: 1–10.

— 1844. *24 Vegetationsansichten von Küstenländern und Inseln des Stillen Ozeans.* Siegen: Friedrich'sche Verlagsbuchhandlung.

— 1858 [2011]. *Denkwürdigkeiten einer Reise nach dem russischen Amerika, nach Mikronesien und durch Kamtschatka.* Gotha: Perthes. Neuausgabe (Auszüge zu Kamčatka) 2011. Erich Kasten (Hg.). Fürstenberg/Havel: Kulturstiftung Sibirien.

— 1863. *Psychologische Grundlagen für eine neue Philosophie der Kunst.* Berlin: Springer.

— 1873. *Schlussfolgerungen von der Seele des Menschen auf die Weltseele.* Mainz: V. v. Zabern.

Meyers Konversationslexikon 1885–1892. Vierte Auflage. Leipzig und Wien: Verlag des Bibliographischen Instituts.

Moyat, Jakob und Wilhelm Schuster 1906. Ungedruckte Tagebücher des Frhr. F. H. v. Kittlitz aus den Jahren 1817–1824. *Journal of Ornithology* 54(3): 359–383.

Litke, Fedor Petrovich 1836. *Voyage autour du Monde fait par ordre de Sa Majesté l'Empereur Nicolas Ier. sur la Corvette Le Séniavine, pendant des années 1826, 1827, 1828 & 1829, Sous le Commandement de Frederic Lütke.* Partie Historique. Atlas. Lithographié d'après les dessins originaux d'Alexandre Postels, Professeur Adjoint de l'Université Impériale de St. Pétersbourg, et du baron Kittlitz. 3 Bde, Atlas. Paris: Didot.

Petersen, Theodor 1875. Zum Andenken an F. H. von Kittlitz. Vorträge und Abhandlungen. In *Bericht über die Senckenbergische Naturforschende Gesellschaft* 1873–1874: 41–44.

Steinbacher, Joachim 1955. Friedrich Heinrich von Kittlitz, Lebensweg eines Naturforschers. Natur und Volk. In *Bericht der Senckenbergischen Naturforschenden Gesellschaft* 85: 121–129.

Strecker, Lisa 2010. Baron Genrich fon Kittlic: nemeckij dvorjanin na službe Imperatorskoj Rossijskoj Akademii nauk. In *Kul'tury i landšafty Severo-Vostoka Azii: 250 let russko-nemeckich issledovanij po ékologii i kul'ture korennych narodov Kamčatki.* Erich Kasten (Hg.), 61–94. Norderstedt: Books on Demand.

Str[icker], W[ilhelm] 1874. Friedrich Heinrich Freiherr von Kittlitz aus Schlesien. *Zoologischer Garten*, Zeitschrift für die gesamte Tiergärtnerei, offizielles Organ des Verbandes Deutscher Zoodirektoren und Organ of the World Asociation of Zoos & Aquariums – WAZA 15: 199.

Stricker, Wilhelm 1882. Kittlitz: Friedrich Heinrich. *Allgemeine Deutsche Biographie* 16: 46–47. Leipzig: Duncker & Humblot.

Völkl, Ekkehard 1968. *Russland und Lateinamerika, 1741–1841.* Wiesbaden: Harrassowitz.

## Abbildungen

Abb. 1–3, 6–8   Privatbesitz der Familie von Kittlitz.
Abb. 4, 5, 9, 10   Sammlung Prof. Engländer, Universitäts- und Stadtbibliothek Köln.

# 8 ADOLPH ERMAN – EIN BEDEUTENDER UND ZUGLEICH UMSTRITTENER NATURFORSCHER SIBIRIENS

*Erki Tammiksaar* [1]

## Einführung

Es gab viele deutsche und russische Gelehrte, die im 19. Jahrhundert den fernen Osten Russlands bereisten und die sich neben ihrer dortigen wissenschaftlichen Tätigkeit mit den politischen Verhältnissen des Landes auseinandersetzten. Zu ihnen gehörte auch der aus Berlin stammende Adolph Erman. Er beschäftigte sich ebenfalls mit der Frage des Deutschbaltentums im Russischen Reich. Doch seine wenig fundierten Einschätzungen hierzu trugen offenbar dazu bei, dass ihm trotz seiner vielen Publikationen und seines im Jahre 1833 erschienenen umfangreichen Werkes *Reise um die Erde durch Nord-Asien und die beiden Oceane in den Jahren 1828, 1829 und 1830* besondere wissenschaftliche Anerkennung und eine entsprechende Laufbahn letztlich versagt geblieben waren. Die akademischen Kontroversen, in die er verwickelt war, geben einen guten Einblick in persönlich-institutionelle Hintergründe der Russlandforschung in wissenschaftlichen Kreisen und im Verlagswesen zur damaligen Zeit.

## Jugendzeit und Ausbildung

Adolph Erman wurde am 12. Mai 1806 in Berlin geboren, wo er am 12. Juli 1877 starb. Er stammte aus der deutsch-französisch-jüdischen Familie seines Vaters Paul Erman (1764–1851) und seiner Mutter Caroline (geborene Hitzig, 1784–1848). Die Familie war weit über Berlin und Preußen hinaus angesehen, da Adolphs Vater einer der namhaftesten Physiker seiner Zeit war, der im Jahre 1808 zum Mitglied der Preußischen Akademie der Wissenschaften und im Jahre 1810 zum Ordinarius für Physik an der Universität Berlin ernannt worden war. Gleichzeitig war dieser von 1783 bis 1820 Lehrer am Französischen Gymnasium in Berlin, wo sein Vater Hugenot Jean Pierre Erman (1735–1814) seit 1765 Direktor war.

Adolph begann 1812 seine Ausbildung in einer Privatschule und setzte diese – der Familientradition folgend – am Französischen Gymnasium fort. Ermans erster Biograf Fedor Kretschmar bemerkte in seiner Biografie zu Adolph Erman, dass seine

---

1    Dieses Projekt wurde von der Europäischen Union (KESTA Nr. 3.2.0801.12-0044 vom Estnischen Bildungsministerium (SF0180049s09, IUT 02-16) und der Estonian Science Foundation (ETF 7381) unterstützt.

naturwissenschaftlichen Fähigkeiten und Neigungen schon in jungen Jahren zum Vorschein kamen, wobei sich Adolph bereits als Schüler besonders für barometrische, magnetische und geologische Untersuchungen interessierte (Kretschmar 1966: 20). Das war seinem Vater Paul Erman zu verdanken, der seinen einzigen Sohn sehr liebte. Ermans Freund Heinrich Berghaus schrieb:

> Paul Erman verschaffte seinem, für Alles Grosse und Schöne empfänglichen, mit lebhafter Einbildungskraft begabten Sohne, schon im zarten Knabenalter wichtige und lehrreiche Genüsse: so die Ansicht des Meeres im Jahre 1816 auf Rügen, und von der, in den Brandenburgischen Marken ungeahnten Existenz und Manchfaltigkeit von Felsen, bei Meißen und weiter aufwärts an der Elbe, im Jahre 1818 […]. Die speziellere Neigung zu den Bergwerks-Wissenschaften und zur Gebirgskunde ward in unserem jungen Freunde geweckt 1819, durch Anschauung des Harzes, und 1820 bei einer Reise durch die deutschen Kantone der Schweiz und in Savoien, auf der er seinen Vater, bis zum Montblank, begleitete. (Berghaus 1839: 14)

Bereits im Alter von 16 Jahren nahm er 1823 das Studium der Naturwissenschaften an der Universität Berlin auf und Adolph nutzte weiterhin jede Gelegenheit, um verschiedene Gegenden Deutschlands zu bereisen. Er belegte die Fächer Mineralogie bei Gustav Rose, Geologie bei Leopold von Buch, Zoologie bei Martin Heinrich Lichtenstein und Geografie bei Carl Ritter. Viel Aufmerksamkeit hatte Erman mathematischen Fächern gewidmet, als Grundlage physikalischer Studien. Dies hatte sich als lohnend erwiesen, weil die Preußische Akademie der Wissenschaften bereits im Jahre 1825 ein Instrument zu magnetischen Beobachtungen aus Paris erhalten hatte und der Vater seinem Sohn Adolph bei Potsdam dieses Gerät zeigen konnte (Berghaus 1839: 15f.).

Im Jahre 1826 verteidigte Erman seine Dissertation zur Erlangung des Doktorgrades über Veränderungen des Körpervolumens bei Schmelzvorgängen. Dank seines Vaters kam Adolph auch mit Alexander von Humboldt und mit dem Dichter und Naturwissenschaftler Adelbert von Chamisso zusammen, einem weiteren angesehenen Mitglied der deutsch-französischen Gemeinde Berlins. Zusammen mit weiteren Beziehungen, über die diese Wissenschaftler und vor allem der auch politisch einflussreiche Alexander von Humboldt verfügten, bot sich Adolph Erman im damaligen Berlin ein wohl weltweit einmaliges Umfeld, um dort seinen vielseitigen wissenschaftlichen Interessen weiter nachgehen zu können (vgl. Kretschmar und Kouschil 1997).

In wissenschaftlicher wie auch in persönlicher Hinsicht von besonderer Bedeutung sollte sich für Erman seine anschließende zweijährige Tätigkeit (von 1826 bis 1827) als Volontärassistent bei dem einflussreichen Königsberger Astronomen Friedrich Wilhelm Bessel erweisen. Bessel genoss in Königsberg hohes Ansehen und war auch im gesellschaftlichen Leben aktiv. Zu seinen Freunden gehörten der Meteorologe Heinrich Wilhelm Dove und der vielseitige deutschbaltische Naturwissenschaftler Karl Ernst von Baer, der damals in Königsberg als Ordinarius für Zoologie und für vergleichende Anatomie tätig war. Bei Bessel gab es ein „bekanntes Sopha", wie Baer sich in einem Brief[2] ausgedrückt hatte, wo viele offene Gespräche verschiedener Art geführt wurden. Bessel unterhielt auch enge Kontakte mit dem Mathematiker Carl Friedrich Gauß und mit dem Astronomen Friedrich Wilhelm Struve. In Königsberg hatte Erman Bessels Tochter Marie (1816–1902) kennengelernt, die er 1834 heiratete.

Zunächst aber begab sich Erman – seinen ehrgeizigen wissenschaftlichen Ambitionen folgend – in den Jahren 1828 bis 1830 auf eine Reise um die Welt. Nach der Rückkehr von dieser Reise im Jahre 1830 ordnete und bearbeitete Erman in Berlin zunächst seine geogmagnetischen und anderen Beobachtungen sowie seine umfassenden Sammlungen. Die Arbeit wurde jedoch dadurch erschwert, dass die Königliche Bibliothek in Berlin nur über begrenzte Bestände an russischen Büchern verfügte (Kretschmar 1966: 25). Erman hoffte auf eine Lehrtätigkeit im Fach Geografie, doch an der Universität Berlin stand ihm nur das Fach Physik offen. So wurde er dort 1832 Privatdozent für Physik und 1834 an derselben Universität zum Extraordinarius für Physik berufen. Berghaus schreibt, dass Erman seit 1833 die Professur für mathematische und physikalische Geografie besaß (Berghaus 1839: 37). Seine erste Vorlesungsreihe trug den Titel: „Theoretische und praktische Anleitung zu Aufnahmen und Ortsbestimmungen mittels geodätischer, astronomischer und physikalischer Werkzeuge". Außerdem lehrte er dort auch über „Theorie des Magnetismus der Erde" und „Physikalische Geographie oder Anwendung der Physik auf die Erscheinungen am Erdkörper".

Da Erman nur wenige Studenten hatte, erhielt er von der Universität lediglich ein geringes Gehalt (Kretschmar 1966: 27). Durch seine immer umfangreichere und schließlich zehn Kinder umfassende Familie sah er sich genötigt, Geld hinzu zu verdienen. So folgte Adolph Erman der Familientradition und nahm von 1832 bis 1846 eine zusätzliche Lehrtätigkeit am Französischen Gymnasium auf. Kretschmar schrieb dazu: „Für seine persönliche wie wissenschaftliche Entwicklung erwies sich die Tätigkeit am Französischen Gymnasium als wenig glücklich. Hier stellten sich seinem anfangs kometenhaften Aufstieg ernste Hemmnisse entgegen: eine Kette von Misserfolgen, deren er seit seines Lebens nicht mehr froh werden sollte, nahm von dieser Stätte aus ihren Anfang" (Kretschmar 1966: 29).

Enttäuschungen erfuhr er aber auch von anderer Seite. Obwohl sein Vater wie auch sein Schwiegervater Bessel sehr angesehene Wissenschaftler waren, erfuhr Erman selbst kaum eine solche wissenschaftliche Anerkennung, obwohl ihm das offenbar ein großes Anliegen war. So blieben ihm die Türen der Preußischen Akade-

---

2   Baer an Bessel, [St. Petersburg, Juni] 1836. – Archiv der Berlin-Brandenburgischen Akademie der Wissenschaften, Nachlass Bessel, Nr. 160, Bl. 9 v.

Abb. 1: Adolph Erman im Jahre 1839

mie der Wissenschaften verschlossen, weil Dove zu einem seiner Opponenten wurde (Erman 1929: 34; vgl. Kretschmar und Kouschil 1997: 55). Das gleiche Schicksal erfuhr er an der Akademie der Wissenschaften zu St. Petersburg, obgleich er dort alles ins Spiel brachte, um dieses Ziel zu erreichen (Kretschmar 1966: 34–38). Hinderlich hatte sich vermutlich erwiesen, dass er offenbar mitunter zu Selbstüberschätzung neigte, ein Wesenszug, der sich bereits in seiner Lebensskizze widerspiegelt, die von seinem Freund, dem Geografen Heinrich Wilhelm Berghaus und offensichtlich von seinem Vater verfasst worden war. In diesem Aufsatz sieht sich Erman in einer Reihe mit den weltbedeutenden Weltumseglern. Berghaus schrieb: „Erman, [James] Cook, [Martin] Frobisher, – drei Namen, die in der Geschichte der geographischen Entdeckungen und naturhistorischen Forschungen einen ausgezeichneten Rang einnehmen" (vgl. Berghaus 1839: 13). Andererseits verfügte Erman offenbar nicht über die entsprechenden Manieren, so dass er „nicht recht in die Enge und Steifheit des vornehmen Gelehrtentumes seiner Zeit hineinpasste […], und das Schlimme war, dass er mit seiner Meinung [gegenüber anderen Menschen] nicht immer hinter dem Berge hielt", wie sich sein Sohn Adolf Erman (1854–1937) erinnerte (Erman 1929: 32).

Da Erman seine wissenschaftlichen Verdienste nicht anerkannt sah, zog er sich immer mehr zurück. Dabei ließ er einen Mangel an Frohsinn erkennen und neigte zu Grämlichkeit, wie Humboldt in einem Brief vermerkte (Kretschmar 1966: 39). In einem anderen Brief aus dem Jahr 1844 schrieb Humboldt, dass „einem so stachligen Holze […] schwer Eingang zu schaffen" sei, und er endete mit dem Stoßseufzer: „Wenn der Mann nur weniger starr und unbeholfen wäre" (Kretschmar und Kouschil 1997: 58). So war Erman der Weg versperrt, Ordinarius an der Universität zu werden, obgleich er sich die Stelle seines Vaters nach dessen Tode im Jahre 1855 erhofft hatte. Seine verbitterte Persönlichkeit sowie seine aktive Teilnahme an der Revolution 1848–1849 an der Universität und seine bisweilen unsachlich geführten Streitigkeiten mit dem Ministerium für Geistliche, Unterrichts- und Medizinalangelegenheiten im Zusammenhang mit der Veröffentlichung seiner Reisebeschreibung führten dazu, dass seine wissenschaftliche Laufbahn im Jahre 1877 lediglich als Extraordinarius endete (Erman 1929: 33–37; Kretschmar 1966: 40–53).

## Ermans Reise durch das Russische Reich und um die Welt in den Jahren 1828 bis 1830

Christopher Hansteen, Professor für Astronomie und angewandte Mathematik an der Universität Christiania in Norwegen, hatte einen maßgeblichen Beitrag zur Theorie des Erdmagnetismus geleistet. Er war einer der ersten, der für die nördliche magnetische Polarregion die sogenannte Deklination und Inklination der Magnetnadel[3] herausfinden wollte, was sein schwedischer Kollege Johan Carl Wilcke auf der Grundlage der geomagnetischen Beobachtungen von James Cook während seiner zweiten Weltumseglung (1772–1775) für die südliche magnetische Polarregion berechnet hatte (Hansteen 1819: VII; 1865: 1). Um die Isodynamik der Intensität des Geomagnetismus in verschiedenen Gegenden der Nordhalbkugel gründlich zu erforschen, entschloss sich Hansteen zu einer Reise durch das weite Russische Reich, wo bisher nur wenige geomagnetische Beobachtungen angestellt worden waren. Zunächst wandte sich Hansteen 1824 mit seinem Plan an den Schwedischen König Karl XIV Johann, worauf das norwegische Storting (Parlament) von Schweden 1827 schließlich die Mittel für die Expedition bewilligt bekam. Zu Mitgliedern der Expedition wurden Hansteen, Marineleutnant Christian Due und der Lektor der Mineralogie im Berginstitut in Christiania, Balthasar Matthias Keilhau ernannt. Keilhau wurde aber von der Regierung ein anderer Auftrag zugeteilt.

Davon las Paul Erman zufällig in einer Zeitung. Er schrieb am 24. Juli 1827 an Hansteen und schlug seinen Sohn als „Assistenten" der Expedition vor. Einen Geophysiker brauchte Hansteen nicht, aber wenn Erman als Freiwilliger botanische, zoologische und mineralogische Beobachtungen „übernehmen könnte, so glaubte ich, es könne sich machen lassen," antwortete Hansteen an Paul Erman (Hansteen 1865: 7).[4] Er kannte Adolph bereits persönlich, da sie sich in Berlin im Jahre 1825 kennengelernt hatten. Erman war einverstanden. Dank Humboldt und Bessel führte er die notwendigen Empfehlungsschreiben für St. Petersburg (für den Kapitän und Weltumsegler Adam Johann von Krusenstern, den Finanzminister Georg von Cancrin u. a.) mit sich, die für ein erfolgreiches Weiterkommen in Russland unerlässlich

---

3   Deklination der Magnetnadel: der Winkel, den in einem Punkt der Erdoberfläche die Richtungen des geografischen Meridians und des durch die Längsachse der Kompassnadel angezeigten geomagnetischen Meridians miteinander bilden; Inklination der Magnetnadel: der Winkel zwischen den Feldlinien des Erdmagnetfeldes und der Horizontalebene.

4   Adolph Erman schrieb in seinem Reisetagebuch, dass er sich selbst an Hansteen gewandt hatte (Erman 1833a: 1f.). Hansteen jedoch betont in seinem Reisebericht, dass es wohl doch nicht so war, und dass ohne Paul Ermans Vermittlung Adolph keine Chancen gehabt hätte, mitzufahren (vgl. auch Berghaus 1839: 18).

waren. So konnte Erman seine Reise um die Welt antreten. Vor der Reise hatte er noch eine geologische Exkursion mit dem Geologen Friedrich Hoffmann zwischen Halle und Mansfeld sowie im Harz unternommen, in Vorbereitung auf die Expedition. Im Winter 1827 und 1828 hatte Erman ebenfalls Vorlesungen von Humboldt über physikalische Geografie gehört (Berghaus 1839: 19).

Für das Selbstbewusstsein des jungen, erst 22 Jahre alten Adolph Erman musste die Teilnahme an einer so bedeutenden Reise – und ausgestattet mit so wichtigen Empfehlungsschreiben – großen Einfluss gehabt haben. Obgleich Erman die Expedition als Naturwissenschaftler begleiten sollte, hatte er sich selbst ganz andere Ziele gesetzt. In der Einleitung des veröffentlichten Briefwechsels von Adolph Erman mit seinem Vater schrieb der Herausgeber:

> Die wissenschaftlichen Zwecke des Reisenden sind: vollständige Reihen magnetometrischer Bestimmungen mit Besselschen Instrumenten und Besselschen Methoden, welche ganz geeignet sind, an die astronomisch aufgefundene magnetische Abweichung die strengste geographische Ortsbestimmung zu knüpfen, wozu die dritte Koordinate durch barometrische Approximation und durch den Standort der Pflanzen annäherungsweise gesucht wird; – Temperatur-Bestimmungen der Atmosphäre, und hauptsächlich des Bodens durch den Bergbohrer und die Quellen; – geologische Karakteristik, beurkundet durch die Suiten der abgeschlagenen Gebirgsarten für die mineralogische Abtheilung des Königl. Museums zu Berlin. Ob das botanische Sammeln und die Ausbeute der Jagd etwas Interessantes für die betreffenden Abtheilungen liefern werden, hängt ab von günstigen Zufälligkeiten. (D. H., 1829: 65)

Die Expedition erbrachte tatsächlich nur wenige geologische, zoologische und botanische Resultate. Auf eigene Initiative machte Erman aber während der Reise umfangreiche ethnografische und politische Notizen zu den verschiedenen Gegenden Russlands. Sein Hauptinteresse, den Geomagnetismus in Sibirien zu erforschen, war aber insofern gerechtfertigt, weil Hansteen nicht beabsichtigt hatte, ganz Sibirien zu durchreisen – tatsächlich gelangte er nur bis Irkutsk. Dagegen hatte Erman schon von Anfang an die Absicht gehabt bis Kamčatka zu reisen.

Erman verließ am 25. April 1828 Berlin und fuhr über Königsberg, Riga und Dorpat nach St. Petersburg, der damaligen Hauptstadt des Russischen Reiches, wo er am 11. Mai ankam. Dank seiner Empfehlungen traf er sich persönlich mit dem Direktor des Seekorps Adam Johann von Krusenstern, dem Leiter der Expedition durch Nordost-Sibirien Ferdinand von Wrangell, dem Leiter zweier Weltumseglungen Otto von Kotzebue, dem Physiker Emil Lenz u. a. (Hansteen 1865: 13–15). In St. Petersburg hatte Erman seine Zeit gut verwendet und im Juni 1828 hielt er einen Vortrag in der Akademie der Wissenschaften. Dort stellte er seine in der Zwischenzeit gewonnenen

Ergebnisse über die Deklination und die Intensität der magnetischen Kraft vor, die später in ergänzter Form publiziert wurden (Erman 1831b).

Am 11. Juli brach die Expedition von St. Petersburg auf. Neben Hansteen, Erman und Due nahmen der Norweger Andreas Nilson und der Este Gustav Rosenlund als Hilfskräfte an der Expedition teil. Die Reise ging über Moskau und Kazan nach Jekaterinburg, von wo Ende September eine Reihe kürzerer Abstecher getätigt wurden. Zu Beginn des Winters gelangte die Reisegesellschaft nach Tobolsk, wo u.a. Temperaturmessungen des Bodens vorgenommen wurden. Erman beschloss sich von der Reisegesellschaft zu trennen und hatte sich das Ziel gesetzt, die Mündung des Flusses Ob zu erreichen. Am 22. November brach Erman mit Rosenlund entlang des zugefrorenen Flusses auf und am 13. Dezember hatte er die Mündung des Ob annähernd erreicht. Am 27. Dezember waren Erman und Rosenlund wieder zurück in Tobolsk. Während dieser Reise hatte Erman die Position verschiedener Orte am Ob astronomisch bestimmt und möglichst viel unter dem Schnee gelegenes geologisches Material aus der Umgebung des Flusses gesammelt. Damit beschäftigte sich Erman auch während seiner weiteren Reise über Tomsk entlang des Sibirischen Traktes nach Krasnojarsk, wie man den Hauptweg aus Moskau bis nach Ochotsk bezeichnete. Dort traf er am 26. Januar 1829 wieder mit der übrigen Reisegesellschaft zusammen. Die Reise ging nun weiter nach Irkutsk, der Gouvernementshauptstadt Ostsibiriens, die man am 6. Februar erreichte. Von dort aus wurden bis zum 19. März verschiedene kleine Abstecher gemacht. In Krasnojarsk und Irkutsk machte Erman die Bekanntschaft mit einigen russischen Dichtern wie u.a. Aleksandr P. Stepanov sowie mit dem Sibirienforscher Semën S. Ščukin und mit Nikolaj S. Turčaninov.

Am 19. März brachen Due und Erman ohne Hansteen auf und folgten dem Lauf der Lena bis Jakutsk. In Jakutsk hielt sich Erman bis zum 22. April auf, wo er Messungen der Bodentemperatur im Schacht von Šergin vornahm, mit dessen Ausgrabung man im Jahr zuvor begonnen hatte und der bereits 15,2 Meter tief war (vgl. Baer 2001: 22).

In Jakutsk hatte sich Erman schließlich dazu entschlossen, seine Russlandreise bis zur Halbinsel Kamčatka fortzuführen. Jakutsk galt zu jener Zeit immer noch als der letzte Vorposten der Zivilisation. Neue Ortschaften der Russen fanden sich dann erst wieder an der Küste des Ochotskischen Meeres. Due entschloss sich zurück zu Hansteen zu fahren, während Erman mit zwei Kosaken am 23. April von dem noch mit Schnee bedecktem Jakutsk aus weiter fuhr. Am 19. Mai, zum Frühlingsbeginn, traf Erman in Ochotsk ein. Von Ochotsk aus beabsichtigte Erman zunächst zu Fuß entlang der Ochotskischen Meeresküste bis Kamčatka zu wandern (D.H. 1829a: 345), was sich jedoch als unmöglich herausstellte. Schließlich bot sich von Ochotsk aus für Erman die Gelegenheit mit dem Schiff nach Kamčatka weiterzureisen, auf das er allerdings bis zum 28. Juli 1829 zu warten hatte.

Am 9. August 1829 erreichte Erman auf dem Schiff *Ekaterina* in der Nähe der Mündung des Tigil'-Flusses die Westküste der Halbinsel Kamčatka. Vom 16. bis

29. August durchquerte er die Halbinsel in westöstlicher Richtung bis Jelovka. Er
wollte den Vulkan Šiveluč besteigen, doch zwei Versuche blieben erfolglos. Darauf
versuchte er im September den Ključevskaja-Vulkan zu besteigen, was ihm jedoch
ebenfalls nicht gelang – er kam nur bis zu einer Höhe von 3 000 Metern. Von Ključi
fuhr er mit dem Boot den Kamčatka-Fluss stromaufwärts und erreichte dessen
Quelle am 25. September. Am 29. September 1829 gelangte er schließlich nach Peterpaulshafen. Dort traf er den Weltumsegler Ludwig von Hagemeister, den Kommandeur der Fregatte *Krotkij*. Dank Krusensterns Empfehlung erhielt er einen Platz auf
dem Schiff, um wieder nach Europa zurückzukehren.

Erman verließ Kamčatka am 14. Oktober 1829. Die Heimreise ging über Russisch-
Amerika, San Francisco, Tahiti, Rio de Janeiro und Portsmouth. Am 27. September
1830 traf Erman in Kronstadt ein und er blieb zunächst noch bis zum 16. Oktober in
St. Petersburg, bevor er nach Berlin weiterfuhr und dort schließlich am 25. Oktober
1830 ankam. Seine Reise um die Welt war damit beendet. Humboldt würdigte bereits
in seiner Rede während der außerordentlichen Sitzung der Akademie der Wissenschaften zu St. Petersburg am 16. November 1829 die Expedition zur Erforschung des
Magnetismus von Hansteen, Erman und Due:

> Ich [Humboldt] könnte die Liste der bedeutenden Arbeiten des gegenwärti-
> gen Jahres der Herrschaft Seiner Majestät fortsetzen, [...] von der magneti-
> schen Expedition der Herren Hansteen, Erman und Due, die man in ganz
> Europa als die ausgedehnteste und mutigste, die jemals unternommen wurde
> [...]. (Knobloch u. a. 2009: 273)

Ausgezeichnet für die Ergebnisse seiner Reise wurde Erman aber nur in England,
wo er im Jahre 1844 die „Patron's Goldmedaille" der *Royal Geographical Society of
London* erhielt. Bei der Verleihung der Medaille wurde hervorgehoben, dass Ermans
vielseitige Tätigkeit als Wissenschaftler nur mit der von Humboldt zu vergleichen
sei, und dass er somit ohne Zweifel diese Medaille verdient habe (Erman 1848b: v).

### Ergebnisse seiner Reise: Publikationen über die Reise um die Erde

Ermans Reise durch Russland war recht erfolgreich und seine Reiseerlebnisse wurden sehr bald für deutsche Leser bekannt. Dazu hatte sein Vater Paul Erman beigetragen, indem er dafür sorgte, dass die Briefe seines Sohnes an ihn in dem von
Berghaus herausgegebenen Journal publiziert wurden (D. H. 1829; 1830a, b). Auch
hatte Paul Erman auf der Grundlage der Briefe seines Sohnes bereits Hauptergeb-
nisse seiner magnetischen Beobachtungen veröffentlicht ([Erman], 1829a, b). Adolph
Erman selbst hatte sie später dann lediglich vervollständigt und die Bedeutung seiner Beobachtungen für die allgemeine Theorie des Erdmagnetismus hervorgehoben
(Erman 1831a). Schließlich blieb ihm nichts weiter übrig, als seine ausgewerteten

Beobachtungsreihen der ganzen Reise als separate Teile seiner Reisemonografie zu publizieren (Erman 1835a: 1841). Ebenso wie Teile seiner magnetischen Beobachtungen hatte Erman vorläufige Hauptresultate seiner astronomischen, geologischen und botanischen Beobachtungen während der Reise und kurz danach veröffentlicht sowie auch einige Reiseerlebnisse (Chamisso 1831; D.H. 1829: 602–614; Erman 1829; 1832a, b, c; 1833b).

Nach Aussagen von Ermans Zeitgenossen kann man davon ausgehen, dass seine Reiseerlebnisse mit großem Interesse in deutschsprachigen und auch in anderen Ländern gelesen wurden. Schließlich war damals über Ost-Sibirien nur wenig bekannt, nach den zwei Kamčatka-Expeditionen in der ersten Hälfte des 18. Jahrhunderts unter der Leitung von Vitus Bering. Neueres über die dortigen Natur- und Lebensverhältnisse zu Beginn des 19. Jahrhunderts konnte man lediglich erfahren aus den Arbeiten von Georg Heinrich von Langsdorff, dem Teilnehmer an der ersten Weltumseglung Russlands in den Jahren 1803–1806, dem in Sibirien tätigen irischen Geschäftsmann Peter Dobell, dem Leiter der Expedition zur Kartierung der Neusibirischen Inseln in den Jahren 1809–1811 Mathias von Hedenström, sowie von Ferdinand von Wrangell, dem Leiter der Nordost-Sibirien-Expedition in den Jahren 1821–1824 (Langsdorff 1812; Parrot 1827; Dobell 1830; Gedenštrom 1830; Hedenström 1832; Wrangel[l] 1839). Außer Langsdorff und Dobell besuchten die meisten anderen jedoch nicht die Gegenden zwischen Jakutsk und Ochotsk wie Erman, sondern fuhren weiter an der Lena entlang nach Norden. Deshalb sind Ermans Beobachtungen und Reiseerlebnisse von besonderem Wert; vor allem auch seine lebendig verfassten Briefe an seinen Vater, in denen er das Leben in Sibirien anschaulich beschreibt, fanden breites Interesse. Ermans Freund Berghaus schrieb in seinem Journal als Nachwort zu den Reisebeschreibungen: „Der freundliche Leser hat bereits aus den oben angeführten Heften der *Annalen der Erd-, Völker- und Staatenkunde* die Art und Weise kennengelernt, wie Adolph Erman, mit einem seltenen Talent der Auffassung und Beobachtung begabt, die starre wie die belebte Natur der von ihm gesehenen Ländergebiete, das Leben des Menschen, die Sitten der verschiedenen Völkerschaften, fast alle Stufen der Civilisation durchlaufen, zu schildern vermag" (Berghaus 1832: 96).

Da Erman sehr viel in Deutschland gelesen wurde, hatte er beschlossen, seine Reiseerlebnisse auch in einer eigenen Monografie herauszugeben, was er durch Berghaus ankündigen ließ. Berghaus schrieb:

[...] In der gegenwärtigen Mittheilung giebt er eine allgemeine Uebersicht alles dessen, was er dem Publikum vorzulegen gedenkt. Diese Mittheilung hat insbesondere auch den Zweck, die Mäcene unter den deutschen Buchhändlern einzuladen, den Verlag der Reisebeschreibung sammt ihren wissenschaftlichen Beilagen zu übernehmen. [...] Das Manuskript liegt zum Druck bereit. (Berghaus 1832: 96)

Der erste Band von Ermans Reisebeschreibung erschien unter dem Haupttitel *Reise um die Erde durch Nord-Asien und die beiden Oceane in den Jahren 1828, 1829 und 1830*, mit dem Untertitel *Reise von Berlin bis zum Eismeere im Jahre 1828*, erschienen im Reimer-Verlag in Berlin im Jahre 1833 (Erman 1833a). Im Jahr 1835 kamen seine geografischen und magnetischen Ortsbestimmungen, Höhenmessungen sowie die Resultate der magnetischen Beobachtungen auf dem Festland heraus (Erman 1835a). Einige von Erman während der Reise gesammelten Materialien zur Tier- und Pflanzenkunde wurden von anderen Fachleuten ausgewertet, weil Erman dazu selbst nicht in der Lage war (Erman 1835b; Ehrenberg 1842). Im Jahr 1838 erschien die Reisebeschreibung von Tobolsk bis zum Ochotskischen Meer (Erman 1838a) und 1841 seine geografischen und magnetischen Ortsbestimmungen sowie die Resultate der magnetischen Beobachtungen auf See (Erman 1841a). Im Jahr 1848 wurde in London in zwei Bänden eine gekürzte Fassung von Ermans Reisebericht von Berlin bis Ochotsk veröffentlicht (Erman 1848b). Im selben Jahr kamen auch dessen darauf folgende Beschreibungen zu seiner Reise von der Ochotskischen Küste bis zum Peterpaulshafen heraus (Erman 1848a).

Erman beabsichtigte diesen Band ins Englische zu übersetzen, was aus dem Titelblatt des Buches hervorgeht. Diese Übersetzung kam aber nicht mehr zustande und blieb unvollendet wie auch die gesamte übrige in deutscher Sprache verfasste Reisebeschreibung. Erman kündigte im Vorwort seiner Monografie an, auch die Beschreibung der Reise von Kamčatka bis Kronstadt herauszugeben und die Resultate seiner meteorologischen Bestimmungen und geognostischen Beobachtungen auszuwerten (Erman 1833a: xiv–xv) – aber auch dazu sollte er nicht mehr kommen. Ein Teil der angekündigten Materialien erschien in gekürzter Fassung in Form von separaten Aufsätzen in seinem *Archiv für wissenschaftliche Kunde von Russland* (Erman 1842–1843; 1843; 1846; 1848c, d, e; 1851a; 1853–1856; 1855; 1860).

Ermans publizierte Tagebücher für die Zeit seiner Reise von Ochotsk bis Kamčatka (Erman 1848a) unterscheiden sich von den Reisebeschreibungen der vorherigen Wegstrecke ab Berlin (Erman 1833a; 1838a). Die Tagebucheintragungen vom Ural bis Ochotsk enthalten präzise wissenschaftliche Angaben, wogegen die Beschreibungen für die Zeit nach Ochotsk nachträgliche Betrachtungen und Einschätzungen aus späterer Zeit häufig die zunächst eher spontane Niederschrift des unmittelbar Erlebten zu überlagern scheinen; und auch die Literaturverweise werden für diesen Reiseabschnitt zahlreicher und zunehmend differenzierter (Kretschmar 1966: 75). Das hat seinen Grund in der Entstehungsgeschichte des Reiseberichtes. Die Reisebeschreibung bis zum Ob wurde bereits 1833 publiziert wie auch die Fortsetzung von Tobolsk bis Ochotsk 1838. Der dritte Teil jedoch – die Reiseerlebnisse auf Kamčatka – wurden erst 1848 veröffentlicht, und Erman konnte eigene Materialien in vieler Hinsicht mit zusätzlichen wissenschaftlichen Angaben und weiteren persönlichen und nicht immer guten Erlebnissen und Erfahrungen ergänzen.

## Weitere wissenschaftliche Ergebnisse der Russlandreise

Hauptziel der Expedition von Hansteen war es, geomagnetische Untersuchungs-
ergebnisse zu sammeln, was auch Ermans Absicht war. An insgesamt 350 Punkten hatte er nicht nur Abweichung und Neigung, sondern auch die Intensität der
magnetischen Kraft gemessen (vgl. Erman 1830; Berghaus 1839: 22; Kretschmar 1966:
79). Diese Angaben wurden in der Folgezeit häufig genutzt und von vielen Wissenschaftlern wie z. B. Carl Friedrich Gauß (für seine Theorie des Erdmagnetismus),
Edward Sabine und Hansteen hoch geschätzt. Berghaus und Humboldt vermerkten Ermans geomagnetische Beobachtungen auf ihren Karten der Erde (vgl. Berghaus 1838, Tafel 1; Reich, Roussanova 2012: 76). In der zweiten Auflage des *Berghaus'*
*Physikalischen Atlasses* hatte Erman eine vollständige Karte der Deklinationsbe-
obachtungen (s. Fußnote 3) aus den Jahren 1827 bis 1831 zusammengestellt (Erman
1851b: 4f.; Tafel 5). Seine Angaben fanden auch Eingang in die Atlas-Karten über
Meeresströmungen und magnetische Intensität (Berghaus 1851b; Erman 1846: 531,
Fußnote). In den 1860er Jahren berechnete Erman mit dem englischen Wissenschaftler Heinrich Petersen nach der Gauß'schen Theorie des Erdmagnetismus alle
bis 1870 vorhandenen magnetischen Beobachtungen mittels der auf 1829 reduzierten
angenommenen Säkular-Änderung nun für die gleichweit voneinander abstehen-
den Meridianpunkte auf zehn Breitenparallele (Neumayer 1891: 19). Diese Angaben
wurden im Jahre 1874 im Werk *Die Grundlagen der Gaussischen Theorie und die*
*Erscheinungen des Erdmagnetismus im Jahre 1829* publiziert (Erman und Petersen
1874) und im Jahre 1891 von dem Geophysiker Georg Neumayer in der IV. Abteilung
des *Berghaus' Physikalischer Atlasses* unter dem Titel *Atlas des Erdmagnetismus* auf
die Karte übertragen (Neumayer 1891).

Das zweite Fachgebiet, auf dem Erman erfolgreich war, waren genaue astronomische und Barometer-Messungen an verschiedenen Orten Sibiriens. Bislang gab
es nur wenige solcher Angaben, und Dank Ermans Arbeit konnte man so einen
besseren Überblick über die Höhenverhältnisse in sibirischen Landschaften gewinnen. Besonders wichtig waren seine Beobachtungen für die spätere Kartografie des
Gebietes entlang des Ob-Flusses, für das Aldan-Gebirge und für die genaue geografische Position und die tatsächlichen Ausmaße der Halbinsel Kamčatka. Insgesamt
hatte Erman 116 Ortsbestimmungen für 54 geografische Punkte von Nordasien vorgenommen. Auf der Grundlage seiner Bestimmungen hatte Erman 1838 auf eigene
Kosten eine Kamčatka-Karte publiziert (Berghaus 1839: 25). Sein Beitrag zur kartografischen Erschließung Ost-Sibiriens hatten u. a. Humboldt (Humboldt 1832: 262;
1844) und Ritter hervorgehoben (Ritter 1832: 1045f.).

Ermans Bemerkungen über die orografischen und geologischen Verhältnisse in
Ost-Sibirien stellten sich als ausführlicher heraus als Dobells Angaben. In seinen
Arbeiten hatte er eigene geologische Sammlungen und die Fundorte der Mineralien
beschrieben, insoweit es ihm möglich war, während der Reise geologisches Material

zu sammeln (D. H. 1829: 602–614; Erman, 1832c; 1842–1843; 1848e). Auf Grund eigener Untersuchungen hatte Erman ein erstes allgemeines Bild der geologischen Verhältnisse Nord-Asiens entworfen und mit den Goldvorkommen in diesem Erdteil in Zusammenhang gebracht und dies kartografisch erfasst (Erman 1842–1843). Diese von Erman gesammelten und ausgewerteten Angaben dienten später Humboldt und dem russischen Geologen Vladimir Afanas'evič Obručev als Grundlagenmaterial für ihre allgemeinen Übersichtswerke zur Orographie und Geologie Ost-Sibiriens (Humboldt 1844; Obručev 1933).

Auch für die Meteorologie Sibiriens waren Ermans Temperaturmessungen wichtig, obgleich sie nicht immer durchgängig und regelmäßig durchgeführt wurden (Erman 1843; 1848c, d; 1853–1856). Sie wurden von Humboldt (1832, 1844) wiederholt genutzt und von ihm auf dessen meteorologische Weltkarte übertragen (Berghaus 1839: 27; 1851a). Auch der Autor des damaligen meteorologischen Standardwerkes *Lehrbuch der Meteorologie*, Ludwig Friedrich Kämtz, konnte Dank Ermans meteorologischen und geothermischen Beobachtungen in Nordasien seine Schlussfolgerungen über das Klima Sibiriens wesentlich ergänzen. Ermans briefliche Angaben über seine Beobachtungen publizierte Kämtz in seinem Lehrbuch (Kämtz 1832: 575-587).

Ermans zoologische und botanische Sammlungen waren im Vergleich zu seinen geomagnetischen, astronomischen, geologischen und meteorologischen Aufzeichnungen von eher begrenztem Ausmaß, weil er – außer in Kamčatka – keine längeren Aufenthalte während des Sommers und somit nur selten Gelegenheit zum Sammeln von tier- und pflanzenkundlichen Materialien hatte. Außerdem besaß er als Physiker auch keine umfassenden Fachkenntnisse auf diesen Gebieten. Erman schrieb in der Einleitung seines naturhistorischen Atlasses:

> Während einer Reise um die Erde, deren Endzweck die Erlangung einer vollständigen Reihe magnetischer Beobachtungen war, konnte das Sammeln und Aufbewahren naturhistorischer Gegenstände nur desultorisch und an einzelnen, zufällig begünstigenden Oertlichkeiten betrieben werden. […] Im Innern des Sibirischen Continents konnte während des Winters unmöglich auf zufälliges Antreffen von Thieren gerechnet werden. (Erman 1835b: v)

Wie sein naturhistorischer Atlas beweist, hatte Erman seine zoologischen Gegenstände größtenteils auf dem Rückweg während seiner Seereise von Kamčatka nach Kronstadt ausgewertet. Dabei handelte es sich um viele Exemplare von 143 Vogelarten, 8 Säugetierarten, 11 Fischarten, 203 Insektenarten und 3 Beispiele niederer Tierarten. Demgegenüber wurden Beispiele von nur 149 Pflanzenarten größtenteils auf den Gebirgen Kamčatkas gesammelt, die von seinem Freund Adelbert von Chamisso bestimmt wurden. Da aber die Küsten des Ochotskischen Meeres und Kamčatka den Naturwissenschaftlern noch weitgehend unbekannt waren, konnte Erman dennoch Beispiele von einigen Pflanzen- und Vogelarten sammeln, die der Wissenschaft bis dahin unbekannt waren. So hatte er eine neue Birkenart auf Kamčatka entdeckt, der Chamisso Ermans Namen (*Betula Ermanii*) gab (Erman 1835b: 56, Tafel XVII).

## Einschätzungen zu gesellschaftlichen und politischen Verhältnissen in Russland

In Ermans Monografie findet sich vieles, was Auskunft über die Völker Sibiriens und über die gesellschaftlichen Zustände im Russischen Reich gibt. Im Vergleich zu seinen bereits während seiner Reise publizierten Briefen waren Ermans Schilderungen in seinen später veröffentlichten Tagebüchern wesentlich ausführlicher. Allerdings griff er hier oft Fragen auf, denen sich der junge Gelehrte offenbar recht unvorbereitet gegenüber sah. So ließ er sich in seinen Einschätzungen wie das Reich zu gestalten sei oft eher von seinem Gefühl leiten, als dass er mit der Geschichte und der Politik gerade im Hinblick auf die vielen Völkerschaften innerhalb des Russischen Reichs ausreichend vertraut gewesen wäre. Offensichtlich besaß Erman kaum nähere Kenntnisse zu der weitreichenden Autonomie der deutschen Ostseeprovinzen Russlands und den Privilegien der dortigen Ritterschaften, wie auch zum dortigen freien Gebrauch der eigenen deutschen Landessprache, der Religionsausübung und zur lokalen Verwaltung. Nur so kann man seine Verwunderung verstehen, dass in den Ostseeprovinzen und besonders an der Universität Dorpat kein Russisch, sondern Deutsch gesprochen wurde (Erman 1833a: 32, 38, 51f.). Erman hielt das für die Entwicklung der Wissenschaft im gesamten Russischen Reich als nicht dienlich. Schließlich hatte Erman vor und während der Reise eifrig Russisch gelernt. Seine Verachtung gegenüber Deutschbalten hatte er später mehrmals ausgesprochen und solche Gedanken sogar teilweise publiziert (Greč' 1837: 177).

Erman selbst beherrschte nach seiner Reise die russische Sprache offenbar recht gut. Das ist daraus zu ersehen, dass er nach seiner Rückkehr einen Aufsatz über eine Reise der Armenier Grigori und Daniel Atanasov ins Deutsche übersetzt hatte (Erman 1832d). Eine jedoch wesentlich umfangreichere Arbeit war es für Erman, das Buch von Friedrich Benjamin von Lütke über seine Reise auf Novaja Semlja (1821–1824) ins Deutsche zu übersetzen (Litke 1835). In Sibirien hatte er auch viele Dekabristen (Aleksandr N. Murav'ev, Vasilij F. Raevski und Aleksandr A. Bestužev-Marlinskij) kennengelernt, die sich für Reformen in Russland einsetzten und Ermans politische Ansichten stark beeinflusst hatten. Sie wurden nach dem Aufstand im Jahr 1825 nach Sibirien verbannt. So ist es nicht verwunderlich, dass Erman das Gedicht des Dekabristen Kondratij Fedorovič Ryleev „Vojnarovskij" ins Deutsche übersetzt hatte, welches aber unveröffentlicht blieb (Kretschmar 1966: 104).

Erman, der die russische Sprache liebte und auch sonst die patriotische Einstellung vieler Russen teilte, beanspruchte für sich auch das Recht, die unterschiedlichen Kulturen des großen Reiches zu kritisieren. So beurteilte er die Verhältnisse in den

Ostseeprovinzen Russlands abschätzig (Erman 1833a). Dass ein junger Ausländer sich anmaßte, Landesverhältnisse und die Deutschbalten als Minderheit im Reich zu kritisieren, hatte man ihm in den Ostseeprovinzen Russlands übel genommen. Man versuchte nun Ermans Ansatz als unwissenschaftlich abzutun, um damit auch seine politischen Einwände zu diskreditieren und lächerlich zu machen. Der erste Teil seiner Reisebeschreibung (Erman 1833a) gab dafür leider reichlich Gelegenheit, weil Erman nicht nur in seinen gesellschaftlichen Einschätzungen, sondern auch in seinen naturwissenschaftlichen Angaben oft fehlerhaft war. So meinte er irrtümlicherweise, dass die Neva von Westen nach Osten flösse, und ähnliche grobe Fehler finden sich auch an anderen Stellen.

Eine vernichtende Kritik des ersten Teiles des Reiseberichts schrieb Alexander von Bunge, Professor für Botanik an der Universität Kazan (nicht Dorpat!). Er hatte in seinen Aufsatz auch andere kritische Bemerkungen mitaufgenommen, die ihm aus Dorpat zugeschickt worden waren. Bunge hatte die vielen Fehler mit dem „edlen Selbstvertrauen" des Verfassers erklärt und Ermans Reisebeschreibung insgesamt Oberflächlichkeit unterstellt. Überhaupt hatte Bunge versucht, die Glaubwürdigkeit von Erman als Wissenschaftler in Frage zu stellen. So schrieb er:

> Legt man nun diese Beobachtungen, wie der Verf. selbst zu wünschen scheint, als Massstab für die individuelle Auffassung des Reisenden an den Bericht über ganze fremde Gegenden an, wo die Controle schon bei weitem schwieriger ist, so kann daraus nur Misstrauen gegen die Richtigkeit der Ansichten des Verf. entstehen; unmöglich kann es aber dem Leser gelingen, darnach die vorkommenden Fehler, die wegen der Mannigfaltigkeit ihrer Elemente durchaus nicht constant sein können, gleich den constanten Fehlern eines nach mathematischen Principien construirten Beobachtungsinstrumentes zu eliminieren. [...] Um wie viel unzuverlässiger müssen nun gar die vom Verf. gegebenen Beschreibungen von Gegenden und Linien sein, die er selbst nur von Hörensagen kennt, und nie gesucht hat [...]. (Bunge 1834: 318)

Dass Bunge mit seiner Kritik offenbar nicht Unrecht hatte, legt auch eine andere Rezension aus Tobolsk nahe, welche der dort anerkannte Arzt und Absolvent der Universität Dorpat, Carl Christian Roscher, verfasst hatte. In seiner Rezension wies er nach, dass Erman auch das Leben in Tobolsk falsch dargestellt hatte (Roscher 1835).

## Erman als korrespondierendes Mitglied der Akademie der Wissenschaften zu St. Petersburg und seine Beziehungen zu Karl Ernst von Baer

Zweifellos musste Erman eine solche Kritik sehr unangenehm sein, um so mehr, weil sein Vater ihm empfohlen hatte, der Akademie der Wissenschaften zu St. Petersburg

Berichte von seiner Reise zu schreiben, um so deren korrespondierendes Mitglied zu werden.[5] So schrieb Erman der Akademie einen Brief in französischer Sprache mit einem kurzen Überblick über den Verlauf seiner Reise und mit Resultaten seiner magnetischen Beobachtungen (Erman 1830b). Dieser Brief war eine kürzere Zusammenfassung seines Berichts an die Preußische Akademie der Wissenschaften (Erman 1830a).

Bis zur Veröffentlichung der zweiten Abteilung des ersten Bandes der Reisebeschreibung konnte er aber in dieser Hinsicht zunächst nichts erreichen. Dieser Band der Reise mit dem Titel *Physikalische Beobachtungen. Ortsbestimmungen und Declinationsbeobachtungen auf dem festen Lande* kam 1835 heraus (Erman 1835a). Da das Buch von ausschließlich wissenschaftlichem Inhalt war, sah Erman darin die günstige Gelegenheit, sich ein weiteres Mal um die korrespondierende Mitgliedschaft der Akademie der Wissenschaften in St. Petersburg zu bemühen.

Die erste Abteilung der Naturwissenschaften der Kaiserlichen Akademie wurde aber von Akademiemitgliedern dominiert, die deutschbaltischer Abstammung waren. So waren von den ordentlichen Mitgliedern der Naturwissenschaften der Akademie der Wissenschaften in den Jahren 1828-1894 fast die Hälfte (21 von 50) Deutschbalten (Tankler 1982: 45-47). Für Ermans Wahl in St. Petersburg konnte sich zunächst Baer einsetzen, der seit 1834 ordentliches Mitglied der Akademie der Wissenschaften zu St. Petersburg war. Ihn kannte Erman schon seit seiner Volontärzeit in Königsberg, weil Baer mit Bessel, Ermans späterem Schwiegervater eng befreundet war. Baer nahm auch an der Hochzeit von Erman im Oktober 1834 teil (Kretschmar 1966: 64). Erman gab dem Königsberger Zoologischen Museum, dessen Leiter Baer gewesen war, einen Teil seiner entomologischen Sammlung von seiner Reise um die Welt.[6] Baer seinerseits besorgte Erman aus Russland Bücher.

Erman nutzte für seine St. Petersburger Ambitionen die Hilfe seines Schwiegervaters. Bessel schrieb am 22. Februar 1836 an Baer:

> Ich habe noch etwas zu schreiben. Ihre Akademie hat Aufsätze von <u>Erman</u> [1830b] gedruckt: er <u>ist</u> also gewissermassen Mitglied der Akademie, hat aber noch kein Correspondenten-Diplom erhalten. Sollte es bloss vergessen sein, so würden Sie mir eine Gefälligkeit erzeigen, wenn Sie daran erinnern wollten. Der zweite Theil seiner Reise, der Theil voll Zahlen, verdient Anerkennung, denn er ist ehrenvoll für Erman und nützlich für Andere. Der erste Theil ist, trotz der Dorpater Recension [Bunge 1834], wenigstens <u>so</u> gut, dass er seinen Verfasser, als derselbe meine Tochter verlangte, bei mir stark das Wort geredet hat. Ich habe, während meines langen Aufenthaltes in Berlin,

---

5   Erman, A. an Fr. Bessel, Berlin, 24.08.1836. Archiv der Berlin-Brandenburgischen Akademie der Wissenschaften, Nachlass Bessel, Nr. 214.

6   Erman, A. an Fr. Bessel, Berlin, 5. 05. 1832. Archiv der Berlin-Brandenburgischen Akademie der Wissenschaften, Nachlass Bessel, Nr. 214.

Erman noch viel mehr lieb gewonnen, als er mir immer war. Daher mögte ich
gern, dass die Verläugnung, welche mir in der Nichtanerkennung zur Akademie, der obigen Ansicht gemäss, zu liegen scheint, gehoben würde.[7]

Baer antwortete Bessel im Juni 1836:

Doch nun ernsthaft von den Ermanschen Angelegenheiten. Es freut mich,
dass Sie mir das Vertrauen schenken, mir offen und unverholen über diese
Sache zu schreiben, und ich glaube dasselbe nicht besser als durch die
offenste Darlegung der Verhältnisse zu verdienen. [...] Man kämpft nämlich
jetzt wirklich darum, ob Dorpat russificirt werden soll, oder nicht. Ich will
nicht einmal entscheiden, ob man in D[orpat] Recht hatte, gewisse Schritte,
die von oben geschehen sind, so zu nehmen, aber ich kann Sie versichern,
dass dieser Kampf zwar schon still aber mit grosser Erbitterung geführt wird.
[...] Erman aber können Sie sagen, wenn er es nicht weiss, dass das Urtheil
über sein Buch bei der Russen anders seyn muss, als bei den Dorpatenser,
denn nicht nur die nordische Biene hat sehr vortheilhaft darüber berichtet,
sondern das Journal des Ministerium des Innern hat ganze Abschnitte ins
Russische übersetzen lassen [Èrman 1834, 1835]. [...] Allein für die Deutsche
giebt die Dorpater Recension die Richtung an. So werden Sie jetzt vielleicht
wissen, dass von Tobolsk ein deutscher Arzt in der vorletzten Heft der Dorpater Jahrbücher einen neuen Angriff eingesendet hat – vielleicht die erste
sibirische Kritik [Roscher 1835], welche die Literatur-Geschichte kennt! Das
macht Epoche. Nun von dem Verhältnisse der Akademie. Ich theile ganz Ihre
Meinung, dass es eine Art Verpflichtung derselben ist, Erman zum Corre-
spondenten zu erwählen, nicht wohl weil sie Abhandlungen von E.[rman]
gedruckt hat, als weil E.[rman] sich mit Russland wissenschaftlich beschäftigt hat und beschäftigt und so ziemlich der einzige Correspondent wäre, mit
dem sie russisch correspondiren könnte. [...] Doch hat Erm.[an] auch hier
sein Pech nicht verlassen. Er hat den Namen [des Weltumseglers Friedrich
Benjamin von] Lütke, der doch oft genug in der Hertha in Mittheilung von
hier vorgekommen war, Litke geschrieben.[8] Freilich heisst er im Russischen
so, aber die Familie ist eine ursprünglich deutsche und heisst Lütke. [...]
Erman hat also richtig übersetzt, aber warum zum Teufel nahm er nicht darauf Rücksicht, wie Lütke sich selbst in gedruckten Sachen oder in Briefen an
ihn schreibt! [...] Ich halte doch E.[rman]'s Buch in Bezug auf das allgemeine
Bild, für das besste was über Russland erschienen ist.[9]

7   Bessel, Fr. an K. E. v. Baer, Königsberg, 22. 02. 1836. Universitätsbibliothek Giessen, Hand-
    schriftenabteilung, Nachlass Baer, Bd. 2.
8   Hier geht es um die Rede über Ermans Übersetzung des Manuskripts von Friedrich Benjamin
    Lütke ins Deutsche (Litke 1835).
9   Baer, K. E. v. an Fr. Bessel, [St. Petersburg], Juni bis 26. Juli 1836. Archiv der Berlin-Branden-

Baer und Bessel versuchten 1836 gemeinsam für Erman die korrespondierende Mitgliedschaft der Akademie der Wissenschaften zu St. Petersburg zu organisieren, jedoch erfolglos. Erman war der Meinung, dass Baer daran Schuld wäre. Der Konflikt zwischen diesen beiden Männern spitzte sich im Jahre 1838 zu über die Frage der Permafrostböden und deren Mächtigkeit im Schacht Šergin in Jakutsk.

Der Kaufmann Fedor Šergin begann 1828 in Jakutsk mit der Grabung eines Brunnens in den Dauerfrostboden, um Brunnenwasser zu erhalten und das Trinkwasser nicht mehr von der Lena herbeitragen zu müssen. Im Jahre 1829 war er soweit, diese kostspielige Arbeit abzubrechen und hatte sie nur deswegen fortgesetzt, weil Ferdinand von Wrangell als Generalgouverneur von Russisch-Amerika bereit war, die Kosten aus der Kasse der Russisch-Amerikanischen Kompagnie zu übernehmen (Baer 2001: 23). Im Jahre 1837 war der Schacht 116 Meter tief und Šergin schickte die letzten Resultate seiner dortigen geothermischen Messungen an Wrangell. Diese Angaben hatte Baer noch am Ende 1837 in der Akademie der Wissenschaften zu St. Petersburg vorgetragen und über Šergins Resultate auch Humboldt, Berghaus und die *Royal Geographical Society* in London benachrichtigt (Baer 1838a,b,c). In diesen Mitteilungen hatte Baer sich mit der von ihm entwickelten Terminologie über den ewig gefrorenen Boden, über weitere notwendige Beobachtungen und über die Mächtigkeit des Bodeneises um Jakutsk auseinandergesetzt (s. Tammiksaar, 2001: XXII–XXIV).

Erman hatte in diesem Schacht 1829 ebenfalls eine geothermische Untersuchung durchgeführt. Damals war der Schacht 47 englische Fuß (15,2 Meter) tief. In seinen Briefen an den Vater gab er an, dass er in Jakutsk eine Bodentemperatur von –5 Grad Reamur vorgefunden hat (D.H. 1829: 617). In 1832 publizierte Erman eine besondere Notiz über seine Beobachtung im Schacht von Šergin, wo er die Temperatur in der Tiefe 15 Meter mit –6 Grad Reamur angab (Erman 1832b). Im gleichen Jahr schickte Erman seine geothermischen Beobachtungen auch an Kämtz. Aus seinem Buch ist zu ersehen, dass Erman im Schacht eine Temperatur von –7,5 Grad Reaumur [10] gemessen hatte (Kämtz 1832: 580, 585).

Baers Mitteilung über gefrorene Böden in Sibirien an Berghaus war Erman bekannt. Erman schrieb an Baer am 22. Mai 1838:

Berghaus, der seit einigen Jahren in Potsdam wohnt, schickte mir vor geraumer Zeit einen handschriftlichen Aufsatz von Ihnen, über das gefrorensein des Bodens in Nord-Asien, welchen die Beobachtungen in Schergins Brunnen als Einleitung dienten mit der Bemerkung: er erinnere sich, dass ich mich mit den darin behandelten Thematha's vielfältig beschäftigt habe und zum Theil, wie er glaube, zu andern Resultaten und Ansichten über diesen gelangt

---

burgischen Akademie der Wissenschaften, Nachlass Bessel, Nr. 160.
10  Im Vergleich mit früheren Angaben hatte Erman dieses Mal „die Grade der Reaumurschen Scale in hunderttheilige verwandelt" (Kämtz 1832: 579).

sei. Er fragte daher an, ob ich für passend hatte auf Ihren Aufsatz, denn er zu drucken gedenke, einen Commentar folgen zu lassen.[11]

Bevor Erman seine kritischen Kommentare abgeschlossen hatte, wurde Baers Aufsatz über Permafrostboden in das *Journal of the Royal Geographical Society* aufgenommen (1838b), von dem auch eine kurze Zusammenfassung im *The Atheneum* erschien (Baer 1838d). So hatte Erman seine Einwände, dass Baers Ansichten irreführend und dringend korrekturbedürftig seien, zuerst in England zu veröffentlichen (Erman 1838b). Es erschien ihm aber auch dringend angebracht, ebenfalls in Deutschland seine Ansichten gegenüber Baer publik zu machen. Das geschah in einem anonymen Aufsatz, der in der politischen Tageszeitung *Allgemeine Preussische Staatszeitung* am 23. April 1838 erschien.[12] Baer war überzeugt, dass hinter dem Aufsatz Erman oder sein Freund Berghaus steckte, da sein Aufsatz in Berghaus' Almanach noch nicht publiziert worden war und er über den Eingang des Manuskripts noch keine Antwort erhalten hatte. Um weitere unangenehme Kommentare seitens Ermans zu vermeiden, hatte Baer Berghaus dringend gebeten, seinen Aufsatz zurückzuschicken,[13] und er entschied sich dafür, die Kritik in der *St. Petersburgische[n] Zeitung* zu beantworten (Baer 1838d).

Die Hauptursache der Kritik an Erman lag bei ihm selbst. Als er 1829 seine Temperaturmessung des Bodens im Jakutsker Brunnen gemacht hatte, konnte er daraus keine allgemeinen Schlussfolgerungen ziehen, ab wann ungefrorene Böden zu erwarten seien (Erman 1832b), d. h. wie groß die geothermische Stufe[14] für gefrorenen Boden sei. Wie oben schon erwähnt, äußerte sich Erman an verschiedenen

11 Erman, A. an K. E. v. Baer, Berlin, 22. Mai 1838. Universitätsbibliothek Giessen, Handschriftenabteilung, Nachlass Baer, Bd. 7.
12 Erman schrieb an Baer am 22. Mai wegen des Autors des Aufsatzes: „[...] [der] einzige Erfinder, Abfasser und Einsender" des Aufsatzes sei „ein Liebhaber physikalischer und anderer naturwissenschaftlicher Angelegenheiten, zugleich aber Mitarbeiter an der Staatszeitung und Mitredakteur des Berghaus'schen Journale Herr Rehbock gewesen." (Erman, A. an K.E.v. Baer, Berlin, 22. Mai 1838. Universitätsbibliothek Giessen, Handschriftenabteilung, Nachlass Baer, Bd. 7). Warum sollte ein Außenstehender einen anonymen Aufsatz gegen Baer schreiben, darauf gab Erman keine Antwort. Berghaus schrieb seinerseits an Baer am 10. Mai: „Dass ein solcher Artikel in der Staatszeitung No 112 steht, erfahre ich erst von Ihnen aus St. Petersburg; ich lese die Staatszeitung nicht, werde aber das betreffende Blatt zu erlangen." (Berghaus, H. an K. E. v. Baer, Potsdam, 10. Mai 1838. Universitätsbibliothek Giessen, Handschriftenabteilung, Nachlass Baer, Bd. 2). Wusste Berghaus tatsächlich nicht, was sein Mitarbeiter vorhatte? Das scheint schwer zu glauben.
13 Baer, K. E. v. an H. Berghaus, St. Petersburg, den 20. April/02. Mai 1838. Universitätsbibliothek Giessen, Handschriftenabteilung, Nachlass Baer, Bd. 24.
Berghaus gab aber Baer keine solche Möglichkeit (Berghaus, H. an K. E. v. Baer, Potsdam, den 10. Mai 1838. Universitätsbibliothek Giessen, Handschriftenabteilung, Nachlass Baer, Bd. 2) und der Aufsatz mit weiteren Kommentaren von Erman erschien 1838 (Erman 1838c).
14 Die Distanz in Metern, mit der die Temperatur gegen das Erdinnere hin um 1°C zunimmt.

Stellen über die Bodentemperatur in Jakutsk nicht eindeutig. Die von Baer publizierten Angaben ließen solche Schlüsse aber zu (vgl. Baer 1838c: 60f.). So hatte Erman die Vorrangstellung, in diese wichtige Frage Klarheit gebracht zu haben, eingebüßt. Im zweiten Bande seines historischen Reiseberichts (Erman 1838a: 251) und im zuvor erschienenen Aufsatz in Berghaus' Almanach (Erman 1838d: 251f.) hatte er zwar die von ihm erwartete Tiefe des ungefrorenen Bodens angegeben (600 engl. Fuß, ca. 183 Meter). Diese Angabe erschien aber erst später oder gleichzeitig mit Baers Aufsätzen. Um die eigene Vorrangstellung in dieser Frage zu beweisen, blieb Erman nichts anderes übrig, als Baer überall dort heftig zu kritisieren, wo seine Schriften über das Bodeneis publiziert wurden.

Eigene Schlussfolgerungen über die geothermische Stufe des gefrorenen Bodens verfasste Erman in französischer Sprache in seinem Brief an den französischen Physiker Dominique-François-Jean Arago, wo Erman die Tiefe des flüssigen Wassers in der Tiefe von 500 bis 600 französischen Fuß einschätzte (Correspondance… 1838). Dieser Aufsatz fand aber nur die Aufmerksamkeit von Baer. Er schrieb: „Hieraus [von Ermans Schlussfolgerungen] ist ersichtlich, dass Erman seine frühere Vermuthung in Folge einer bekannt gewordenen Beobachtung, berichtigt hat. Die mir in […] der Preussischen Staatszeitung zugedachten, und in […] der St. Petersburger Zeitung zurückgewiesenen Berichtigungen, beruhen also nur auf einer Verwechselung der Personen. Herr Prof. Erman hat sich selbst berichtigt nachdem wirkliche Beobachtungen bekannt geworden waren, was man nicht anders als löblich finden kann" (Baer 1838e: 420).

Nach einer so peinlichen öffentlichen Auseinandersetzung waren Baers Beziehungen mit Erman und Berghaus beendet. Erman hatte aber wesentlich mehr dadurch verloren, obwohl er die Wichtigkeit des gefrorenen Bodens in seinen späteren Schriften weiter unterstreichen konnte.[15] Eine Aufnahme in die Akademie in St. Petersburg stand nun außer Frage, und auch in die Preußische Akademie der Wissenschaften wurde er danach nicht mehr aufgenommen (s. Biermann 1992: 56f.).

### Archiv für wissenschaftliche Kunde von Russland

Nach dem Konflikt mit Berghaus und Erman schickte Baer seine Beiträge nun nicht mehr an Berghaus. Stattdessen gründete er in der Akademie der Wissenschaften zu St. Petersburg die neue unregelmäßig erscheinende Serie *Beiträge zur Kenntniss des Russischen Reiches und der angrenzenden Länder Asiens* (1839) mit der Begründung, weil „ […] seit längerer Zeit schon besteht kein Archiv, welches bestimmt wäre, neue Beiträge zur nähern Kenntniss des ausgedehnten Russischen Reiches […] dem westlichen Europa zugänglich zu machen." (Baer und Helmersen 1839: 1).

---

15  Russisches Staatliches Historisches Archiv (St. Petersburg), f. 560, op. 12(1841), № 106, Bl. 2v.
    Diese Mappe beinhaltet ein spezielles, in Deutschland herausgegebenes Journal über Russland.

Eine ähnliche Aufgabe fiel auch Erman zu. Während in Baers *Beiträgen*… meistens bislang nicht publizierte rein akademische Aufsätze und Monografien erschienen, sollte Erman daraufhin später in Deutschland eine Zeitschrift herausgeben, die in Russland erschienene Berichte mit Hilfe deren Übersetzung in Deutschland bekannt machen sollten.

Im November 1840 war der russische Finanzminister Graf Georg Cancrin in Berlin. Wie aus Cancrins Tagebuchaufzeichnungen hervorgeht, hatte Erman den Wunsch geäußert, ihn zu treffen. Um seine Bekanntschaft zu machen, hatte Erman Cancrin seine Kamčatka-Karte zugeschickt und es kam daraufhin zu einem Besuch bei dem Minister. Während des Gesprächs war „ […] die Rede davon, eine Zeitschrift zu gründen, welche das Neue und Interessante aus der russischen wissenschaftlichen Literatur dem gelehrten Publikum mitteilen könnte," schrieb Cancrin in seinen Tagebuchaufzeichnungen (Keyserling 1865: 179). An einer neuen Zeitschrift über Russland war auch Alexander von Humboldt sehr interessiert. Sein Interesse an dem neuen Journal geht aus dem Brief von August von Hagemeister vom 31. Dezember 1840 an Cancrin hervor.[16] Hagemeister war von 1839 bis 1844 Manufakturagent des Finanzministeriums in Berlin und seine Aufgabe war es, die Gründung des neuen Journals ausgehend von der Gesandtschaft von Russland in Berlin, die unter der Leitung Peter von Meyendorff stand, in praktischer Hinsicht vorzubereiten.

Hagemeister sandte mit seinem Brief an Cancrin eine Abschrift von Ermans Programm: „Ankündigung eines in Deutschland herausgebenden Journals: für wissenschaftliche und literarische Erscheinungen in Russland."[17] Ermans Programm war sehr anspruchsvoll. Aus der Ankündigung ist zu ersehen, dass Erman die Verbreitung von nicht nur russischsprachigen Arbeiten, sondern auch von in Russland in französischer und deutscher Sprache erschienenen akademischen Aufsätzen (z. B. an der Akademie der Wissenschaften zu St. Petersburg) in Deutschland bislang für unzureichend hielt.

Ermans Meinung nach sollte sich die neue Zeitschrift folgenden Fragen widmen: physikalischen (darunter verstand Erman: Geologie, Geografie, Biologie, Physik, Chemie), historischen, ethnografischen und philosophischen. Erman wollte nicht nur verschiedene Nachrichten aus maßgeblichen Zeitungen Russlands übersetzen, sondern auch aus lokalen Zeitungen Sibiriens. Er war überzeugt, dass er in seinem Journal auch handschriftliche Originalaufsätze publizieren könnte. Auch hoffte er, dass in Russland lebende deutsche Ärzte und Beamte ihre Beiträge dem deutschen Journal zuschicken würden. Erman schrieb: „Gerne, würden sie gewiss ihre Beobachtungen einem deutschen Journals mittheilen, um auch auf diesem Wege ihrem Adoptie-Vaterlande nützlich zu sein, und ihm überall die gebührende Anerkennung

---

16  Russisches Staatliches Historisches Archiv (St. Petersburg), f. 560, op. 12(1841), № 106, Bl. 1–1v (teilweise publiziert in: Kretschmar und Kouschil 1996: 106).

17  Russisches Staatliches Historisches Archiv (St. Petersburg), f. 560, op. 12(1841), № 106, Bl. 2–5.

zu verschiessen." [18] Diese Hoffnung sollte sich jedoch nicht erfüllen. Die Anzahl bislang unveröffentlichter Beiträge (ohne die von Erman selbst verfassten) blieb in seinem neuem Journal sehr gering.

Hagemeister hielt Erman für „der russischen Sprache hinlänglich kundig, und enthusiastisch eingenommen für alles was die Kunde Russlands fördert". Somit war die Frage des Redakteurs entschieden. Hauptproblem des neuen Journals, das „in zwanglosen Heften, zu 10 bis 12 Bogen" [19] erscheinen sollte, war die Finanzierung. Meyendorff war klar, dass ohne unmittelbare finanzielle Unterstützung „ein solches Unternehmen, besonders im Anfange, nicht wird erhalten können" (vgl. Kretschmar und Kouschil 1996: 106). Cancrin antwortete Hagemeister persönlich am 7. Januar 1841. In seinem Brief unterstrich er:

1. dass er wünschte eine regelmässige Quartalschrift zu sehen und 2. Belletristik, Militairsachen und Politik könnten wohl einbleiben. Geschichte müsste nun mit Auswahl als Bestandtheil vorkommen; 3. Das Ministerium ist bereit Zeitungen, Journale und einzelne Bücher Erman zuzuschicken, 4. Auf Grund diese Sendungen wird in der Gesandschaft eine spezielle Bibliothek zu Russland aufgebaut, die für allen Untertanen Russlands zur Verfügung stehen soll; 5. Handschriftliche Aufsätze können unter Zensur der Berliner Gesandschaft aufgenommen werden; 6. Was den Geldpunkt betrifft so wäre zu wissen: 1) die Renumeration des Herausgebers, 2) ob der Verleger einen Zuschuss verlangt, 3) was hier zum Bücherverkauf zu bestimmen wäre? [20]

Erman teilte Hagemeister seine Bedingungen am 29. Januar 1841 mit. Er schrieb:

Ich beeile mich Ihnen schriftlich über meine Berathungen Hr. v. Humboldt und mit dem Buchhändler [Georg Andreas] Reimer, wegen der Journal-Angelegenheiten zu berichten. Das Gesammt-Resultat ist, dass sich von hier aus mir sehr günstige Aussichten für das Gelingen derselben eröffnen. [...] wegen der beiden Geldpunkte ist, theils auf seinen [Humboldts] unmittelbaren Rath, theils nach Rücksprache mit dem Baron Meyendorff, entschieden worden: 1) dass dem Redakteur eine Renumeration von jährlich 800 Thalern preussisch, bewilligt werden möge, wogegen er einen bedeutenden Theil seiner Musse dem Unternehmen gänzliche zu widmen, so wie auch alle Kosten für Kopieren und andere Hilfs-Leistungen, selbst zu bedecken hat. 2) Herr Reimer erklärt sich bereit das Journal von 40 bis 45 Bogen jährlich in eine Quartal-Lieferungen, mit dem nöthigen Beilagen von Karten und Zeichnungen gut auszustatten, und den Absatz der Auflage von vorläufig 500 Exemp-

---

18 Russisches Staatliches Historisches Archiv (St. Petersburg), f. 560, op. 12(1841), № 106, Bl. 5.
19 Russisches Staatliches Historisches Archiv (St. Petersburg), f. 560, op. 12(1841), № 106, Bl. 1v.
20 Russisches Staatliches Historisches Archiv (St. Petersburg), f. 560, op. 12(1841), № 106, Bl. 6–6v.

laren nach Kräften zu befördern, wenn ihm von Petersburg aus, an die Stelle eines unmittelbaren Zuschusses, der Absatz von 100 Exemplaren des Journals gesichert wird.[21]

Reimers Einschätzung nach sollte ein Exemplar 1,35 Thaler kosten und so schätzte er seinen Zuschuss pro Jahr auf 533,33 Thaler.

Hagemeister schickte Ermans Brief Cancrin weiter und in seinem Begleitschreiben betonte er die Notwendigkeit der Einstellung eines Beamten in St. Petersburg, der sich speziell mit dem Versand der nötigen Zeitschriften und Bücher nach Berlin usw. beschäftigte.[22] Am 31. Januar 1841 schickte Cancrin an den Kaiser seinen „alleruntertänigsten" Bericht über die Gründung des neuen Journals, zusammen mit den oben erwähnten Punkten. Für den Bücherankauf wurden jährlich 650 Rubel bewilligt. Zusätzlich wurden Erman vom Finanzministerium alle staatlichen russischen Zeitungen, Zeitschriften (die sich schließlich auf 50 beliefen) und andere Ausgaben zugeschickt. Für den in St. Petersburg für die Zeitschrift verantwortlichen Beamten Schemioth waren jährlich 500 Rubel des Betrages seitens des Finanzministeriums vorgesehen.[23] Der Kaiser hatte die Ausgaben bewilligt und sie betrugen 2 000 Rubel jährlich (Renumeration des Herausgebers, Zuschuss an Reimer und den Betrag für den Bücherankauf). Das Ministerium hatte entschieden, 100 Exemplare selbst auszubezahlen und zu verteilen.[24] So waren 400 Exemplare der ganzen Auflage für den Verkauf bestimmt, von denen 100 Freiexemplare Reimer zustanden.

Im Brief von Erman an Cancrin vom 3. März 1841 erfahren wir zum ersten Mal den Titel des neuen Journals *Wissenschaftliches Archiv für Russland*.[25] Im März 1841 wird auch der erste Mitarbeiter Wilhelm Schott erwähnt, der für Literatur und Geschichtswissenschaften zuständig sein sollte, und den Erman von seinem Gehalt bezahlte. Die erste Nummer des *Archiv für wissenschaftliche Kunde von Russland* kam im Juli 1841 heraus. Cancrin schrieb an Erman am 21. April 1841 vor dem Erscheinen der ersten Nummer: „Ihre Begeisterung [...] für unser Unternehmen und Ihre besonderen Befähigung zur Leitung desselben ist es, die mich hoffen lassen, dass die Ausführung der gesagten Erwartungen eher übertrifft, als unter derselben bleiben wird."[26]

Im Zusammenhang mit der neuen Zeitschrift wurde das durch Cancrin in Paris erscheinende Journal *Annuaire du Journal des Mines de Russie* ([Erman] 1841b: VIII) eingestellt und das *Archiv...* musste die Herausgabe der geologischen Materialien über Russland übernehmen. Das *Archiv...* von Erman sollte vier Abteilungen haben:

---

21  Russisches Staatliches Historisches Archiv (St. Petersburg), f. 560, op. 12(1841), № 106, Bl. 9–9v.
22  Russisches Staatliches Historisches Archiv (St. Petersburg), f. 560, op. 12(1841), № 106, Bl. 7.
23  Russisches Staatliches Historisches Archiv (St. Petersburg), f. 560, op. 12(1841), № 106, Bl. 11v.
24  Russisches Staatliches Historisches Archiv (St. Petersburg), f. 560, op. 12(1841), № 106, Bl. 16.
25  Russisches Staatliches Historisches Archiv (St. Petersburg), f. 560, op. 12(1841), № 106, Bl. 30.
26  Russisches Staatliches Historisches Archiv (St. Petersburg), f. 560, op. 12(1841), № 106, Bl. 40–40v.

I. Mathematisch-physikalische Wissenschaften, II. Historisch-linguistische Wissenschaften, III. Industrie und Handeln und IV. Allgemein-literarische Beiträge (Povremennoe… 1841). Erman war zuständig für die physisch-mathematische Abteilung, Wilhelm Schott für Literatur und Geschichtswissenschaften und W. Depaubourg – kürzere Zeit – für Industrie und Handel.

So wie Cancrin waren auch Erman und Humboldt voller Hoffnungen hinsichtlich des erwarteten großen Erfolges der neuen Zeitschrift. Cancrin zeigte sich aber sehr schnell von dem Journal enttäuscht, weil er offenbar mit dem Inhalt der vierten Nummer des *Archivs…* 1842 nicht zufrieden war.[27] Seine kritischen Bemerkungen erreichten schnell Meyendorff in Berlin. Meyendorff musste in seiner Antwort an den Finanzminister vom 10. Mai 1842 eingestehen, dass er wegen vieler anderer Verpflichtungen die ordnungsgemäße Herausgabe der Zeitschrift nicht weiter beaufsichtigen könne. Meyendorff schrieb in seinem in Russisch verfasstem Brief: „Das Hauptproblem besteht darin, dass Hr. Erman Russland, seinen Aufbau, das Volk und sein inneres Leben wenig kennt. Ungeachtet seiner Bemühungen in dieser Richtung ist er nicht in der Lage, dem sich in seinen Händen befindlichen Material mit der erwünschten Kritik zu begegnen."[28] Um die Situation zu lösen bat Meyendorff um einen Beamten aus St. Petersburg, der den Inhalt der Zeitschrift zu überprüfen hätte. Hierfür schlug er Paul von Rennenkampf vor, der schon zuvor für Cancrin tätig gewesen war. Rennenkampf wurde im Mai 1842 mit einem Gehalt von 850 Silberrubel (seit 1843 1200 Silberrubel) als Redakteur von Ermans *Archiv…* ernannt.[29] Bereits im Oktober war Rennenkampf in Berlin und er fand sich sehr schnell in seine neue Aufgabe ein.

Rennenkampf war gewissermaßen Ermans Vorgesetzter. Die Beziehungen zwischen diesen beiden Männern waren aber recht freundschaftlich und als Wirtschaftsfachmann hatte Rennenkampf die Redaktion der Abteilung *Industrie und Handeln* des *Archivs…* übernommen. Rennenkampf hatte eine entscheidende Rolle als Vermittler in St. Petersburg gespielt, indem er Ermans Aktivitäten während der Revolutionsjahre 1848 in Deutschland heruntergespielt hatte. Nur Dank seines entschiedenen Handelns wurde Erman an seiner Stelle als Hauptredakteur des *Archivs* … nicht ausgetauscht[30] (vgl. Kretschmar und Kouschil 1996: 120f.). Die einvernehmliche Zusammenarbeit zwischen den beiden Männern dauerte bis in die 1860er Jahre, als Rennenkampf nach Russland zurückkehrte.

---

27   Russisches Staatliches Historisches Archiv (St. Petersburg), f. 560, op. 12(1841–1861), № 121, Bl. 12. „Briefwechsel der allgemeinen Kanzlei des Finanzministeriums mit dem Professor Erman über die Herausgabe eines gelehrten Journals über Russland in Berlin sowie über Redaktion desselben.".

28   Russisches Staatliches Historisches Archiv (St. Petersburg), f. 560, op. 12(1842), № 128, Bl. 1v. „Die Kommandierung des Herrn von Rennenkampf nach Berlin, um das Journal über Russland herauszugeben."

29   Russisches Staatliches Historisches Archiv (St. Petersburg), f. 560, op. 12(1842), № 128, Bl. 4v.

30   Russisches Staatliches Historisches Archiv (St. Petersburg), f. 560, op. 12(1841–1861), № 121, Bl. 29.

Die Zeitschrift erschien von 1841 bis 1867 unter der gemeinsamen Verantwortlichkeit von Erman und Rennenkampf. Fedor Kretschmar hatte den Inhalt der Zeitschrift näher untersucht, mit der Erman deutsche Leser vor allem über neuere wissenschaftliche Entwicklungen in Russland informieren wollte. Mehr als die Hälfte der Beiträge waren aus russischsprachigen Periodika (auch wissenschaftliche Zeitschriften wie *Izvestija Russkogo geografičeskogo obščestva, Gornyi Žurnal* usw.) entnommen. Viele Artikel waren lediglich Nachdrucke von wissenschaftlichen Veröffentlichungen in deutschsprachigen akademischen Zeitschriften Russlands oder Büchern. Manche Beiträge hatte

Abb. 2: Adolph Erman im Jahre 1852
Zeichnung von J. H. Schramm

Erman in der Zeitschrift auch unter seinem eigenen Namen veröffentlicht. Viele allgemeinere Darstellungen z. B. über die Geologie oder Meteorologie Russlands hatte er selbst aus verschiedenen Quellen zusammengestellt und dann als Aufsatz oder in mehreren Folgen publiziert. Genauso benutzte Erman sein *Archiv ...* um eigene Forschungsresultate der Weltumseglung zu publizieren, die wegen seiner Konflikte mit dem Ministerium für Geistliche, Unterrichts- und Medizinalangelegenheiten über das Ordinariat an der Universität Berlin und wegen der Finanzierung seiner Reisemonografie andererseits nicht mehr in Frage kam.

Am umfangreichsten vertreten war im *Archiv...* die Abteilung der mathematisch-physikalischen Wissenschaften mit etwa 550 Aufsätzen von insgesamt rund 1300 Beiträgen. Den *historisch-linguistischen Wissenschaften* zugeordnet waren ca. 500 überwiegend geografische Beiträge, unter *Industrie und Handel* erschienen 150 Aufsätze und die *Allgemein-literarische Beiträge* umfassten rund 100 Aufsätze (Kretschmar 1966: 162). Welchen Einfluss aber Ermans Archiv möglicherweise auf das Russlandbild in Deutschland gehabt hatte und wie häufig es von Wissenschaftlern zu damaligen Zeit genutzt wurde, konnte Kretschmar nicht feststellen. Jedenfalls geben einige Quellen Auskunft darüber, dass sich die Verbreitung dieser Schriften in Grenzen hielt. Schon im Januar 1843 schrieb Georg Ernst Reimer an Erman und teilte ihm mit, dass sich in den Buchhandlungen noch 170 Exemplare den letzten Nummer jener Zeitschrift befinden und er bat um zusätzliche Unterstützung. Reimer schrieb: „ [...] das ist Schicksal der neuesten wissenschaftlichen Journale und es wird ein sehr geringes Interesse an wissenschaftlichen Bestrebungen voraussetzen."[31] Reimer nahm an, dass jedes verkaufte oder frei abgebendes Exemplar von 10 Menschen gelesen wird. Erman selbst rechnete, dass sein Journal von 2 700 bis 2 800 Menschen gelesen wird.[32]

Die Reputation der Zeitschrift in den wissenschaftlichen Kreisen (wenigstens in Russland) scheint nicht sehr hoch gewesen zu sein. Im Jahre 1856 publizierte August Petermann in seiner Zeitschrift *Mittheilungen aus Justus Perthes' geographischer Anstalt über wichtige neue Erforschungen auf dem Gesammtgebiete der Geographie* eine anonyme Nachricht (Nr. 5. S. 193) über das ornithologische Werk des Sibirienforschers Alexander Theodor von Middendorff. Middendorff fragte bei Petermann an, wer der Autor der Mitteilung war. Seiner Meinung nach war sein Werk in den *Mitteilungen...* „ [...] in einer Weise angezeigt, wie ich dieselbe nur Hr. A. Erman zugetraut habe und zutraue."[33] Tatsächlich ist es schwierig, die Bedeutung und die Verbreitung des *Archivs...* zu beurteilen. Es sind aber bekannt, dass einige im *Archiv...* erschienene und ins Deutsche übersetzte russische Beiträge sich für die geografische Forschung durchaus als wichtig herausstellten. Ein Beispiel ist die dort publizierte erste Zusammenfassung der Reise nach dem Südpol von Fabian Gottlieb von Bellingshausen in den Jahren 1819–1821 (Löwe 1842). Das Original erschien schon im Jahre 1831 (Bellinsgauzen 1831). Dieser Aufsatz blieb bis zum Anfang des 20. Jahrhunderts die einzige ausländischen Publikation über diese wichtige Reise und wurde in der Fachliteratur über die Erforschung der Südpolargebiete häufig genutzt (z. B. Neumayer 1872: 17-19; Petermann 1863).

Das *Archiv für wissenschaftliche Kunde von Russland* war neben seinem Werk der *Reise um die Welt* Ermans Lebensaufgabe. Seine Verdienste für das *Archiv...* fasste er in einem Brief an Meyendorff sehr überzeugend zusammen, als er das erste Mal nach 1841 eine Erhöhung seiner Vergütungen (Remuneration) anfragte. Erman schrieb am 21. Dezember 1861:

Den 20-jährigen Geburtstag des Archivs für wissenschaftliche Kunde von Russland kann ich daher unmöglich besehen ohne mich zu erinnern wie Euer Excellenz mir bei der wirklichen Geburt dieses Wesens rathend und competend zur Seite gestanden haben und ohne von Herzen zu wünschen, dass Ihnen die Arbeit von einem beträchtlichen Theil eines Menschenlebens mit einiges Nutzen verwendet schiene. Wenn ich den Urtheile [Sir Roderick Impey] Murchisons, der verewigten Humboldt einigen anderen Befreundeten trauen dürfte, so hätte sowohl die Wissenschaft, als Russland, gewonnen

---

31  Russisches Staatliches Historisches Archiv (St. Petersburg), f. 560, op. 12(1841–1861), № 121, Bl. 19–20.

32  Russisches Staatliches Historisches Archiv (St. Petersburg), f. 560, op. 12(1841–1861), № 121, Bl. 21–21v.

33  A. T. v. Middendorff an A. Petermann, St. Petersburg, 03./15. November 1856. FB Gotha, SPA PGM. Mappe 123. Bl. 52-53.

durch meine Bemühungen für ein Freundschaftsbündniss zwischen diesen
meinen beiden Geliebten – und in diesem Falle würde ich allerdings wünschen, dass eine Anerkennung von Seiten der Kaiserlichen Regierung mich in
den Stand setzte und ermuthigte das dritte Decennium der liebgewonnenen
Wirksamkeit zu widmen. [34]

## Resümee

Adolf Ermans wissenschaftliche Tätigkeit war in großem Maße mit Russland verbunden. Dank seiner Zeitschrift *Archiv für wissenschaftliche Kunde von Russland*
wurden viele bislang nur in russischer Sprache erschienene Beiträge über das
dortige Leben und Entwicklungen in der Wissenschaft nun auch in Deutschland
bekannt. Erman zählte zu den überwiegend aus dem deutschen Sprachraum stammenden Naturwissenschaftlern, die im 19. Jahrhundert von St. Petersburg durch
ganz Russland bis nach Kamčatka gereist waren. Das wichtigste Ergebnis seiner
vielfältigen Forschungen ist die umfangreiche mehrbändige Monografie *Reise um
die Erde durch Nord-Asien und die beiden Oceane in den Jahren 1828, 1829 und 1830*,
die er in den Jahren von 1833 bis 1848 publiziert hatte. Darüber hinaus wurde es
zu Ermans wichtigen Lebensaufgaben, weitere Daten und Erkenntnisse dieser Reise
auszuwerten. Die von ihm gesammelten Angaben über den Geomagnetismus, die
Geologie, die Geografie und die Meteorologie Ost-Sibiriens sowie ethnografische
Angaben wurden vor allem von Wissenschaftlern oft als Grundlagenmaterial
über Naturverhältnisse und das Leben der Menschen in Ost-Sibirien genutzt. Die
größte Bedeutung für die Russlandkunde hatten jedoch Ermans astronomische
Bestimmungen an vielen geografischen Punkten und Orten Sibiriens, die seinerzeit
wesentlich zu einer ersten genaueren Kartografie Sibiriens beitrugen. Zwar hat man
den Eindruck, dass eine so lange und wichtige Reise für ihn zu früh gekommen sein
mochte, da er als 22-jähriger Wissenschaftler offenbar noch nicht genügend Lebens-
erfahrung besaß. Vielleicht verhielt er sich deshalb manchmal undiplomatisch und
war noch nicht in der Lage, seine Reiseerlebnisse präzise genug zu beschreiben – was
zusammengenommen seine wissenschaftliche Karriere in Deutschland wie auch in
Russland nachhaltig behindern sollte. Eine entscheidende Rolle könnte dabei auch
seine mitunter schwierige Persönlichkeit gespielt haben, so dass bestimmte Eigenschaften von seinen Zeitgenossen nicht immer sehr geschätzt waren. Somit stößt
man bei dem Namen Erman in der Wissenschaftsgeschichte auf widersprüchliche
Resonanz, obgleich sein Freund Berghaus überzeugt war, dass die Nachwelt Ermans
Ruhm in dankbarer Anerkennung bewahren würde (Berghaus 1839: 37). Schließlich war Adolph Erman ohne Zweifel einer der besten oder vielleicht sogar der beste
Russlandkenner um die Mitte des 19. Jahrhunderts in Deutschland.

---

34  Russisches Staatliches Historisches Archiv (St. Petersburg), f. 560, op. 12(1841–1861), № 121, Bl.
    43–43v.

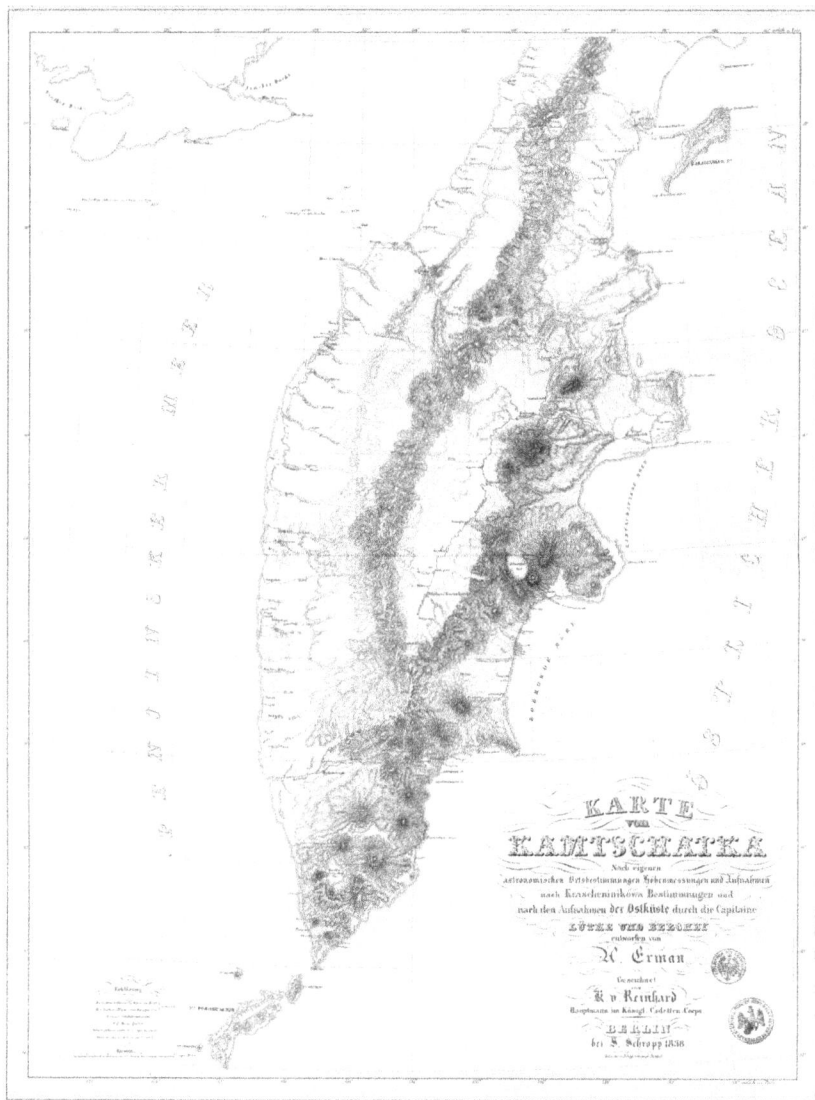

Abb. 3: Ermans Karte von Kamčatka aus dem Jahre 1838

## Literatur

Anonymus, 1841. Povremennoe izdanie dlja soobščenija svedenij o Rossii. *Žurnal manufaktur i torgovli* 3: 461-463.

Baer, K. E. v. 1838a. Ueber die Bodentemperatur von Jakutsk. Aus einem Schreiben des Hrn. K. E. v. Baer an Hrn. A. v. Humboldt. *Annalen der Physik und Chemie* 34: 191–192.

— 1838b. On the Ground Ice or Frozen Soil of Siberia. *The Journal of the Royal Geographical Society of London* 8: 210–213.

— 1838c. Über den gefrorenen Boden in Sibirien. Aus einem Schreiben des Herrn Akademikers v. Bär an Berghaus. *Almanach für das Jahr 1839. Den Freunden der Erdkunde gewidmet* 3: 57–64.

— 1838d. On the frozen Soil of Siberia. *The Athenaeum* 540: 169.

— 1838e. Ueber eine Aeusserung der Preussischen Staats-Zeitung in Bezug auf den gefroreren Boden in Jakutsk. *St. Petersburgische Zeitung* 91: 405-406.

— 1838f. Lösung des in № 112 der Preussischen Staats-Zeitung befindlichen Räthsels. *St. Petersburgische Zeitung* 94: 420.

— 2001. *Materialien zur Kenntniss des unvergänglichen Boden-Eises in Sibirien.* Berichte und Arbeiten aus der Universitätsbibliothek und dem Universitätsarchiv Giessen, Bd. 51. L. King (Hg.). Giessen: Universitätsbibliothek.

Baer, K. E. v. und G. v. Helmersen 1839. Ankündigung. *Beiträge zur Kenntniss des Russischen Reiches und der angränzenden Länder Asiens* 1: 1–7.

Bellinsgauzen, F. F. 1831. *Dvukratnye izyskanija v Yužnom Ledovitom okeane i plavanie vokrug sveta v prodolženie 1819, 1820, i 1821 godov, soveršennoe na šljupach „Vostoke" i „Mirnom".* Sanktpeterburg: Tipografija Ivana Glazunova.

Berghaus, H. 1832. [Die Ankündigung.] *Annalen der Erd-, Völker-, und Staatenkunde* 5(1): 96.

— 1838. Alexander von Humboldt's System der Isotherm-Kurven, in Mercator's Projection. *Physikalischer Atlas.* Tafel I. Gotha: Justus Perthes.

— 1839. Gallerie berühmter See- und Landreisender älterer und neuerer Zeit. Zweite Lieferung, enthaltend: Georg Adolf Erman, – James Cook, – Martin Frobisher. *Almanach für 1839. Den Freunden der Erdkunde gewidmet:* 13–70.

— 1851a. Die Isothermkurven der nördlichen Halbkugel. Gegründet auf die Untersuchungen von A. v. Humboldt, L. v. Buch, Brewster, Schouw, Kämtz, A. Erman, v. Baer. *Dr. Heinrich Berghaus' physikalischer Atlas oder Sammlung von Karten, auf denen die hauptsächlichsten Erscheinungen der anorganischen und organischen Natur nach ihrer geographischen Verbreitung und Vertheilung bildlich dargestellt sind.* Bd. 1, 1. Abtheilung Meteorologie, Tafel 2. Gotha: Justus Perthes.

— 1851b. Darstellung der isodynamischen Linien, nach den Beobachtungen der magnetischen Intensität, die in den Jahren 1790 bis 1830 gemacht worden sind. *Dr. Heinrich Berghaus' physikalischer Atlas oder Sammlung von Karten, auf* denen die hauptsächlichsten Erscheinungen der anorganischen und organischen Natur nach ihrer geographischen Verbreitung und Vertheilung bildlich dargestellt sind. Bd. 1, 4. Abtheilung Erdmagnetismus, S. 4–6, Tafel 3. Gotha: Justus Perthes.

Biermann, K.-R. 1992. *Beglückende Ermunterung durch die akademische Gemeinschaft.* Beiträge zur Alexander-von-Humboldt-Forschung, Bd. 17. Berlin: Akademie Verlag.

Bunge, A. v. 1834. [Buchrezension]. Reise um die Erde durch Nord-Asien und die beiden Oceane in den Jahren 1828, 1829 und 1830 von Adolph Erman. Erste Abtheilung. Historischer Bericht. Erster Band. *Dorpater Jahrbücher für Litteratur, Statistik und Kunst, besonders Russlands* 2: 317–337.

Chamisso, A. v. 1831. Arcticae, quae supersunt. *Linnaea. Ein Journal für die Botanik in ihrem ganzen Umfange* 6: 528–544.

Correspondance… 1838. Correspondance. Physique de Globe. – Extrait d'une lettre de M. Erman fils, à M. Arago sur la température de la terre en Sibérie. *Comptes rendus hebdomadaires des séances de l'Académie des Sciences (Paris)* 6: 501–503.

D. H. [anonym] 1829. Fragmente aus dem Briefwechsel des Herrn Doktor Adolph Erman [an Paul Erman]. *Annalen der Erd-, Völker-, und Staatenkunde* 1(1): 65–105; (2): 185–212; (3): 321–354; (5): 596–642.

— 1830a. Fragmente aus dem Briefwechsel des Herrn Doktor Adolph Erman [an Paul Erman]. *Annalen der Erd-, Völker-, und Staatenkunde* 2(3): 357–367.

— 1830b. Einige Notizen aus des Herrn Dr. Adolph Erman neuestem Briefe [an Paul Erman]. *Annalen der Erd-, Völker-, und Staatenkunde* 2(5): 779–780.

Dobell, P. 1830. *Travels in Kamchatka and Siberia; with an Narrative of a Residence in China.* 2 vols. London: Henry Colburn & R. Bentley.

Ehrenberg, C. G. 1842. Mikroskopische Analyse einiger von A. Erman in Nord-Asien gesammelten sehr merkwürdigen organischen Erden. *Archiv für wissenschaftliche Kunde von Russland* 2: 791–796.

[Erman, P.] 1829a. Vorläufiger Bericht über die Resultate der vom Dr. G. A. Erman auf seiner gegenwärtigen Reise durch Russland, in Bezug auf den Erdmagnetismus, angestellten Beobachtungen. *Annalen der Physik und Chemie* 92: 139–157.

— 1829b. Nachtrag zu den von Hrn. Dr. Erman auf seiner Reise durch Russland in Betreff der Richtung und Stärke der erdmagnetischen Kraft angestellten Messungen. *Annalen der Physik und Chemie* 93: 328–341.

Erman, Adolph 1829. Geognostische Bemerkungen auf einer Reise von Moskau über den Ural bis an die Ufer der Lena. Ausgezogen aus den brieflichen Mittheilungen des Verfassers an den Herrn Professor Friedrich Hoffmann. *Archiv für Mineralogie, Geognosie, Bergbau und Hüttenkunde* 1: 435–451.

— 1830. Ueber die Fortsetzung einer Reihe magnetischer Beobachtungen im russischen Asien, durch den grossen und den atlantischen Ocean. Geschrieben im April und Mai 1830, auf dem atlantischen Ocean zwischen Kap Hoorn und die Rio de Janeiro, und die Rio. (Magnetische Karte von am Lauf der Linien gleicher

Neigung, gleicher Abweichung, gleicher Intensität). *Annalen der Erd-, Völker-, und Staatenkunde* 2(5): 531–568.

— 1831a. Lettre de M. le Dr. Erman à M. l'Académicien Wisniewsky (mit magnetischer Karte). *Mémoires de l'Académie Impériale des Sciences de St.-Pétersbourg. Bulletin scientifique* 1, Série VI, T. 1: XXIX–XLV.

— 1831b. Ueber die Gestalt der isogonischen, isoklinischen und isodynamischen Linien im Jahre 1829, und die Anwendbarkeit dieser eingebildeten Curven für die Theorie des Erdmagnetismus. *Annalen der Physik und Chemie*. T. 97: 119–150.

— 1832a. Der Lauf des Obi zwischen Tobolsk und Obdorsk, berichtigt durch astronomische Beobachtungen. *Annalen der Erd-, Völker-, und Staatenkunde* 5(1): 64–96.

— 1832b. Beschaffenheit des sibirischen Erdbodens und seiner Temperatur. *Annalen der Erd-, Völker- und Staatenkunde* 5(5): 541–543.

— 1832c. Versuch einer systematischen Uebersicht geognostischer Wahrnehmungen im nördlichen Asien. *Annalen der Erd-, Völker-, und Staatenkunde* 6(5): 441–457.

— 1832d. Wanderung der Armänier Grigori und Daniel Atanasow durch Asien. *Annalen der Erd-, Völker-, und Staatenkunde* 6(5): 527–535.

— 1833a. *Reise um die Erde durch Nord-Asien und die beiden Oceane in den Jahren 1828, 1829 und 1830. Reise von Berlin bis zum Eismeere im Jahre 1828*. Bd. 1, Abth. 1. Berlin: Reimer.

— 1833b. Zusatz-Bemerkungen über Neu Californien. *Annalen der Erd-, Völker-, und Staatenkunde* 8(3): 240–260.

— 1835a. *Reise um die Erde durch Nord-Asien und die beiden Oceane in den Jahren 1828, 1829 und 1830. Physikalische Beobachtungen. Ortsbestimmungen und Declinationsbeobachtungen auf dem festen Lande*. Bd. 1, Abth. 2. Berlin: Reimer.

— 1835b. Verzeichniss von Thieren und Pflanzen, welche auf einer Reise um die Erde gesammelt. Naturhistorischer Atlas. *Reise um die Erde durch Nord-Asien und die beiden Oceane in den Jahren 1828, 1829 und 1830*. Berlin: Reimer.

— 1838a. *Reise um die Erde durch Nord-Asien und die beiden Oceane in den Jahren 1828, 1829 und 1830. Reise von Tobolsk bis zum Ochozker Meere im Jahre 1829*. Bd. 2, Abth. 1. Berlin: Reimer.

— 1838b. Extracts from a letter. *The Athenaeum* 546: 274–275.

— 1838c. Anmerkungen. *Almanach für das Jahr 1839. Den Freunden der Erdkunde gewidmet* 3: 64–69.

— 1838d. Ostsibirische Reisebilder. Fahrt im Lena-Thale nach Jakuzk. *Almanach für das Jahr 1838. Den Freunden der Erdkunde gewidmet* 2: 186–276.

— 1841a. *Reise um die Erde durch Nord-Asien und die beiden Oceane in den Jahren 1828, 1829 und 1830. Physikalische Beobachtungen. Inclinationen und Intensitäten – Declinationsbeobachtungen auf der See. Periodische Declinationsveränderungen*. Bd. 2, Abth. 2. Berlin: Reimer.

— 1841b. Vorrede. *Archiv für wissenschaftliche Kunde von Russland* 1: V–VIII.

— 1842–1843. Ueber die geognostischen Verhältnisse Nord-Asien in Beziehung auf das Goldvorkommen in diesem Erdtheile. *Archiv für wissenschaftliche Kunde von Russland* 2: 522–575; 712–789; 3: 121–186.

— 1843. Ueber die meteorologischen Beobachtungen auf Russischen Schiffen. *Archiv für wissenschaftliche Kunde von Russland* 3: 365–438.

— 1846. Ortsbestimmungen bei einer Ueberfahrt von Ochozk nach Kamtschatka und darauf begründete Untersuchung der Strömungen in der Nordhälfte des Ochozker Meeres. *Archiv für wissenschaftliche Kunde von Russland* 5: 530–560.

— 1848a [2013]. *Reise um die Erde durch Nord-Asien und die beiden Oceane in den Jahren 1828, 1829 und 1830. Die Ochozker Küste, das Ochozker Meer und die Reisen auf Kamtschatka im Jahre 1829.* Bd. 3, Abth. 1. Berlin: Reimer. Neuausgabe 2013, Erich Kasten (Hg.). Fürstenberg/Havel: Kulturstiftung Sibirien.

— 1848b. *Travels in Siberia: including excursions northwards, down the Obi, to the Polar Circle, and southwards, to the Chinese frontier.* 2 vols. London: Longman, Brown, Green and Longmans.

— 1848c. Das Klima vom Petropaulshafen auf Kamtschatka. *Archiv für wissenschaftliche Kunde von Russland* 6: 441–488.

— 1848d. Zur Klimatologie von Californien. *Archiv für wissenschaftliche Kunde von Russland* 7: 667–684.

— 1848e. Geognostisches über Californien und über die Verbreitung des Goldes. *Archiv für wissenschaftliche Kunde von Russland* 7: 713–750.

— 1851a. Ortsbestimmungen bei einer Fahrt durch den Grossen und durch den Atlantischen Ocean auf der Corvette Krotkoi und darauf begründete Untersuchung der Strömungen in diesen Meeren. *Archiv für wissenschaftliche Kunde von Russland* 10: 473–508, 511–567.

— 1851b. Darstellung der in den Jahren 1827 bis 1830 beobachteten Werthe der Declination. *Dr. Heinrich Berghaus' physikalischer Atlas oder Sammlung von Karten, auf denen die hauptsächlichsten Erscheinungen der anorganischen und organischen Natur nach ihrer geographischen Verbreitung und Vertheilung bildlich dargestellt sind.* Bd. 1, 4. Abtheilung Erdmagnetismus, S. 4–6, Tafel 5. Gotha: Justus Perthes.

— 1853–1856. Beiträge zur Klimatologie ds Russischen Reiches. Das Klima von Tobolsk. *Archiv für wissenschaftliche Kunde von Russland* 12: 645–665; 15: 603–667.

— 1855. Einige palaeographische und zoologische Beobachtungen während der Reise von Kamtschatka nach Europa. *Archiv für wissenschaftliche Kunde von Russland* 14: 129–161.

— 1860. Ueber Barometerbeobachtungen in Nord-Asien und deren hypsometrische Anwendung. *Archiv für wissenschaftliche Kunde von Russland* 20: 403–454.

— 1834. Prebyvanie v Berezov. *Žurnal ministerstva vnutrennich del* 14(10): 215–268.

— 1835. Obdorsk. *Žurnal ministerstva vnutrennich del* 17(7): 40–57.

Erman, Adolf 1929. *Mein Werden und mein Wirken: Erinnerungen eines alten Berliner Gelehrten.* Leipzig: Quelle & Meyer.

Gedenštrom, M. 1830. *Otryvki o Sibiri.* Sanktpeterburg: Tipografija Medicinskogo Departamenta Ministerstva vnutrennych del.

Greč', N. 1837. *28 dnej za graniceju ili dejstvitel'naja poezdka v Germaniju 1835.* Sanktpeterburg: Tipografija N. Greca.

Hansteen, Chr. 1819. *Untersuchungen über den Magnetismus der Erde.* Christiania: Jacob Lehmann und Chr. Gröndahl.

— 1865. *Reise-Erinnerungen aus Sibirien.* Leipzig: Senf.

Hedenström, M. 1832. Bemerkungen über Sibirien. *Annalen der Erd-, Völker-, und Staatenkunde* 5(3): 258–278.

Humboldt. A. v. 1832. *Fragmente einer Geologie und Klimatologie Asiens.* Berlin: J. A. List.

— 1844. *Central-Asien. Untersuchungen über die Gebirgsketten und die vergleichende Klimatologie.* 2 Bde. Berlin: Carl J. Klemann.

Kämtz, L. F. 1832. *Lehrbuch der Meteorologie.* Bd. 2. Halle: Gebauer.

Keyserling, A. v. 1865. *Aus den Reisetagebüchern des Grafen Georg Kankrin, ehemaligen kaiserlich Russischen Finanzministers, aus den Jahren 1840–1845.* Bd. 1. Braunschweig: Eduard Leibock.

Knobloch, E., I. Schwarz, Chr. Suckow (Hg.) 2009. Alexander von Humboldt. Briefe aus Russland 1829. *Beiträge zur Alexander-von-Humboldt-Forschung,* Bd. 30. Berlin: Akademie Verlag.

Kretschmar, F. 1966. *Georg Adolphs Ermans Bedeutung für die Deutsche Russlandkunde in der Mitte des 19. Jahrhunderts. Dissertation zur Erlangung des Doktorgrades.* Berlin.

Kretschmar, F. und C. Kouschil 1996. Ein singuläres Periodikum: die Berliner Quartalsschrift „Archiv für wissenschaftliche Kunde von Russland" (1841–1867). *Jahrbuch für die Geschichte Mittel- und Ostdeutschlands* (Preußisch-russische Beziehungen seit Peter dem Großen). Bd. 44: 103–126. München, New Providence: De Gruyter.

— 1997. Der „Sibirier" Georg Adolf Erman: Protegé und Konsultant Alexander von Humboldts. *Acta historica Leopoldina* 27: 49–62. Leipzig: Johann Ambrosius Barth.

Langsdorff, G. H. v. 1812. *Bemerkungen auf einer Reise um die Welt in den Jahren 1803 bis 1807.* 2 Bde. Frankfurt am Main: Friedrich Wilmans. Neudruck 2011, Auszüge zu Kamčatka, Marie-Theres Federhofer und Diana Ordubadi (Hg.). Fürstenberg/Havel: Kulturstiftung Sibirien.

Litke, F. 1835. *Viermalige Reise durch das nördliche Eismeer auf der Brigg Nowaja Semlja in den Jahren 1821 bis 1824.* Übersetzt von A. Erman, hrsg. von H. Berghaus. 2 Bde. Berlin: Reimer.

Löwe, F. 1842. Bellingshausens Reise nach der Südsee und Entdeckungen im südlichen Eismeer. *Archiv für wissenschaftliche Kunde von Russland* 2: 125–174.

Neumayer, G. 1872. *Die Erforschung des Süd-Polar-Gebietes.* Berlin: Reimer.
— 1891a. *Vorbemerkungen. Atlas des Erdmagnetismus.* (Berghaus' Physikalischer Atlas, Abtheilung IV). 5 kolorirte Karten in Kupferstich mit 20 Darstellungen. Berghaus' Physikalischer Atlas. III. Auflage. S. 3–20. Gotha: Justus Perthes.
— 1891b. Atlas des Erdmagnetismus. (Berghaus' Physikalischer Atlas, Abtheilung IV). 5 kolorirte Karten in Kupferstich mit 20 Darstellungen. Berghaus' Physikalischer Atlas. III. Auflage. Gotha: Justus Perthes.
Obručev, V. A. 1933. *Istorija geologičeskich issledovanija v Sibiri. Period vtoroj (1801–1850 gody) (Gel'mersen, Gofman, Middendorf, Čichačev, Ščurovskij, Èrman).* Leningrad: Izdatel'stvo Akademii Nauk SSSR.
Parrot, G. F. 1827. *Physikalische Beobachtungen des Capitain-Lieutenant Baron v. Wrangel[l] während seiner Reise auf dem Eismeere in den Jahren 1821, 1822 und 1823.* Berlin: Reimer.
Petermann, A. 1863. Neue Karte der Süd-Polar-Regionen (In der 26. Lieferung der neuen Ausgabe von Stieler's Hand-Atlas. Gotha, Justus Perthes, 1863). *Mittheilungen aus Justus Perthes' geographischer Anstalt über wichtige neue Erforschungen auf dem Gesammtgebiete der Geographie* 9: 407–428.
Reich, K. und E. Roussanova 2012. *Carl Friedrich Gauß und Russland. Sein Briefwechsel mit in Russland wirkenden Wissenschaftlern.* Unter Mitwirkung und mit einem Beitrag von Werner Lehfeldt. (Abhandlungen der Akademie der Wissenschaften zu Göttingen. Neue Folge, Bd. 16). Berlin, Boston: De Gruyter.
Ritter, C. 1832. *Die Erdkunde von Asien. Der Norden und Nord-Osten von Hoch-Asien.* Bd. 1. Berlin: Reimer.
Roscher, C. C. 1835. [Buchrezension.] Reise um die Erde durch Nordasien und die beiden Oceane in den Jahren 1828, 1829 und 1830, ausgeführt von Adolph Erman. Abth. I. Bd. 1. Berlin, 1833, 8. *Dorpater Jahrbücher für Litteratur, Statistik und Kunst, besonders Russlands* 5(10): 329–349.
Tammiksaar, E. 2001. Karl Ernst von Baers „Materialien"; die erste „Dauerfrostbodenkunde". Baer, K. E. v. 2001. *Materialien zur Kenntniss des unvergänglichen Boden-Eises in Sibirien.* Berichte und Arbeiten aus der Universitätsbibliothek und dem Universitätsarchiv Giessen, Bd. 51: I–LXVI). L. King (Hg.). Giessen: Universitätsbibliothek.
Tankler, H. 1982. *Tartu ülikooli kasvandikud – NSV Liidu teaduste akadeemia liikmed [Zöglinge der Universität Dorpat/Tartu – Mitglieder der Akademie der Wissenschaften in Russland].* Tallinn: Valgus.
Wrangel[l], F. v. 1839. *Reise längs der Nordküste von Sibirien und auf dem Eismeere in den Jahren 1820 bis 1824.* 2 Bde. G. v. Engelhardt (Hg.). Berlin: Voss.

## Abbildungen

Abb. 1 Aus Berghaus (1839), mit freundlicher Genehmigung der Staatsbibliothek zu Berlin.

Abb. 2 Aus dem Buch seines Sohnes Adolf Erman (1929), mit freundlicher Genehmigung der Universitätsbibliothek Tartu.

Abb. 3 Mit freundlicher Genehmigung der Staatsbibliothek zu Berlin.

# 9 JOHANN KARL EHRENFRIED KEGEL: EIN DEUTSCHER AGRONOM BEZIEHT STELLUNG ZUR LAND- UND NATURNUTZUNG AUF KAMČATKA

*Erich Kasten*

## Kegels Auftrag für seine Arbeiten auf Kamčatka

Bereits im Jahre 1727 hatte der Oberste Geheime Rat in St. Petersburg beschlossen, „an den Orten Kamčatkas, wo das Klima günstig sei, Getreideanbau einzuführen und russische Bauern dort anzusiedeln" (Safronov 1978: 130). Trotz weiterer Beschlüsse dieser Art während der nächsten hundert Jahre kam eine solche zusätzliche Besiedlung Kamčatkas nicht richtig in Gang, so dass im Jahre 1835 dort nur 679 „Bauern und Soldaten" lebten (ebd.: 134). So beschloss im November 1840 das Sibirische Komitee einen Agronomen für zwei Jahre dorthin zu schicken, „um zuverlässige Angaben zum Klima und zur Bodenbeschaffenheit Kamčatkas zu sammeln und eine grundlegende Schlussfolgerung daraus zu ziehen, welche Wirtschaft auf der Halbinsel möglich und günstig wäre" (ebd.). Die Wahl fiel auf Kegel, der darauf nähere Instruktionen erhielt, auf welche Gemüse- und Obstarten er dabei im Einzelnen zu achten habe, eine Beschreibung der botanischen Verhältnisse anzufertigen, für die Dauer von zwei Jahren meteorologische Messungen durchzuführen und die Fruchtbarkeit der Böden zu prüfen. Außerdem sollte er sich um die Verbesserung der Ausbildung von Einheimischen an der Handwerksschule kümmern sowie über alles nach zwei Jahren dem staatlichen Ministerium einen Abschlussbericht liefern (Sgibnev 2008: 95).

Gemäß dem Auftrag des St. Petersburger Regierungskomitees legte Kegel dem Generalgouverneur von Ost-Sibirien, Nikolaj Murav'ev, seinen ausführlichen Bericht mit den entsprechenden Empfehlungen für eine dann tatsächlich verstärkt vorangetriebene Besiedlung Kamčatkas mit Hilfe von Anbau und Viehzucht vor (Safronov 1978: 135). Seinen Reisebericht und seine Journale (Kegel 2012) behielt er jedoch zunächst für sich, da er offenbar den dortigen Machthabern nicht traute und den möglichen Verlust der Unterlagen nicht riskieren wollte. Vermutlich waren diese Schriften für eine spätere Publikation gedacht – doch mit wohl anderen Adressaten, damit seine kritischen Ausführungen ihr eigentliches Anliegen nicht verfehlen würden.

Das wirft die bislang umstrittene Frage auf, weshalb Kegels Arbeiten mit keinem Wort in dem umfassenden Werk von Karl von Ditmar erwähnt werden, der vier Jahre, nachdem Kegel seine Arbeit dort beendet hatte, nach Kamčatka kam. So findet sich auch kein entsprechender Vermerk in Ditmars ansonsten so detaillierten

*Erich Kasten*

Abb.1: Johann Karl Ehrenfied Kegel, vermutlich um 1820 gemalt.

„Geschichtlichen Notizen" (Ditmar 2011). Werner F. Gülden ist in der Einführung zu dem von ihm herausgegebenen Reisebericht seines Vorfahren Johann Karl Ehrenfried Kegel der Ansicht, dass Ditmar zumindest ein Bericht, den Kegel ihm vor seiner Abreise nach St. Petersburg geschickt haben soll, hätte bekannt gewesen sein müssen und dass Ditmar dessen Material stillschweigend für seine eigenen Publikationen mit verwendet hätte (Kegel 2012:12). Ljudmila Sadovnikova (2010: 46) hingegen vermutet, dass in der späteren Gouverneurs-Verwaltung von Kamčatka, die Ditmar häufig aufgesucht hatte, keine Dokumente von Kegel (mehr) vorlagen. Nach näherer Kenntnis des besonderen Verhältnisses zwischen Kegel und dem damaligen Befehlshaber von Kamčatka, Strannoljubskij[1], und dessen Charakter und Einstellung zu Kegels Auftrag und zu seinen Ergebnissen (s. u.) erscheint es durchaus nahe liegend, dass dieser mögliche und zweifellos kritische Berichte von Kegel hatte verschwinden lassen.

---

1   Nikolaj Vassilevič Strannoljubskij [Stranoljubskij] war der Befehlshaber von Kamčatka und besaß den militärischen Grad „Kapitän 1. Ranges". Kegel sprach von ihm in seinen Schriften gewöhnlich als „Chef".

Es stellt sich die Frage, wie sich Kegel selbst auf die Reise und die örtlichen Gegebenheiten in Kamčatka vorbereitet hatte. Spätestens in St. Petersburg hätte er nämlich Zugang zu den umfassenden und bereits weitbekannten Beschreibungen von Stepan P. Krašeninnikov und Georg Wilhelm Steller gehabt, die jedoch im Verzeichnis seiner ansonsten so umfangreichen, 50 Bände zählenden Reiseliteratur (Kegel 2012: 413f.) nicht aufgeführt sind. Da er diese Werke auch sonst in seinen Aufzeichnungen nirgends erwähnt, kann man davon ausgehen, dass sie ihm unbekannt waren und dass er sich demnach ein eigenes, unbefangenes Bild von den dortigen Verhältnissen machen konnte.

Das vorliegende Buch spiegelt Kegels gewissenhafte Durchführung seines Auftrags wider. Es enthält eine präzise naturwissenschaftliche Beschreibung der natürlichen Gegebenheiten Kamčatkas, dessen Bodenbeschaffenheit, Fauna und Flora, Naturnutzung, sowie eine Bestandsaufnahme zur bisherigen Einführung von Ackerbau und Viehzucht. Kegel führte selbst zusammen mit Gehilfen eigene Probesaaten durch und er überzeugte sich über deren Ergebnis auf Rundreisen zu einem späteren Zeitpunkt. Er nahm regelmäßig Klimamessungen vor, die zusammen mit genauen Angaben zu Saatmengen in seinen Journalen akkurat aufgelistet sind. Ein besonderes Anliegen war ihm das Anlernen von Einheimischen vor allem in landwirtschaftlichen Tätigkeiten, aber auch die Errichtung von Handwerksschulen und die ordnungsgemäße Durchführung des Unterrichts vor allem für einheimische Kamčadalen, wie es von der Landesregierung in St. Petersburg angeordnet, aber bis dahin nur unzureichend umgesetzt worden war.

Alles in allem war Kegel das, was man heute bei uns Entwicklungshelfer – oder Berater in der internationalen Zusammenarbeit – nennen würde, mit all den möglichen Konfliktfeldern, die in einer solchen Tätigkeit angelegt sind. Ein erster Widerspruch, mit dem sich solche Berater heutzutage üblicherweise auseinanderzusetzen haben, ist die Frage, inwieweit deren – durchaus wohlgemeinte – Entwicklungsbemühungen nicht auch ungerechtfertigte Eingriffe in die traditionellen und mitunter ökologisch durchaus angepassten Ökonomien indigener Völker darstellen können. Für Kegel stellte sich diese Frage offenbar kaum, da er in Kamčatka auf einheimische Ökonomien und Sozialsysteme traf, die durch Pelzhandel und andere schonungslose Übergriffe von Russen und Kosaken bereits weitgehend aus dem Gleichgewicht gebracht waren. Bei seiner Propagierung von Ackerbau und Viehzucht konnte er mit gutem Gewissen davon überzeugt sein, dass dies den Einheimischen mehr Unabhängigkeit von Pelzhändlern und von den von ihnen ausgehenden negativen Einflüssen geben würde und damit zu einer dauerhaften Nutzung von Naturressourcen und einer langfristig gesicherten Lebensgrundlage beitragen würde. Selbstverständlich musste Kegel schon von Berufs wegen von dem Nutzen der Einführung und weiteren Entwicklung von Ackerbau und Viehzucht überzeugt gewesen sein. Wie die weitere Diskussion zeigen wird, interessierte er sich aber dennoch in hohem Maße und mit großer Wertschätzung auch für indigene Arten der

Naturnutzung – anders als dies bei späteren landwirtschaftlichen Entwicklungsmaßnahmen zur Sowjetzeit in der Regel der Fall war.

Ein weiteres Konfliktfeld, das sich zwangsläufig für Kegel auftat, dürfte vielen
Beratern bei NGOs, die sich heutzutage für umweltgerechte und kulturverträg-
liche Entwicklungen auf Kamčatka einsetzen, nur allzu bekannt sein. Denn Kegels
Entwicklungsbemühungen mussten den eigenen wirtschaftlichen Interessen der
dortigen Machthaber zuwider laufen, die sich – seinerzeit – vor allem durch den
Pelzhandel persönlich bereicherten und diese Pfründen nicht in Frage gestellt sehen
wollten. Demzufolge versuchten sie schon seit längerem, alle Initiativen zu unterlaufen, die auf eine größere Unabhängigkeit der Einheimischen abzielten (Kegel 2012:
150). Kegel hingegen war offenbar fest entschlossen, die von der russischen Regierung beschlossenen Entwicklungsmaßnahmen, die selbstverständlich nicht allein
humanitär motiviert waren, sondern wohl eher lediglich einer anderen Staatsräson
folgten, in der ihm eigenen unbestechlichen Weise konsequent umzusetzen. Das
musste die Machthaber auf Kamčatka in höchstem Maße irritiert haben, die daraufhin mit allen nur erdenklichen Mitteln Kegels Arbeit zu boykottierten und zu
diskreditieren versuchten.

## Reise durch Russland und erste Erfahrungen

Für seine Reise durch Russland hatte Kegel bewusst die Sommerzeit gewählt, obwohl
während des Winters weite Distanzen üblicherweise schneller zu überwinden
waren. Aufmerksam beobachtet und kommentiert er die Landschaften und deren
Nutzung, welche er an seinem wachen, kritischen Auge vorbeiziehen lässt. Dabei
fallen ihm nicht nur ökologisch problematische Entwicklungen auf, wie etwa über-
zogene Abholzung in einem bestimmten Gebiet (Kegel 2012: 30). In gleichem Maße
interessiert er sich von Anfang an auch für die soziale Situation und die Lebensumstände der einfachen Bevölkerung und lässt bereits hier seine Anteilnahme und
humanistisch geprägte Einstellung erkennen:

> In solch entfernten Gegenden muss der Chef der Verwaltung eines Lan-
> des ein rechtschaffener und wahrer Ehrenmann sein, der für das Wohl der
> Bewohner und der Armen sorgt und nicht sein eigenes Interesse berücksich-
> tigt. Wer aber nur bestrebt ist, seine eigenen Taschen zu füllen, bei dem steht
> es schlecht um das Wohl und die Sicherheit des Landes. Jeder folgt seinem
> Beispiel […]. (2012: 68).

Aber neben seiner wiederholten Kritik an Ausbeutung, Unterdrückung und
Betrug der armen Landbevölkerung bemüht er sich auch um ein differenziertes Bild,
wenn man „überall auch auf Menschenfreunde trifft, die sich der Unglücklichen

annehmen", wie im Fall eines Apothekers, der Verbannte („Verwiesene") für sich Kräuter und Wurzeln sammeln ließ und die voll des Lobes über ihren Arbeitgeber waren (2012:33). Die bereits erwähnte Vorbildfunktion spielt offenbar für Kegel immer eine wichtige Rolle, wenn er etwa das Engagement einer Mäzenin beschreibt, die mit einem Waisenhaus für Mädchen offensichtlich Großes geleistet hat:

> Welche Länder haben solche musterhaften Anstalten für unglücklich ver-
> waiste Kinder? Wo gibt es Reiche, die ihren Überfluss so anwenden wie hier?
> […] Gebt ein gutes Beispiel durch Euer Betragen, Ihr Reichen, Ihr werdet
> dann schon mit Freuden erleben, dass die meisten der Armen gut und brav
> [im Sinne von tüchtig] sind. Übertriebener Luxus und Ausschweifungen der
> Reichen sind allein Schuld am Verderben der niederen Klasse, denn schlech-
> tes Beispiel und Verderbnis stecken an. (2012:49)

Kegel fühlte sich derartigen moralischen Ansprüchen in seinem Tun offenbar selbst verpflichtet, deren Einhaltung er auch von anderen einforderte – womit der spätere Konflikt mit den Machthabern auf Kamčatka geradezu unvermeidlich wurde.

## Kritik an den politischen Verhältnissen auf Kamčatka

Schon bald nach seiner Ankunft in Peterpaulshafen zeichnet Kegel in seinen Auf-
zeichnungen ein schonungsloses Bild von den politischen Verhältnissen und der korrupten Verwaltung auf Kamčatka, die für ihn maßgeblich verantwortlich für die daraus resultierenden wirtschaftlichen und sozialen Fehlentwicklungen war, wie er sie im Laufe der nächsten Monate näher erfahren und detailliert beschreiben sollte. Allein schon eine erste Begegnung mit dem Sekretär von Strannoljubskij gibt einen guten Einblick in die offenbar weit verbreitenden Mechanismen von Machtmissbrauch und zeigt, wie man Kegel zunächst für sich zu vereinnahmen und von unan-
genehmen Berichten abzuhalten versuchte. So wurde Kegel nahe gelegt, doch auf die – aus Strannoljubskijs Sicht – unnötigen und anstrengenden Reisen im Sommer durch Kamčatka zu verzichten und es sich lieber bequem zu machen. „Sie kehren reich von der Reise heim. Der Chef gibt Ihnen das beste Zeugnis darüber, und Sie reisen zufrieden nach Petersburg zurück" (Kegel 2012:86). Da Kegel sich diesem *Deal* widersetzte, musste er schon bald Drohungen, Erpressungen und Verleumdungen erfahren. So schrieb Strannoljubskij an den Generalgouverneur von Ost-Sibirien, Wilhelm Ruppert, dass Kegel „nicht mehr als ein Scharlatan sei, von dem keinerlei Nutzen zu erwarten ist" (Sgibnev 2008:95). Sicherlich wäre es für ihn wie für so manchen in einer solchen Situation einfacher und in vieler Hinsicht lukrativer gewesen, das ursprüngliche Angebot der Verwaltung anzunehmen und sich mit den Verhältnissen zu „arrangieren".

Kegel führt unzählige Beispiele der offenbar weit verbreiteten Korruption an, wobei staatliche Gelder für Bau- und andere öffentliche Maßnahmen – wie auch u. a. die Einrichtung und den Unterhalt der Handwerksschule – veruntreut und in eigene Taschen gewirtschaftet wurden. So sollte Kegel für jemanden, der Strannoljubskij regelmäßig mit „schönen Zobeln" versorgte, ein gutes Zeugnis für eine angeblich gut geführte Musterwirtschaft ausstellen, damit dieser „vier silberne Medaillen erhalte" (Kegel 2012: 241).

Dass Menschen ihr politisches Amt zur eigenen Bereicherung missbrauchen, gab es offenbar damals wie heute auf Kamčatka, in Russland und anderswo, wenngleich Kegel die zur damaligen Zeit besonders dreisten Praktiken umfassend und mutig offen legt. Er zeigt, wie dadurch wichtige Ausbildungs- und Entwicklungsziele konsequent unterlaufen wurden. So versprach die hauptsächliche Fixierung auf den lukrativen Pelzhandel schnelle Profite vor allem für die Machthaber, wogegen Maßnahmen zu einer dauerhaften Nutzung der natürlichen Ressourcen zum Wohle der Einheimischen außer Acht gelassen wurden. Parallelen hierzu gibt es durchaus auch bei aktuellen Entwicklungen, wenn der kurzfristig Ertrag bringenden Förderung von Bodenschätzen der Vorzug vor einer dauerhaften Sicherung der Lebensgrundlagen lokaler bzw. indigener Bevölkerungen und ihrer traditionellen Wirtschaftszweige gegeben wird.

Folgen des Pelzhandels waren für Kegel neben der Vernachlässigung der traditionellen Wirtschaftszweige und des Anbaus auch soziale Probleme wie um sich greifender Alkoholismus, wobei Alkohol oft gezielt als *Tricks of the trade* eingesetzt wurde (Kegel 2012:129, 168, 175, 280). Wiederholt resümiert Kegel ausgiebig über Alkoholmissbrauch, insbesondere auch über den offenbar kulturbedingt besonderen und unterschiedlichen Umgang mit Alkohol, den er bei Russen und Deutschstämmigen feststellte – wobei übrigens auch Kegel nicht auf Madeira und andere Köstlichkeiten verzichtete, wie aus seinen Einkaufslisten hervorgeht. Vor allem aber verwehrte er sich dagegen, Alkohol in Geschäften mit Einheimischen einzusetzen, von denen man inzwischen weiß, dass sie oft Unverträglichkeiten im Hinblick auf Alkohol aufweisen.

Weitere abträgliche Folgen des Pelzhandels sah Kegel darin, dass die Bereitschaften für Post- bzw. Fuhrdienste im Winter viele Arbeitskräfte band und eine umfangreiche Hundehaltung erforderlich machte (Kegel 2012: 105, 141, 281). Zum Unterhalt der Hunde würden wiederum übermäßig viele Fische benötigt; auch behinderten nicht angebundene Hunde die Viehzucht, indem sie häufig Jungtiere tot bissen. Darüber hinaus befanden sich viele Ortschaften im Hinblick auf diese Fuhrdienste an solchen Orten, die ihm für Ackerbau und Viehzucht während des Sommers wenig geeignet erschienen (2012:156). Für Kegel sind der Pelzhandel und die Nähe von Russen indirekt verantwortlich auch für weitere soziale und gesundheitliche Missstände, wie für immer wieder aufs Neue eingeschleppte Krankheiten, insbesondere Syphilis, die meist nur unzureichend behandelt wurden und offensichtlich einen starken Rückgang der indigenen Bevölkerung zur Folge hatten (2012: 274). Auch ist in seinen Journalen wiederholt von sexuellem Missbrauch die Rede (2012: 359, 398).

## Beobachtungen zum Verhalten und Charakter der Menschen

Bei den von Kegel erwähnten Begegnungen während seiner Reise durch Russland stößt man auf auffallend viele deutsche Namen von Leuten in wichtigen Positionen, die in seinen Schilderungen überwiegend besser wegkommen als Russen, denen er meist Trunksucht, Korruption und Faulheit zuschreibt. Das mag auch daran liegen, dass Deutschstämmige in einem fremden Land sicherlich besonders erfreut über die Bekanntschaft eines durchreisenden Landsmannes waren und Kegel dementsprechend anders gegenüber traten und mit denen es sogleich nicht nur sprachliche Gemeinsamkeiten gab. Doch anders als bei seinem vernichtenden Urteil gegenüber Zigeunern (Kegel 2012: 41), wie es ein ähnlich gebildeter Mensch heute nicht mehr fällen würde, korrigiert er sich an anderer Stelle bei vorschnellen Verallgemeinerungen, indem er auch von vortrefflichen russischen Beamten berichtet (2012: 74).

Mitunter hat es jedoch den Anschein, dass überwiegend negativ gezeichnete Russen Kegel vor allem als Gegenbild zu den von ihm hochgeschätzten Kamčadalen dienen, deren Reinlichkeit und Fleiß (2012: 98) er immer wieder hervorhebt – obgleich sein emotionales Urteil in den Journalen häufig anders ausfällt. „Der Russe […] nimmt gerne eine Kamčadalin zur Frau. Er ist dann in seiner Faulheit geborgen, denn die Frau macht alles und sorgt auch dafür, dass es nie an dem Notwendigsten fehlt" (2012: 172); und überhaupt seien Kamčadalen bessere Viehzüchter als Russen (2012: 124).

Kegel beklagt die Dezimierung und Umsiedlungen der Urbevölkerung (s. o.). Seine offenen Sympathien für die Kamčadalen, die er immer wieder gegenüber Übergriffen russischer Pelzhändler in Schutz nimmt, zeigen sich auch darin, dass er sie oft geradezu paternalistisch als „meine" oder „arme" (im Sinne von ausgenutzte) Kamčadalen bezeichnet. Er schätzt die spontane Hilfsbereitschaft der Einheimischen etwa nach dem Schiffbruch an der Westküste (2012: 81), wogegen sich betrunkene russische Matrosen vorzeitig abgesetzt hatten – eine Hilfsbereitschaft und Gastfreundschaft, die übrigens auch heute noch jedem, der in abgelegenen unwegsamen Gegenden Kamčatkas unterwegs ist und unversehens in Not gerät, von Einheimischen zuteil wird.

Auch aus Begegnungen mit Vertretern anderer indigener Gruppen Kamčatkas versucht Kegel auf deren „Volkscharakter" zu schließen, was in ethnografischen Beschreibungen jener Zeit durchaus üblich war. Doch vor allem hier zeigt sich, dass neben Kegels eigenen Projektionen auch die Zufälligkeit oberflächlicher Bekanntschaften oder Informationen aus zweiter Hand manchmal zu eher unzutreffenden Beurteilungen führten konnten.

So sind Kegels Erklärungen zur Ethnogenese indigener Gruppen auf Kamčatka mitunter falsch oder ungenau. Während Kamčadalen für ihn die Urbevölkerung ausmachten, spricht er von „eingewanderten" Korjaken (2012: 94). An anderer Stelle erwähnt er „Kamtschadalen vom nördlichen Korjaken-Stamm" und meint damit vermutlich Küsten-Korjaken aus der Gegend um Karaga (ebd.: 151), und in dem nördlichen Dorf Osernaja traf er die vermutlich letzten „eigentlichen Kamtschadalen (Itelmenen)" (2012: 183).

Was die von Kegel angenommene Einwanderung der Korjaken anbetrifft, so verwechselt er diese vermutlich mit den tatsächlich erst Anfang des 19. Jahrhundert von Nordwesten hinzugezogenen Evenen. Das ist insofern verständlich, da er die meisten Kenntnisse über die Korjaken aus zweiter Hand erfahren hatte, und zwar von dem *Tojon*[2] Trabesnikof, der „beinahe unter den [Korjaken] aufgewachsen ist" (2012: 236). Oder aber es handelt sich um eine Bekräftigung bzw. Umdeutung der eigenen Ureinwohnerschaft auf Kamčatka aus Sicht von Itelmenen bzw. Kamčadalen. Aus der Erzähltradition der Korjaken hingegen erfährt man, dass Itelmenen von Westen her über das Meer als Schiffbrüchige nach Kamčatka gelangt sein sollen, wo sie von Korjaken zunächst darin unterrichtet werden mussten, in der neuen Umgebung zu überleben.[3] In beiden Fällen dürfte es sich allerdings um jene allgemein üblichen ethnozentristischen Deutungen der (eigenen) Ureinwohnerschaft handeln, wie man sie von vielen indigenen Völkern in Abgrenzung zu ihren ethnischen Nachbarn kennt, unter anderem zum Zweck daraus abzuleitender Gebietsansprüche (Kasten 2005: 238ff.).

Andere Informationen über die „nomadisierenden Korjaken", die Kegel offenbar von seinem Gewährsmann erhielt, dürften wiederum eher der Wirklichkeit entsprechen und finden sich in ähnlicher Form auch in anderen Berichten jener Zeit und zum Teil noch heute in Zuordnungen charakteristischer Wesenzüge indigener Gruppen untereinander. So empfanden reiche Rentierhalter immer die Verpflichtung, Arme bei sich zu beschäftigen und angemessen „zu ernähren" (Kegel 2012: 237). Korjaken glaubten „an ein höheres Wesen und ein glückliches Jenseits, das sie sich mit Menschenliebe, Wohltun in Wort und Tat erwerben. Sie verabscheuen jeden Betrug und hassen Betrüger und Diebe" (2012: 237). Demgegenüber werden Čukčen, mit denen Korjaken und Kosaken es im Norden zu tun hatten, üblicherweise als „kriegerische Nation" geschildert, und vor Evenen (Tungusen) hatten selbst Kosaken Respekt, da diese als sehr „beherzt und als gute Schützen" galten (2012: 237). Bei seinem Aufenthalt in Delwi hörte Kegel von „Lamuti" (Evenen), die „als höchst kühne Menschen von allen gefürchtet" sind. Sie seien „treffliche Schützen und Jäger;

---

2  Gemeindevorsteher in kamčadalischen Siedlungen.
3  persönl. Mitteilung, August 2010. Vgl. hierzu jedoch die jüngste These, wonach auf Grund neuester DNA-Ergebnisse die Korjaken tatsächlich – ähnlich wie die Evenen und anders als sonstige Bevölkerungen des Beringsee-Gebiets – erst später aus dem Inneren Sibiriens nach Kamčatka eingewandert sein sollen (Rubicz et al. 2010).

aber bei Mangel an Wild nehmen sie sich gerne getrocknete Fische aus den Trocken-
häusern, soviel sie benötigen" (2012: 203). An anderer Stelle schreibt er von Evenen,
„die niemandem etwas geben und auch nicht geben können [...]. Sie reiten mit ein
oder zwei Rentieren von einem Berg zum anderen und erlegen nur so viel, wie sie
zum Unterhalt haben" (2012: 89).

Das entspricht den Beobachtungen anderer Reisender zu jener Zeit, dass die
Evenen in Kamčatka zunächst Jäger waren und erst später, vermutlich unter dem
Einfluss der Korjaken, die Rentierhaltung entwickelten. Auch in späteren Quellen
(Bergman 1926: 149) ist die Rede davon, dass Evenen sich in Notsituationen an Korjaken wandten, die gemeinhin als gastfreundlich und hilfsbereit galten, um von diesen Rentierfleisch oder wie in dem hier genannten Fall Fische zu erhalten. Doch
auch bei Kegels Ausführungen zu den Kamčadalen trifft man immer wieder auf dieses offenbar beliebte Motiv, untereinander andere, besonders ethnische Nachbarn
dadurch zu diskreditieren, indem man beklagt, dass diese nicht selber genügend
vorgesorgt hätten und nun andere um Hilfe ersuchen müssten. Zu berücksichtigen
ist bei diesen Informationen und Einschätzungen offenbar immer die Perspektive,
aus der solche Bewertungen stammen.

Das betrifft auch Kegels Urteil hinsichtlich der Korjaken. Aus der Sicht des Landwirts sind sie keine „Liebhaber der Viehzucht und der Arbeit [...] mehr träge und
sorgen für sich wenig für den Winter vor" (Kegel 2012: 186). Rentierhalter-Korjaken
(Čawčuvenen) hatte er jedoch offenbar niemals getroffen, nur am Sedanka-Fluss
sah er für ihn ärmlich anmutende Frauen und Kinder beim Fischfang, während
die Männer – der üblichen Arbeitsaufteilung entsprechend – in den Bergen bei den
Rentieren weilten (2012:145). In Lesnaja stellte er fest, dass dort zwei Rentierherden
existierten, deren Eigentümer als wohlhabender als andere Dorfbewohner galten
(ebd.: 204), die lediglich Meeresjagd und Fischfang betrieben. Noch heute erinnert
man sich dort an die hier offenbar seit langem auf relativ engem Raum bestehende
vorteilhafte komplementäre Ressourcennutzung, welche vermutlich eine bewährte
und ökologisch angepasstere Strategie als die von Kegel vorgeschlagene Viehhaltung
war. Das Ausweiden eines erlegten Rentiers hat Kegel allerdings offenbar nur bei
Russen beobachtet, die dabei „von den Korjaken manches angenommen" hatten. Er
beschreibt, wie bis heute bei diesen das Blut im gereinigten Magen aufgefangen wird
und dass „das Mark der Knochen bei beiden Nationen als eine vorzügliche Delikatesse geschätzt" wird (2012: 146).

Dagegen kommen die Küsten-Korjaken in der Gegend um Karaga in seinen
Beschreibungen sogar recht vorteilhaft weg. Da seltener Russen zu ihnen kommen,
sind sie gesünder als die Kamčadalen und nicht so häufig an Syphilis erkrankt. Auch
sind die anderswo verheerenden Folgen des Alkohols hier weniger erkennbar, da
dieser nur gelegentlich zu ihnen gelangt. Sehr ausführlich schildert Kegel die kunst-
vollen Handarbeiten der „auffallend fleißigen" Frauen sowie besondere Arten der
Zubereitung von Pflanzen (2012: 196).

Kegels Beschreibungen und Wertungen zum Verhalten und Charakter der Korjaken offenbaren einen besonderen quellenkritischen Aspekt oder Schwachpunkt,
der auch den meisten anderen Reiseberichten jener Zeit zugrunde liegt.[4] Da diese
Forscher in der Regel nur auf festgelegten Routen zwischen den Dörfern reisten,
bekamen sie so gut wie niemals Rentierhalter-Korjaken (Čawčuvenen) zu Gesicht
und erhielten somit auch nicht Einblick in deren besondere Wirtschafts- und
Lebensweise. Obwohl es damals offenbar noch viele wilde Rentiere zu jagen gab,
waren aber – wie im oben genannten Beispiel von Lesnaja – bereits wichtige symbio-
tische Austausch- und Handelsbeziehungen zwischen Küsten- und Inlandsgruppen
von Bedeutung, von denen die einen Meeresjagd und Fischfang und die anderen
Rentierhaltung betrieben. Geprägt durch seine berufliche Ausbildung zum Agronomen und gemäß seinem Auftrag beschränkte Kegel seine Sicht vielleicht zu sehr
auf Möglichkeiten der landwirtschaftlichen Nutzung und konnte die besonderen
Entwicklungspotenziale, die sich gerade aus einer komplexen, saisonalen Nutzung
verschiedener komplementärer natürlicher Ressourcen ergaben, nicht erkennen.

Indigene Gesellschaften des Nordens hatten hingegen über lange Zeit ihre eigenen ökologisch angepassten und besonders flexiblen Systeme der saisonalen und
sich gegenseitig ergänzenden Naturnutzung entwickelt.[5] Selbst während der frühen Sowjetzeit gab es offenbar einige Kolchosen, in denen die von der russischen
Regierung schon seit langem angeordneten und von Kegel propagierten landwirtschaftlichen Entwicklungsziele in geschickter Weise und in Anpassung an vorherige
indigene Modelle umgesetzt worden waren. Auch hing dabei offenbar häufig viel
von dem jeweiligen Kolchosenleiter ab, die Arbeiten – angesichts seiner politischen
Machtstellung – nicht zu seinem eigenen, sondern zum Wohl der Gemeinschaft zu
organisieren.[6]

Bei der Bewertung von Fleiß und umsichtiger Wirtschaftsführung der Einheimischen legt Kegel Kriterien an, die zwangsläufig dem Weltbild eines europäisch
geprägten Landwirts entsprechen, was zum Beispiel einen geregelten Arbeitstag
anbetrifft, den er bei diesen oft vermisst (2012: 204). Jäger, Fischer und Rentierhirten passen jedoch ihre Arbeit an die von der Natur vorgegebenen Zyklen an, wobei
ausgedehnte Ruhezeiten mit solchen extremer Arbeitsintensität wechseln, etwa
wenn auch heute noch bis zur Erschöpfung rund um die Uhr gearbeitet wird, wenn

---

4   Mit Ausnahme des Berichts von George Kennan (1890), der als Telegrafenbeamter während
    der sogenannten amerikanischen Kabelexpedition (1865–68) in auch unwegsame Gegenden
    Kamčatkas kam.
5   Vgl. die „dualen Ökonomien" bei Krupnik 1993.
6   Ältere Dorfbewohner in Lesnaja erinnern sich noch heute an die Kolchosen-Zeit unter Sem-
    ljanski als ein geradezu „goldenes Zeitalter", bis diese offenbar besonders ertragreiche und
    relativ freizügige Integration von traditioneller Ressourcennutzung und landwirtschaftlicher
    Entwicklung durch die neue Sovchosen-Politik zunichte gemacht wurde, deren Hauptfehler
    es in diesem Fall offenbar war, dem Dorf die Rentierherde zu nehmen und diese einem „effek-
    tiveren" Verband weiter südlich anzugliedern (AKU-10-01).

zum Beispiel ein plötzlich auftretender Fischzug ausgenutzt werden muss (Kasten 2012a, b) oder wenn zu bestimmten Zeiten im Jahr die Rentierherde nur mit besonderen Anstrengungen zusammenzuhalten oder im Winter gegen Wölfe zu verteidigen ist (Kasten 2011).

Kegels häufig verallgemeinernde Wertungen angeblich charakterlicher Besonderheiten bei bestimmten (ethnischen) Gruppen, die andere Arten von Naturnutzung betreiben, mögen uns verdeutlichen, wie wichtig es ist, sich immer des eigenen und kulturell häufig anders geprägten Blickwinkels bewusst zu sein, der manche solcher Aussagen relativiert.

## Beobachtungen zur Naturnutzung der Kamčadalen

Kegels eher nüchterne und weniger weltanschauliche Betrachtungen hingegen haben mitunter bis heute bleibenden Wert. Vor allem im Hinblick auf die Kamčadalen des Kamčatka-Tals, mit denen er lange und besonders intensiv zusammen gearbeitet hatte, erhalten wir von Kegel detaillierte Beschreibungen zur traditionellen Nutzung von Pflanzen, die inzwischen zum Teil bei diesem Volk in Vergessenheit geraten ist, aber an anderen Orten Kamčatkas bis heute noch so praktiziert wird.

Ausführlich wird die besondere Art und Weise beschrieben, mit der *Sarana*-Wurzeln (Schatten-Schachblume, *Fritillaria camschatcensis L. Ker Gawl.*) zur Herbstzeit gesammelt werden, indem man sich mit Stöcken in der Tundra auf die Suche macht, „die Wohnungen der Mäuse zu entdecken" (Kegel 2012: 207), deren umfangreiche Vorratslager dann ausgehoben werden. Diese heute kaum noch gebräuchliche seltene Sammelmethode konnte im Jahr 2000 noch in Lesnaja dokumentiert werden (Kasten und Dürr 2005). Kegel erwähnt wiederholt die damals und noch längere Zeit später wichtige Bedeutung der *Sarana*-Wurzel als eine Art Grundnahrungsmittel vor allem an der Westküste, die Einheimische auch „wilde Kartoffel" nennen und der auch Bären und Mäuse „gerne nachstellen" (Kegel 2012: 105). Interessanterweise gesteht Kegel (2012: 208) ein, der ansonsten den Anbau kultivierbarer Pflanzen propagiert, dass die *Sarana*-Wurzel „ein ausgezeichnetes, höchst angenehmes Essen [ausmacht], sowohl in Suppen, als auch als Beilage zum Braten, weit angenehmer als Kartoffel", und resignierend stellt er fest, dass die Bewohner wohl deshalb „nicht einmal die Kartoffel anbauen" (2012: 125).

Auch erkennt Kegel den Wert frischer Pflanzen, Wurzeln und Zwiebelgewächse, welche die Einheimischen im Frühjahr (d. h. im Juni) begierig sammeln, nachdem sie sich während des langen Winters hauptsächlich von getrockneten Fischen zu ernähren hatten (2012: 182). Die Zubereitung des inneren Marks der Weidenröschen-Pflanze wird so detailgetreu beschrieben (2012: 114), wie man es heute noch genauso bei älteren Korjakinnen sehen kann, ebenso wie dessen Zubereitung in getrocknetem, zerstoßenen Zustand zusammen mit getrocknetem Fischrogen für die traditionelle *Tolkuscha*-Breispeise (ebd.). Häufig erwähnt Kegel die bis heute übliche Verwendung des Fliegenpilzes als Rauschmittel, die ihn allerdings eher mit Abscheu erfüllt, aber er erkennt auch dessen Wirkung als „Medizin" an, „denn, wenig genossen, stärkt er die Arbeits- und Manneskraft" (2012: 205).

Ausführlich beschreibt Kegel auch die Zubereitung traditioneller Speisen. Mit den unter Einheimischen als besondere Delikatesse geltenden, in angefrorenem Zustand gesäuerten Fischen kann sich Kegel allerdings offenbar nicht sehr anfreunden (2012: 182; vgl. Kasten 2012a, b). Erstaunlich ist, was er von dem anscheinend üblichen Verzehr halbrohen Bärenfleisches („wie englisches Roastbeef, aus dem noch das Blut lief") berichtet (Kegel 2012: 222), wogegen der Autor dieses Beitrags von Einheimischen immer dazu angehalten wurde, Bärenfleisch – offenbar wegen der vielen Trichinen – nur zu essen, nachdem es möglichst lange durchgekocht war. Interessant auch, dass Korjaken im entfernteren Nordosten der Halbinsel noch ohne das Einsalzen der Fische auskamen, da es dort kaum Salz und Fässer gab (2012: 194), während diese Methode in südlichen Gegenden wegen der Nähe zu Russen und Zugang zum Handel schon weit verbreitet war.

## Beobachtungen zu einheimischen Handwerkstraditionen

Aus ethnografischer Sicht aufschlussreich ist weiterhin, was Kegel über die Nutzung verschiedener Werkstoffe schreibt. So wurden aus Brennnessel- und Weidenröschen-Fasern Fäden gezwirbelt und u. a. Netze hergestellt (2012: 115, 188), und auch Sehnen des Wales dienen ihnen „zu Zwirn und Seilen" (2012: 277). Mit „Schlingen von Fischbein fangen [Einheimische] oft 40–50 Schnepfen in einer Nacht" (2012: 265), und das Horn des Schneeschafs eignet sich besonders zur Herstellung von Löffeln (2012: 100). Besonders wasserdichte Stiefel wurden aus der „großen Gurgel" des Seelöwen hergestellt (2012: 271). Kegel beschreibt ausführlich und offenbar tief beeindruckt die Herstellung von Fellkleidung, wozu Felle verschiedener Tierarten für kunstvolle Applikationen verwendet wurden (2012: 98), und auch die bis heute übliche Färbetechnik mit Erlenrinde bleibt nicht unerwähnt (2012: 180).

## Anmerkungen zu den Sprachen der Völker Kamčatkas

Obwohl Kegel Naturwissenschaftler war, interessierte er sich – wie übrigens die meisten Forscher jener Zeit – auch für sprachliche Besonderheiten unter der indigenen Bevölkerung und er fertigte Wortlisten mit kamčadalischen Bezeichnungen von Pflanzen- und Tiernamen an (2012: 409–412). In Javino, einem Dorf nahe der Südspitze Kamčatkas, stellte er fest, „dass viele Beeren und Bäume andere Namen als im übrigen Kamtschatka" haben und dass die dort lebenden Bewohner „eine mehr den Kurilen ähnelnde Sprache [haben], die aber wohl bald aussterben wird" (2012: 269) – was dann auch bald darauf der Fall war.

## Resümee

In seinem Reisebericht und in den hier im Anhang erstmals veröffentlichten Journalen gibt Kegel nicht nur eine präzise naturwissenschaftliche Beschreibung der natürlichen Gegebenheiten Kamčatkas im Hinblick darauf, wie und welche Gegenden der Halbinsel sich für die weitere landwirtschaftliche Erschließung eignen würden. Neben seinem eigentlichen Auftrag lieferte Kegel darüber hinaus auch weitere Ergebnisse und Erkenntnisse, die sich möglicherweise für die Landesregierung und die Bevölkerung von Kamčatka besonders hilfreich erwiesen hätten, wenn sie seinerzeit bei entsprechenden Stellen auf Resonanz gestoßen wären (Sadovnikova 2010: 57) – und zwar vor allem Kegels schonungslose Aufdeckung der Missstände und der Korruption innerhalb der lokalen Verwaltung der Halbinsel. Doch Hanno Beck stellt in seinem Vorwort zu Kegels Werk klar, dass dieser „Klassiker" der Erforschung und Erschließung Kamčatkas sich zu Lebzeiten Kegels nicht publizieren ließ, da er wohl zu kritisch war und auch im Ausland nicht hätte gedruckt werden können; denn Kegel hielt sich nach dieser Reise für den Rest seines Lebens weiterhin in Russland auf, wo „die Publikation den Verlust der Freiheit bedeutet hätte" (in Kegel 2012: 9).

Neben natur- bzw. agrarkundlichen Erkenntnissen und wegen seines besonderen Interesses für die allgemeinen Lebensverhältnisse der Bevölkerung liefert Kegel auch wertvolle ethnografische Informationen zu den auf Kamčatka lebenden indigenen Völkern. Eine solche umfassende Sichtweise und breiter Interessenhintergrund sind charakteristisch für fast alle deutschsprachigen Wissenschaftler, die bis dahin die Halbinsel Kamčatka erforscht hatten und die in diesem Band vorgestellt werden. Das macht deren Berichte nicht nur auch für andere Fachgebiete wertvoll, sondern häufig führt eine solche Sicht auch zu ausgewogeneren und letztlich angemessenen Einschätzungen einer bestimmten Situation durch den Beobachter.

Allerdings sollte man sich durch häufige persönliche Wertungen des Forschungsreisenden – übrigens ganz im Einklang mit ähnlichen Berichten seiner Zeit – nicht irritieren lassen. Im Gegenteil, oft erscheinen diese ehrlicher als vermeintliche Objektivität späterer wissenschaftlicher Studien, hinter der oft persönliche Ansichten und Intentionen des Autors oder politische Vorgaben verborgen bleiben. Denn zweifellos wird Wirklichkeit immer zu einem gewissen Grade gefiltert durch das jeweilige Weltbild des Beobachters.[7] Der Vorteil eines solchen emotional geprägten Reiseberichts und des vor allem hierin noch offener gehaltenen Journals ist hingegen, dass diese Ausführungen auch umfassend Auskunft über Kegels Emp-

---

7   Aufschlussreich erweist sich hierzu u. a. die Liste der von Kegel auf seiner Reise mitgeführten Literatur, s. Anhang, vgl. auch Fußnote 7.

findungen und Charakter geben, gegen deren Hintergrund man dessen Aussagen letztlich besser einordnen kann.

Damit offenbart das hier in seiner Gesamtheit vorgestellte Werk zugleich eine weitere Dimension, und zwar wie die Erfahrungen auch emotional auf Kegel gewirkt haben, was seinen inneren Protest besser nachvollziehbar macht. Es zeigt, wie er sich mit ungeahnten Schwierigkeiten verschiedenster Art auseinanderzusetzen hatte, wobei sich sogar ein gewisser Entwicklungs- oder Lernprozess ablesen lässt, den er vermutlich während seiner sechsjährigen Reise durchlaufen hatte. So schlägt seine anfangs zumeist noch ausgesprochen positive Meinung von „guten Beamten", die sich der Umsetzung der lobenswerten Ziele der St. Petersburger Landesregierung verschrieben fühlten (Kegel 2012: 29), bei zunehmender Reisedauer zunehmend in Skepsis um und endet schließlich in tiefster Enttäuschung und Sarkasmus nach seiner Begegnung mit den Befehlshabern für Kamčatka.

Aufgrund der oft sehr persönlich gehaltenen Beobachtungen und unmittelbaren Erfahrungen dieses Forschers werden damit gravierende Missstände in der Verwaltung von Kamčatka deutlich sichtbar, wie sie vermutlich in ähnlicher Weise seinerzeit nicht selten auch in manch anderen fernen Regionen des russischen Reiches geherrscht hatten. Es wird gezeigt, wie dadurch nicht nur wichtige Entwicklungen zum Wohle der Bevölkerung verhindert wurden, sondern auch wie gefährlich und schwer es selbst für so hartnäckige und beherzte Menschen wie Kegel war, dagegen aufzubegehren, geschweige denn, diese Missstände abzustellen.

Schließlich liefert Kegel für Sadovnikova (2010: 58) „ein hervorstechendes Beispiel" jener Zusammenarbeit, die sich während des 19. Jahrhunderts in Kamčatka zwischen deutschen und russischen Forschern auf so wertvolle Weise entwickelt hatte. „Wir […] in Kamčatka sind stolz darauf, dass sich von unserem Land aus so bedeutende Wissenschaftler der Welt zeigen konnten. Deren Persönlichkeit hat und wird unsere Aufmerksamkeit immer wieder aufs Neue fesseln" (ebd.).

## Literatur

AKU – DV Archiv Kasten Urkachan, Kulturstiftung Sibirien.
Bergman, Sten 1926. *Vulkane, Bären und Nomaden*. Stuttgart: Strecker und Schröder.
Ditmar, Karl von 1900 [2011]. *Reisen und Aufenthalt in Kamtschatka in den Jahren 1851–1855*. Zweiter Theil. Allgemeines über Kamtschatka. Beiträge zur Kenntnis des Russischen Reiches und der angrenzenden Länder Asiens. Bd. 8. St. Petersburg. Neuausgabe 2011, Michael Dürr (Hg). Fürstenberg/Havel: Kulturstiftung Sibirien.
Kasten, Erich 2005. *The Dynamics of Identity Management*. In *Rebuilding Identities: Pathways to Reform in Post-Soviet Siberia*. Erich Kasten (ed.), 237–260. Berlin: Dietrich Reimer Verlag.

— (ed.) 2010. *Kul'tury i landshafty Severo-vostoka Azii: 250 let russko-nemeckich issledovanij po ėkologii i kul'ture korennych narodov Kamčatki.* Fürstenberg/ Havel: Kulturstiftung Sibirien.
— (Hg.) 2011. *Traditional Knowledge of Koryak Reindeer Herders – Karaginski District.* DVD. Fürstenberg/Havel: Kulturstiftung Sibirien.
— (Hg.) 2012a. *Traditional Knowledge in the World of Koryak Fishing – Lesnaja, Tigil'ski District.* DVD. Fürstenberg/Havel: Kulturstiftung Sibirien.
— 2012b. Koryak Salmon Fishery: Remembrances of the Past, Perspectives for the Future. In *Keystone Nations: Indigenous Peoples and Salmon across the North Pacific,* Benedict J. Colombi and James. F. Brooks (eds.), 65–88. Santa Fe: School for Advanced Research Press.
Kasten, Erich und Michael Dürr (Hg.) 2005. *Mit dem Seehund feiern: Korjaken und Evenen im Fernen Osten Russlands 2005.* DVD. Berlin: Zentral- und Landesbibliothek.
Kegel, Johann Karl Ehrenfried 2012. *Forschungsreise nach Kamtschatka. Reisen und Erlebnisse von 1841–1847.* Werner F. Gülden (Hg.). Fürstenberg/Havel: Kulturstiftung Sibirien.
Kennan, George 1890. *Zeltleben in Sibirien und Abenteuer bei den Korjäken und anderen Stämmen Kamtschatkas und Nordasiens.* Berlin: Cronbach.
Krupnik, Igor 1993. *Arctic Adaptations. Native Whalers and Reindeer Herders of Northern Eurasia.* Hanover and London: University Press of New England.
Rubicz, Rohina et al. 2010. Genetic Structure of Native Circumpolar Populations Based on Autosomal, Mitochondrial, and Y Chromosome DNA Markers (Rohina Rubicz, Phillip E. Melton, Victor Spitsyn, Guangyun Sun, Ranjan Deka and Michael H. Crawford). *American Journal of Physical Anthropology* 143(1): 62–74.
Sadovnikova, Ljudmila 2010. Agronom Kegel' na Kamčatke: 6 let upornogo truda. In *Kul'tury i landshafty Severo-vostoka Azii: 250 let russko-nemeckich issledovanij po ėkologii i kul'ture korennych narodov Kamčatki,* Erich Kasten (ed.), 41–59. Fürstenberg/Havel: Kulturstiftung Sibirien.
Safronov F. G. 1978. *Russkie na Severo-vostoke Azii v XVII–seredine XIX v.* Moskva: Nauka.
Sgibnev A. S. 2008. *Istoričeskij očerk glavnejšich sobitij v Kamčatke s 1650 po 1856 gg.* Voprosy istorii Kamčatki. Vypusk 2. Petropavlovsk-Kamčatskij: Novaja kniga.

**Abbildung**

Abb. 1: Kulturstiftung Sibirien. Fürstenberg/Havel.

# 10 CARL VON DITMAR – EIN GEOLOGE AUS LIVLAND IN RUSSISCHEN DIENSTEN

*Erki Tammiksaar* [1]

Mit dem vorliegenden Beitrag soll eine bedeutende Persönlichkeit Livlands vorgestellt werden, und zwar der aus einer deutschen Familie stammende Geognost – heute würde man den Begriff Geologe verwenden – und Forschungsreisende Carl von Ditmar, der von 1851 bis 1855 auf der Halbinsel Kamčatka forschte. Über Ditmar hat der Autor mehrere Beiträge publiziert (Tammiksaar 1995, 2003, 2008, 2010, 2011), von denen letzterer in erweiterter Form hier ein weiteres Mal erscheint.[2]

## Biografie

Woldemar Friedrich Carl von Ditmar war das einzige Kind aus der Ehe von Woldemar Friedrich Carl von Ditmar (1794–1826) mit Charlotte von Ditmar (geborene von Stackelberg, 1804–1880). Er kam im livländischen Gouvernement des Russischen Reiches in der Ortschaft Fennern (heute Vändra in Estland) am 27. August 1822 zur Welt.

Carls Vater hatte von 1812 bis 1815 Philosophie und Recht an der Kaiserlichen Universität zu Dorpat (heute Tartu) studiert und vollendete von 1815 bis 1817 seine Ausbildung an den Universitäten in Königsberg (Dr. phil. 1815), Berlin und Heidelberg (Dr. jur. 1817). Während der Zeit seines Deutschlandaufenthalts kam Woldemar von Ditmar in Kontakt mit damals bekannten Schriftstellern wie Jean Paul (Johann Paul Friedrich Richter), Elisabeth von der Recke und Christoph August Tiedge, die sein Weltbild beeinflussten (Schroeder 1893: 265). Nach Livland zurückgekehrt unterrichte Woldemar von Ditmar für ein Jahr an der Universität Dorpat (1818–1819) livländisches und römisches Recht sowie Strafrecht, danach zog er um nach dem Gut Alt-Fennern. Von 1819 bis 1826 war Ditmars Vater als Assessor am Landgericht in Pernau (heute Pärnu) tätig und beschäftigte sich daneben auch mit dem Sammeln estnischer Folklore sowie deren Publikation sowohl in der Heimat als auch im Ausland (Pustoroslev 1902:

1    Dieses Projekt wurde von der Europäischen Union (KESTA Nr. 3.2.0801.12-0044), vom Estnischen Bildungsministerium (SF0180049s09, IUT 02-16) und der Estonian Science Foundation (ETF 7381) unterstützt.
2    Übersetzung aus dem Russischen von Olaf und Marju Mertelsmann. Eine frühere russische Fassung dieses Beitrags erschien unter dem Titel „Karl Ditmar – Geolog iz Lifljandii na russkoj službe", in Kasten (Hg.) 2010: 107–122.

506f.). Nähere Informationen über den Lebenslauf der Mutter Carl von Ditmars ließen sich nicht ermitteln.

Im Jahr 1826 verstarb plötzlich der Vater und der vierjährige Carl von Ditmar verblieb in der Obhut seiner damals 22-jährigen Mutter, die ihr Leben seitdem der Erziehung ihres Sohnes und der Absicherung seiner Zukunft widmete. Von August 1832 bis Juni 1840 ging Ditmar in Werro (heute Võru) auf das damals führende private Gymnasium Livlands, der Lehranstalt Heinrich Krümmers, wo in fünf Klassen insgesamt rund einhundert Kinder aus adligen Familien lernten (Eisenschmidt 1860). Der Lehrkörper des Gymnasiums war eng verbunden mit der religiös-sozialen Bewegung der Herrnhuter; so nahm im Lehrplan der Religions- und Moralunterricht eine wichtige Stellung ein. Außer in Religion wurde Ditmar in Deutsch, Russisch, Französisch, Latein und Altgriechisch, in Geometrie, Arithmetik, Geschichte, Geografie und Naturkunde unterrichtet. Krümmer charakterisierte sein Bestreben in den genannten Fächern auf folgende Weise: „Seine Fortschritte in diesen Unterrichtsfächern waren, wenn auch nicht ausgezeichnet, doch seinen Fähigkeiten angemessen, hohen Anforderungen entsprechend, und berechtigten immerhin zu der Hoffnung, dass er wohl vorbereitet die Universität werde besuchen können."[3]

Bis zur zweiten Hälfte des 19. Jahrhunderts spielten in Russland Deutschbalten in den Naturwissenschaften eine wichtige Rolle. Der wichtigste Grund war wohl, dass die Ostseeprovinzen des Zarenreichs, also Estland, Livland und Kurland, nach ihrem Übergang in das Russische Reich weiterhin zum deutschen Kulturraum gehörten: an der 1802 wieder eröffneten Universität Dorpat unterrichteten überwiegend deutsche Professoren und das Niveau der akademischen Lehre und der wissenschaftlichen Forschung war in Dorpat zu Beginn des 19. Jahrhunderts deutlich höher als an anderen Universitäten Russlands.

Carl von Ditmar studierte von Anfang Januar 1841 bis zum 12. Februar 1844 sowie vom 4. August 1844 bis zum 27. August 1846 in Dorpat.[4] Ditmars Universitätsakte wird anders als die Akten vieler anderer Dorpater Studenten im Estnischen Historischen Archiv in Tartu aufbewahrt. Sie ist nur fragmentarisch erhalten und erlaubt es nicht exakt zu rekonstruieren, welche Fächer und Kurse er belegt hat und welche Professoren er gehört hat. Deshalb lässt sich über Ditmars Studentenleben nur berichten, dass er kein einziges Mal in den Karzer musste, aber wegen einer Schlägerei mit einem Dorpater Bürger im Februar 1844 zeitweilig aus der Universität ausgeschlossen wurde.[5] Anfangs studierte Ditmar (Land-)Wirtschaft, belegte aber

3   Estnisches Historisches Archiv (Tartu), Bestand 402, Verzeichnis 2, Mappe 4500, Ditmar als Student der Universität Dorpat, Bl. 3.
4   Estnisches Historisches Archiv (Tartu), Bestand 402, Verzeichnis 2, Mappe 4500, Bl. 21. Gleichzeitig mit Ditmar studierten in Dorpat die zukünftigen Mitglieder der Akademie der Wissenschaften zu St. Petersburg Leopold von Schrenck und Carl Johann Maximowicz, mit denen ihn eine lebenslange Freundschaft verband (Ditmar 1890: 823; Anonymus 1892).
5   Estnisches Historisches Archiv (Tartu), Bestand 402, Verzeichnis 2, Mappe 4500, Bl. 11–11v.

bereits 1842 erste Kurse in Mineralogie. Ab August 1844 widmete er sich vornehmlich der Mineralogie. Hierfür bestanden gute Voraussetzungen, da schon sein Vater
sich für naturwissenschaftliche Fächer interessiert hatte[6] und er selbst bereits in früher Kindheit ein ungewöhnliches Interesse für die Natur entwickelte. Der bekannte
deutsche Mineraloge Otto Wilhelm Hermann von Abich regte den Studenten Ditmar an, sich mit der Mineralogie zu beschäftigen (Schrenck 1892: 312). Abich war von
1842 bis 1844 ordentlicher Professor der Mineralogie in Dorpat, im Jahr 1844 reiste
er in den Kaukasus,[7] wo er viele Jahre lang geologische Forschungen durchführte.

Ditmar setzte seine Beschäftigung mit der Geologie in Dorpat unter Anleitung
des Zoologen und Paläontologen Hermann Martin Asmuss fort, einem außerplan-
mäßigen Privatdozenten, der ihm bei den Abschlussexamen in Geologie, Mineralogie und Paläontologie prüfte.[8] Als Abschlussarbeit wählte Ditmar eine Übersicht
über die Entwicklung des Faches Geologie in den baltischen Provinzen unter der
Überschrift „Versuch einer historischen Entwickelung der geognostischen, paläon-
tologischen und oryktognosischen Kenntnisse von Liv-, Ehst- und Curland".[9] Nach
der Verteidigung der Dissertation an der Philosophischen Fakultät erhielt Ditmar
den russischen Kandidatengrad (was damals kein akademischer Grad war).

Unter den Deutschbalten war es Brauch, nach dem Abschluss der Universität
Dorpat die Ausbildung in Westeuropa fortzusetzen und dort zu reisen. So bereiste
auch Ditmar von 1846 bis 1848 Deutschland, Italien, Frankreich und die Schweiz,
war Gasthörer der Mineralogie an der Bergakademie Freiberg und an den Universitäten in Leipzig und Berlin. Bekannt ist auch, dass er in Berlin bei dem Professor für
Mineralogie Gustav Rose an der Friedrich-Wilhelms-Universität studierte und dass
er im sächsischen Freiberg neben seinen Studien auch die Möglichkeit hatte, sich mit
den wichtigsten Bereichen des Bergbaus vertraut zu machen.[10]

Ende 1848 kehrte Carl von Ditmar nach Livland zurück und ging von dort
nach St. Petersburg. Bei sich hatte er ein Empfehlungsschreiben von Alexander
von Schrenck, des älteren Bruders Leopolds, an den damaligen Adjunkt der St.
Petersburger Akademie der Wissenschaften Alexander Theodor von Middendorff,
in dem Schrenck über Ditmar als seinem besten Freund schrieb und als einen gut

---

6   In der Zeit seines Studiums in Dorpat hatte sich Ditmars Vater mit Karl Ernst von Baer ange-
    freundet und bereits um 1813 erstellten sie gemeinsam ein erstes Verzeichnis der Pflanzen Liv-
    lands (Schroeder 1893: 266; Tammiksaar 2008: 17).

7   Auch als er im Kaukasus lebte, vergaß Abich seine Dorpater Studenten nicht. Im Frühjahr
    1846 lud er Ditmar und andere Studenten ein, an seinen Feldforschungen im Kaukasus teilzu-
    nehmen (Estnisches Historisches Archiv (Tartu), Bestand 402, Verzeichnis 2, Mappe 4500, Bl.
    15). Ditmar lehnte ab, da er zu diesem Zeitpunkt gerade die Universität abschloss.

8   Estnisches Historisches Archiv (Tartu), Bestand 402, Verzeichnis 2, Mappe 4500, Bl. 18–18v.

9   Estnisches Historisches Archiv (Tartu), Bestand 402, Verzeichnis 2,Mappe 4500, Bl. 18v.

10  Archiv der Russischen Akademie der Wissenschaften (St. Petersburg), f. 93, op. 1, № 57, Bl. 2;
    Hochschularchiv der Bergakademie Freiberg, Signatur OBA 9980 Vol. XXIV, Bl. 96-96v.

ausgebildeten Mineralogen und bevorzugten Gesprächspartner.[11] Bekannt ist, dass Middendorff den Kontakt zu Ditmar in der Zeit der Reisen durch Sibirien und auf Kamčatka[12] aufrecht erhielt und die Publikation von Ditmars Aufsätzen über die Entdeckungen im _Bulletin_ der St. Petersburger Akademie der Wissenschaften unterstützte (Ditmar 1853).

Abb. 1: Woldemar Friedrich Carl von Ditmar

In den Jahren von 1851 bis 1854 unternahm Carl von Ditmar insgesamt neun Reisen auf Kamčatka und auf der Halbinsel Taigonos. 1855 bis 1856 führte er auf der Rückreise geologische Forschungen in der Äußeren Mandschurei durch. Doch bereits 1851 erhielt Ditmar auf Kamčatka einen Brief seiner Mutter, der sein weiteres Leben bestimmen sollte. Die Mutter teilte ihm mit, dass sie in Livland in der Umgebung Fennerns den Gutshof Kerro (heute Käru) für ihn erworben hatte (Ditmar 1890: 211). Nach seiner Rückkehr von der Expedition kehrte er wohl aus diesem Grund 1856 nach Livland zurück. Dort heiratete er im Februar 1858 Wilhelmine von Stackelberg (1837–1929). Aus dieser Ehe, nach Meinung von Zeitgenossen eine harmonische

11  Estnisches Historisches Archiv (Tartu), Bestand 1802, Verzeichnis 1, Mappe 9, Bl. 53. Nachlass der Familie von Middendorff. A. v. Schrenck an A. Th. v. Middendorff, Dorpat, 26. 11. 1848.
12  Russische Nationalbibliothek (St. Petersburg), f. 531, op. 1, № 451, Bl. 1 (Schreiben Middendorffs an den Minister für Volksaufklärung, Avraam Sergeevič Norov, [Saint Pétersbourg], 09.12.1856).

und glückliche Beziehung, entstammten vier Töchter: Carolina Wilhelmina Anna (1858–1936), die das Gut Kerro erbte, Martha Charlotte (1860–?), Anna Elisabeth Maria (1862–?) und Minna Janett (1864–1882) (Genealogisches... 1929–ca. 1939: 729).

Das Leben als Gutsbesitzer sicherte Ditmar ein Einkommen, doch blieb ihm keine Zeit, die gesammelten Materialien zu bearbeiten und Reisebeschreibungen zu publizieren.[13] In seinen Nachrufen wird erklärt, dass er in Kerro (1856–1887) aktiv die Verwaltung seiner Ländereien betrieb, eine Dampfmaschine erwarb, am Landgericht in Pernau tätig war und dort auch die Aufgabe des Schulinspektors wahrnahm. Außerdem kümmerte er sich um die Menschen auf seinem Gut, gründete auf seinem Herrensitz eine Schule sowie das erste Internat Livlands (Schrenck 1892: 313). Er stellte sogar eine Karte der Bodenarten seines Gutes zusammen. Diese Karte hatte er der zur damaligen Zeit führenden landwirtschaftlichen Gesellschaft in der Ostseeprovinzen Russlands, der Livländischen Gemeinnützigen und Ökonomischen Sozietät zugeschickt. Diese Karte erregte in der Sozietät großes Interesse und Ditmar erhielt dafür von ihr die Bronzene Medaille (Blankenhagens Medaille).[14]

Aufgrund zunehmender Herzprobleme zog Ditmar seit Beginn der 1880er Jahre im Winter nach Dorpat. In den Jahren 1887–1892 verbrachte er dort die meiste Zeit. In einem der Nachrufe steht über seine Zeit in Dorpat (Anonymus 1892): „Mit voller Wärme erwachte in ihm hier an der Stätte der ersten wissenschaftlichen Studien die alte Liebe zur Wissenschaft und mit der ihm eigenen geistigen Frische nahm er aufs neue wissenschaftliche Lehre auf, wo nur sie sich ihm bot."

Erst 35 Jahre nach der Rückkehr aus Kamčatka veröffentlichte Ditmar seine Arbeit über die Reisen. Er wurde aktives Mitglied der Gelehrten Estnischen Gesellschaft, der Dorpater Naturforschergesellschaft und der Dorpater Geographischen Gesellschaft. Gegen Ende seines Lebens finanzierte er ein Netzwerk meteorologischer Stationen in Estland, Livland und Kurland sowie die Messung der Niederschläge an der Beobachtungsstation Kerro. Carl von Ditmar verstarb in Dorpat am 25. April 1892 und ist auf dem Friedhof Ratshof (heute Raadi) bestattet worden.

Die Zeitgenossen schätzten Carl von Ditmar als ausgeglichenen und geradlinigen Menschen, human eingestellt, liebenswürdig und mit Sinn für Humor. Besonderen Eindruck hinterließ seine Redebegabung, seine ausdrucksvolle Rhetorik, seine ausgereifte Dramatik, aber ebenso seine Beschreibungen und Vergleiche (Schrenck 1892: 314). Sein Schreibstil wurde sehr geschätzt und trug sicherlich zum Erfolg der Reisebeschreibung sowohl in wissenschaftlichen als auch in den weiteren gebildeten Kreisen bei.

---

13  Aufsätze über die Geologie und über die indigenen Völker Kamčatkas veröffentlichte er bereits während der Zeit seines Aufenthalts (Ditmar 1853, 1855, 1856a, 1856b).

14  Estnisches Historisches Archiv (Tartu), Archiv der Livländischen Gemeinnützigen und Ökonomischen Sozietät, Protokollen der Sitzungen, Sitzung am 22. Januar 1863. Bestand 1185, Verzeichnis 1, Mappe 385, ohne Paginierung.

## Die Expedition auf Kamčatka

Mit der Ernennung von Nikolaj Nikolaevič Murav'ev zum Generalgouverneur Ostsibiriens 1847 begann ein bemerkenswerter Wandel in diesem Teil Russlands. Auch
wenn die Eingliederung des Amur-Gebietes in das Russische Reich den neuen
Generalgouverneur in erheblichem Ausmaß forderte (Suchova und Tammiksaar
2005; Tammiksaar und Stone 2007: 282–299), befasste sich Murav'ev dennoch auch
mit den anderen Territorien unter seiner Verwaltung. Im Jahr 1849 hielt er sich auf
Kamčatka auf und legte danach in St. Petersburg einen Bericht vor, der deutlich
machte, dass man Kamčatka praktisch komplett vergessen hatte und dass der wichtigste Hafen der russischen Kriegsmarine am Stillen Ozean in der Avačinskaja-Bucht,
Petropavlovsk, viel zu schwach ausgebaut war, um möglichen Angriffen widerstehen
zu können. Zur Festigung der Staatsmacht auf Kamčatka schlug Murav'ev vor, die
bestehenden Häfen zu verstärken und neue mit Verteidigungsanlagen ausgestattete
in der Avačinskaja-Bucht anzulegen.[15] Aber in St. Petersburg schätzte man Murav'evs
Projekte als weng realistisch ein (Struve 1888: 91). Die Einwände der Zentralregierung
wurden auch dadurch verstärkt, dass schon in den 1830er Jahren die Regierung die
Provinzen Kamčatka und Ochotsk mit mehr als 500 000 Rubel jährlich zusätzlich
unterstützen musste (Kazarjan 2009: 32). Das waren große Summen, weshalb einige
der vor Ort lebenden Seeoffiziere und Beamte mit den Gedanken spielten, diese Provinzen ganz unter die Aufsicht der Russisch-Amerikanischen Kompanie zu geben,
um so Ausgaben der Regierung für diese Provinzen zu verringern. So blieb Murav'ev
und der Regierung des Gouvernements von Ostsibirien nichts anderes übrig, als
Petropavlovsk mit eigenen Kräften und Mitteln zu verstärken und nach Wegen zu
suchen, um die Regierung auf die Situation auf Kamčatka aufmerksam zu machen.

Wahrscheinlich gehörte zu dieser Strategie, die geologische Struktur Kamčatkas
untersuchen zu lassen, um Vorkommen von Bodenschätzen (Gold, Steinkohle, Kupfer etc.) ausfindig zu machen und damit einen Anreiz für Investitionen zu schaffen.
Für solche Untersuchungen war für Murav'ev ein Fachmann nötig. Die Empfehlung für Ditmar gab aller Wahrscheinlichkeit nach Middendorff, der Murav'ev im
Januar 1848 bei Fragen der Äußeren Mandschurei behilflich gewesen war (Suchova
und Tammiksaar 2005: 291). Bei Ditmars Ernennung zum Beamten für besondere

---

15  Den Befehlshaber des Hafens Ajansk, Vasilij Zavojko, ernannte Murav'ev im Februar 1850 zum
    Militärgouverneur Kamčatkas. Obwohl Zavojko beabsichtigte, in den Dienst der Russisch-
    Amerikanischen Kompanie zu treten und nach Sitka zu fahren, ließ das energische und
    beharrliche Verhalten Murav'evs ihm keine andere Wahl. Im Oktober 1849 schrieb Zavojko
    an Ferdinand von Wrangell von seinen neuen Aufgaben auf Kamčatka: „ […] der General
    verkündete mir, dass er mich für den Bau des Hafens von Kamtschatka verlangt, [um] den
    Ochotskischen Hafen nach Petropavlovsk zu verlegen, aber in der Targinskij-Bucht einen
    neuen Hafen mit riesigen Ausmaßen zu gründen." (Estnisches Historisches Archiv (Tartu),
    Bestand 2057, Verzeichnis 1, Mappe 478, Bl. 39, 40. Nachlass der Familie von Wrangell, V.
    Zavojko an F. v. Wrangell, Ajan, 2. Mai 1849.)

Aufträge des Gouvernements von Ostsibirien war für Murav'ev[16] wahrscheinlich ausschlaggebend, dass er in Freiberg Bergbau studiert, die Vorkommen von Bodenschätzen in Sachsen kennengelernt und dass er sich gut in die russische Sprache eingearbeitet hatte.[17] Im Herbst 1850 erhielt Ditmar vom Direktor des Bergbaukorps in St. Petersburg, dem Herzog Maximilian Leichtenberg, die offizielle Einladung, die Bodenschätze und die Geografie Kamčatkas zu untersuchen (Ditmar 1890: III).[18]

Ditmar reiste am 2. Mai 1851 aus St. Petersburg ab. Der Weg nach Kamčatka erwies sich als nicht einfach, da raues Klima, Raubtiere und kaum vorhandene Wege das Reisen äußerst anstrengend machten. Trotz der Schwierigkeiten erreichte Ditmar vor Winteranbruch den Hafen Ajan, von wo aus er sich nach Petropavlovsk einschiffte. Auf Kamčatka stellte sich heraus, dass das Reisen dort noch mühsamer war – Wege gab es gar keine, so dass man sich nur auf Bärenpfaden oder Flüssen fortbewegen konnte.

Mitte des 19. Jahrhunderts lebte man auf Kamčatka unter äußerst ärmlichen Bedingungen. In den ersten Jahrzehnten des 19. Jahrhunderts trugen noch die von Adam Johann von Krusenstern initiierten Weltreisen zur regulären Versorgung Kamčatkas und des russischen Teils von Amerika bei, die aber nicht zuletzt aus Kostengründen in den folgenden Jahrzehnten teilweise eingestellt wurden. Lieferungen durch Sibirien über den Landweg dauerten bis zu drei Jahren, so dass nicht selten bis zu drei Viertel der Waren verdarben. Dies zwang Einheimische und Russen dazu, sich selbst zu versorgen, und, falls die Vorräte bis zum Ende des Winters nicht ausreichten, hatten die Menschen zu hungern. Um die Lebensbedingungen zu verbessern, schlug Ditmar vor, Grundnahrungsmittel aus China und Japan einzuführen im Tausch gegen Lachs und Walbarten, die in diesen Ländern sehr wertvoll waren.

---

16  Vgl. Nationalarchiv der Republik Sacha (Jakutien), Jakutsk, Mappe über die Reise von Ditmar durch Jakutsk, f. 12, op. 1, № 784, Bl. 1–2v. 12.

17  Estnisches Historisches Archiv (Tartu), Bestand 402, Verzeichnis 2, Mappe 4500, Bl. 21.

18  Im Herbst 1850, als Ditmar die offizielle Einladung nach Kamčatka erhielt, entstand in der Russischen Geografischen Gesellschaft die Idee einer großen Kamčatka-Expedition. Dem Plan wurde im Rat der Gesellschaft im März 1851 zugestimmt. Karl Ernst von Baer schrieb in seinen Bemerkungen zum Plan der Gesellschaft der Kamčatka-Expedition am 30. November 1852 an die Gesellschaft, dass es nicht möglich sei, diesen Plan zu realisieren, denn er würde die ärmliche Bevölkerung in Nordkamčatka viel zu sehr belasten und sei außerdem zu teuer. Deshalb schlug die Gesellschaft vor, dass Ditmar, der bereits auf Kamčatka gewesen war, zu ihrem offiziellen Geologen ernannt werden sollte. Im Falle seiner Zusage, die geologische Karte Kamčatkas zusammenzustellen, sollten ihm hierfür zusätzliche Mittel zur Verfügung gestellt werden. (Ditmar schrieb von Kamčatka, dass seine Mittel dort sehr kärglich seien (Archiv der Russischen Akademie der Wissenschaften, St. Petersburg, f. 129, op. 1, № 646, Bl. 6. Nachlass von K. E. v. Baer). Davon, dass Ditmar dieses Projekt in Angriff nahm, zeugen die handschriftlichen farbigen Karten Ditmars, die L. L. Lekaj im Archiv der Gesellschaft fand: „Die geognostische Karte des Teiles der Halbinsel Taiganosskoje" und „Die geognostische Generalkarte der Halbinsel Kamtschatka" mitsamt der genauen wissenschaftlichen Beschreibung (Lekaj 2005).

Auf Kamčatka fehlte es auch an medizinischer Versorgung, so dass viele der einheimischen Einwohner an Syphilis und Lepra litten. Es gab so viele Kranke, dass
Ditmar (1890: 181) in seinem Tagebuch schrieb: „Schon von der Eroberung des Landes stammt dieses Leiden und decimirt die Bevölkerung, so dass die Zeit nicht mehr
gar fern sein dürfte, da das Land vollständig entvölkert sein wird, wenn nicht bal-
dige und energische Hülfe gebracht wird."

Unter solchen Bedingungen führte Ditmar von 1851 bis 1854 auf Kamčatka neun
Reisen durch. Die längste fand im Sommer 1852 statt, während der er mit einem
Ruderboot von Petropavlovsk entlang der Ostküste der Halbinsel bis zur Mündung
des Kamčatka-Flusses fuhr. Danach erreichte Ditmar flussaufwärts die Quelle des
Kamčatka-Flusses und kehrte über den Landweg zurück nach Petropavlovsk. Die
zweite längere Reise im Sommer 1853 umfasste die Westküste Kamčatkas und die
Halbinsel Taigonos. Im Laufe der Expeditionen lernte Ditmar die gesamte Halb-
insel Kamčatka mit Ausnahme der nördlichen und südlichen Randgebiete gründ-
lich kennen. Die Reisen mussten in den Jahren 1854–1855 aufgrund des Krimkrie-
ges eingestellt werden. Wegen der geringen Stärke der stationierten Truppen- und
Flottenverbände wurde der Hafen Petropavlovsk 1855 auf Befehl von Murav'ev
nach Nikolaevsk evakuiert und Ditmar konnte nicht länger auf Kamčatka bleiben.
Auf der Rückreise nach St. Petersburg verbrachte Ditmar 1856 einige Zeit im Amur-
Gebiet, wo er geologische Beobachtungen durchführte und ein Herbarium anlegte.
Nach St. Petersburg kehrte er am 7. Dezember des gleichen Jahres zurück.

## Ergebnisse

Bis zu Ditmars Expedition beruhte das Wissen der Geografen über Kamčatka vor
allem auf zwei Beschreibungen aus dem 18. Jahrhundert von Stepan Petrovič Krašeninnikov (1755) und von Georg Wilhelm Steller (1774). Ungeachtet dessen, dass sich
zu Anfang des 19. Jahrhunderts im Zusammenhang mit den russischen Weltreisen
auf Kamčatka nicht wenige Wissenschaftler und Naturforscher aufhielten, sammelten sie kaum Neues über Kamčatka, da sie nicht genug Zeit hatten, um umfassendere Forschungen durchzuführen. Gelehrte, die an den Weltreisen teilnahmen,
begnügten sich in der Regel mit der Erforschung von Flora und Fauna sowie der
Geologie der Gegend an der Avačinskaja-Bucht. Etwas länger, neun Monate, konnten sich Teilnehmer der Expedition unter Leitung von Friedrich Benjamin von
Lütke (1826–1829) aufhalten, darunter zwei deutsche Naturforscher, der Botaniker
Karl-Heinrich Mertens und der Ornithologe Friedrich Heinrich von Kittlitz. Zwei
Monate lang forschte der Geophysiker Adolph Erman, der auf Kamčatka seine geo-
magnetische Expedition durch das Russische Reich abschloss. Der früh verstorbene
Mertens konnte nur einen kleinen Teil seiner Materialien veröffentlichen, aber die
Forschungsergebnisse von Kittlitz und Erman erschienen in den vierziger und fünf-
ziger Jahren des 19. Jahrhunderts (Erman 1848; Kittlitz 1844, 1858).

Ditmar veröffentlichte zwar seine Reisenotizen über die Völker und die geologische Struktur Kamčatkas bald nach seiner Rückkehr (Ditmar 1853, 1856a, 1856b,
1860; Šulc 1853), aber sein Buch erschien erst 35 Jahren nach der Reise. In Dorpat
und nicht wie zunächst beabsichtigt in Kerro wurde der erste Teil von Ditmars
Monografie beendet. Zum Ordnen seiner Materialien regte ihn sein alter Freund
Leopold von Schrenck (Schroeder 1921: 135f.) an. Nach dem Tod von Karl Ernst von
Baer war Schrenck zusammen mit dem Geologen Gregor von Helmersen Redakteur
der nichtperiodisch erscheinenden geografischen Schriftenreihe der Akademie der
Wissenschaften in St. Petersburg *Beiträge zur Kenntniss des Russischen Reiches und
der angrenzenden Länder Asiens.*[19] Schrenck und Carl Johann Maximowicz stellten
Ditmars Manuskript der physikalisch-mathematischen Abteilung am 1. November
1888 vor. Anlässlich dieser Präsentation wurde vermerkt, dass Kamčatka nach der
Verlegung des wichtigsten russischen Hafens im Fernen Osten von Petropavlovsk
nach Nikolajevsk nur noch von einer geringen Zahl von Forschern besucht wurde.[20]
Daher waren Ditmars Angaben auch noch am Ende des 19. Jahrhunderts die aktu-
ellsten und ausführlichsten, die verfügbar waren (Šrenk und Maksimovič 1889).

Ditmars Arbeit wurde wegen des guten und verständlichen Stils und des hohen
Informationsgehalts sehr positiv aufgenommen. Allerdings hatte das in Tagebuch-
form verfasste Werk den Nachteil, dass die Inhalte weder systematisiert noch nach
Themen zugänglich waren. Dies veranlasste den russischen Geologen Vladimir
Afanas'evič Obručev und den österreichisch-ungarischen Geografen Karl Diener,
jeweils aus Ditmars Buch kurze Übersichten über die Natur Kamčatkas zu exzerpie-
ren und zu veröffentlichen (Diener 1891; Obručev 1892).

Die positiven Urteile und das Bedürfnis nach einer genaueren und besser systematisierten Übersicht über seine Angaben zu Kamčatka veranlassten Ditmar dazu,
am zweiten Band seiner Reiseskizzen zu arbeiten (Ditmar 1900: 1); aber sein Tod
unterbrach diese Arbeit. Ditmars Witwe übergab das unvollendete Manuskript Leopold von Schrenck, der im April 1893 der St. Petersburger Akademie der Wissenschaften vorschlug, die Handschrift zu veröffentlichen. Dabei nahm er Bezug auf die
breite Anerkennung des ersten Bandes und auf die Tatsache, dass man bereits angefangen habe, den zweiten Band ins Russische zu übersetzen (Schmidt 1900: III–IV).
Schrenck fügte noch hinzu, dass Maximowicz[21] den zweiten Band mit einem Kapitel
über die Flora Kamčatkas und der Professor der medizinisch-chirurgischen Akademie, der Geologe Konstantin Dmitrievič Chruščev, mit einer Übersicht über die
vulkanischen Gesteine Kamčatkas anhand von Ditmars Sammlung ergänzen würden. Da Maximowicz verstarb und Chruščev seine Arbeit nicht beendete, beschloss

---

19  Frühere Titel der Reihe verwenden im Impressum noch die ältere Variante „angränzenden".
20  Im Jahre 1882 war der Brite Francis Henry Scott Guillemard auf Kamčatka (Guillemard 1886).
21  Maximowicz bekam alle Pflanzen, die Ditmar während seiner Reise u.a. in dem Amur-Gebiet
    sammelte. In seiner Untersuchung der Pflanzenwelt der Äußeren Mandschurei schätzte er das
    Herbarium Ditmars sehr hoch (Maximowicz 1859).

man den zweiten Band ohne diese ergänzenden Kapitel herauszugeben und auf die Literaturangaben über Kamčatka, die man für veraltet hielt, sowie auf das unvollendete Kapitel über die Bewohner zu verzichten (Schmidt 1900: VI–VII). Dafür wurde im zweiten Band gemeinsam mit der Charakterisierung der physikalischen Geografie, der Orografie, der Hydrografie, des Klimas, der Geografie der Pflanzen und der Tiere und der Beschreibung der Geschichte der Entdeckung Kamčatkas eine umfangreiche Liste von ungefähr 500 geografischen Namen mit Erläuterungen veröffentlicht (Ditmar 1900: 217–273).

Die Hauptaufgabe Ditmars auf Kamčatka bestand darin, Bodenschätze zu entdecken, aber er fand nur Brennschiefervorkommen auf der Halbinsel Taigonos und auf Kamčatka unweit des Flusses Sedanka (Ditmar 1856a: 247). Dafür stellte sich heraus, dass es auf der Grundlage der Gesteinssammlung möglich wurde, eine erste Übersicht über die Geologie Kamčatkas zu erstellen. Während seiner abschließenden Reiseetappe im Februar 1854 stellte Ditmar eine erste geologische Karte Kamčatkas zusammen, die er zusammen mit Kommentaren der Akademie der Wissenschaften in St. Petersburg schickte (Ditmar 1856a).

In diesem kleinen Beitrag stellte Ditmar neben einer kurzen petrografischen Beschreibung seine Vorstellung von der geologischen Entwicklung Kamčatkas dar. Ditmar zufolge entwickelten sich die Halbinseln Kamčatka und Taigonos im Prozess der Erdfaltenbildung annähernd gleichzeitig. Als Taigonos sich als Halbinsel entwickelte, bildete Kamčatka eine Granitinsel südlich von Taigonos. Danach erreichte Kamčatka in seiner geologischen Entwicklung eine ruhigere Phase der Schichtenbildung, die aber von einer aktiveren Phase der Erdfaltenbildung unterbrochen wurde, als der Sredinnyj-Höhenrücken entstand, der später die Achse der Halbinsel bilden sollte. Anschließend trat ein Stadium aktiver vulkanischer Prozesse ein, in deren Folge die heute aktiven Vulkane entstanden, die den östlichen Teil Kamčatkas wesentlich umgestalteten (Ditmar 1856a: 250).

In späteren Werken, in denen er die geologische Entwicklung des russischen Fernen Ostens betrachtet, änderte Ditmar seine Ansichten nicht, hielt es aber für erforderlich, auch das im Amur-Gebiet gesammelte Material mit heranzuziehen (Ditmar 1890, 1891). Auf Grund der dort gesammelten Daten vermutete er, dass das Alter der geologischen Schichten des Fernen Ostens in Richtung auf den Ural zu gleichmäßig ansteigt, wobei er die Halbinsel Kamčatka der Entstehung nach für die jüngste hielt (Ditmar 1891: 216f.).

Bezüglich der Vulkane kam Ditmar zu dem Schluss, dass die Vulkane der Halbinsel zu einem Vulkangürtel gehören, der den ganzen Pazifik umschließt. Ditmar stellte fest, dass das Aleuten-Archipel sich direkt in Richtung des Kaps Kamčatka an der Ostküste Kamčatkas erstreckt. Der Vulkangürtel setzt sich auf Kamčatka fort und verläuft dann weiter über die Kurilen. Ditmar war sich auch sicher, dass die Vulkane rund um den Pazifik miteinander verbunden sind, da er selbst im Oktober 1853 beobachten konnte, wie der Ausbruch des Vulkans Ključevskaja-Sopka augenblicklich aufhörte, als der Vulkan Šiveluč ausbrach. Eine ähnliche Verbindung untereinander bemerkte Ditmar auch bei anderen Vulkanen Kamčatkas (Ditmar 1856a, 1891). Diese Beobachtungen erregten viel Aufmerksamkeit unter Wissenschaftlern, darunter Alexander von Humboldt, der Ditmars Resultate im *Kosmos* weitervermittelte (Humboldt 1858: 391). Auf die Frage, worin diese Verbindung der Vulkane beruhte, konnte Ditmar keine Antwort geben und überließ deren Lösung folgenden Generationen von Geologen (Ditmar 1900: 20f.). Außerdem erstellte Ditmar nach Kittlitz und Erman eine neue Liste der aktiven und der erloschenen Vulkane Kamčatkas, in der er nach Petermann[22] siebzehn unbekannte Vulkane beschrieb (Ditmar 1860).

Ditmar hatte vor, im zweiten Band seiner Arbeit eine genaue Beschreibung der Geologie Kamčatkas zu veröffentlichen. Dieses Kapitel unter der Überschrift „Materialien zu einer geologischen Beschreibung Kamtschatka's" blieb wegen der bereits erwähnten Gründe unveröffentlicht. Ein weiteres Hindernis bei der Umsetzung dieses Planes war, dass die vier Kisten mit den von Ditmar auf Kamčatka und in der Äußeren Mandschurei gesammelten Gesteinen,[23] die er dem Mineralogischen Museum der Akademie der Wissenschaften in St. Petersburg übereignet hatte, im Jahre 1858 nach Berlin geschickt wurden, damit sowohl Humboldt als auch der ehemalige Lehrer Ditmars, G. Rose, Einblick in sie nehmen konnten.[24] Aber ein Jahr danach verschied Humboldt und bald darauf auch Rose. Ditmars Sammlung konnte in seinem Nachlass nicht aufgefunden werden und erst viele Jahre später wurde sie in Berlin wieder entdeckt.[25] Wann sie nach St. Petersburg zurückgelangte, ist unbekannt. Auf jeden Fall hatte Ditmar beim Verfassen seines Artikels selbst keinen Zugang zu der Sammlung, auf die aber später eine Reihe anderer Wissenschaftler zurückgreifen konnten (z. B. Šmidt 1873), um petrografische Übersichten zu Kamčatka und der Äußerem Mandschurei zu erstellen.

Ditmars Angaben über die Geologie Kamčatkas nutzte mehrfach auch der Bergbauingenieur polnischer Herkunft und Professor des St. Petersburger Bergbauinstituts, Carl Bogdanowicz, der im Auftrag des Ministeriums der Staatsdomänen die Geologie der Halbinsel in den Jahren 1897 bis 1898 erforschte. Auf seiner geologischen Karte Kamčatkas übertrug er die von Ditmar erhaltenen Angaben zur Ostküste, da er selber nicht dort gewesen war (Bogdanowitsch 1904). In geringerem Ausmaß wurden Ditmars Angaben auch von N. B. Sljunin, einem Begleiter Bogdanovičs, für dessen Arbeit über wirtschaftlich nutzbare Ressourcen Kamčatkas herangezogen (Sljunin 1895, 1900). Die Betrachtungen Ditmars wurden von dem

---

22 Fußnote zu Ditmars Aufsatz (1860: 66) des Herausgebers A[ugust] P[etermann].

23 Archiv der Russischen Akademie der Wissenschaften (St. Petersburg), f. 2, op. 1, № 1853–2, Bl. 111–112.

24 Archiv der Russischen Akademie der Wissenschaften (St. Petersburg), f. 93, op. 1, № 57, Bl. 2–2v. Offizieller Briefwechsel der Akademie um 1853.

25 Archiv der Russischen Akademie der Wissenschaften (St. Petersburg), f. 93, op. 1, № 57, Bl. 3–3v. Nachlass L. v. Schrenck.

bekannten russischen Geologen Vladimir Afanas'evič Obručev hoch geschätzt. Er bemerkte in seiner Geschichte der geologischen Erforschung Sibiriens, dass Ditmars Auffassung bezüglich der Änderungen des Alters von Gesteinen vom Ural bis nach Kamčatka tatsächlich korrekt sei (Obručev 1937: 456, 483f.).

Zu den bedeutenderen Ergebnissen Ditmars im Bereich der Orografie gehörten die Beschreibung des Sredinnyj-Höhenrückens, die genauer als bei Erman ausfiel, die Präzisierung der Küstenlinie auf seiner Landkarte Kamčatkas im Vergleich zu den Karten Ermans und Lütkes sowie die genauere Bestimmung der Grenzen der Halbinsel. Im Gegensatz zu anderen Forschern meinte Ditmar, dass die geologische Grenze der Halbinsel am 62. nördlichen Breitengrad verlaufe, der sich mit der nördlichen Grenze der Parapol'skij-Tundra und der nördlichen Grenze des Siedlungsgebietes der auf Kamčatka lebenden Korjaken deckt. Ditmar entdeckte auch, dass die Landenge beim Parapol'skij-Tal, welche die Halbinsel mit dem Festland verbindet, sich nicht, wie auf damaligen russischen Karten verzeichnet, mit dem hohen Gebirgskamm überschneidet. Andererseits hielt Ditmar wie Erman (1848: 481–482) irrtümlicherweise den Ičinski-Vulkan mit seinen 3 621 Metern für den höchsten Berg Kamčatkas (Ditmar 1900: 61), was Bogdanowicz später auf seiner Karte Kamčatkas korrigierte (Bogdanowitsch 1904).

Ditmar war der erste, der die Entstehung von Eismulden (der Begriff stammt von ihm) zu erklären versuchte. Auf dem Weg aus Sacha (Jakutien) nach Ajan beobachtete er die charakteristischen Formen der Flusstäler Ost-Sibiriens, deren örtliche Bezeichnung *Taryn* oder „Talkessel aus Eis" ist. Ditmar hielt diese Teile der Flüsse in den Bergen für eine Voraussetzung der Formation von Eismulden, denn dort verlangsamte sich die Strömung und dort waren aus physikalisch-geografischen Gründen reichlich Schnee und Eis vorhanden. So kam Ditmar zu dem Schluss, dass Eismulden typische Erscheinungen in Gebirgsregionen seien (Ditmar 1853: 311). Middendorff, der als erster die *Tarynnen* während seiner Sibirienexpedition von 1843 bis 1845 erforscht hatte und auf dessen Empfehlung hin Ditmars Aufsatz veröffentlicht worden war, gelangte zu der Auffassung, dass die Bildung des „Aufeis" (ein Begriff, den Middendorff verwendete) hervorgerufen werde von den gefrorenen Schichten unterhalb jener Abschnitte von Flüssen, in denen es eine schnelle Strömung gibt. Dort bilde sich anfangs Grundeis, welches sich unter günstigen Bedingungen bis zum Auftreten des „Aufeises" stark entwickeln könne (Middendorff 1853: 314). Nach Middendorff sei das „Aufeis" nicht nur typisch für Gebirge, sondern für alle Regionen mit Dauerfrostboden. Ditmars falsche Schlussfolgerungen kamen in erster Linie durch den zu kurzen Zeitraum seiner Beobachtungen zustande.

Ditmar meinte, dass der wichtigste Faktor, der auf das Klima Kamčatkas einwirke, die Höhe des Sredinnyj-Höhenrückens und seine Ausdehnung über die ganze Halbinsel bis zum Parapol'skij-Tal sei. Dieser Bergrücken trennt die Westküste Kamčatkas, die sich unter dem Einfluss des kalten Ochotskischen Meeres befindet, von der Ostküste, deren Klima sich in erster Linie unter dem Einfluss der kalten Strömung des Beringmeeres und der warmen Strömung des Kuroshio herausbildet (Ditmar 1900: 69–73). Ditmar schrieb über die schneereichen Winter auf Kamčatka, aber er schenkte den Gletschern an den Hängen der Vulkane keine Aufmerksamkeit. Dies führte zu der Frage, warum Ditmar nur in seinen Reiseblättern, aber nicht in seinen sonstigen Werken die Gletscher erwähnt hatte (Obručev 1892; Bogdanowitsch 1904). Darüber hinaus kam Ditmar zu dem Schluss, dass die klimatischen Bedingungen im nördlichen Kamčatka das Erscheinen von Dauerfrostboden begünstigen (Tammiksaar 2001: XLII).

Bei der Beschreibung der Pflanzenwelt Kamčatkas stellte Ditmar fest, dass die Kamčatka-Birke, die auch als Gold- oder Erman-Birke (*Betula Ermanii*) bezeichnet wird, unter den Bäumen und Gehölzen am weitesten verbreitet sei. Doch diese Birkenart ist an der Westküste nicht anzutreffen, sondern wächst nur am Kurilen-Kamčatka-Graben und in den östlichen Gebieten der Halbinsel. Ditmar beschrieb auch die Lärche aus dem Tal des Kamčatka-Flusses (Ditmar 1900: 88f.). Ditmar war der erste Kamčatka-Forscher, der im Herbst 1854 an der südöstlichen Küste Kamčatkas einzigartige Waldgebiete nachwies und beschrieb – die dortigen Nadelholzwälder. Bis in die 1930er Jahre blieb Ditmar der einzige Naturforscher, der diesen geheimnisvollen Wald besucht hatte.

In Bezug auf die Tierwelt Kamčatkas vermerkte Ditmar, dass sie nicht sehr reich an Arten wirbelloser Tiere[26] und Wirbeltiere sei, wobei Amphibien und Reptilien bis auf Winkelzahnmolche völlig fehlten, die einzige auf der Halbinsel vorkommende und erstmals von Ditmar genauer beschriebene Amphibienart. Dafür traf man auf Kamčatka und entlang der Küstenlinie am Meer auf zahlreiche Vogelarten.

Besondere Aufmerksamkeit schenkte Ditmar der indigenen Bevölkerung Kamčatkas (Schrenck 1892: 314). Seine Beobachtungen belegten, dass deren Kulturen in den Gebieten auf Kamčatka besser erhalten geblieben waren, die weiter entfernt von russischen Siedlungen lagen. Während sich die Itelmenen fast vollständig mit den Russen vermischt hatten und die neue ethnische Gruppe der Kamčadalen bildeten, unterschied Ditmar unter den Korjaken fünf verschiedene ethnische Gruppen. Dabei verwendete er als Indikatoren Sprache, das Vordringen der von Russen eingeführten Techniken der Bodenbestellung, die schwindende Bedeutung der Jagd für die Ernährung und den Grad der Sesshaftigkeit der Korjaken (Ditmar 1855: 56–63; Ditmar 1856b: 103). Seine Beobachtungen zeigten, dass die kulturellen Eigenarten am stärksten bei den nomadischen Korjaken erhalten geblieben waren, die sich vornehmlich im Parapol'skij-Tal aufhielten, während die sesshaften Korjaken aus den zentralen Regionen Kamčatkas stärker russifiziert waren. Ditmar betonte auch die nahe Verwandtschaft und den vermutlich gemeinsamen Ursprung von Čukčen und Korjaken, wobei er die Ähnlichkeit der Sprachen, die Gleichartigkeit der Wirtschaftsweisen und die gemeinsamen Traditionen wie Tätowierungen, Kleidung,

---

26  Die Sammlung wirbelloser Tiere beschrieb der Professor für Zoologie der Universität Dorpat Adolf Grube (Grube 1862).

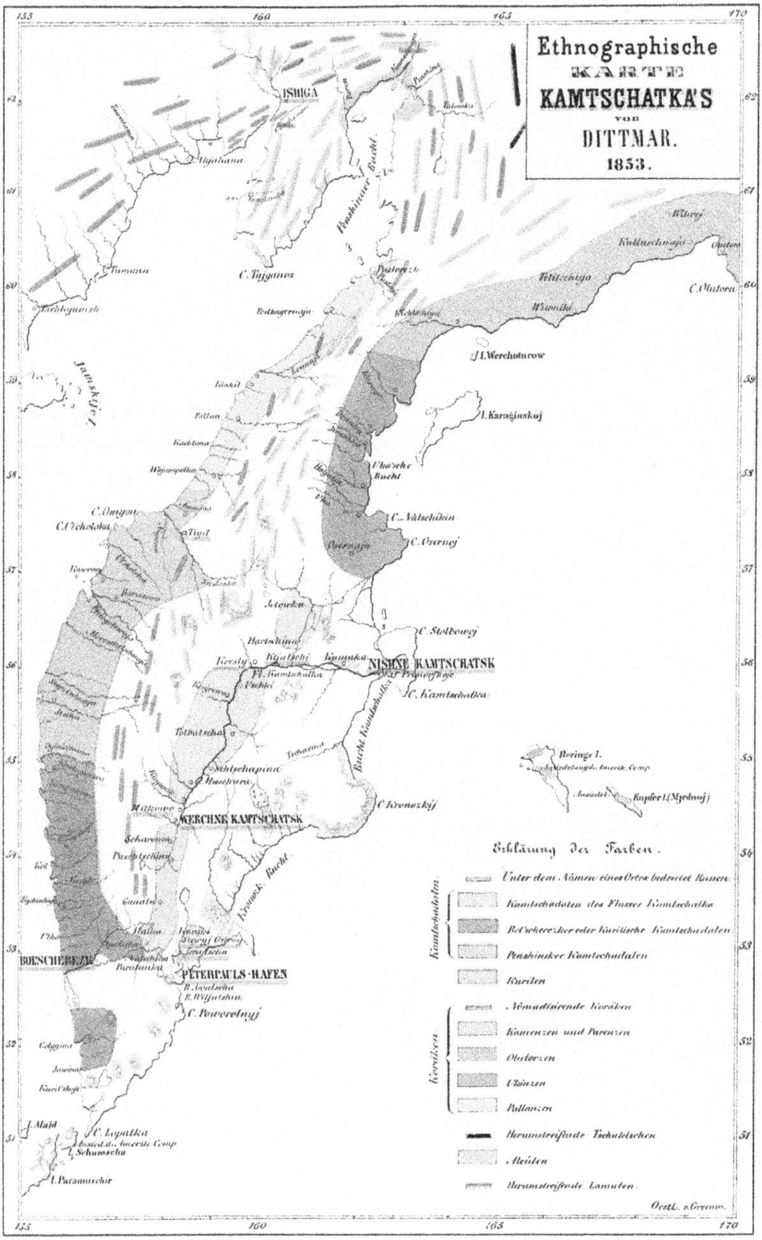

Abb. 2: Ethnografische Karte Kamčatkas von Carl von Ditmar 1856

Gesetze und den Lebensweg begleitende Rituale sowie das Schamanentum anführte (Ditmar 1856b: 131f.). Einen besonderen Stellenwert für die Forschung hat zudem Ditmars Karte der verschiedenen Bevölkerungsgruppen Kamčatkas (Ditmar 1856b), in der deren jeweilige Verbreitung um 1850 detailliert wiedergegeben ist und insbesondere die überlappenden Wandergebiete der nomadisierenden Gruppen im Landesinneren anschaulich gemacht sind (s. Abb. 2).

## Schlussfolgerungen

Die Ergebnisse von Ditmars Reisen auf Kamčatka waren für die Verbreitung wissenschaftlicher Erkenntnisse über diesen Teil der Welt wichtig und sein Beitrag zur Erforschung Kamčatkas ist als hoch einzuschätzen. Ditmars Aufzeichnungen und Sammlungen wurden von Wissenschaftlern bis in die erste Hälfte des 20. Jahrhunderts intensiv genutzt. Aber auch heutige Kamčatka-Forscher legen zum Beispiel noch großen Wert auf seine Beschreibung des Tannenwaldes aus dem Jahr 1854, seine Schilderung der Calderas des Vulkans Uzon (1854), der Territorien des heutigen Kronockij-Naturparks (gegründet 1882) und der Ortschaften zwischen Petropavlovsk und dem Mündungsgebiet des Kamčatka-Flusses, wo unberührte Natur, wie sie Ditmar noch erblickte, schon längst verschwunden ist. Zum Andenken an Ditmar benannten russische Wissenschaftler den 1 297 Meter hohen Vulkan nach ihm, der beim Einsturz der Caldera des Vulkans Bakkening entstanden war und der als erster von ihm beschrieben worden war (Svjatlovskij 1956). Auch eine Pflanzenart wurde nach ihm benannt, die *Platanthera ditmariana* (Koм.), nach heutiger Klassifikation ein Synonym von *Platanthera chorisiana* (Cham.).

## Literatur

Anonymus 1892. Ditmar, C. v. Nekrolog. *Neue Dörptsche Zeitung* 86.

Bogdanowitsch, K. 1904. Geologische Skizze von Kamtschatka. *Dr. A. Petermanns Mitteilungen aus Justus Perthes' Geographischer Anstalt* 50: 59–68; 96–100, 122–125, 144–148, 170–174, 196–199; 217–221.

Diener, C. 1891. Ergebnisse der Forschungsreisen K. v. Ditmars auf der Halbinsel Kamtschatka in den Jahren 1851–1855. *Dr. A. Petermanns Mitteilungen aus Justus Perthes' Geographischer Anstalt* 37: 175–182.

Ditmar, C. v. 1853. Ueber die Eismulden im Sibirien. *Bulletin de la Classe physico-mathématique de l'Académie Impériale des Sciences de St. Pétersbourg* 11, (19–20): 305–312.

— 1855. O korjakach i ves'ma blizkich k nim po proischoždeniju čukčach. *Vestnik Imperatorskogo Russkogo Geografičeskogo Obščestva* 15: 51-63, 16: 19–39.

— 1856a. Ein paar erläuternde Worte zur geognostischen Karte Kamtschatka's (mit einer Karte). *Bulletin de la Classe physico-mathématique de l'Académie Impériale des Sciences de St. Pétersbourg* 14(16): 241–250.

— 1856b [2011]. Ueber die Koräken und die ihnen sehr nahe verwandten Tschuktschen mit einer ethnographischen Karte Kamtschatka's. *Bulletin de la Classe historico-philologique de l'Académie Impériale des Sciences de St. Pétersbourg* 13 (6–7): 99–110; (8–9): 113–136. Neuausgabe 2011, in *Karl von Ditmar, Reisen und Aufenthalt in Kamtschatka in den Jahren 1851–1855*, Michael Dürr (Hg.), 161–193. Fürstenberg/Havel: Kulturstiftung Sibirien.

— 1860. Die Vulkane und heissen Quellen Kamtschatka's. *Mittheilungen aus Justus Perthes' Geographischer Anstalt über wichtige neue Erforschungen auf dem Gesammtgebiete der Geographie* 6: 66–67.

— 1890. *Reisen und Aufenthalt in Kamtschatka in den Jahren 1851–1855. Erster Theil. Historischer Bericht nach den Tagebüchern.* Beiträge zur Kenntniss des Russischen Reiches und der angrenzenden Länder Asiens, Dritte Folge, Bd. 7. St. Petersburg, gedruckt bey der Kaiserlichen Akademie der Wissenschaften. Neuausgabe 2011, Michael Dürr (Hg.). Fürstenberg/Havel: Kulturstiftung Sibirien.

— 1891. Ueber den geologischen Aufbau Kamtschatkas. *Sitzungsberichte der Naturforscher-Gesellschaft bei der Universität Dorpat* 9(2): 215–222.

— 1900 [2011]. *Reisen und Aufenthalt in Kamtschatka in den Jahren 1851–1855. Zweiter Theil. Allgemeines über Kamtschatka. Erste Abtheilung.* Beiträge zur Kenntniss des Russischen Reiches und der angrenzenden Länder Asiens, Dritte Folge, Bd. 8. St. Petersburg, gedruckt bey der Kaiserlichen Akademie der Wissenschaften. Neuausgabe 2011, Michael Dürr (Hg.). Fürstenberg/Havel: Kulturstiftung Sibirien.

— 1901. *Poězdki i prebyvanie v Kamčatkě v 1851–55 gg.* Teil 1. Sanktpeterburg: Tipografija Imperatorskoj Akademii Nauk.

Eisenschmidt, H. 1860. *Erinnerungen aus der Kümmerschen Anstalt und aus des Verfassers eigner Schulzeit.* Dorpat: Laakmann.

Erman, A. 1848 [2013]. *Reise um die Erde durch Nord-Asien und die beiden Oceane in den Jahren 1828, 1829 und 1830. Bd. 3: Die Ochozker Küste, das Ochozker Meer und die Reisen auf Kamtschatka im Jahre 1829.* Berlin. Neuausgabe 2013, Erich Kasten (Hg.). Fürstenberg/Havel: Kulturstiftung Sibirien.

*Genealogisches...* [1929–ca. 1939]. *Genealogisches Handbuch der Baltischen Ritterschaften* (o.J.). Teil Livland, Bd. 2, Lieferung 10. Görlitz: Verlag für Sippenforschung und Wappenkunde G.A. Starke.

Grube, A. 1862. Beschreibungen neuer, von den Herren L.v. Schrenck, R. Maack, C.v. Ditmar u.a. im Amurlande und in Ostsibirien gesammelter Araneïden. *Mélanges biologiques tirés du Bulletin de l'Académie Impériale des Sciences de St. Pétersbourg* (1861–1865) 4: 1–29.

Guillemard, F. H. H. 1886. *The Cruise of the Marchesa to Kamtschatka and New Guinea with Notices of Formosa, Liu-Kiu, and Various Islands of the Malay Archipelago.* London: Murray.

Humboldt, A. v. 1858. *Kosmos. Entwurf einer physischen Weltbeschreibung.* Bd. 4. Stuttgart und Tübingen: Cotta.

Ivanov, B. V. und B. I. Andreev 1975. Vulkany Ditmara i Županovskie Boctrjaki. *Bjulleten' vulkanologičeskich stancii AN SSSR* 51: 103–105.

Kasten, È. (Hg.) 2010. *Kul'tury i landšafty Severo-Vostoka Azii. 250 let russko-nemeckich issledovanij po ėkologii i kul'ture korennych nardov Kamčatki.* Norderstedt: Books on Demand.

Kazarjan, P. L. 2009. *Plan P. F. Kuzmiščeva 1834 goda o peredače Ochotsko-Kamčatskogo kraja Rossijsko-Amerikanskoj kompanii.* Jakutsk: Izdatel'stvo JANC SO RAN.

Kittlitz, F. H. v. 1844. *Vierundzwanzig Vegetations-Ansichten von Küstenländern und Inseln des Stillen Oceans, aufgenommen in den Jahren 1827, 28 und 29 auf der Entdeckungsreise der Kaiserlich-Russischen Corvette Senjawin unter Capitain Lütke.* Siegen: Friedrich.

— 1858 [2011]. *Denkwürdigkeiten einer Reise nach dem Russischen Amerika, nach Mikronesien und durch Kamtschatka.* 2 Bde. Gotha: Gotha: Justus Perthes. Neuausgabe (Auszüge zu Kamčatka) 2011. Erich Kasten (Hg.). Fürstenberg/Havel: Kulturstiftung Sibirien.

Kornilov, A. M. 1828. *Zamečanija o Sibiri.* S-Peterburg: Tipografija K. Krajja.

Krašeninnikov, S. P. 1755. *Opisanie Zemli Kamčatki.* T. 1–2. Sanktpeterburg: Imperatorskaja Akademija Nauk.

Lekaj, L. L. 2005. *Istorija geografičeskogo izučenija Kamčatki vtoraja polovina devjatnadcatogo – načalo dvadcatogo veka.* Avtoreferat. Moskva.

Maximowicz, C. J. 1859. *Primitiae Florae Amurensis. Versuche einer Flora des Amur-Landes.* St. Petersburg, gedruckt bey der Kaiserlichen Akademie der Wissenschaften.

Middendorff, A. T. v. 1853. Zusatz [zu dem Aufsatz von C. v. Ditmar]. *Bulletin de la Classe physico-mathématique de l'Académie Impériale des Sciences des St. Pétersbourg* 11(19–20): 312–316.

Obručev, V. L. 1892. Očerk poluostrova Kamčatki po dannym Karla Ditmara. *Izvestija Sibirskogo otdela Imperatorskogo Russkogo geografičeskogo obščestva* 23 (4–5): 1–22.

— 1937. *Istorija geologičeskogo issledovanija Sibiri. Period četvertyj (1889–1917).* Moskva-Leningrad: Izdatel'stvo Akademii Nauk SSSR.

Pustoroslev, P. 1902. Vol'demar Fridrich Karl fon Ditmar. In *Biografičeskij slovar' professorov i prepodavatelej imperatorskago Jur'evskago, byvšago Derptskago, universiteta,* G. V. Levickij (Hg.), Bd. 1, 506–507. Jur'ev: Tipografija K. Mattisena.

[Schmidt] Šmidt, F. B. 1873. *Trudy Sibirskoj ėkspedicii imperatorskago Russkago geografičeskago obščestva. Fizičeskij otdel. Bd. 3. Geognostičeskaja čast'.* Peterburg: Tipografija V. Bezobrazova.

Schmidt, F. 1900. Vorwort des Herausgebers. In *C. v. Ditmar: Reisen und Aufenthalt in Kamtschatka in den Jahren 1851–1855,* Bd. 2, III–VI. St. Petersburg: gedruckt bey der Kaiserlichen Akademie der Wissenschaften.

Schrenck, L. v. 1892. Carl von Ditmar. Nekrolog. *Baltische Monatsschrift* 39(5): 312–314.

[Schrenck] Šrenk, L. I. und K. I. Maksimovič 1889. Doneseníe o sočinenii Ditmara o Kamčatkě. *Zapiski Imperatorskoj Akademii Nauk* 59(2): 71–73.

Schroeder, L. v. 1893. Jugendbriefe K. E. v. Baers an Woldemar v. Ditmar. *Baltische Monatsschrift* 40(5): 264–281.

— 1921. *Lebenserinnerungen*. F. v. Schroeder (Hg.). Leipzig: Haessel.

Sljunin, N. 1895. *Promyslovyja bogatstva Kamčatki, Sachalina i Komandorskich ostrovov*. Sanktpeterburg: Tipografija V. Kirshbauma.

— 1900. *Ochotsko-Kamčatskij kraj. Estestvenno-istoričeskoe opisanie*. T. 1–2. Sanktpeterburg: Tipografija A. S. Suvorina.

[Sreznevskij] Sresnewsky, B. 1913. *Bericht über die Ergebnisse der Beobachtungen für das Liv-Est-Kurländische Regenstationsnetz. 25-jährige Mittelwerte*. Dorpat: Kaiserliche Livländische Gemeinnützige und Ökonomische Sozietät.

Steller, G. W. 1774 [2013]. *Beschreibung von dem Lande Kamtschatka, dessen Einwohnern, deren Sitten, Nahmen, Lebensart und verschiedenen Gewohnheiten*. Frankfurt und Leipzig: Johann Georg Fleischer. Neuausgabe 2013, Erich Kasten und Michael Dürr (Hg.). Fürstenberg/Havel: Kulturstiftung Sibirien.

Struve, B. V. 1888. Vospominanija o Sibiri. *Russkij Vestnik* 195 (aprel'): 145–184; 196 (maj): 27–70; (ijun'): 87–123.

Suchova, N. G. und È. Tammiksaar 2005. *Aleksandr Fedorovič Middendorf (1815–1894)*. Moskva: Nauka.

Šulc, A. 1854. Izvlěčeníe iz donesenija gornogo činovnika Ditmara. *Morskoj Sbornik* 10 (8): 122–127.

Svjatlovskij, A. E. 1956. Istorija novejšego vulkanizma i obrazovanija rel'efa v raione vulkana Bakening. *Trudy laboratorii vulkanologii AN SSSR* 12: 53–109.

Tammiksaar, E. 1995. Carl von Ditmar – unustusse vajunud maadeuurija (1822–1892). *Teaduse ajaloo lehekülgi Eestist* 11: 129–139.

— 2001. „Materialien zur Kenntnis des unvergänglichen Boden-Eises in Sibirien". Die erste Dauerfrostbodenkunde von Karl Ernst von Baer. In *Materialien zur Kenntnis des unvergänglichen Boden-Eises in Sibirien. Unveröffentlichtes Typoskript von 1843 und erste Dauerfrostbodenkunde*. Berichte und Arbeiten aus der Universitätsbibliothek und dem Universitätsarchiv Giessen, 51. L. King (Hg.), I-LV. Gießen: Universitätsbibliothek.

— 2003. Carl von Ditmar, 1822–92: a geologist in Kamchatka. *Polar Record* 39(210): 248–251.

— 2008. Karl Ditmar (1822–1892) – Issledovatel' Kamčatki. *Voprosy geografii Kamčatki* 12: 15–25.

— 2010. Karl Ditmar. Geolog iz Lifljandii na russkoj službe. In *Kul'tury i landšafty Severo-Vostoka Azii. 250 let russko-nemeckich issledovanij po ėkologii i kul'ture korennych narodov Kamčatki*. È. Kasten (Hg.), 107–122. Norderstedt: Books on Demand.

— 2011. Carl von Ditmar – ein Geologe aus Livland in russischen Diensten. In *Reisen und Aufenthalt in Kamtschatka in den Jahren 1851–1855. Zweiter Teil. Allgemeines über Kamtschatka.* Michael Dürr (Hg.), 232–248. Fürstenberg/Havel: Kulturstiftung Sibirien.

Tammiksaar, E. and I. R. Stone 2007. Alexander von Middendorff and his Expedition to Siberia (1842–1845). *Polar Record* 43(226): 193–216.

## Abbildungen

Abb. 1   Estnisches Nationalmuseum (Signatur: 866: 85), vormals publiziert in Tammiksaar 2003.

Abb. 2   Die Karte befindet sich in den Beständen des Baer-Hauses in Tartu.

## 11 GERHARD BARON VON MAYDELL (1835–1894) UND DIE BEDEUTUNG SEINER FORSCHUNGEN IN NORDOST-SIBIRIEN

*Erki Tammiksaar* [1]

### Zur Biografie und Vorgeschichte seiner Expeditionen

Der zur damaligen Zeit als Beamter im Gouvernement Ostsibirien tätige Deutsch-balte Gerhard Baron von Maydell zählt zu den bedeutendsten Forschern dieses Gebiets, dessen wissenschaftlicher Beitrag aber heute nur wenig bekannt ist. Gerhard von Maydell wurde am 19. April 1835 [2] in Dorpat (Tartu) als Sohn des Leutnants der Artillerie und baltischen Malers Ludwig von Maydell (1795–1846) geboren, der der Herrnhuter Religionsgemeinschaft angehörte, die in Estland sehr verbreitet war.

Gerhard besuchte von 1844 bis 1854 die Ritter- und Domschule zu Reval (Tallinn) und studierte danach von 1854 bis 1858 Kameralistik (staatliche Verwaltungswissenschaften) an der Universität Dorpat. Ebenso wie bei seinem Landsmann Karl von Ditmar (Tammiksaar zu Ditmar, *in diesem Band*) verlief auch seine Studienzeit wechselvoll. Nach Abschluss seiner Examen hatte sich Maydell entschlossen, seine Dissertation über ein damals für Russland aktuelles Thema zu schreiben, nachdem das Amurgebiet erst kurz zuvor von Russland erobert worden war. Das Thema seiner Arbeit lautete somit: „Ueber die handelspolitische Wichtigkeit des Amur-Gebietes." [3]

Abb. 1: Maydell im Kindesalter

---

1 Dieses Projekt wurde von Europäischen Union (KESTA Nr. 3.2.0801.12-0044), vom Estnischen Bildungsministerium (SF0180049s09, IUT 02-16) und der Estonian Science Foundation (ETF 7381) unterstützt.
2 Alter Stil.
3 Estnisches Historisches Archiv (Tartu), Bestand 402, Verzeichnis 2, Mappe 16193: Maydell als Student der Universität Dorpat, Bl. 8.

Abb. 2, 3: Maydell als Student. Gruppenbild der Corp. Estonia um 1859, rechts Ausschnitt (vierter von rechts in der dritten Reihe)

Zu jener Zeit wurde gerade eine Expedition der Russischen Geografischen Gesellschaft nach Transbaikalien, ins Amurland und auf die Insel Sachalin (1859–1863) vorbereitet (Semenov 1896: 195). Zum Leiter der Expedition wurde der Privatdozent für Botanik der Universität Dorpat, Friedrich Schmidt (1832–1908), ernannt. Maydell schrieb an den Rat der Universität Dorpat am 13. Januar 1859: „Man hatte mir im vorigen Sem. [ester] Aussicht gemacht den Herrn Mag. Schmidt auf einer Expedition ins Amur-Gebiet begleiten zu können, und da ich an Ort und Stelle manche mir interessante Untersuchungen machen zu können glaubte, so nahm ich das Anerbieten an."[4] Der Vizepräsident der Russischen Geografischen Gesellschaft Graf Friedrich Benjamin Lütke (1797–1882) hatte Anfang des Jahres 1859 die Universität offiziell benachrichtigt, dass Maydell zum Gehilfen

---

4  Estnisches Historisches Archiv (Tartu), Bestand 402, Verzeichnis 2, Mappe 16193, Bl. 8.

von Friedrich Schmidt ernannt worden war. In seinem Brief hatte er die Universität gebeten, die Frist für die Einreichung von Maydells Dissertation auf drei Jahre zu verlängern,[5] weil diese üblicherweise innerhalb eines Jahres fertigzustellen war. Die Universität gewährte hier Maydell eine Ausnahme.

An der Expedition der Russischen Geografischen Gesellschaft konnte Maydell allerdings nicht teilnehmen. Nachdem er im Februar 1859 Dorpat verlassen hatte und in St. Petersburg ankam, wurde er bereits krank. Obgleich er nach seiner Genesung auf der Weiterfahrt in Moskau erneut erkrankte, fuhr er noch weiter bis Irkutsk, wo er auf einem Auge erblindete und es bestand die Gefahr, dass er völlig sein Augenlicht verlöre. Aus diesem Grund ist Maydell daraufhin aus dem Dienst der Russischen Geografischen Gesellschaft ausgeschieden. Den Platz von Maydell nahm auf dieser Reise dann ein anderer Student der Universität Dorpat ein, der Botaniker Peter von Glehn (1835–1876). Jedoch wurde Glehn von Schmidt aufgefordert, auf eigene Kosten mitzufahren.[6]

Um seinen Lebensunterhalt zu verdienen, „ […] betheiligte sich [Maydell nach seiner Genesung] in Irkutsk an einem gewerblichen Unternehmen."[7] Sein „Retter" wurde der damalige Zivilgouverneur der Provinz (*oblast'*) Jakutien, Julius Stubendorff (1811–1878), der nach seiner Studienzeit in Dorpat in Irkutsk unter dem Generalgouverneur Ostsibiriens, Nikolaj N. Murav'ev (1809–1881), arbeitete. Zusammen gründeten sie im Jahre 1851 die Sibirische Abteilung der Russischen Geografischen Gesellschaft und Stubendorff wurde ihr erster Sekretär.

Am 16. Mai 1861 wurde Maydell in Irkutsk zum Beamten für besondere Aufträge beim Gouverneur von Jakutien ernannt, um für das dortige statistische Komitee Materialien über das ganze Gebiet zu sammeln. Später wurde er Leiter (*ispravnik*) der Olekminsk- und Kolyma-Bezirke (*okrug*) sowie Mitglied der Jakutskischen Regierung und des lokalen statistischen Komitees. Als eines der aktivsten Mitglieder des Komitees (Izvlečenija… 1891: 17; Oglezneva 1994: 41) fand er nun allerdings keine Zeit mehr, seine Dissertation zu beenden, was er noch Anfang des Jahres gehofft hatte.[8] Um in den Staatsdienst eintreten zu können, benötigte er jedoch das Diplom eines graduierten Studenten, das er schließlich aus Dorpat erhielt.

Seinen Dienstort Jakutsk erreichte Maydell im Juni 1861. Er wurde damit beauftragt, auf Reisen durch alle Bezirke der Provinz Jakutien (ca. 700 000 km²) Angaben für deren spätere statistische und administrative Auswertung zu sammeln (Maydell 1895: 10). Während seiner Inspektionsreisen hatte er mit dem Mitglied der Sibi-

5   Estnisches Historisches Archiv (Tartu),  Bestand 402, Verzeichnis 2, Mappe 16192: Maydell als Student der Universität Dorpat, Bl. 9v.
6   Schmidt, Fr. an Middendorff, A. Th. v., Sungari-Mündung, 07. Oktober [1859]. Estnisches Historisches Archiv (Tartu), Nachlass Middendorff, Bestand 1802, Verzeichnis 1, Mappe 9, Bl. 58.
7   Estnisches Historisches Archiv (Tartu), Bestand 402, Verzeichnis 2, Mappe 16193, Bl. 11–11v.
8   Estnisches Historisches Archiv (Tartu), Bestand 402, Verzeichnis 2, Mappe 16193, Bl. 11.

rischen Abteilung der Russischen Geografischen Gesellschaft, A. P. Pavlovskij,[9] in den Jahren 1862–1865 das Flusssystem des Viljuj bereist. Die während dieser Reisen gesammelten Versteinerungen waren später für den Leiter der damaligen Viljuj-Expedition Richard Maack (1825–1886) von großem Interesse,[10] als dieser seinen Viljuj-Reisebericht zusammenstellte (Maak 1877–1887). In den Jahren 1865–1866 besuchte Maydell den unteren Lauf der Lena und reiste entlang der Küste des Nord-polarmeeres bis Nižnekolymsk am Kolyma-Fluss. Weiter ging es dann über Srednekolymsk und Verchojansk zurück nach Jakutsk. Seine letzte Dienstreise führte ihn 1866 zum Čukčenmarkt am Kleinen Amu (einem Nebenfluss des Kolyma).

Das Ziel der Reise war, die Čukčen, die östlich von Kolyma bis Anadyr kaum noch unter der Kontrolle der Staatsregierung lebten, dahin zu bewegen, dass sie die Herrschaft des Zaren anerkannten und jährlich *Jassak* (Tribut) zahlen würden. Die Čukčen stimmten dem Vorschlag von Maydell zu, wollten aber ihrerseits die Erlaubnis zugesprochen bekommen, ihre Rentierherden auch westlich vom Kolyma-Fluss bis zum Indigirka-Fluss halten zu dürfen. Die lokale Regierung war damit einverstanden und hatte gehofft, dass sich durch die reichen Čukčen die Lebensverhältnisse bei den armen Jakuten in dieser Gegend verbessern würden (Maydell 1893: 4–7; Semenov 1896: 234).

Im März 1867 hatte die russische Regierung Russisch-Amerika (Alaska) an die Vereinigten Staaten von Amerika verkauft. Nach Mitteilungen der Gouvernements-regierung von Ostsibirien unterhielten Čukčen enge Beziehungen mit Amerika-nern.[11] Obgleich die Čukčen von der Regierung des Imperiums in Abhängigkeit gehalten wurden, waren sie offiziell „keine vollständigen Untertanen Russlands".[12] So bestand die Gefahr, dass die Amerikaner einen gegen die russische Regierung gerichteten Einfluss auf die Čukčen ausüben könnten (s. *Ėkspedicija*... 1869: 5f.). Um die Kontrolle über das Čukčengebiet zu verstärken, entschied der Gouverneur von Ostsibirien, Michail S. Korsakov (1826–1871), im Jahre 1867, eine Regierungsexpedi-tion in diese bislang wenig bekannten Gegenden auszurüsten. Offiziell wurde die Expedition mit der Notwendigkeit begründet,[13] den möglichen Verlauf der zukünf-tigen Telegrafenlinie zwischen Russland und den Vereinigten Staaten bestimmen zu können (Maydell 1893: 7). Der Plan von Korsakov wurde bald darauf im Juni 1867 vom Innenministerium unterstützt und für die Expedition wurden 4 337 Rubel und

---

9   Pavlovskij bereiste diese Gegenden schon im Jahre 1854 als Mitglied der Viljuj-Expedition der Sibirischen Abteilung der Russischen Geografischen Gesellschaft (Vgl. Suchova 1964: 68f.).

10  Maack, R. an Schmidt, Fr. Irkutsk, 12. Februar 1874, Irkutsk, 20. Juli 1874, St. Petersburg, 8. Januar 1883. Archiv der Russischen Akademie der Wissenschaften (St. Petersburg), f. 42, op. 2, № 55, Bl. 1, 3v.

11  Nationalarchiv der Republik Sacha (Jakutsk), Mappe über die Vorbereitung und Durchfüh-rung Maydellschen Expedition, Bestand 12, Verzeichnis 1, № 1672, Bl. 22–26.

12  Nationalarchiv der Republik Sacha (Jakutsk), f. 12, op. 1, № 1672, Bl. 22.

13  Nationalarchiv der Republik Sacha (Jakutsk), f. 12, op. 1, № 1672, Bl. 24.

38 Kopeken bereitgestellt.[14] Um die Kosten der Expedition aufzuteilen, hatte der Gouverneur der Sibirischen Abteilung der Geografischen Gesellschaft vorgeschlgen sich an der Expedition zu beteiligen, jedoch ohne das Recht, selbst die Route der Expedition zu bestimmen (Semenov 1896: 236), zumal bisher noch kein anderer Forschungsreisender seit der Expedition von Ferdinand Baron Wrangell (1797–1870) diese Gebiete besucht hatte (Wrangel[l] 1839).

Zum Leiter der Expedition wurde von der Gouvernementsregierung Maydell vorgeschlagen bzw. dazu ernannt, da er bereits gute Beziehungen zu Čukčen aufgebaut hatte[15] und als der beste Kenner des vorgesehenen Forschungsgebiets galt (vgl. Bojakova 2000: 16). Allerdings wurde er nicht als „Wissenschaftler" angesehen, weshalb die Sibirische Abteilung der Russischen Geografischen Gesellschaft zunächst jemand anderen für diese Expedition suchte.[16] Im April 1868 wurde jedoch auch Maydell als Mitglied in die Sibirische Abteilung der Russischen Geografischen Gesellschaft aufgenommen (Lazebnik und Romanova 2008). Er reiste darauf im Sommer 1868 nach St. Petersburg, um persönlich von der dortigen Geografischen Gesellschaft und der Akademie der Wissenschaften Instruktionen für seine wissenschaftlichen Forschungen zu erhalten. Dabei kam er mit dem Vizepräsidenten der Russischen Geografischen Gesellschaft und Präsidenten der Akademie der Wissenschaften zu St. Petersburg, Friedrich Benjamin von Lütke (1797–1882), zusammen.[17] In St. Petersburg erhielt Maydell zwei spezielle Instruktionen. Erstens stellte das Ehrenmitglied der Akademie der Wissenschaften zu St. Petersburg, Karl Ernst von Baer (1792–1876), Maydell Fragen über die physische Geografie des Nordpolarmeeres. Besonders interessierte ihn, ob es möglich sei, im Sommer vom Kap Jakan zum Wrangell-Land zu gelangen, wie es Čukčen Wrangell 1823 mitgeteilt hatten (*Ėkspedicija...* 1869: 8f.). Damals gab es nämlich zwischen Baer und dem deutschen Geografen und Kartografen August Petermann (1822–1876) einen heftigen Streit über die Frage, ob das von dem (1875 verstorbenen) amerikanischen Walfischfänger Thomas Long entdeckte und nach Wrangell benannte Land so heißen soll, oder ob – wie von Petermann vermutet – es sich um eine Verlängerung von Grönland handele (s. Baer 1868; Tammiksaar und Suchova 1998: 134–139; Tammiksaar et al. 1999: 240f.). Weiterhin wurde Maydell von dem ersten Zoologen der Akademie der Wissenschaften zu St. Petersburg, Johann Friedrich Brandt (1802–1879), gebeten, eine Sammlung von Fischen aus dem Gebiet der Čukčen anzulegen (Širina 1983: 88).

Eine weitere Frage erhielt Maydell Anfang des Jahres 1869 durch die Sibirische Abteilung der Russischen Geografischen Gesellschaft und später von dem Geologen und Eskimoforscher Hinrich Johannes Rink (1819–1893) aus Dänemark.[18] Dieser

---

14  Nationalarchiv der Republik Sacha (Jakutsk), f. 12, op. 1, № 1672, Bl. 3–4.
15  Nationalarchiv der Republik Sacha (Jakutsk), f. 12, op. 1, № 1672, Bl. 24v.
16  Nationalarchiv der Republik Sacha (Jakutsk), f. 12, op. 1, № 1672, Bl. 1–2v.
17  Nationalarchiv der Republik Sacha (Jakutsk), f. 12, op. 1, № 1672, Bl. 126.
18  Nationalarchiv der Republik Sacha (Jakutsk), f. 12, op. 1, № 1672, Bl. 70–71.

arbeitete in der dänischen Kolonie Grönland als Inspektor und war der Meinung, dass Eskimos und Čukčen miteinander verwandt seien und er wollte mehr über Sprache, Alltagsleben und Religion der Čukčen und über ihren Umgang mit Rentieren erfahren (Semenov 1896: 236).

Für Maydell standen geografische Gesichtspunkte im Mittelpunkt der Expedition (*Ėkspedicija... 1869: 9*) und er schrieb dazu in seinem Reisebericht: „Ich hatte mir zur Hauptaufgabe meiner ganzen Reise das Verbessern der Karte von Sibirien gemacht, die allerdings für den Hochnorden von Ostasien in einem höchst traurigen Zustande sich befand, da ausser der Meeresküste, die verhältnissmässig sehr gut bekannt, Alles unsicher und phantastisch war, was auf derselben verzeichnet stand" (Maydell 1893: 311).

### Der Verlauf der Expedition

Die Expedition brach am 13. August 1868 von Irkutsk auf. Teilnehmer waren neben Maydell das Mitglied der Sibirischen Abteilung der Russischen Geografischen Gesellschaft und Absolvent der Universität Dorpat, der Astronom Karl Neumann (1839–1887), der Topograf P. Afanas'ev und der Feldscher Nikolaj Antonovič, der naturhistorische Funde zu sammeln hatte und der Maydell schon früher begleitet hatte. Am 30. September kamen die Expeditionsteilnehmer in Jakutsk an. Von dort aus ging die Expedition weiter nach Aldan und über das Verchojansker Gebirge nach Verchojansk, wo sie am 24. November eintraf. Am 28. Dezember erreichte Maydell alleine Srednekolymsk. Danach begab er sich nach Nižnekolymsk, um dort mit Vertretern der Čukčen Verhandlungen zu führen. Nach seiner Rückkehr nach Srednekolymsk reiste die gesamte Expedition wieder über Nižnekolymsk nach Anjujsk, um dort an dem wichtigsten Jahrmarkt der Čukčen (vom 25. März bis zum 4. April 1869) teilzunehmen.

Nachdem der Markt zuende war, reiste die gesamte Expedition mit acht Personen zusammen mit Čukčen und ihren 60 Schlitten und 200 Rentieren nach Osten und erreichte Ende April das Anadyrsche Plateau, wo sich die Wasserscheide zwischen den Flusssystemen des Anadyr und des Anjuj befand. Die Expedition verlief dann entlang des nördlichen Abhangs des Anadyrschen Plateaus in Richtung Osten und erreichte am 19. August 1869 die Anadyr-Bucht. An eine Weiterreise mit Booten zum Čukčenkap war – wie zunächst geplant – jedoch nicht mehr zu denken. Die Expedition reiste dann parallel zum 100 km nördlich gelegenen Anadyrfluss westwärts und erreichte am 27. Oktober den *Ostrog* Anadyr und bald darauf das Dorf Markovo. Von Markovo aus fuhr Maydell alleine nach dem an der Küste des Ochotskischen Meeres gelegenen Ort Gižiginsk. Neumann fuhr direkt von Markovo über das Anjuj-Gebirge nach Norden zum Kleinen Anjuj-Fluss und von dort nach Nižnekolymsk, das er am 2. Dezember erreichte. Der Topograf Afanas'ev hatte einen anderen Weg nach Nižnekolymsk benutzt, und auch Maydell hatte einen dritten, bislang noch unbekannten Weg gewählt und erreichte den Ort erst am 14. Februar 1870.

Im April 1870 besuchte Neumann die Bäreninseln nördlich der Kolyma-Bucht, wo zum letzten Mal im Jahre 1822 Wrangell gewesen war. Während dieser Reise stellte Neumann fest, dass Wrangells Karte sehr gut mit den örtlichen Gegebenheiten übereinstimmte (Nejman 1871–1872: 19). Maydell hatte während dieser Zeit versucht Kap Jakan zu erreichen, um Baers Fragen beantworten zu können. Wegen Nahrungsmangels hatte er das Ziel aber nicht erreicht. Die Expeditionsmitglieder trafen erst in Srednekolymsk wieder zusammen. Neumann und Afanas'ev sollten während der Rückreise nach Jakutsk das Oimjakon-Hochland erforschen, wo sich die Quellen der Flüsse Indigirka und Kolyma befanden. Maydell hielt die ausführliche Erforschung dieser Route für außerordentlich wichtig, weil für ihn diese Gegend „ […] noch eine terra incognita, ein wahres Fabelland [war], denn man konnte sich über dasselbe die widersprechendsten Dinge sagen lassen" (Maydell 1893: 365). Leider reisten sie nicht wie abgemacht, sondern auf dem bekannten Weg entlang der Kolyma bis zum Oimjakon-Plateau und dann über Aldan bis Jakutsk. Noch bedauerlicher war es, dass beide während der Reise nach Kolyma kein Tagebuch geführt hatten (Maydell 1896a: 184f., 408).

Maydell wollte der obengenannten Route folgen, hatte sich dann aber auf die Suche nach den Überresten eines Mammuts zu begeben, der bei einer westlichen Quelle des Flusses Kovšečja, ca. 60 Werst westlich des Alazeja-Flusses liegen sollte. Über diesen Fund berichtete Maydell ausführlich dem *Ispravnik* von Verchojansk. Er hatte darüber im Februar 1869 auch das Akademiemitglied Leopold von Schrenck (1826–1894) in einem Brief informiert. Die Akademie hatte danach eine Kommission zusammengerufen und es wurde entschieden, dass Maydell selbst die Mammutreste suchen und diese bergen solle (Schrenck 1871: 153; Maydell 1893: 311). Dafür wurden ihm 1 500 Rubel zur Verfügung gestellt.[19]

Im April 1870 schickte Maydell einen weiteren Brief an Schrenck mit der Mitteilung, dass ihm auch Angaben über den Fundort eines zweiten Mammuts zwischen Nižne- und Srednekolymsk gemacht worden waren (Schrenck 1871: 155). Maydell besuchte diesen Ort, hatte aber dort nichts Besonderes mehr gefunden. So machte er sich Ende Juli 1870 auf den Weg, um den Mammut an dem zuerst vermuteten Fundort zu suchen. Während der Reise hörte er noch von einem dritten Mammutfund, der nicht weit von dem ersten lag, so dass er beide aufsuchte und beschrieb. Obgleich Maydell dort keine vollständigen Mammutüberreste gefunden hatte, sondern nur Fragmente, waren seine Angaben sehr wichtig hinsichtlich der genauen Beschreibung dieser Fundorte (Schrenck, 1871: 158–162), womit diese in Beziehung zu dem Vorkommen des Bodeneises im sibirischen Dauerfrostboden gesetzt werden konn-

---

19   Nationalarchiv der Republik Sacha (Jakutsk), f. 12, op. 1, № 1672, Bl. 87–88v.

ten. Maydells Erforschung der Mammutüberreste waren in geologischer und geografischer Hinsicht von Bedeutung, um eine zentrale Frage der Sibirienforschung des 19. Jahrhunderts zu klären, warum das Mammut seinerzeit ausgestorben war (s. Tammiksaar and Kalling 2008). Nach vielen erfolglosen Bemühungen hatte Maydell im August 1870 doch noch einen Teil eines Mammutkadavers gefunden, den er beschrieb und Materialien davon Schrenck zuschickte. Auf Grund dieser Beobachtungen hatten Schrenck (1871, 1880) sowie der Geologe Baron Eduard Toll (1858–1902) versucht, den Ursachen des Aussterbens dieser Tiere nachzugehen, indem man auch Funde von anderen vollständigen Mammutüberresten in Sibirien analysiert hatte (Toll 1895a). Der von Maydell 1871 nach St. Petersburg gebrachte Beinknochen eines Mammuts wurde von Toll als „Rarität unseres Museums [der Akademie der Wissenschaften zu St. Petersburg]" bezeichnet (Toll 1895b: 40).[20]

Nach dem Auffinden der Mammutüberreste reiste Maydell über Verchojansk zurück nach Jakutsk, wo er am 22. November 1870 ankam. Neumann, Afanas'ev und Antonovič waren bereits im September 1870 dort eingetroffen,[21] womit die Expedition abgeschlossen war.

Es bleibt anzumerken, dass Maydell nach seiner wichtigen Expedition außer Antworten auf Baers und Rinkens Fragen selbst keinen Aufsatz über die wichtigsten Resultate dieser Reise publiziert hatte (Majdel 1871).[22] Einer der Gründe dafür waren wohl seine offensichtlich nicht guten Beziehungen zu Neumann, der wissenschaftlichen Hilfskraft der Expedition, sowie zu der Sibirischen Abteilung der Russischen Geografischen Gesellschaft, da er für diese offenbar nicht als „Wissenschaftler" galt. Außerdem erschien in der populären deutschen Zeitschrift *Globus* (Bd. 15, 1869) die anonyme Abschrift eines Briefes von einem Mitglied der Expedition. In diesem Brief wurde der Verlauf der Expedition beschrieben ([Neumann] 1869). Da die Sibirische Abteilung der Russischen Geografischen Gesellschaft zum Teil die Kosten der Expedition getragen hatte, vertrat diese die Meinung, dass ihr in erster Linie die Ergebnisse der Expedition zuständen und diese erst danach an andere Zeitschriften Russlands, aber nicht an ausländische Zeitschriften weiterzugeben wären. Die Sibirische Abteilung der Russischen Geografischen Gesellschaft hatte ihre Unzufriedenheit darüber im März 1870 schriftlich gegenüber dem Zivilgouverneur von Jakutien zum Ausdruck gebracht.[23] Der Gouverneur fragte bei Maydell an und dieser gab zu, dass er Lütke versprochen hatte, Berichte über den Verlauf der Expedi-

---

20  Schmidt, Fr. an Middendorff, A. Th. v., Reval, 12. Juli [1871]. Estnisches Historisches Archiv (Tartu), Bestand 1802, Verzeichnis 1, Mappe 9, Bl. 72.

21  Nationalarchiv der Republik Sacha (Jakutsk), Bestand 12, Verzeichnis 1, Mappe 1672, Bl. 130.

22  In russischsprachigen Quellen (Nikolaev 1913: 23; Bojakova 2000: 18) ist angegeben worden, dass Maydell 1871 doch einen zweiten Aufsatz über die Expedition unter dem Titel „Uvedomlenie ėkspedicii v Čukockij kraj" geschrieben hatte. Die Überprüfung der Quelle bewies, dass der angegebene Aufsatz eine kurze Mitteilung über den Verlauf der Expedition darstellt und nicht aus Maydells Feder stammt (*O Čukockoj…* 1871).

23  Nationalarchiv der Republik Sacha (Jakutsk), f. 12, op. 1, № 1672, Bl. 109–110v.

tion der Muttergesellschaft und der Akademie der Wissenschaften zur Verfügung zu stellen, was mit dem Sekretär der Sibirischen Abteilung der Gesellschaft abgestimmt worden war. Was den Aufsatz in *Globus* anbetraf, versicherte Maydell, dass die Expeditionsmitglieder keine Aufsätze nach dem Ausland geschickt hätten, und wenn das so behauptet würde, sei dies „Betrug".[24]

Jedoch erschien kurz darauf in *Globus* ein weiterer Brief über den Verlauf der Maydellschen Expedition. Aus ihm war zu ersehen, dass dieser Privatbrief von Neumann stammte und er diesen Brief direkt an die Redaktion geschickt hatte ([Neumann] 1870). Ohne Zweifel stammte auch der erste anonyme Brief aus Neumanns Feder, weil in dem Aufsatz nur zwei Namen genannt waren: der „Herr" Maydell als Expeditionsleiter und „Dr." Neumann als „sehr begabter Schüler Liebigs" ([Neumann] 1869: 123). Neumann wurde 1871 nach der Expedition zum neuen Sekretär der Sibirischen Abteilung der Russischen Geografischen Gesellschaft ernannt und nahm für sich das Recht in Anspruch, die Resultate der Expedition zu publizieren. Er veröffentlichte seinen Reisebericht in deren Journal (Nejman 1870–1871) wie auch die Resultate der Forschungen über die Čukčen *(čukči olennye, čukči sidjaščie/ beregovye, čukči nosovye)*, Ajvan'en *(aigvan,* asiatische Eskimos), Imàqlik (auf der Ratmanov- oder der Großen Diomiden-Insel), sowie über die wirtschaftliche Situation der bereisten Gebiete (Nejman 1872, 1873: 157–160). Neumanns Reisebericht wurde auch ins Deutsche übersetzt und in der Zeitschrift *Globus* publiziert (Neumann 1874). Offensichtlich hinderte diese verworrene Situation sowie unangenehme Geldangelegenheiten nach der Expedition – von Maydell wurden durch das Gericht in Jenisseisk 350 Rubel an offiziellen Reisegeldern zurückverlangt[25] – Maydell daran, seine Reiseergebnisse schon damals aufzuarbeiten.

Nach Durchführung der Expedition wurde Maydell der Zentralregierung von Ostsibirien in Irkutsk als Beamter für besondere Aufgaben bei der Bergbauabteilung überstellt. Er sollte als Revisor die Nerčinsker Hüttenwerke kontrollieren. Diese Anstellung kam aber wegen mangelnder Geldmittel nicht zustande und Maydell wurde im November 1871 nach seiner Hochzeit mit Elisabeth Krassilnikova zum Prokurator des Gouvernements Jenisseisk ernannt[26] und siedelte nach Krasnojarsk über. Wahrscheinlich wegen einer Gerichtsangelegenheit konnte Maydell seinen Dienst als Prokurator nicht fortsetzen und im August 1872 wurde er vom Gouverneur von Ostsibirien zum Inspektor der Volksschulen in Transbaikalien ernannt. Im Jahr 1873 zog er nach Čita, wo es seine Aufgabe war, in Sibirien das noch nicht existierende Volksschulwesen aufzubauen. Diesen Posten bekleidete er bis 1883 (Maydell 1895: 15).

Im Jahr 1882 wurde Maydell pensioniert und er entschied sich seiner Kinder wegen Sibirien zu verlassen, um sie in Reval einzuschulen. Ein anderer Grund für die Übersiedlung war die von ihm empfundene Deutschfeindlichkeit in dieser Gegend.

---

24  Nationalarchiv der Republik Sacha (Jakutsk), f. 12, op. 1, № 1672, Bl. 126–127v.
25  Nationalarchiv der Republik Sacha (Jakutsk), f. 12, op. 1, № 1672, Bl. 186, 188.
26  Vgl. auch Nationalarchiv der Republik Sacha (Jakutsk), f. 12, op. 1, № 1672, Bl. 188.

Maydell verabschiedete sich aus dem Staatsdienst und zog nach Reval, wo er 1884 ein Haus gekauft hatte. Später lebte er bis 1888 auf seinem Fideikomissgut Stenhusen/ Teenuse, welches ihm schon 1873 zugesprochen worden war. Das Gut war zu jener Zeit wie auch später verpachtet. Als Mitglied des estländischen Landtages wurde er wegen seiner Erfahrungen auf dem Gebiet des Volksschulwesens in das Kuratorium der Ritter- und Domschule zu Reval gewählt. Gleichzeitig war er auch Kurator des Kuda'schen Lehrerseminars und Kreisschulrevisor für den Kreis Wieck. Im Jahre 1888 wurde er zum Mannrichter (Richter für Lehnssachen) für diesen Bezirk gewählt und siedelte deshalb nach Reval über (Maydell 1895: 16).

Abb. 4: Maydells Gut Stenhusen/Teenuse

Im Jahr 1893 zog Maydell wegen der Krankheit seiner Frau mit seiner Familie nach Deutschland und nahm in Blankenburg im Harz seinen Wohnsitz (Maydell 1895: 17). Ein humorvoller Brief von Maydell an Schmidt belegt, dass er sich in Blankenburg wohl fühlte und dass ihn verschiedene linguistische Fragen und Pflanzenkunde interessierten.[27] Dieser Umzug hatte ihn aber daran gehindert an seinen Reisebeschreibungen weiterzuarbeiten und diese fertigzustellen. Maydell litt damals bereits an Tuberkulose und reiste zu einer Kur nach Bad Ems, wo er unerwartet am 17. August 1894 starb.

---

27   Maydell, G. v. an Schmidt, F., Blankenburg am Harz, 4. September 1893. Archiv der Russischen Akademie der Wissenschaften (St. Petersburg), f. 42, op. 2, № 26, Bl. 22–23v.

## Wissenschaftliche Resultate der Maydellschen Expeditionen

Zu einer ersten Erschließung seiner Reisenotizen aus den Jahren 1861 bis 1883 kam Maydell erst im Jahre 1884, nachdem er in Reval lebte und nicht mehr im Dienst des Gouvernements in Ostsibirien war. Sein erster Aufsatz über die physische Geografie, die Goldvorräte und Wirtschafts- und Lebensverhältnisse in Transbaikalien erschien 1884 (Maydell 1884). Teilweise kann diese Arbeit als seine Dissertation angesehen werden, die er 1861 nicht fertigstellen konnte und in der er nun Transbaikalien auf der Grundlage seiner eigenen Erfahrungen beschrieb.

Es ist leider nicht bekannt, welche genauen Umstände Maydell dazu bewogen hatten, seinen Expeditionsbericht aus den Jahren 1868–1870 zu veröffentlichen. Russische Historiker, die sich mit der Geschichte der Geografie Jakutiens befassen, wie Ol'ga Lazebnik und Ol'ga Romanova (2008), sind der Meinung, dass Maydells Landsleute Schmidt und Schrenck ihn schon 1871 während seines Aufenthaltes in St. Petersburg dazu ermuntert hätten, seinen Reisebericht zu publizieren. Wahrscheinlicher ist aber wohl, dass ihn die neue Karte des Generalstabs von Nordost-Sibirien (1884) dazu veranlasst hatte seine Materialien zu veröffentlichen, zumal er es als seine Mission während der Regierungsexpedition verstand, eine neue Karte zu diesem Gebiet zusammenzustellen.

Maydell schrieb in einem besonderen Teil des Reiseberichtes, welcher der Karte des Gebietes Jakutiens gewidmet war: „ […] dass wir bei genauerer Durchmusterung der Generalstabskarte sehr wohl bemerken, dieselbe sei auf die neuesten Ergebnisse der Forschung gegründet, dass wir aber auch finden, wie diese neuesten Quellen oft unvollständig ausgenutzt und häufig sogar falsch eingetragen sind. Diese Fehler und Lücken sollten hauptsächlich in unserer Karte verbessert und ausgemerzt werden und wenn das an Stelle des Früheren Tretende auch nicht auf absolute Wahrheit Anspruch machen kann, so soll es wenigstens so angegeben werden, wie es die Männer, denen wir diese Nachrichten verdanken, an Ort und Stelle aufzeichneten" (Maydell 1896a: 156).

Maydell fühlte sich dafür mitverantwortlich, dass die Karte des Generalstabs unrichtig war. Der Topograf der Maydellschen Expedition Afanas'ev aus dem Jahre 1870 hatte nämlich auf der Grundlage gesammelter kartografischer Angaben eine Übersichtskarte zu Nordost-Sibirien angefertigt. Doch damals waren die aufgezeichneten astronomischen Punkte noch nicht ausgewertet (Suchova 1964: 163). Diese Karte ist seitdem von Neumann und Maydell nach den von ihnen ausgewerteten astronomischen Punkten überarbeitet und verbessert worden. Wie der Brief des Leiters der kartografischen Abteilung des Generalstabs Otto von Stubendorff (1837–1918) an Maydell belegt, geschah dies im Jahre 1878. Diese Verbesserungen wurden nach Stubendorffs Bestätigung in die neue korrigierte Generalkarte des Generalstabs für Nordost-Sibirien aufgenommen (Lazebnik und Romanova 2008). Jedoch fehlten sie auf der gedruckten Version dieser Karte (1884). Maydell schrieb dazu: „Leider ist er [Afanas'ev] später, beim Zusammenstellen der Karte in St. Petersburg, wieder auf einige irrige Ansichten, deren Unrichtigkeit er uns zugegeben hatte, zurückgekommen und hat dadurch in die Generalstabskarte Fehler hineingebracht" (Maydell 1893: 312). Das mag erklären, warum Maydell auf die Bearbeitung seiner Expeditionsmaterialien zurückkommen wollte. Wann er mit der Zusammenstellung der Karte und dem Schreiben des Reiseberichtes angefangen hatte, ist auf Grund der vorhandenen Unterlagen nicht genau zu ermitteln. Diese Arbeit musste aber vor 1886 begonnen worden sein, wie es einer seiner Briefe belegt, wonach seine Karte im Mai 1886 schon teilweise fertig war.[28]

Der erste Band über Maydells *Reisen und Forschungen im Jakutskischen Gebiet Ostsibiriens* erschien 1893 in Form eines Tagebuches in der Reihe der Akademie der Wissenschaften zu St. Petersburg, in den *Beiträgen zur Kenntniss des Russischen Reiches und der angrenzenden Länder Asiens* (Maydell 1893). Den Druck beider Bände hatte Schrenck am 27. März 1891 der Akademie während der Sitzung der physisch-mathematischen Abteilung vorgeschlagen (Izvlečenija… 1891: 17). Schrenck hatte in seiner Rede die besondere Bedeutung von Maydells geografischen und ethnografischen, besonders aber seiner kartografischen Resultate unterstrichen. Es wurde während der Sitzung ebenfalls beschlossen, Maydells Resultate auch ins Russische zu übersetzen (Majdel 1894, 1896).[29]

Der erste Band ist besonders als Quelle interessant, aus der man aufschlussreiche Informationen über das Alltagsleben und die Ethnografie Nordost-Sibiriens erhält. Mit viel Mitgefühl und großer Offenheit hat Maydell in seinem Tagebuch die Menschen und Zustände beschrieben, wie die Einheimischen dort behandelt werden. Weniger wichtig erschien das Buch im Hinblick auf die Geografie jener Gegend (vgl. Toll 1895b: 39f.). Das Buch enthält viele Wiederholungen und Druckfehler, weil Maydell bereits im Ausland lebte und sein Buch nicht mehr selbst redigieren konnte (Maydell 1893: IV).

Der zweite systematische und nach Themen geordnete Band von Maydells Werk kam 1896 zusammen mit seinem Atlas heraus. Aus verschiedenen Daten und Anmerkungen im Text ist zu ersehen, dass der Text Ende September 1893 vollendet und gleich danach von ihm von Blankenburg aus nach St. Petersburg geschickt worden war (Maydell 1896a: 424; S[chimdt] 1896: 437).

Die von Maydell zusammengestellte *Karte des Jakutskischen Gebiets, gezeichnet und vervollständigt auf Grundlage der Blätter III&IV der Generalstabskarte von Sibirien (St. Petersburg 1884), 1890* (Maydell 1896b), und seine „Erläuterungen zur Karte des Jakutskischen Gebietes" (Maydell 1896a: 153–437) sind ohne Zweifel die wichtigsten Resultate von Maydells Arbeit. Um die Karte zu erstellen, hatte er sich nicht nur mit allen früheren Karten und schriftlichen Angaben der Reisenden über die Orografie und die Flussnetze Nordost-Sibiriens kritisch auseinandergesetzt,

28  Maydell, G. v. an L. Schwarz, Stenhusen, 17. Mai 1886. Privatarchiv Dr. Peter Schwarz, Dresden.
29  In diesen Band wurde die geschichtliche Abteilung nicht übernommen und übersetzt.

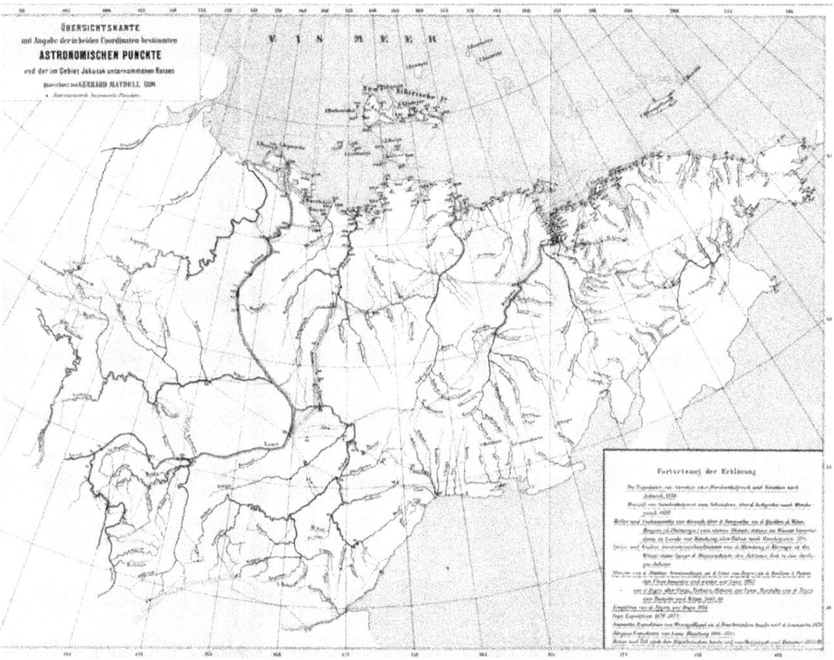

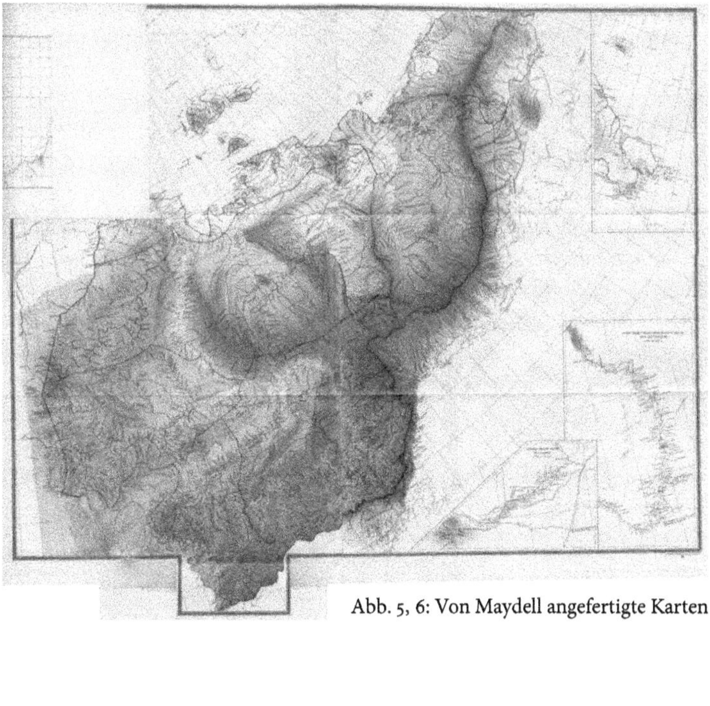

Abb. 5, 6: Von Maydell angefertigte Karten

sondern auch seine gesamten eigenen Notizen von den Reisen 1861 bis 1883 ausgewertet (Maydell 1896a: 183, 189). Die Zusammenstellung der Karte hatte enorme Zeit in Anspruch genommen. Im Jahre 1886 schrieb Maydell an Ludwig Schwarz (1822–1894), dem Astronomen und Kartografen sowie ehemaligem Leiter der Expedition der mathematischen Abteilung der Russischen geografischen Gesellschaft (1855–1858) und Autor des Atlasses von Südost-Sibirien (1864), dass „ […] mit meiner Karte bin ich schliesslich so weit, dass ich Flüsse und Seen[30] fast hätte und an die Gebirge gehen könnte […] “.[31] Mit den Gebirgen wurde er im September 1888 fertig,[32] worauf das Stechen der Karte beginnen konnte und was bis 1890 dauerte. Auf dieser Karte wurden von Maydell auch die von ihm gründlich überarbeiteten Vegetationsgrenzen von Lärche, Pappel und Espe eingetragen (vgl. auch Maydell 1896a: 393–405).

Seine Studien lieferten Maydell den Beweis, dass das Gebiet Jakutiens vorwiegend Hochlandcharakter besaß und dass die größten Gebirgszüge der Provinz (Verchojansk, Kolyma, Stanovoi/Jablonoi, Köch-Tass und Hajachtach) vom Oimjakon-Plateau ausgehend in verschiedene Richtungen verlaufen und so ein orografisches System bilden. Dabei erschien das „Oimekon-Hochland“, wie Maydell es bezeichnet hatte, das erste Mal auf Karten Nordost-Sibiriens, als dessen Namensgeber Maydell gilt (vgl. Maydell 1896a: 231f.). Spätere geologische Forschungen wie die in den 1920er Jahren von Sergej V. Obručev (1891–1965) haben bewiesen, dass diese großen Gebirgssysteme auch geologisch im Zusammenhang stehen (Florensov 1973: 59f.). Um die genauen Höhenverhältnisse Nordost-Sibiriens auf der Karte zu zeigen, hatte Maydell acht Farben verwendet, wobei allerdings nur vier Farben gedruckt wurden. Maydell schrieb: „Dadurch ist der hochebenartige Charakter der Gebirgszüge allerdings im Ganzen gewahrt geblieben, die Unterschiede in den Bodenerhebungen haben [jedoch] nicht genügend bezeichnet werden können“ (Maydell 1896a: 201). Ungeachtet dessen war Maydells Karte eine sehr wichtige Ergänzung zur Kartografie Nordost-Sibiriens.

Auf der Karte von Maydell erschien zum ersten Mal in der Geschichte der Geografie Nordost-Sibiriens auch „ein mächtiger Gebirgskomplex“, der als Köch-Tass und Hajachtach benannt war (s. Maydell 1896a: 235). Dieses Gebirgssystem wurde auf Vorschlag des Geologen Obručev 1927, der selbst in dieser Gegend 1926–1927 größere geologische Expeditionen durchgeführt hatte, von der Russischen Geografischen Gesellschaft nach dem nach Sibirien verbannten polnischen Sibirienforscher Jan Čerskij (1845–1892) als „Čerskij chrebet“ benannt (Obručev 1954: 97; 1956: 28). Es ist richtig, dass Čerskij der erste war, der den südlichen Teil dieses Gebirgssystems

---

30 Da es wegen des kleinen Maßstabes der Karte nicht möglich war alle Flüsse einzutragen, stellte Maydell ein besonderes ausführliches Verzeichnis der Flusssysteme der Gegend zusammen (Maydell 1896b; Izvlečenija… 1891: 18).

31 Maydell, G. v. an L. Schwarz, Stenhusen, 17. Mai 1886. Privatarchiv Dr. Peter Schwarz, Dresden.

32 Maydell, G. v. an L. Schwarz, Stenhusen, 20. September 1888. Privatarchiv Dr. Peter Schwarz, Dresden.

geologisch eingehender erforscht hatte (Čerskij 1892–1893). Maydell erhielt Čerskijs Bericht in der zweiten Hälfte des Jahres 1893 und schrieb: „An ein Aendern meiner Karte war schon nicht mehr zu denken, wohl aber hoffte ich noch ein kleines Neben-kärtchen anbringen zu können um meine Zeichnung des höchst interessanten, aber bis dahin fast gänzlich unbekannten Oimekon-Hochlandes zu berichtigen" (May-dell 1896a: 407). So ist Maydell der erste Forscher in Nordost-Sibirien, der auf Grund eigener Beobachtungen und – wenn auch manchmal nicht korrekter – Angaben von evenkischen Jägern den späteren Čerskij-Gebirgskomplex ziemlich genau auf seiner Karte eingetragen hatte (vgl. Maydell 1896a: 235f.). Diese Tatsache wurde aber von Obručev (möglicherweise aus politischen Gründen in der Sowjetunion) nicht berück-sichtigt.[33] Er hielt sich selbst für den Entdecker dieses Gebirgssystems, obgleich seine Karte des Bezirks und der Text seines Buches beweisen, dass er Maydells Karte und Reisebeschreibung kannte (Obručev 1954: 4, 95). Im Atlas erschien auch eine andere von Maydell zusammengestellte Karte, die *Uebersichtskarte mit Angabe in der beiden Coordinaaten bestimmten astronomischen Puncte und der im Gebiet Jakutsk unter-nommenen Reisen* (Maydell 1896b), wo alle durchgeführten Expeditionsrouten nach Nord- und Ost-Sibirien mit großer Genauigkeit eingetragen waren. Diese Karte hatte später der russische Botaniker Valentin L. Komarov (1869–1945) mit neuen Expedi-tionsrouten bis 1926 ergänzt und unter dem Namen *Karta maršrutov ékspedicii v Jakutskoj A. S. S. Republike* publiziert (vgl. auch Komarov 1926: 51f.).

Baers Fragen betreffs der physischen Geografie der gegenüberliegenden Küste nördlich des Kap Jakan konnte Maydell nicht direkt beantworten, weil er das Kap Jakan nicht erreicht hatte. Doch Čukčen hatten ihm bestätigt, dass sie dieses Land gesehen hätten. Niemand hätte aber versucht dorthin zu fahren (Majdel 1871: 61).

Auf Maydells Kenntnisse zum Gebiet Jakutien wurde auch Anfang der 1880er Jahre während der Vorbereitung des Internationalen Polarjahres (1882–1883) zurückgegriffen (s. Tammiksaar et al. 2010). Maydell wurde 1880 gefragt, welche klimatischen Bedingungen an der Nordküste Sibiriens vorherrschten und welche Bauweise der Häuser er bevorzugen würde, wenn dort eine russische Polarstation gebaut würde.[34] Maydell beantwortete die Anfragen mit dem Hinweis, dass an der Nordküste Sibiriens eine Station besonders im Lena-Delta möglich wäre, weil es dort viel Heizmaterial (Brennholz) gäbe (vgl. Bojakova 2006: 85f.).

Maydells besonderes Forschungsinteresse galt dem Dauerfrostboden in Sibirien. Während seiner mehreren Expeditionen hatte er die Entstehung von *Tarynnen* (Eis-bänken in den Flusstälern) beobachtet und Angaben über den Umfang des Dauer-frostbodens gesammelt. Mit diesen Themen hatte er sich in seinem Reisebericht besonders auseinandergesetzt (Maydell 1896a: 1–152). Unter den Wissenschaftlern

---

33   Es ist interessant zu bemerken, dass in Russland in einem kleinen Beitrag von S. V. Obručev die hohe Meinung über Maydells Werk erwähnt worden ist, allerdings ohne jeglichen Hinweis zu demselben (Mostachov 1982: 131).

34   Russisches Staatliches Historisches Archiv (St. Petersburg), f. 210, op. 2, № 71, Bl. 58–63.

der damaligen Zeit galt Alexander Theodor von Middendorff (1815–1894) als Autorität auf diesem Gebiet, der 1843–1844 eine größere Expedition in Nord- und Ost-Sibirien durchgeführt hatte (zu Middendorffs Verdiensten für die Permafrostforschung siehe Tammiksaar 2001; Suchova und Tammiksaar 2005: 203–212). Maydell, der Middendorffs Meinung über den Permafrost nicht teilte, schrieb in seinem Buch: „Es ist eine Eigenthümlichkeit der Schriften des Herrn von Middendorff, dass die Schlüsse, die er aus seinen Beobachtungen zieht, nicht allerorten mit diesen Beobachtungen selbst stimmen und daher leicht irre zu führen im Stande sind" (Maydell 1896a: 28).

Maydells heftige Kritik gegenüber Middendorff bleibt in den meisten Punkten unverständlich, weil seine eigene Forschungen Middendorffs ausführliche Beobachtungen und dessen Schlussfolgerungen nicht wesentlich ergänzt hatten. Zwar hatte Maydell recht, dass Middendorff im Winter keine *Tarynnen* und deren Entstehung beobachtet hatte. Wichtig aber war, dass Middendorff als erster die Entstehung jener *Tarynnen* mit Permafrostbodengebieten in Verbindung brachte (Middendorff 1853), was auch Maydells Meinung war (Maydell 1896a: 26f.). Ein anderer Unterschied betraf die Ursachen der Entstehung der *Tarynnen* und war hier nicht von besonderer Bedeutung.

Ein weiterer Punkt, in dem Maydell Middendorff scharf kritisierte, war die Frage nach dem Umfang des Permafrostbodens. Maydell war nämlich auf Grund seiner Beobachtungen der Meinung, dass sich dieser nicht so stark und schnell veränderte wie Middendorff es infolge seiner wenigen Untersuchungen angenommen hatte. Zugleich war Maydell der Meinung, dass die geothermischen Beobachtungen von Middendorff im Schacht Šergin in Jakutsk und in drei weiteren Schächten in der Umgebung von Jakutsk im Jahre 1844 nicht übereinstimmten. Sie stellten weder die tatsächliche Temperatur am Boden des Schachtes Šergin noch des ewig gefrorenen Bodens allgemein dar,[35] sondern nur die Abkühlung der Wand des Schachtes Šergin (Maydell 1896a: 37, 54–64). Der Schacht war nämlich nur im Winter, während der nur dann möglichen Grabung ständig offen und offenbar später nicht genügend abgedeckt gewesen, wie es erforderlich gewesen wäre. Der gleichen Meinung wie Maydell war auch Middendorffs Lehrer Baer, der seine Einwände gegen Middendorff ebenfalls publiziert hatte (Baer 1850, 1855; s. Tammiksaar 2001: XXXIX–XLI).

Die zu heftige und teilweise unangebrachte Kritik Maydells an Middendorff konnte nicht unbemerkt bleiben. Der deutschbaltische Polarforscher Baron Eduard von Toll (1858–1902) hatte sich bis dahin sehr wohlwollend über Maydells Beobachtungen hinsichtlich der Mammutfunde geäußert,[36] konnte dessen nicht publizierte

---

35  Middendorff errechnete auf Grund der im Schacht Šergin gewonnenen geothermischen Beobachtungen eine allgemeine Temperaturzunahme zum Erdinneren hin von 1° R pro 100–117 englischen Fuß (30,5–35,6 Meter) (Middendorff 1847: 178, s. Tammiksaar 2001: XL).

36  Toll schrieb: „Nach dreiundzwanzigjährigem Aufenthalte in Sibirien ist Baron Maydell vor wenigen Jahren in die Heimath zurückgekehrt und eben mit der Herausgabe seiner ausführlichen Reiseberichte beschäftigt. Der grossen Gefälligkeit Baron Maydell's verdanke ich es, dass

Notizen zu dem Thema benutzen und stand mit ihm in persönlichem Briefwechsel (Toll 1895a: 17–26). Jedoch antwortete Toll entschieden in seinem Schreiben an den Redakteur der Zeitschrift *Petermanns geographische Mittheilungen*, der für das Referat der Bücher aus Russland zuständig war: „Meine Kritik wird recht scharf werden müssen, da meiner Ansicht nach die Karte [von Maydell] eine Blamage ist, und das Buch zu 9/10 Falsches oder Unnütziges enthält."[37] Diese Kritik von Toll blieb – auch wenn er sie verfasst hatte – unveröffentlicht, weil Toll den ersten Band für *Petermanns geographische Mittheilungen* in seiner kurzen Rezension recht günstig beurteilt hatte (Toll 1895b). So wurde der zweite Band von Maydells Reisebeschreibung in Deutschland jedoch kaum bekannt.

Sowohl Toll als auch Maydell gingen in ihrer Kritik zu weit, zumal es Middendorff gewesen war, der Tolls Interesse an der Polarforschung geweckt hatte (vgl. Suchova und Tammiksaar 2005: 280f.). Außerdem waren Toll und Middendorffs Sohn Ernst von Middendorff (1851–1916) verschwägert. Zudem schrieb Toll seinen kritischen Brief an die Redaktion von *Petermanns geographischen Mittheilungen* aus Hellenorm, von Middendorffs Majoratsgut. Es hat den Anschein, dass Maydells Beziehungen zu Alexander Theodor von Middendorff angespannt waren. Die eigentlichen Gründe dafür lassen sich auch aus den bislang unbekannten Archivquellen nicht ermitteln.

Während der Maydellschen Expedition wurden auch verschiedene meteorologische, magnetische und astronomische Beobachtungen sowie naturhistorische (zoologische und botanische) Kollektionen gesammelt. Leider fielen im Jahre 1879 im Museum der Sibirischen Abteilung der Russischen Geografischen Gesellschaft alle von Maydell mitgebrachten Sammlungen aus den Jahren 1868–1870 mit Ausnahme der Fische und 180 Pflanzenarten, die Maydell 1869 (Mai bis August) auf der Reise von Nižnekolymsk nach Anadyr gesammelt hatte, dem Feuer zum Opfer (Litvinov 1909: 306; Trautvetter 1879; Širina 1983: 91).[38] Ferner weiß man von einigen Pflanzenarten, die von Maydell im Auftrage von Stubendorff während seiner Inspektionsreisen (1861–1866) gesammelt worden waren und die gut beschrieben und analysiert worden sind (Borodin 1908: 71f.; Glehn 1876). Die Geologie der von ihm bereisten Gegenden sowie geologische und paläontologische Sammlungen waren für Maydell hingegen nicht von besonderem Interesse (Maydell 1896a: 408).

---

ich mich im glücklichen Besitze seiner Tagebuchaufzeichnungen befinde, deren Werth durch die beigegebenen Zeichnungen […] noch erhöht wird. […] Die Tagebuchaufzeichnungen sind von grösster Wichtigkeit […]" (Toll 1895a: 17).

37  Toll, E. v. an Wichmann, H. (1852–1932), Hellenorm, 04./16. Juni 1896. Forschungsbibliothek Gotha. Petermanns geographische Mittheilungen Schriftleitung, Nr. 589, Toll E. v.

38  Russisches Staatliches Historisches Archiv (St. Petersburg), f. 42, op. 1, № 11, Bl. 25. Der Direktor des kaiserlichen botanischen Gartens in St. Petersburg Ernst Rudolf Trautvetter (1809–1889) hatte zwei neue von Maydell mitgebrachten Pflanzenarten mit seinem Namen versehen: *Delphinium Maydellianum* und *Oxytropis Maydelliana* (Borodin 1908: 72).

Sehr wichtig für die Kenntnis der klimatischen Verhältnisse jenes Gebietes erwiesen sich die meteorologischen Beobachtungen des russischen und nach Sibirien verbannten Revolutionärs Ivan A. Chudjakov (1842–1876). Er lebte in Verchojansk und führte dort regelmäßig meteorologische und barometrische Beobachtungen durch. Auf Grund dieser Beobachtungen, die auf Vorschlag von Maydell stündlich über 14 Monate hinweg angestellt worden waren, hatte das Akademiemitglied Heinrich Wild (1833–1902) ausgerechnet, dass nicht in Jakutsk, wie Middendorff es geschrieben hatte (Suchova und Tammiksaar 2005: 201), sondern in Verchojansk der Kältepol Eurasiens liege (Suchova 1964: 164; Kaavere 1981: 101; Kazarjan 1998: 102–104).

Da aus diesem Gebiet ansonsten nur wenige geologische Angaben vorlagen, ist nicht zu verstehen, warum der Geologe Vladimir A. Obručev (1863–1956), der Vater von Sergej V. Obručev, in seiner ausführlichen *Geschichte der geologischen Erforschung Sibiriens* Maydells besonderer Bedeutung für die Beschreibung der Orografie Nordost-Sibiriens kaum Aufmerksamkeit schenkte, obgleich er seine Arbeiten kannte (Obručev 1897: 7f.; 1934: 224f.; 1937: 147).

Ohne Zweifel war Maydell die jakutische Sprache geläufig und er besaß ebenfalls Kenntnisse der evenkischen Sprache. Deshalb ist nicht verwunderlich, dass sich ein wesentlicher Teil von Maydells Tätigkeit mit ethnografischen und anthropologischen Angaben über Jakuten, Evenken, Jukagiren,[39] Čukčen, Korjaken und asiatischen Eskimos befasst. Unter dem Titel *Memoiren über die Völker, die im nordöstlichen Teil der Provinzen Jakutien und Priamur'je leben*[40] (publiziert in Majdel 1925) stellte er eine ausführliche Beschreibung dieser Völker für die jakutische Regierung zusammen. Maydells Angaben über die Beziehungen zwischen Jukagiren, Evenken, Čukčen und Jakuten, sowie ihre Lebensweise, Religion, ihr Alltagsleben und ihre wirtschaftlichen Verhältnisse stießen in Irkutsk auf großes Interesse, wie aus Maydells *Memoiren* zu ersehen ist.

Dass diese Beobachtungen auch wissenschaftlich von Bedeutung waren, beweist die Tatsache, dass Neumann Maydells *Memoiren* kurz nach der Expedition in seinem Aufsatz ausgewertet hatte (Nejman 1873). Maydell selbst hatte seine eingestreuten ethnografischen Beobachtungen bereits im ersten Band seines Reiseberichts publiziert. Wie Toll in seiner Rezension des ersten Bandes von Maydells Reisebericht schrieb, sollte von Maydell „ […] das reiche ethnographische Beobachtungsmaterial […] noch in mehreren Abhandlungen verwerthet werden" (Toll 1895b: 40). Leider konnte Maydell wegen seines unerwarteten Todes dies nicht mehr verwirklichen, womit der ethnografische Teil im zweiten Band fehlt.[41]

---

39  Maydell sammelte auch Materialien zur jukagirischen Sprache, die später publiziert worden sind (Schiefner 1871).

40  Nationalarchiv der Republik Sacha (Jakutsk), f. 12, op. 1, № 1672, Bl. 151–167v.

41  Einige Aspekte der Resultate von Maydells ethnografischen Forschungen sind in Sacha/Jakutien ausgewertet worden (Strelov 1925; Širina 1983; Bojakova 2000, 2006).

Über die Religion der Čukčen, nach der Rink gefragt hatte, konnte Maydell nur wenig in Erfahrung bringen (Majdel, 1871: 68f.). Hervorzuheben ist, dass Maydell sich schützend vor die Čukčen gestellt hatte und nachweisen wollte, dass sie im Gegensatz zur damals üblichen Ansicht nicht wild und kriegerisch waren, sondern dass dies eher auf die Korjaken zutraf. Maydell konnte auch belegen, dass die Bauart der Schlitten der Čukčen während der letzten 100 Jahre nicht weiterentwickelt worden war (Peršin 1897: 49).

Maydells besonders gründliche Kenntnisse über die Geschichte und die gesellschaftlichen Verhältnisse der Provinz Jakutien (Maydell 1896a: 442–693) und seine Angaben über die weit verstreute Besiedlung Nordost-Sibiriens und die dortigen Städte und Dörfer waren für die Gouvernementsregierung von Ostsibirien von großer Bedeutung, weil man so besser die Verwaltung des Landes aufbauen konnte. Toll schrieb in seiner Rezension: „Wenn doch Sibirien öfter das Glück hätte, solche Beamte zu den seinigen zu zählen!" (Toll 1895b: 40).

Abb. 7: Gerhard Baron von Maydell

## Zusammenfassung

Eduard von Toll hatte sehr zutreffend die Bedeutung von Maydells Forschungen hervorgehoben. Er schrieb:

> Baron Maydell ist nicht Geograph oder Naturforscher vom Fach, aber seine Beobachtungsgabe und sein vielseitiges Interesse für Menschen und Natur ließen ihn die gebotenen Gelegenheiten ausnutzen, wertvolle Beiträge für die Geographie und besonders für die Ethnographie der entlegensten Teile Ostsibiriens zu erwerben. (Toll 1895b: 39)

Tatsächlich war Maydell ein gebildeter und humanistisch eingestellter Mann. Seine zahlreichen Reisen durch die Provinz Jakutien zwischen 1861 und 1870 als Beamter für besondere Aufträge der lokalen Regierung benutzte er nicht nur dafür, die ihm gestellten Aufgaben korrekt auszuführen, sondern auch um eine genaue Karte von Nordost-Sibirien zusammenzustellen. Die *Karte des Jakutskischen Gebiets, gezeichnet und vervollständigt auf Grundlage der Blätter III&IV der Generalstabskarte von Sibirien (St. Petersburg 1884), 1890,* erschien im Jahr 1896 als Beilage zum Atlas seines zweibändigen Reiseberichts. Diese Karte sowie das genaue Verzeichnis der Flüsse und Seen des jakutischen Gebietes kann als sein Lebenswerk und als sein Hauptverdienst zur Erforschung Nordost-Sibiriens gelten. Sie kann als erste moderne Karte angesehen werden, deren Orografie mit dem heutigen Kenntnisstand annähernd vergleichbar ist. Dank Maydell erschienen zum ersten Mal auf der Karte Nordost-Sibiriens zwei orografische Komplexe: das Oimjakon-Hochland und der mächtige Čerskij-Gebirgskomplex. Bis zu den geologischen Expeditionen S. V. Obručevs in der zweiten Hälfte der 1920er Jahre blieb Maydells Karte die ausführlichste Quelle für die Gebirgssysteme Nordost-Sibiriens. Auch sein anderes Kartenmaterial (besonders die von ihm eingetragenen Expeditionsrouten Nordost-Sibiriens) fand Interesse und wurde später von anderen Forschern der Gegend benutzt.

Obgleich die von Maydell gesammelten Materialien über die Völker Nordost-Sibiriens später auf Interesse gestoßen waren, blieben seine Forschungen über die *Tarynnen,* den Dauerfrostboden und die Geschichte der Provinz Jakutien weitgehend unbekannt. Denn tatsächlich war Maydell in erster Linie Beamter und kein Wissenschaftler, der von der Universität Dorpat keine besondere Vorbereitung für eine naturwissenschaftliche Tätigkeit erhalten hatte. So werden seine leidvollen Erfahrungen mit Mitgliedern der Sibirischen Abteilung der Russischen Geografischen Gesellschaft verständlich und seine allzu heftige Kritik an Ansichten damaliger Forscher in dieser Gegend (besonders an Middendorff), die über einen akademischem Hintergrund verfügten. Maydell verdient aber dennoch unsere Aufmerksamkeit, weil er mit seinen Beobachtungen nicht alleine stand. So ist zu hoffen, dass Maydells Ergebnisse Einfluss auf weitere Forschungen zur Geschichte der Naturwissenschaften und Ethnografie Nordost-Sibiriens haben werden.

## Literatur

Baer, K. E. v. 1850. Ueber nothwendig scheinende Ergänzungen der Beobachtungen über die Boden-Temperatur in Sibirien. *Bulletin de Classe physico-mathematique publié par l'Académie Impériale des Sciences de St.-Pétersbourg*. Bd. 8(14): 209–224.

— 1855. Zusammenstellung der Ergebnisse aus den Beobachtungen über Luft- und Boden-Temperatur, welche durch diese [Middendorffs] Reise gewonnen sind. *Beiträge zur Kenntniss des Russischen Reiches und der angränzenden Länder Asiens*. Bd. 9(2): 641–649.

— 1868. *Das neuentdeckte Wrangells-Land*. Dorpat: W. Gläser.

Bér, K. [Baer] 1869. Voprosy, predložennye akademikom Bérom Čukockoj ėkspedicii. *Otčet Sibirskogo otdelenija Russkogo geografičeskogo obščestva 1868 g.* A. F. Usol'cev (Hg./sost.), 259–260. Irkutsk: Tipografija N. N. Sinicyna.

Bojakova, S. I. 2000. Materialy ėkspedicii G. L. Majdelja (1868–1870 gg.) kak istočnik po istorii i ėtnografii narodov Severo-vostoka Azii. *Nauka v Jakutii: dostiženija i problemy*. V. N. Ivanov (Hg.), 16–21. Novosibirsk: Sibirskoje otdelenie Rossijskoj Akademii Nauk.

— 2006. Vklad nemeckich issledovatelej v izučenie istorii i ėtnografii narodov Severo-vostoka Azii (vtoraja polovina XIX v.). In *Rossija-Germanija: istoriko-kul'turnye kontakty. Materialy Meždunarodnoj naučnoj konferencii v Jakutske, 23–24 avgusta 2005 g.* V. N. Ivanov (red.), 79–86. Jakutsk: Institut gumanitarnych issledovanij AN Respubliki Sacha (Jakutija).

Borodin, I. 1908. Kollektory i kollekcij po flore Sibiri. *Trudy botaničeskogo muzeja Imperatorskoj Akademii nauk*. Vyp. IV. S.-P.: Tipografija Imperatorskoj Akademii Nauk.

Čerskij, I. D. 1892–1893. Svedenija ob ėkspedicii Akademii nauk dlja issledovanija rek Kolymy, Indigirki i Jany. *Zapiski Imperatorskoj Akademii Nauk*. T. 68, priloženie 3; t. 71, priloženie 8; t. 73, priloženie 5.

Ėkspedicija... 1869. *Otčet Imperatorskogo Russkogo Geografičeskogo Obščestva za 1868 g.* F. R. Osten-Saken (Hg./sost.), 5–11. S-Peterburg: Tipografija V. Bezobrazova.

Florensov, N. A. 1973. *Sergej Obručev*. Irkutsk: Vostochno-sibirskoe knižnoe izdatel'stvo.

Glehn, P. v. 1876. Verzeichniss der im Witim-Olekma-Lande von den Herren I. S. Poljakow und Baron G. Maydell gesammelten Pflanzen. *Acta Horti Petropolitani* 4: 1–96.

Izvlečenija… 1891. Izvlečenija iz protokolov zasedanij Akademii. *Zapiski Imperatorskoj Akademii Nauk* 65: 10–22.

Kaavere, V. 1981. Gerhard Maydell – esimeste ilmavaatluste organiseerija Verhojanskis [Gerhard von Maydell – der Initiator der ersten meteorologischen Beobachtungen in Verchojansk]. *Eesti Loodus* 2: 101–106.

Kazarjan, P. L. 1998. *Istorija Verchojanska*. Jakutsk: GP NIPK Sachapoligrafizdat.

Komarov, V. L. 1926. Vvedenie v izučenie rastitel'nosti Jakutii. *Trudy Komissii po izučeniju Jakutskoj ASS Respubliki*. T. 1. Leningrad: Izdatel'stvo Akademii Nauk SSSR.

Lazebnik, O. A. und O. S. Romanova 2008. Kartografičeskaja dejatel'nost' G. L. Majdelja na Severo-vostoke Rossii vo vtoroj polovine xix veka. *Vestnik Sankt-Peterburgskogo Universiteta 7* (3): 125–133.

Litvinov, D. I. 1909. Bibliografija flory Sibiri. *Trudy botaničeskogo muzeja Imperatorskoj Akademii nauk*. Vyp. V. S.-Peterburg: Tipografija Imperatorskoj Akademii Nauk.

Maak, R. 1877–1887. *Viljujskij okrug Jakutskoj oblasti*. 3 Bde. Irkutsk-S-Peterburg: Tipografija A. Tranšelja.

Maydell, B. v. 1895. *Das freiherrliche Geschlecht von Maydell. I. Fortsetzung 1868–1894*. Reval: Gressel.

Maydell, G. v. 1884. Aus Transbaikalien. *Baltische Monatsschrift* 31(5–6): 353–383; 449–488.

— 1893. *Reisen und Forschungen im Jakutskischen Gebiet Ostsibiriens in den Jahren 1861–1871*. Bd. 1. St. Petersburg: Buchdruckerei der Kaiserlichen Akademie der Wissenschaften.

— 1896a. *Reisen und Forschungen im Jakutskischen Gebiet Ostsibiriens in den Jahren 1861–1871*. Bd. 2. St. Petersburg: Buchdruckerei der Kaiserlichen Akademie der Wissenschaften.

— 1896b. *Atlas. Reisen und Forschungen im Jakutskischen Gebiet Ostsibiriens in den Jahren 1861–1871*. Bd. 2. St. Petersburg: Buchdruckerei der Kaiserlichen Akademie der Wissenschaften.

Majdel, G. [Maydell] 1871. Otvety Čukockoj ėkspedicij na voprosy akademika Béra. *Izvestija Sibirskogo otdela Imperatorskogo Russkogo geografičeskogo obščestva 2* (1–2): 60–70.

— 1894. Putešestvie po severo-vostočnoj časti Jakutskoj oblasti v 1868–1870 godach. *Priloženie k 74-mu tomu Zapisok Imperatorskoj Akademii nauk*. Bd. 1. F. Schmidt (Hg.). Sanktpeterburg: Tipografija Imperatorskoj Akademii Nauk.

— 1896. Putešestvie po severo-vostočnoj časti Jakutskoj oblasti v 1868–1870 godach. Bd. 2. F. Schmidt (Hg.). Sanktpeterburg: Tipografija Imperatorskoj Akademii Nauk.

— 1925. Zapiska o narodach, živuščich v severo-vostočnoj časti Jakutskoj i Primorskoj oblastej. In *Sbornik trudov issledovatel'skogo obščestva „Saqa keskile"*, Vyp. 1. E. D. Strelov (Hg.), 20–34. Jakutsk: Jakutskoe issledovatel'skoe obščestvo *Saqa keskile*.

Middendorff, A. T. v. 1847. Geothermische Beobachtungen. In *Reise in den äussersten Norden und Osten Sibiriens während der Jahren 1843 und 1844*, Bd. 1. A. T. v. Middendorff (Hg.), 85–183, Tafeln xi–xv. St. Petersburg: Buchdruckerei der Kaiserlichen Akademie der Wissenschaften.

— 1853. Zusatz [zu dem Aufsatz von C. v. Ditmar]. *Bulletin de la Classe physique-mathematique de l'Académie Impériale des Sciences des St.Petérsbourg* 11 (19–20): 241–254.

Mostachov, S. E. 1982. *Russkie putešestvenniki – issledovateli Jakutii (XVIII – načalo XIX v.)*. Jakutsk: Jakutskoe knižnoe izdatel'stvo.

Neijman, K. [Neumann] 1870–1871. Istoričeskij obzor dejstvij Čukockoj ėkspedicii. *Izvestija Sibirskogo otdela Imperatorskogo Russkogo geografičeskogo obščestva* 1 (4–5): 6–31; 2 (3): 7–28.

— 1872. Neskol'ko slov' o torgovle i promyšlennosti severnych okrugov Jakutskoj oblasti. *Izvestija Sibirskogo otdela Imperatorskogo Russkogo geografičeskogo obščestva* 3(1–2): 32–56, 57–69.

— 1873. O čukčach. [Reč' vo vremja toržestvennogo Sobranija Sibirskogo otdela Imperatorskogo Russkogo geografičeskogo obščestva 14-go ijunja 1873 goda. *Izvestija Sibirskogo otdela Imperatorskogo Russkogo geografičeskogo obščestva* 4 (4): 154–162.

[Neumann, K. v.] 1869. Die russische Erforschungs-Expedition nach der Behrings-strasse. *Globus. Illustrierte Zeitschrift für Länder- und Völkerkunde* 15: 123–124.

— 1870. Von der russischen Expedition nach der Behringsstrasse. *Globus. Illustrierte Zeitschrift für Länder- und Völkerkunde* 16: 13–14.

Neumann, K. v. 1874. Expedition nach dem Lande der Tschuktschen. *Globus. Illustrierte Zeitschrift für Länder- und Völkerkunde* 26: 313–315, 329–331, 347–349, 362–365, 376–378.

Nikolaev, V. [I.] 1913. *Jakutskij kraj i ego issledovateli: kratkij istoričeskij očerk ėkspedicij v Jakutskuju oblast'*. Jakutsk.

Obručev, V. A. 1897. Kratkij obzor ėkspedicij, snarjažennych Imperatorskim Russ-kim Geografičeskim Obščestvom dlja issledovanij materika Azii s 1846 po 1896 god. *Izvestija Sibirskogo otdela Imperatorskogo Russkogo geografičeskogo obščestva* 27 (1): 1–40.

— 1934. *Istorija geologičeskogo issledovanija Sibiri. Period tretij (1851–1888 gg.)*. Leningrad: Izdatel'stvo Akademii Nauk SSSR.

— 1937. *Istorija geologičeskogo issledovanija Sibiri. Period četvertyj (1889–1917)*. Leningrad: Izdatel'stvo Akademii Nauk SSSR.

Obručev, S. V. 1954. *V neizvedannye kraja. Putešestvija na Sever 1917–1930 gg*. Moskva: Molodaja Gvardija.

— 1956. Osnovnye etapy žizni i tvorčestva I. D. Čerskogo. In *I. D. Čerskij. Neopub-likovannye stat'i, pis'ma, i dnevniki. Stat'i o I. D. Čerskom i A. I. Čerskom*. S. V. Obručev (Hg.), 9–28. Irkutsk: Irkutskoe knižnoe izdatel'stvo.

O Čukockoj ėkspedicii 1871. *Izvestija Sibirskogo Otdela Imperatorskogo Russkogo geografičeskogo obščestva* 2(1–2): 2.

Oglezneva, T. N. 1994. *Russkoe geografičeskoe obščestvo: izučenie narodov severo-vostoka Azii 1845–1918 gg*. Novosibirsk: Nauka.

Peršin, D. P. 1897. Kratkij očerk pjatidesjatiletnej dejatel'nosti Imperatoskogo Russkogo Geografičeskogo Obščestva po ėtnografii v predelach Azii. *Izvestija Sibirskogo otdela Imperatorskogo Russkogo geografičeskogo obščestva* 27(1): 41–85.

Schrenck, L. v. 1871. Bericht über neuerdings im Norden Sibirien's angeblich zum Vorschein gekommene Mammuthe, nach brieflichen Mittheilungen des Hr. Gerh. v. Maydell, nebst Bemerkungen über den Modus der Erhaltung und die vermeintliche Häufigkeit ganzer Mammuthleichen. *Bulletin de l'Académie Impériale des Sciences de St. Pétersbourg* 16: 147–173.

— 1880. Der erste Fund einer Leiche von *Rhinoceros Merckii* Jaeg. *Mémoires de l'Académie Impériale des Sciences de St. Pétersbourg.* VII Série, 27(7): 1–55.

Schiefner, A. 1871. Über Baron Gerhard von Maydells jukagirsche Sprachproben. *Bulletin de l'Academie Impériale des Sciences de St. Petersbourg* 15: 86–103. *Melanges asiatiques* (6) 1873: 600–626.

S[chmidt], F. 1896. [Anmerkung]. *Maydell, G. v.: Reisen und Forschungen im Jakutskischen Gebiet Ostsibiriens in den Jahren 1861–1871.* Bd. 2: 437. St. Petersburg: Buchdruckerei der Kaiserlichen Akademie der Wissenschaften.

Semenov, P. P. 1896. *Istorija poluvekovoj dejatel'nosti Imperatorskogo Russkogo geografičeskogo obščestva.* Bd. 1. S-P: Tipografija V. Bezobrazova.

Strelov, E. D. 1925. Materialy k istorii čukčej. In *Sbornik trudov issledovatel'skogo obščestva „Saqa keskile",* Vyp. 1. E. D. Strelov (Hg.), 13–19. Jakutsk: Jakutskoe issledovatel'skoe obščestvo *Saqa keskile.*

Suchova, N. G. 1964. *Fiziko-geografičeskie issledovanija Vostočnoj Sibiri v XIX veke.* Moskva-Leningrad: Nauka.

Suchova, N. G. und Ė. Tammiksaar 2005. *Aleksandr Fedorofič Middendorf, 1815–1894.* Moskva: Nauka.

Širina, D. A. 1983. *Letopis' ėkspedicij Akademii nauk na severo-vostok Azii v dorevoljucionnyj period.* Novosibirsk: Nauka.

Tammiksaar, E. 2001. Karl Ernst von Baers „Materialien": die erste „Dauerfrostbodenkunde". In *Baer, K. E. v.: Materialien zur Kenntniss des unvergänglichen Boden-Eises in Sibirien. Unveröffentliches Typoskript von 1843 und erste Dauerfrostbodenkunde.* (Berichte und Arbeiten aus der Universitätsbibliothek und dem Universitätsarchiv Giessen, 51). L. King (Hg.), I–LV. Giessen: Universitätsbibliothek.

Tammiksaar, E., N. G. Sukhova, I. R. Stone 1999. Hypothesis versus fact: August Petermann and polar research. *Arctic* 52(3): 237–244.

Tammiksaar, E. und N. G. Suchova 1998. August Petermann und seine Hypothesen über das Nordpolarmeer. (1995, erschienen 1998). *Polarforschung* 65(3): 133–145.

Tammiksaar, E. and K. Kalling 2008. Siberian Woolly Mammoths and Studies into Permafrost in the Russian Empire in the 19th Century. *Proceedings of the Ninth International Conference on Permafrost: Ninth International Conference on Permafrost; University of Alaska Fairbanks; June 29–July 3, 2008.* L. Douglas, M. H.

Kenneth (eds.), vol 2, 1745–1750. Fairbanks: Institute of Northern Engineering. University of Alaska Fairbanks.

Tammiksaar, E., N. G. Sukhova, C. Lüdecke 2010. The International Polar Year 1882–1883. *The History of the International Polar Years (IPYs)*. S. Barr, C. Lüdecke (eds.), 7–33; 80–86. Heidelberg: Springer.

Toll, E. v. 1895a. Wissenschaftliche Resultate der von der Kaiserlichen Akademie der Wissenschaften zur Erforschung des Janalandes und der Neusibirischen Inseln in den Jahren 1885 und 1886 ausgesandten Expedition. Abtheilung III: Die fossilen Eislager und ihre Beziehungen zu den Mammutleichen. *Mémoires de l'Académie Impériale des Sciences de St. Pétersbourg*. VII Série, 17(13): 1–87.

— 1895b. [Rezension]. Baron Gerhard Maydell: Reisen und Forschungen im Jakutskischen Gebiet. I. Teil. [...] St. Petersburg (Leipzig, Voss' Sort.) 1893. M. 19. *Petermanns geographische Mittheilungen. Geographischer Litteratur-Bericht für 1895. Beilage zum 41. Band*, 39–40.

Trautvetter, E. R. 1879. Flora terrae Tschuktschorum. *Acta Horti Petropoli* 6: 1–40.

Wrangel[l], F. v. *Reise längs der Nordküste von Sibirien und auf dem Eismeere in den Jahren 1820 bis 1824*. 2 Bde. Berlin: Voss.

## Abbildungen

Abb. 1     Mit freundlicher Genehmigung des Estnischen Kunstmuseum, Signatur EKM j 3367 M 2360.

Abb. 2, 3  Lithografie von Louis Höflinger. Mit freundlicher Genehmigung des Kunstmuseums der Universität Tartu. Signatur: KMM GR 15.

Abb. 4     Erki Tammiksaar.

Abb. 5, 6  Mit freundlicher Genehmigung der Bibliothek der Universität Tallinn.

Abb. 7     Aus Mostachov (1982), mit freundlicher Genehmigung der Universitäts-bibliothek Tartu.

# 12.1 SYNOPSE | 1
## DIE WERKE AUS GESCHICHTSWISSENSCHAFTLICHER SICHT

*Diana Ordubadi*

### Beweggründe zur Erschließung einer fernen Region

Aus Sicht europäischer Forscher des 18. und 19. Jahrhunderts befand sich der Ferne Osten Russlands in einer weit entfernten und noch fremden Welt, die es zu erkunden und zu erobern galt. Als verlängerter Arm des russischen Sibiriens wurden jene Landesteile auch als geografische Brücke zwischen dem christlichen Kulturraum und asiatischen Morgenland betrachtet. So stellen die historischen Reise- und Forschungsberichte zu dieser Region faszinierende Zeugnisse ihrer Epochen dar und können in ihrer Gesamtheit aus geschichtswissenschaftlicher Sicht zur Nachverfolgung von Entwicklungsprozessen auf den Gebieten der transnationalen Kolonialismus-, Eurozentrismus- und Kulturkonfliktforschung (Osterhammel 2010) dienen.

Die Forschungsberichte aus dem 18. und frühen 19. Jahrhundert bieten direkte Einblicke in die Geschichte der russischen Eroberung bzw. Erschließung fremder Regionen und die Besonderheiten dieser Kolonisierungspolitik. Ein wesentliches Interesse liegt auf der politischen Zielsetzung der Expeditionen und den entsprechenden Vorgaben, die den Reisenden seitens der Auftraggeber in St. Petersburg mit auf den Weg gegeben wurden. Aus den veröffentlichten Reiseberichten der Expeditionsoffiziere Saryčev, Krusenstern oder Kotzebue lassen sich offizielle Begründungen für die Erweiterung des russischen Einflusses nach Osten ablesen,[1] die meistens die Sicherung der Reichsgrenzen, wirtschaftliche Staatsinteressen und die proklamierte Sorge um das Wohl aller russischen Untertanen einschlossen. Zu den letzteren zählte man auch die indigene Bevölkerung der fernöstlichen Region. Interessanterweise zeichnen sich fast alle Reiseberichte über Ostsibirien, Kamčatka und auch Russisch-Amerika in mehr oder weniger starkem Maße durch kritische Schilderungen der Lebensverhältnisse in dieser Region oder des Umganges mit den Indigenen aus.

Auffallend ist der Umstand, dass die Verantwortung dafür nahezu ausnahmslos einzelnen Privatpersonen – wie wenig gebildeten Händlern – oder Vertretern der russischen Verwaltung vor Ort zugeschrieben war, während die Politik des Zaren aus der Hauptstadt nie in Frage gestellt wurde. Diese Konstellation macht die Reise-

---

1  Ordubadi 2009; siehe Ordubadi, 93f. und Federhofer, 114f. *in diesem Band.*

berichte und -tagebücher u. a. zu wichtigen Quellen für Untersuchungen der damals komplizierten Verhältnisse zwischen Zentrum und Peripherie im Russischen Reich. Obwohl während des 18. und zu Beginn des 19. Jahrhunderts viele Unternehmungen in den Osten des Landes finanzielle Unterstützung vonseiten der Regierung erhielten und letztlich Kolonisierungs- und Handelszwecke verfolgten, wurde der wissenschaftliche Auftrag während der Reisen nie vernachlässigt. In Russland hatte man nämlich bereits seit Peter dem Großen erkannt, dass die erfolgreiche Erschließung einer Region nur auf der Basis gründlich erhobener Kenntnisse über das Territorium, seine Bevölkerung und die dortige Natur möglich ist. Trotz der engen Verflechtung von politischen und wissenschaftlichen Aufgaben, die das Interesse der Reiseforschung in eine bestimmte, durch die Staatsräson diktierte Richtung zu lenken drohte, gelang es vielen Naturforschern, die die Expeditionen begleiteten, sich von den politisch-strategischen Zielen ihrer Kapitäne zu distanzieren. Somit konnten sie uns wissenschaftlich hochwertige Aufzeichnungen zu jener fernöstlichen Region hinterlassen, auf die Europäer bis dahin noch wenig verändernd eingewirkt hatten.

Zur Zeit der Zweiten Kamčatka-Expedition unter Vitus Bering konnten sich Gerhard Friedrich Müller, Georg Wilhelm Steller und Stepan Petrovič Krašeninnikov den direkten Befehlen des Kapitäns mit der Argumentation entziehen, sie seien allein der Akademie der Wissenschaften unterstellt (s. Kasten, 30f. *in diesem Band*). Während der geheimen Billings-Saryčev-Expedition, die allein vom Admiralitätskollegium in Auftrag gegeben worden war, leistete der Naturforscher Carl Heinrich Merck eine beeindruckend sachliche Beschreibung dessen, was er sah, wobei er sich ausschließlich auf den Gegenstand seiner Untersuchungen konzentrierte und keinerlei Geschehnisse auf den Schiffen oder unter den Mannschaftsmitgliedern erwähnte.[2] Wegen Loyalitätskonflikten gegenüber Kapitän Krusensterns Widersachern war das Verhältnis von Georg Heinrich von Langsdorff zu diesem eher ambivalenter Natur,[3] was ihn aber während der ersten russischen Weltumseglung nicht daran hinderte, das Schiff frühzeitig zu verlassen, um sich weiteren Forschungen zuerst als Leibarzt des Hauptaktionärs der Russisch-Amerikanischen Kompanie Rezanov in Russisch-Amerika und später selbstständig auf Kamčatka zu widmen. Adelbert von Chamisso musste schließlich als Naturforscher der dritten[4] russischen

---

2  Ordubadi 2009: 86f.; siehe Pivovar, 77–90 *in diesem Band,*

3  Erki Tammiksaar hob in der Diskussion hervor, dass es in diesem Fall zunächst zwei Schiffe gab. Ein Schiff, die *Nadežda*, war von der Regierung bezahlt worden, während das andere Schiff, die *Neva*, von der russisch-amerikanischen Kompanie finanziert wurde, deren Hauptaktionär Nikolaj Rezanov zwei Monate vor der Abreise zum Expeditionsleiter ernannt wurde, wovon aber Krusenstern nichts wusste. Als Langsdorff später mit Rezanov nach Russisch-Amerika fuhr, gehörte er zu der Partei von Rezanov. Dem schwierigen Verhältnis von Krusenstern und Rezanov sind einige Artikel in der russischen Forschung gewidmet, siehe Sgibnev (1877), Sverdlov (2006).

4  Die zweite russische Weltumseglung fand unter der Leitung von dem Kapitän Vasilij Golovnin auf dem Schiff *Diana* in den Jahren 1807–1809 statt, was in der deutsch- und englischsprachigen

Weltumseglung unter Otto von Kotzebue eine weitgehende Missachtung und sogar Störung seiner Tätigkeit durch den Kapitän ertragen, setzte aber seine Forschungen unbeachtet dessen Tag und Nacht kontinuierlich fort (Federhofer 2012: 122f.).

## Die Herausbildung intensiv genutzter Wissenschaftsnetzwerke

Die Aufzeichnungen stellten für die Forschungsreisenden nicht nur bloße Schilderungen des Gesehenen dar. Die Forschungsreisenden standen auch in fortlaufendem Kontakt miteinander, womit sie frühere Kenntnisse über die zu untersuchenden Gegebenheiten erweiterten und korrigierten. Noch vor der Abreise in jene fernen Gebiete bemühten sich die gut ausgebildeten Teilnehmer dieser Expeditionen, sich anhand der ihnen zur Verfügung stehenden Quellen mit der zu erforschenden Region näher vertraut zu machen. Nach Rückkehr in die Heimat beeilten sie sich, die Ergebnisse ihrer Arbeit der Gelehrtenwelt in ganz Europa vorzustellen und in den gesamteuropäischen Wissensverbund einzubringen. Mit der früh begründeten Tradition, in ausgeprägtem Maße ausländische Spezialisten zu ihren Unternehmungen hinzuziehen, förderte das Russische Reich indirekt diesen internationalen wissenschaftlichen Austausch vor allem zwischen deutschsprachigen und russischen Gelehrten. So findet die moderne Geschichtsschreibung Belege für die Existenz von äußerst produktiven wissenschaftlichen Netzwerken bereits seit der Epoche der großen Entdeckungs- und Forschungsexpeditionen.

Das natürliche menschliche Bedürfnis nach Kommunikation und Informationsaustausch wurde schon damals von europäischen Universalgelehrten erkannt und für die Entwicklung ihrer wissenschaftlichen Theorien intensiv genutzt. Neben den publizierten Reiseberichten finden sich heutzutage in den Archiven umfangreiche Nachlässe von berühmten Wissenschaftlern wie Peter Simon Pallas, Adelbert von Chamisso oder Alexander von Humboldt, die aus Tausenden von Korrespondenzen mit Kollegen aus ganz Europa bestehen, in denen es hauptsächlich um spezielle Fragen aus unterschiedlichen Disziplinen der Medizin, Botanik, Zoologie, Philosophie und Kulturanthropologie geht. Intensive Diskussionen unter den Gelehrten, die sich vielleicht nur einmal im Leben persönlich trafen und Hunderte und manchmal sogar Tausende Kilometer (z. B. in Göttingen und in St. Petersburg) voneinander entfernt forschten, sich jedoch miteinander durch gemeinsame Forschungsinteressen verbunden fühlten, wurden als ein unabdinglicher Schlüssel zum Fortschritt in der Wissenschaftsentwicklung gesehen. Nach welchen Regeln eine solche Vernetzung funktionierte und mit welcher Motivation und in welcher Form die einzelnen Gelehrten untereinander agierten, versucht heutzutage die Netzwerkforschung her-

---

Literatur oft vergessen wird (Golovnin 1949),
http://www.navy.su/puteshest/1803-1866/putesh44.html.

auszufinden.[5] Historische Reise- und Forschungsberichte aus fernen Ländern bilden dabei einen wichtigen Teil der dazu benötigten Quellen. Dabei zeigen sie auch, wie ihre Inhalte nicht nur für ein besseres Verständnis der Vergangenheit, sondern auch für Erkenntnisse hinsichtlich moderner sozialer und interkultureller Kommunikationsabläufe informativ sein können.

## Literatur

Dauser, Regina, Stefan Hächter, Michael Kempe, Franz Mauelshagen und Martin Stuber (Hg.) 2008. *Wissen im Netz. Botanik und Pflanzentransfer in europäischen Korrespondenzen des 18. Jahrhunderts*. Berlin: Akademie Verlag.

Federhofer, Marie-Theres 2012. *Chamisso und die Wale*. Mit dem lateinischen Originaltext der Walschrift Chamissos und dessen Übersetzung, Anmerkungen und weiteren Materialien. Fürstenberg/Havel: Kulturstiftung Sibirien.

Golovnin, Vasilij [1949]. *Putešestvie na šljupe „Diana" iz Kronštadta v Kamčatku, so-veršennoe v 1807, 1808 i 1809 gg.* V plenu u japoncev v 1811, 1812 i 1818 gg. *Putešestvie vokrug sveta na šljupe „Kamčatka" v 1817, 1818 i 1819 gg.* S priloženiem opisanija primečatel'nych korablekrušenij, v raznye vremena preterpennych russkimi moreplavateljami. G. P. Magidovič (Red., mit Anmerkungen). Moskva, Leningrad: Izdatel'stvo Glavmorputi.

Ordubadi, Diana 2009. „Brennendes Eis, jeden Traum verscheuchende Stürme und merkwürdige Fremde." Carl Heinrich Merck und sein Beitrag zur Erforschung des russischen Nordens. In *Russland, der Ferne Osten und die „Deutschen"*, Heinz Duchhardt (Hg.), 79–96. Göttingen: Vandenhoeck & Ruprecht.

Osterhammel, Jürgen 2010. *Die Entzauberung Asiens. Europa und die asiatischen Reiche im 18. Jahrhundert*. München: C. H. Beck.

Sgibnev, Aleksej 1877. Rezanov i Kruzenštern: Ėpizod iz pervogo krugosvetnogo plavanija russkich. *Drevnjaja i novaja Rossija* 1(4): 385–392.

Sverdlov, Leonid M. 2006. *Kruzenštern i Rezanov*. Moskau: Argo.

---

5   Dauser et al. 2008.

# 12.2 SYNOPSE | 2
## DIE GEOGRAFISCHE UND GEOLOGISCHE ERFORSCHUNG KAMČATKAS

*Erki Tammiksaar*

Gegen Ende des 17. Jahrhunderts erreichten russische Kosaken auf dem Landweg das an Zobeln reiche Gebiet Kamčatka. „Kaum hörte Peter [im Jahre 1713] davon, als er einsah, dass es vortheilhafter sein müsse, von Ochotsk zur See nach Kamtschatka zu gelangen, als den Umweg über die hochnordischen Wüsten zu Lande zu machen. Wahrscheinlich war sein erster Befehl ganz kurz so: Man solle von Ochotsk zur See nach Kamtschatka gehen!", schrieb zuerst Karl Ernst von Baer (Baer 1872: 33) zu den Verdiensten des Kaisers von Russland, Peter des Großen, im Hinblick auf die spätere geografische und geologische Erkundung der Halbinsel, für die nach Öffnung des Seewegs von Ochotsk nach Kamčatka einige Jahre später die Voraussetzungen geschaffen wurden.

Erste Angaben zur Geografie Kamčatkas liegen uns seit 1730 vor, nachdem Vitus Bering von seiner ersten Kamčatka-Expedition (1725–1730) zurückgekehrt war. Diese Reise gab Anlass zu einer weiteren Expedition nach Kamčatka unter seiner Leitung, der „Zweiten Kamčatka-Expedition" (1733–1743). Diese Expedition kann man als die wohl erste wissenschaftliche Forschungsreise im Russischen Reich betrachten. Während dieser Expedition wurde eine Karte mit Umrissen der Halbinsel gezeichnet und mit Stepan Krašeninnikov und Georg Wilhelm Steller bereisten erstmals Naturforscher verschiedene Teile Kamčatkas. Durch sie erfuhr man Näheres zur Geografie im Inneren der Halbinsel wie vor allem zu den dortigen Vulkanen und Flussläufen (Krašeninnikov 1755; Steller 1774). Obwohl beide Naturforscher ein besonderes Interesse an der Zoologie und Botanik dieser Landesteile hatten, sammelten sie während ihrer Expeditionen auch Mineralien und andere geologische Informationen (Obručev 1933: 181; Kolčinskij 2009: 9). Diese Ergebnisse blieben jedoch damals weitgehend unbeachtet, zumal auf Kamčatka bislang kein Gold, Diamanten oder Eisen gefunden worden waren.

Erst Anfang des 19. Jahrhunderts bereisten erneut Wissenschaftler Kamčatka. Dies war vor allem Adam Johann von Krusenstern zu verdanken, der – beeindruckt von James Cook – als erster Weltumsegler Russlands ebenso wie dieser auf seiner Reise auch Naturforscher mit an Bord haben wollte. So begleiteten ihn während seiner ersten Weltumseglung (1803–1806) die deutschen Naturforscher Carl Heinrich von Langsdorff (s. Ordubadi, 91–110 *in diesem Band*) und Wilhelm Gottlieb Tilesius von Tilenau. Krusenstern selbst war wissenschaftlich gebildet und interessierte sich besonders für die physische Geografie der Weltmeere. Aus seinen Briefen ist jedoch zu ersehen, dass er mit seiner Weltumseglung zunächst handelspolitische Zwecke verfolgte und diese weniger als wissenschaftliche Entdeckungsreise verstand.[1] Jedoch kam die von ihm gegründete Tradition jener handelsorientierten Weltumseglungen, die der Versorgung der russischen Kolonien an den Küsten des Nordpazifiks galten, letztlich auch der geografischen Erforschung von Kamčatka zugute. Schließlich war Kamčatka in der ersten Hälfte des 19. Jahrhunderts wohl eine der Gegenden Russlands, die von Wissenschaftlern für solche Zwecke am meisten aufgesucht wurden.

Bald darauf folgende weitere russische Weltumseglungen unter der Leitung von Otto von Kotzebue (1823–1826) und Friedrich Benjamin von Lütke (1826–1829) ermöglichten es auch vielen anderen Wissenschaftlern die russischen Besitzungen im Fernen Osten zu besuchen. So kamen der Physiker Emil Lenz, der Geologe Ernst Hofmann, der Zoologe Johann Friedrich Eschscholtz, der Botaniker Morten Wormskjold, der Ornithologe Friedrich Heinrich von Kittlitz (s. Strecker, 147–172 *in diesem Band*) sowie die allgemeinen Naturforscher Adelbert von Chamisso (s. Federhofer, 111–146 *in diesem Band*), Carl Heinrich Mertens und Alexander Postels nach Kamčatka. Zu den von Russland ausgehenden wissenschaftlichen Forschungsexpeditionen zählte auch die zuvor von dem ehemaligen Kanzler von Russland Nikolaj Rumjancev ausgerüstete Privatexpedition zur Erkundung der Nordwest-Passage unter der Leitung von Otto von Kotzebue (1815–1818).[2]

Da die Universitäten im Russischen Reich erst Anfang des 19. Jahrhunderts gegründet oder reformiert worden waren, gab es zunächst keine einheimischen Wissenschaftler, die in der Lage gewesen wären, jene unbekannten Gegenden zu erforschen. Krusenstern war sich dessen bewusst. So ist es nicht verwunderlich, dass er darum bemüht war, für seine russischen Expeditionen ausländische Wissenschaftler zu gewinnen (Tammiksaar and Kiik 2013).

Während die ersten russischen Weltumseglungen viele neue Informationen über die Küsten von Kamčatka geliefert hatten, waren diese Expeditionen im Hinblick auf nähere Kenntnisse zur physischen Geografie des Innern der Halbinsel weniger ergiebig. Die Schiffe hielten sich nicht lange Zeit in Kamčatka auf und die mitreisenden Wissenschaftler konnten meistens nur die Gegend um Petropavlovsk erkunden. Dasselbe gilt auch für geologische Erforschung. Als einzige Ausnahmen sind hier der deutschbaltische Geologe Ernst Hofmann und der deutschbaltische Naturforscher Alexander Postels zu nennen. Als Erster nahm Hofmann mineralogische Untersuchungen in der Nähe der Avača-Bucht und einiger Vulkane auf Kamčatka vor (Hofmann 1829), während Postels ein Verzeichnis der dortigen Vulkane zusammenstellte (Postels 1835). Beide waren noch sehr jung, als sie nach Kamčatka kamen: Hofmann

---

1  Estnisches Historisches Archiv (Tartu), Bestand 1414, Verzeichnis 3, Mappe 28, Bl. 229 v. A. J. v. Krusenstern an S. S. Uvarov, Reval, 18. Juli 1818, Nachlass der Familie Krusenstern.

2  Über die Bedeutung von Kotzebues Expedition im Hinblick auf die Vorbereitung der weiteren russischen wissenschaftlichen Expeditionen, s. Tammiksaar and Kiik 2013.

war damals (1824) 23 Jahre alt und Postels arbeitete dort zwei Jahre später im Alter von 26 Jahren.

Leider erbrachten zwei weitere englische Reisende, John Dundas Cochrane und Peter Dobell, die in den 1820er Jahren ganz Kamčatka durchquert und umfangreiche Reiseberichte publiziert hatten, keine nennenswerten geografischen und geologischen Erkenntnisse, zumal sie keine entsprechende Ausbildung besaßen (Cochrane 1824; Dobell 1830).

Eine neue Ära in der geologischen und geografischen Erforschung Kamčatkas begann im Jahre 1829. Im August jenes Jahres erreichte der damals 23-jährige deutsche Geophysiker Adolph Erman die Westküste der Halbinsel Kamčatka. Er unternahm von dort aus verschiedene Reisen (s. Tammiksaar, 173–206 *in diesem Band*) und versuchte – wenn auch erfolglos – die Vulkane Šiveluč und Ključevskaja *Sopka* zu besteigen. Während seiner Exkursionen sammelte Erman eine Vielzahl von Mineralien und verfasste eine erste Hypothese über die geologische Entwicklung von Kamčatka (Erman 1848; Obručev 1933: 188f.). Außerdem beschrieb er die Orografie der Halbinsel und vor allem des zentralen Gebirgsmassivs.

Die bedeutendsten Resultate zur geologischen und geografischen Erforschung Kamčatkas während des 19. Jahrhunderts hatte schließlich der deutschbaltische Geologe Karl von Ditmar geliefert (s. Tammiksaar, 223–242 *in diesem Band*). Der Anlass seiner Reise entsprang eher der politischen Notwendigkeit, wonach die Regierung in St. Petersburg dem Peterpaulshafen als wichtigstem Stützpunkt der russischen Kriegsmarine am Stillen Ozean wieder mehr Aufmerksamkeit zu schenken hatte. In diesem Zusammenhang galt es auch die geologische Struktur Kamčatkas zu untersuchen, um mögliche Vorkommen von Bodenschätzen (Gold, Steinkohle, Kupfer etc.) ausfindig zu machen und damit einen Anreiz für Investitionen zu schaffen, woran vor allem auch die lokale Regierung in Ostsibirien ein Interesse hatte.

Während wenige Jahre zuvor Johann Karl Ehrenfried Kegel die landwirtschaftlichen Möglichkeiten zu erkunden hatte (s. Kasten, 207–222 *in diesem Band*), war es Ditmars Aufgabe Kamčatka geologisch zu erforschen. Er untersuchte die Halbinsel in den Jahren 1851 bis 1854 und führte dazu insgesamt neun Reisen durch. Obwohl er kaum Vorkommen an Bodenschätzen ausfindig machen konnte, hatte er auf diese Weise weite Teile der Halbinsel Kamčatka so umfassend und eingehend kennengelernt wie wohl kaum ein anderer vor ihm. Ditmars Reisetagebuch erschien erst 35 Jahre nach seiner Reise (Ditmar 1890). Ein systematischer Überblick zu den Naturverhältnissen auf Kamčatka erschien zehn Jahre später (Ditmar 1900).

Im Jahre 1855 verlagerte die russische Regierung den Haupthafen der Kriegsmarine im Fernen Osten von Petropavlovsk nach Nikolajevsk an der Amurmündung. Seitdem lag Kamčatka abseits der Haupthandelswege und wurde bis Ende des 19. Jahrhunderts kaum noch von Naturwissenschaftlern besucht. Dieser Umstand verlieh Ditmars Werken noch längere Zeit eine gewisse Aktualität, indem andere

Wissenschaftler und Autoren häufig auf seine in ihnen veröffentlichten Forschungsergebnisse zurückgriffen.

Ditmar verfasste eine erste ausführliche Übersicht zur Geologie Kamčatkas
und stellte die geologische Entwicklung der Halbinsel dar. Die von ihm gesammelten Mineralien wurden auch für spätere weiterführende geologische Analysen
genutzt (Obručev 1937: 460). Bezüglich der Vulkane der Halbinsel kam Ditmar
zu dem Schluss, dass sie zu einem Vulkangürtel gehörten, der den ganzen Pazifik
umschließt. Zu den bedeutenderen Ergebnissen Ditmars im Bereich der Orografie
gehören seine Beschreibung des zentralen Bergmassivs, die bei ihm noch genauer
ausfiel als bei Erman, sowie die präzisere Erfassung des Küstenverlaufs auf seiner
Kamčatka-Karte als in den bisherigen Darstellungen von Erman und Lütke. Außerdem gelang ihm die genauere Bestimmung der Grenzen der Halbinsel. Im Gegensatz zu anderen Forschern war Ditmar der Auffassung, dass die geologische Grenze
der Halbinsel am 62. nördlichen Breitengrad verlief, der die nördliche Grenze der
Parapol'skij-Tundra und zugleich auch die nördliche Grenze des Siedlungsgebietes
der auf Kamčatka lebenden Korjaken bildet. Ditmar entdeckte auch, dass auf der
Landenge beim Parapol'skij-Tal, welche die Halbinsel mit dem Festland verbindet,
kein größeres Gebirge verläuft, wie es auf damaligen russischen Karten noch verzeichnet war.

Erst 40 Jahre nach Ditmar brachte die Ochotsko-Kamčatka-Expedition der
Russischen Geografischen Gesellschaft in den Jahren 1895–1898 unter der Leitung
des polnischen Geologen Carl Bogdanowicz neue Erkenntnisse über den geologischen Aufbau und die physische Geografie der Halbinsel Kamčatka (Bogdanowitsch 1904). Bogdanowicz fertigte auch eine neue – und im Vergleich zu Ditmar
genauere – Karte von Kamčatka an (Bogdanovič und Leljakin 1901). Bogdanowicz's
Forschungsergebnisse wurden während der späteren Kamčatka-Expedition der
Russischen Geografischen Gesellschaft unter der Leitung von Vladimir Komarov
(Komarov 1912) zum Teil weiter vervollständigt, zu der auch eine geologische Abteilung gehörte (Konradi 1910–1911).

Zusammenfassend kann man bei den Forschungen zur Geografie und Geologie
Kamčatkas vier Stadien unterscheiden:

- die zweite Kamčatka-Expedition im 18. Jahrhundert;
- die russischen Weltumseglungen in den Jahren 1803–1830;
- die Reisen von Kegel und Ditmar auf Kamčatka um die Mitte des 19. Jahrhunderts;
- russische Expeditionen um die Wende vom 19. zum 20. Jahrhundert zur gezielten
  Erkundung der Naturverhältnisse auf Kamčatka.

Diese Forschungsabschnitte sind direkt mit bestimmten Phasen der russischen Politik im Hinblick auf den Fernen Osten verbunden. In der Mitte des 18.
Jahrhunderts war es notwendig die Grenzen des Imperiums festzulegen. Die zweite

Kamčatka-Expedition hatte dieses Ziel erreicht, und erste geografische Angaben über Kamčatka verbreiteten sich bald darauf in den damaligen Wissenschaftskreisen.

Da die Landverbindung zwischen dem europäischen Russland und wenig besiedelten Kamčatka sehr zeitaufwendig und kostspielig war, wurden im 18. Jahrhundert daraufhin zunächst keine weiteren wissenschaftlichen Expeditionen an den Rand des Imperiums vorgenommen. Erst spätere – handelspolitisch motivierte – russische Weltumseglungen zu Beginn des 19. Jahrhunderts ermöglichten es Naturwissenschaftlern, nun wieder leichter und häufiger Kamčatka zu besuchen. Die politische Konsolidierung der Grenzen des russischen Reiches im Fernen Osten und Bemühungen um eine wirtschaftliche Selbstversorgung dieser Gebiete machte die Region für die Regierung um die Mitte des 19. Jahrhunderts vorübergehend wieder interessant, in deren Folge weitere naturkundliche Forschungen wie die von Kegel und Ditmar angeregt wurden. Danach wurden solche – nun überwiegend privat finanzierten – Forschungen durch die inzwischen gegründete Russische Geografische Gesellschaft erst wieder um die Jahrhundertwende aufgenommen.

## Literatur

Baer, K.E.v. 1872. *Peter des Grossen Verdienste um die Erweiterung der geographischen Kenntnisse.* Beiträge zur Kenntniss des Russischen Reiches und der angränzenden Länder Asiens, Bd. 26. St. Petersburg: Verlag der Kaiserlichen Akademie der Wissenschaften.

Bogdanowitsch, K.I. 1904. Geologische Skizze von Kamtschatka. *Dr. A. Petermanns Mitteilungen aus Justus Perthes' Geographischer Anstalt* 50: 59–68; 96–100, 122–125, 144–148, 170–174, 196–199; 217–221. Gotha: Perthes.

Bogdanovič, K.I. und Leljakin, N.N. 1901. *Karta Kamčatki* (auf zwei Seiten). Sankt-Peterburg.

Cochrane, J.D. 1824. *Narrative of a Pedestrian Journey Through Russia and Siberian Tartary from the Frontiers of China to the Frozen Sea and Kamtchatka During the Years 1820–1824.* 2 vols. London: Charles Knight.

Ditmar, K.v. 1890 [2011]. *Reisen und Aufenthalt in Kamtschatka in den Jahren 1851–1855. Erster Theil. Historischer Bericht nach den Tagebüchern.* Beiträge zur Kenntniss des Russischen Reiches und der angrenzenden Länder Asiens, Dritte Folge, Bd. 7. St. Petersburg: Buchdruckerei der Kaiserlichen Akademie der Wissenschaften. Neuausgabe 2011, Michael Dürr (Hg.). Fürstenberg/Havel: Kulturstiftung Sibirien.

— 1900 [2011]. *Reisen und Aufenthalt in Kamtschatka in den Jahren 1851–1855. Zweiter Theil. Allgemeines über Kamtschatka.* Erste Abtheilung. Beiträge zur Kenntniss des Russischen Reiches und der angrenzenden Länder Asiens, Dritte Folge, Bd. 8. St. Petersburg: Buchdruckerei der Kaiserlichen Akademie der Wissenschaften.

278

Neuausgabe 2011, Michael Dürr (Hg.). Fürstenberg/Havel: Kulturstiftung Sibirien.

Dobell, P. 1830. *Travels in Kamtchatka and Siberia with a Residence in China*. 2 vols.
London: Henry Colburn and Richard Bentley.

Erman, A. 1848 [2013]. *Reise um die Erde durch Nord-Asien und die beiden Oceane
in den Jahren 1828, 1829 und 1830*. Bd. 3: Die Ochozker *Küste, das* Ochozker Meer
und die Reisen auf Kamtschatka im Jahre 1829. Berlin: Reimer. Neuausgabe 2013,
Erich Kasten (Hg.). Fürstenberg/Havel: Kulturstiftung Sibirien.

Hofmann, E. 1829. *Geognostische Beobachtungen, angestellt auf einer Reise um die
Welt in den Jahren 1823 bis 1826*. Berlin: Reimer.

Kolčinskij, E. I. 2009. G. V. Steller i rossijskaja Stelleriana. In *Stelleriana v Rossii.
Votoroe dopolnennoe i pererabotannoe izdanie*. E. I. Kolčinskij (red.). Sankt-
Peterburg: Nestor-Istorija.

Komarov, V. L. 1912. Putešestvie po Kamčatke v 1908–1909 gg. In *Kamčatskaja
ėkspedicija Fedora Pavloviča Rjabušinskogo, snarjažennaja pri sodejstvii Imperatorskogo Russkogo Geografičeskogo Obščestva*. Vyp 1. Botaničeskij otdel'. Moskva:
Tipografija P. P. Rjabušinskogo.

Konradi, S. A. 1910–1911. *Predvaritel'nyi otčet o xode rabot ego partii s maja 1908
g. po nojabr' 1909 g.* (Kamčatskoj ėkspedicii Rjabušinskogo). Otčet Russkogo
Geografičeskogo Obščestva za 1909 i 1910 gg. A. A. Dostojevskij (Hg.). Sankt-
Peterburg: Tipografija M. M. Stasjulevicha.

Krašeninnikov, S. P. 1755 [1994]. *Opisanie Zemli Kamčatki*. T. 1–2. St. Petersburg:
Imperatorskaja Akademija Nauk. Nachdruck 1994, Petropavlovsk-Kamčatskij:
Kamšat.

Obručev, V. L. 1933. *Istorija geologičeskogo issledovanija Sibiri. Period vtoroj* (1851–
1850 gody). Leningrad: Izdatel'stvo Akademii Nauk SSSR.

— 1937. *Istorija geologičeskogo issledovanija Sibiri. Period četvertyj (1889–1917)*.
Moskva/Leningrad: Izdatel'stvo Akademii Nauk SSSR.

Postels, A. 1835. *Bemerkungen über die Vulkane der Halbinsel Kamtschatka, gesammelt auf einer Reise um die Welt in den Jahren 1826 bis 1829 auf der Brigg Senjävin
unter der Leitung des Russisch-Kaiserlichen Flottkapitäns und Ritters Friedrich
v. Lütke*. Mémoires présentés a l'Académie Impériale des Sciences de St.-Péters-
bourg, 2(1–2): 11–28 + 7 Tafeln.

Steller, G. W. 1774 [2013]. *Beschreibung von dem Lande Kamtschatka, dessen Einwohnern, deren Sitten, Nahmen, Lebensart und verschiedenen Gewohnheiten*. Frankfurt und Leipzig: Johann Georg Fleischer. Neuausgabe 2013, Erich Kasten und
Michael Dürr (Hg.). Fürstenberg/Havel: Kulturstiftung Sibirien.

Tammiksaar, E. and T. Kiik 2012. Origins of the Russian Antarctic Expedition: 1819–
1821. In *Polar Record* 49(249): 180–192.

## 12.3 SYNOPSE | 3
### DIE REISE- UND FORSCHUNGSBERICHTE
### AUS ETHNOLOGISCHER SICHT

*Erich Kasten*

Angesichts der besonderen Gefahren der hier beschriebenen Forschungsreisen in damals noch weitgehend unbekannte und klimatisch extreme Gebiete stellt sich die Frage, was die jungen Forscher dazu bewogen haben könnte, sich überhaupt solchen Beschwernissen und Risiken auszusetzen, welche besonders anschaulich von Merck (Pivovar, 87f. *in diesem Band*) beschrieben worden sind. Sicherlich waren die Beweggründe vielschichtiger Art. Zum einen hat man sich vor Augen zu halten, dass der Zugang zu akademischen Karrieren zur damaligen Zeit recht eingeschränkt war. Nur mit spektakulären neuen Ergebnissen konnten junge Wissenschaftler auf sich aufmerksam machen, die sich nicht mit der oft aussichtslosen Lage abfinden wollten. Doch auch für solche, die sich ganz ihrer Neugier nach neuen Erkenntnissen verschrieben fühlten, reichten neben Kraft und Energie für ihr ambitioniertes Vorgehen besondere fachliche Voraussetzungen allein in der Regel nicht aus, um einen der wenigen begehrten Plätze in den Forscherteams auf den Expeditionsschiffen zu erhalten. Hierzu bedurfte es in der Regel besonderer Empfehlungsschreiben von einflussreicher Seite, die wiederum meistens nur über eigene Familiennetzwerke zu erbringen waren (s. Strecker, 151; Tammiksaar, 177; Federhofer, 124 *in diesem Band*).

Neben prekären Arbeitsverhältnissen waren es aber wohl vor allem wissenschaftliche Neugier, Mut und bis zu einem gewissen Grade auch Abenteuerlust, welche die jungen Forscher für ihre neuen Aufgaben motivierte. So vermerkt Chamisso voller Bewunderung den Erfahrungshorizont, den man sich auf diesen Reisen verschafft, „wovon einer nichts träumt, der in seinem Leben nicht weiter gekommen [ist], als etwa von den unteren Bänken der Schule bis auf das Katheder" (in: Federhofer 2012: 108). Von Bedeutung dürfte auch gewesen sein, dass die Schul- und Universitätsausbildung seinerzeit nicht nur auf einzelne Fachdisziplinen beschränkt war, sondern sich auch auf das damals übliche und in den Lehrplänen verankerte breite Bildungsangebot erstreckte. Hinzu kam, dass die hier genannten jungen Forscher durch ihren Verkehr in den gelehrten und literarischen Kreisen der europäischen Metropolen jener Zeit mit ethisch-humanistischem Gedankengut in Berührung gekommen waren. Das prägte offenbar ihre spätere Einstellung und Geisteshaltung, die sich deutlich von der vieler korrupter Machthaber und gieriger Kaufleute im Fernen Osten Russlands unterschied.

Viele dieser engagierten jungen Wissenschaftler bewegten sich im 19. Jahrhundert in wechselseitiger Richtung gewissermaßen als „Migranten" auf dem Scharnier zwischen den seinerzeit für dieses Gebiet wichtigen Bildungszentren Berlin, Dorpat und St. Petersburg. Das lag daran, dass es junge Leute aus dem Baltikum nach ihrer dortigen Grundausbildung zu weiterführenden Studien oft nach Berlin zog, von wo sie dann meistens später wieder zurückkehrten um an der Universität in Dorpat zu lehren. Oder sie traten daraufhin in die Dienste der St. Petersburger Akademie der Wissenschaften ein, ein Weg, den auch eine größere Anzahl in Deutschland auf-gewachsener Nachwuchswissenschaftler beschritt.

Somit handelte es sich bei vielen von ihnen gewissermaßen bereits um angehende „Weltbürger", bei denen im Verlauf transnationaler Migrationen und ihrer späteren Zusammenarbeit in internationalen Forscherteams ihre zunächst nationalen Prä-gungen zu schließlich vielschichtigen und komplexen Identitäten verschmolzen. So war Chamisso, der sich trotz seiner französischen Herkunft als Deutscher verstand, im Zuge der deutsch-napoleonischen Kriege gegen Ende seiner Studienjahre in Ber-lin anti-französischen Ressentiments ausgesetzt. Das hatte ihm offenbar den Schritt erleichtert, an Bord der unter dem Deutschbalten Otto von Kotzebue und der in russischen Diensten segelnden *Rurik* anzuheuern. Andere deutsche Forscher wie Kegel und Pallas siedelten vorübergehend oder schließlich ganz ins Russische Reich über, wobei manche von ihnen andere oder an das Russische angeglichene Namen annahmen.

Das jeweils unterschiedliche intellektuelle Umfeld, in dem viele dieser Forscher in jungen Jahren aufwuchsen, wirkte sich auch auf ihre spätere Vorgehensweisen und die Ergebnisse aus, die sich durch eine dementsprechend auffallende Heterogenität auszeichnen. Zwar wurden ihnen vor allem seit Pallas sogenannte „Instruktionen" mit auf den Weg gegeben (Vermeulen, 48, 51f. *in diesem Band*), doch war es weit-gehend der Persönlichkeit und den besonderen Ambitionen des jeweiligen Forschers überlassen, was dieser daraufhin aus jenen Vorgaben machte und welche Schwer-punkte er schließlich setzte. So hatten viele Forscher das Programm nach eigenen Vorstellungen und auf Grund neuer Erkenntnisse, die sie oft erst unterwegs gewon-nen hatten, modifiziert und erweitert. Dabei gingen sie mitunter auch auf Distanz zu gängigen Lehrmeinungen und wissenschaftlichen Autoritäten der damaligen Zeit (s. Ordubadi, 270; Federhofer 136f. *in diesem Band*) – insoweit es ihnen im Hin-blick auf ihre Karriere noch vertretbar erschien. So ließ Steller durchblicken, dass er nicht allzu viel von Gmelins Forschungsmethoden hielt, den er von Kamčatka fernzuhalten versuchte, indem er ihm lebhaft die Strapazen dortiger Reisebedingun-gen mit Hundeschlitten schilderte (Kasten, 38 *in diesem Band*). Besonders deutlich und überzeugend stellte Chamisso bis dahin maßgebliche taxonomische Systeme von Pallas in Frage, indem er explizit auch die Einbeziehung von indigenem Wis-sens einforderte, womit er einige der von Pallas vorgenommenen Zuordnungen von Walarten zu korrigieren vermochte (Federhofer 2012: 31).

Viele dieser Forscher scheinen demnach einen Entwicklungsprozess durchlaufen zu haben, bei dem wissenschaftliche Lehrmeinungen durch Feldaufenthalte und

Begegnungen mit Einheimischen und dort vorgefundenen (anderen) Wirklichkeiten relativiert oder erweitert wurden. So haben bestimmte ethnografische Beschreibungen der zweiten Reise von Kotzebue eine auffallend andere Qualität als die seiner ersten, nachdem er offenbar im Laufe der Zeit einen häufigeren und direkteren Zugang zu Einheimischen gefunden hatte. Für viele Forscher dürfte sich dadurch das zunächst enger gefasste abstrakt-wissenschaftliche Spektrum durch unmittelbare Erfahrungen vor Ort erweitert haben, womit sie vermutlich als auch menschlich gereifte Persönlichkeiten ihrer späteren Tätigkeit in den Wissenschaftsmetropolen der damaligen Zeit nachgehen konnten.

Aus den Aufzeichnungen ist deutlich herauszulesen, wie stark Untersuchungsverläufe und Ergebnisse von der Unterschiedlichkeit der jeweiligen Forscherpersönlichkeiten abhängig waren. Während wie am Beispiel Steller vs. Bering und Chamisso vs. Kotzebue Interessenkonflikte zwischen Kapitän und Wissenschaftlern offenbar geradezu vorprogrammiert waren (Ordubadi, 270f. *in diesem Band*), ist auch zu sehen, wie andere mit solchen Situationen umgegangen sind und wie unterschiedlich sich z. B. Kegel und Ditmar im Hinblick auf die korrupte Obrigkeit im Peter-und-Paulshafen zur damaligen Zeit verhalten hatten. Während Kegel den Machtmissbrauch und die Übergriffe gegenüber den Einheimischen beharrlich angeprangert hatte (und dafür Verleumdungen und erhebliche Behinderungen seiner Arbeit in Kauf nehmen musste), zog es Ditmar wenig später offenbar vor, sich mit den zwar oft moralisch fragwürdigen, aber einflussreichen Kreisen um die Machthaber Strannoljubskij bzw. Zavojko zu seinem Vorteil zu arrangieren (Kasten, 211 *in diesem Band*). Auch bei Chamisso ist erkennbar, dass er eine oft anzutreffende Art des Umgangs mit Einheimischen offenbar missbilligte, indem er sich von den berüchtigten Gelagen fernhielt und stattdessen lieber „botanisieren" ging (Federhofer 2012: 109).

Auch trug der jeweils besondere Bildungshintergrund zu der erkennbaren Vielfalt der Forschungsergebnisse bei, die sich auf Grund der unterschiedlichen wissenschaftlichen Disziplinen und entsprechend besonderen Interessen und Methoden der Forscher für uns geradezu mosaiksteinartig vortrefflich ergänzen. Dabei gab es unter ihnen auch Autodidakten, wie zum Beispiel Kittlitz, dem es mit Hilfe von Familienbeziehungen gelang, direkt vom Militärdienst in das Wissenschaftlerteam unter Kapitän Litke zu wechseln (Strecker, 149 *in diesem Band*). Doch konnte er seine ornithologischen Kenntnisse, die er bereits seit jungen Jahren im Selbststudium erworben hatte, schließlich während seiner Forschungen zu hoher Professionalität entwickeln. Oft weiß man bei ihm allerdings nicht so recht, inwieweit seine ausgeprägte Jagdleidenschaft für ihn offenbar zunächst im Vordergrund stand, die dann mit dem späteren akkuraten Ausstopfen der erlegten Tiere einen auch wissenschaftlichen Anstrich erhielt. Unbestritten ist jedoch sein beeindruckendes künstlerisch-zeichnerisches Talent, das seinen Arbeiten zu einer Zeit, als es noch keine Fotografie gab, besonderen Wert verleiht.

Wie Kittlitz hatten die meisten der hier genannten Forscher einen vielfältigen Bildungshintergrund. Viele waren Ärzte und – da somit am Menschen besonders interessiert – für weiterreichende ethnologische Studien oft geradezu prädestiniert. Bei Steller kam seine christliche Prägung als Theologe mit hinzu. So interessierte er sich nicht nur für Ernährung und traditionelle Ressourcennutzung und folglich für botanische Studien, sondern – wie nur wenige der vor allem naturwissenschaftlich ausgerichteten Forscher – ebenfalls für indigene Weltbilder und religiöse Vorstellungen (Kasten, 41 *in diesem Band*). Ähnlich wie seinerzeit Geistliche in anderen Kontinenten ein auffallendes Interesse für Sprache und Kultur der Einheimischen zeigten (Dürr, 293 *in diesem Band*), verschaffte sich auch Steller bereits Mitte des 18. Jahrhunderts einen umfassenderen Zugang zu der Sprache der indigenen Bevölkerung – in diesem Fall der Itelmenen – als dies bei den meisten nach ihm kommenden Forschern auf Kamčatka bis zum Ende des 19. Jahrhunderts der Fall war.

Sei es nun durch christliche oder humanistische Prägung oder durch aufmerksame Beobachtungen und einen erst vor Ort vollzogenen Reifungsprozess – auffallend ist, wie viele dieser Forscher von den Vorgaben ihres wissenschaftlichen Hintergrundes und dem nüchternen Auftrag der Instruktionen abwichen und oft mit größerem Einfühlungsvermögen den Einheimischen gegenübertraten, als es seinerzeit vonseiten der Obrigkeit und der Kaufleute üblich war.

So respektierte der leidenschaftliche Jäger Kittlitz bestimmte Verhaltensregeln der Einheimischen im Zusammenhang mit der Jagd auf das Schneeschaf (Strecker, 160f. *in diesem Band*). Ein weiteres Beispiel gibt Chamisso, der den Umgang mit Menschenschädeln zurückhaltend und kritisch bewertet (Federhofer 2012: 110f.), wogegen diesbezügliche Grabräuberei bei Indianern an der amerikanischen Nordwestküste später selbst von so aufgeklärten Forschern wie Franz Boas durch den angeblichen Dienst für die Wissenschaft gerechtfertigt wurde (Kasten 1992: 90).

Auffallend ist die emotionale Betroffenheit vieler dieser Forscher hinsichtlich des oft brutalen Umgangs der Machthaber und Kaufleute mit den Einheimischen. In vielen Fällen hatten sich die Wissenschaftler in die politischen Belange eingemischt und angesichts der Missachtung der Rechte der indigenen Bevölkerung mutig Stellung für diese bezogen, obwohl sie dadurch Intrigen der Machthaber ausgesetzt waren und den Fortgang ihrer wissenschaftlichen Arbeit riskierten. Dafür bietet neben Kegel (s.o., Kasten, 211 *in diesem Band*) vor allem Steller ein gutes Beispiel, der noch auf seinem Rückweg nach St. Petersburg in Irkutsk Verhaftungen wegen angeblichen Hochverrats ausgesetzt war (Kasten, 35 *in diesem Band*. Mit ihrer Anteilnahme und ihrem gesellschaftskritischen Engagement nahmen einige dieser Forscher bereits ethnologische Methoden der späteren *advocacy anthropology* vorweg (Kasten, 43 *in diesem Band*).

Ebenso waren sich viele Ethnografen jener Zeit nicht zu schade dafür, gegenüber den Einheimischen auch praktische Empfehlungen auszusprechen und sie bei deren Umsetzung zu unterstützen, so wie man sich – wenn auch aus Sicht des Fremden

– eine Verbesserung ihrer Lebensverhältnisse vorstellte. Doch sollte man das nicht immer als erzwungene „Zivilisierungsmaßnahme" verstehen, wogegen viele Forscher dadurch durchaus auch Empathie zum Ausdruck brachten, auch wenn sie auf Grund ihres besonderen beruflichen Hintergrundes – wie z. B. der Agronom Kegel – die Vorteile lokal angepasster indigener Wirtschaftsweisen nicht immer verstehen konnten (Kasten, 216 *in diesem Band*). Andere, wie zum Beispiel Steller, waren in der Lage, sich durch teilnehmende Beobachtung und eine tolerante Geisteshaltung so weit in die Lebensweise der Einheimischen einzufühlen und hineinzudenken, dass sie diese durch fremde Einflüsse gefährdet sahen und für deren Erhalt sie somit plädierten (Kasten, 37f. *in diesem Band*) – worin man bereits ähnliche Ansätze wie in heutigen Bemühungen einer *applied anthropology* (Lavrillier 2013) erkennt.

Trotz mitunter großer Annäherung an eigene Sichtweisen der Einheimischen hatten die fremden Forscher jedoch offenbar besondere Schwierigkeiten damit, Weltbild und religiöse Vorstellungen aus deren Sicht zu verstehen, insofern sie sich überhaupt ernsthaft dafür interessierten. Steller versuchte deren Rituale zwar mit pietistisch geprägtem Respekt, aber letztlich doch aus christlicher Sicht zu interpretieren. Auffallend wertfreie Schilderungen zu Glaubensvorstellungen und religiösen Handlungen bei den Čukčen finden sich hingegen bei Merck (Pivovar, 85f. *in diesem Band*), dem wir ausführliche und besonders wirklichkeitsgetreue Informationen hierzu für das Ende des 18. Jahrhundert verdanken, die uns so auch heute noch plausibel erscheinen.

Doch auch wo es durchaus des Öfteren zu verfälschenden Darstellungen und Deutungen kam, wird uns dies aufgrund des persönlichen Hintergrunds und gelegentlicher emotionaler Auslassungen der jeweiligen Forscher oft gleich erkennbar und somit leichter einordbar. Auch Chamisso ist das Dilemma und die eigentliche Unmöglichkeit einer objektiven Betrachtung offenbar bewusst, indem er es metaphorisch mit seinem Satz umschreibt: „Überall ist für einen [...] das alte Europa, dem er zu entkommen vergeblich strebt" (in: Federhofer 2011: 177). Dieser offensichtliche Widerspruch wird in heutigen ethnologischen Arbeiten häufig verschleiert, in denen dann kaum noch ersichtlich wird, dass eine dort unterstellte wissenschaftliche Objektivität in der Regel ebenfalls den (theoretischen) Erklärungsmustern der jeweiligen Zeit verhaftet ist. So kann man in den hier vorliegenden – vor allem auch emotional geprägten – ethnografischen Beschreibungen fast (implizite) Ansätze einer *interpretativen Anthropologie* (Geertz 1990) erkennen.

Auch sonst werden in einigen dieser Reiseberichte bereits teilweise spätere ethnologische Methoden vorweggenommen. Ein Beispiel dafür ist die Visualisierung der ethnografischen Information durch Einheimische selber, wie sie Chamisso anhand der Walmodelle vornehmen ließ (Federhofer 2012: 57–85). Eine solche Methode hatten später auch Boas (Müller-Wille 1998) sowie Bogoras (1904–1909) und Jochelson (1908: 724ff.) angewandt, indem sie sich Weltbild und Raumvorstellungen an Hand von Zeichnungen erklären ließen, die Einheimische hierzu selbst anfertigten.

Obwohl sich die Reisenden und Gelehrten zunächst den empirischen naturwissenschaftlichen Methoden jener Zeit verpflichtet fühlten, entwickelten die meisten im Laufe der Zeit ein hohes Maß an Wertschätzung im Hinblick auf indigenes
Wissen, und zwar abhängig davon, mit welcher Geisteshaltung sie auf die Einheimischen zugingen und wie lange und in welch unmittelbarer Nähe sie sich bei ihnen
aufhielten. Doch war offensichtlich allein die Dauer des Aufenthalts dafür nicht ausschlaggebend, wenn man sich vor Augen hält, welch einen methodisch wohlüber-
legten und intensiven Zugang sich Chamisso während seiner vergleichbar kurzen
Visite bei den Aleuten im Hinblick auf deren Wissen zu den Walen verschafft hatte
(Federhofer 2012).

Der wohl tiefste Einblick in die Kulturen der Völker Kamčatkas, vor allem zu
den Itelmenen, gelang 100 Jahre zuvor bereits Steller. Denn während seines über
dreijährigen dortigen Aufenthalts hatte er sich bewusst auch deren Lebens- und
Ernährungsweise zu eigen gemacht, da er davon überzeugt war, dass eine solche
unter den dortigen Naturbedingungen die angemessenste war. Im Gegensatz zu
anderen reisenden Gelehrten der damaligen Zeit, wie Gmelin und Pallas (Kasten,
36 *in diesem Band*), praktizierte er intuitiv bereits Grundlagen der *teilnehmenden
Beobachtung*, welche 200 Jahre später zur maßgeblichen Methode ethnologischer
Feldforschung werden sollte.

Doch vielleicht war es auch die Faszination der Anwendung des seit Beginn des
19. Jahrhunderts rapide zunehmenden wissenschaftlich-technischen Fortschritts,
die den Forschern, die später nach Steller Kamčatka und den Fernen Osten Russlands bereisten, mitunter den Blick auf das indigene Wissen verstellte. Die neu
entwickelten Geräte und technischen Verfahren verleiteten manchmal dazu, eher
der ausgegebenen Maxime zu folgen, „alles Meßbare zu messen" (Kotzebue 1821,
Bd. 1: 73), als sich dem Erfahrungsschatz der Einheimischen zuzuwenden. So fragt
man sich angesichts der in Kegels Journalen akribisch vermerkten Temperatur-
und Windmessungen (Kegel 2012: 323–408), ob er die lange Zeit, die er bei den
Kamčadalen verbracht hatte, vielleicht nicht besser dazu genutzt hätte, stattdessen
das umfangreiche Wissen der Einheimischen aus ihrer langjährigen Klima- und
Wetterbeobachtung aufzuzeichnen.

Insgesamt enthalten die Beschreibungen in den Reiseberichten jedoch einzigartige ethnografische Daten und Informationen zum indigenen Wissen der Völker
im Fernen Osten Russlands, vor allem im Hinblick auf deren Naturnutzung, und
zwar zu einer Zeit, als sich deren Kulturen durch zunehmende Handelskontakte
und Kolonisierung bereits in einem schnellen Umbruch befanden – und die schon
wenige Jahrzehnte später in dem hier gezeigten Umfang wohl kaum noch aufzuzeichnen gewesen wären.

## Literatur

Bogoras, Waldemar 1904–1909. *The Chukchee*. The Jesup North Pacific Expedition, Memoir of the American Museum of Natural History, vol. 11, part 2: The Chukchee Religion. Leiden, NewYork: E. J. Brill, G. E. Stechert.

Federhofer, Marie-Theres 2012. *Chamisso und die Wale*. Fürstenberg/Havel: Kulturstiftung Sibirien.

Geertz, Clifford 1990. *Die künstlichen Wilden. Der Anthropologe als Schriftsteller*. München: Hanser.

Jochelson, Waldemar 1908. *The Koryak*. The Jesup North Pacific Expedition, Memoir of the American Museum of Natural History, Vol. 6 part 2: Material Culture and Social Organization. Leiden, New York: E. J. Brill, G.E. Stechert.

Kasten, Erich 1992. Masken, Mythen und Indianer: Franz Boas' Ethnographie und Museumsmethode. In *Franz Boas – Ethnologe, Anthropologe, Sprachwissenschaftler: Ein Wegbereiter der modernen Wissenschaft vom Menschen*, Michael Dürr, Erich Kasten, Egon Renner (Hg.), 79–102. Berlin: Staatsbibliothek zu Berlin – Preußischer Kulturbesitz.

Kegel, Johann Karl Ehrenfried 2012. *Forschungsreise nach Kamtschatka. Reisen und Erlebnisse von 1841–1847*. Werner F. Gülden (Hg.). Fürstenberg/Havel: Kulturstiftung Sibirien.

Kotzebue, Otto von 1821. *Entdeckungsreise in die Südsee und nach der Beringstraße zur Erforschung einer nördlichen Durchfahrt. Unternommen in den Jahren 1815, 1816, 1817 und 1818 [...]*. 3 Bde. Weimar: Gebrüder Hoffmann.

Lavrillier, Alexandra 2013. Anthropology and Applied Anthropology in Siberia: Questions and Solutions around a Nomadic School among Evenki Reindeer Herders. In *Sustaining Indigenous Knowledge: Learning Tools and Community Initiatives on Preserving Endangered Languages and Local Cultural Heritage*, Erich Kasten and Tjeerd DeGraaf (eds.), 105–127. Fürstenberg/Havel: Kulturstiftung Sibirien.

Müller-Wille, Ludger (ed.) 1998. *Franz Boas among the Inuit of Baffin Island 1883–1884*. Journals and Diaries. Toronto, Buffalo, London: University of Toronto Press.

Steller, Georg Wilhelm 1774 [2013]. *Beschreibung von dem Lande Kamtschatka*. Frankfurt und Leipzig: Johann Georg Fleischer. Neuausgabe 2013, Erich Kasten und Michael Dürr (Hg.). Fürstenberg/Havel: Kulturstiftung Sibirien.

$12.4$  **SYNOPSE | 4**
**DIE ERFORSCHUNG DER SPRACHEN KAMČATKAS**

*Michael Dürr*

Das Sammeln von Sprachdaten gehörte von Anfang an zum ethnografischen Programm der Forschungsreisen nach Kamčatka, weil Sprachen gemäß eines Postulats von Leibniz „für den Ursprung und die frühgeschichtliche Verwandtschaft der Völker aufschlussreich sein können" (Vermeulen 2012: 3). Seit der Zweiten Kamčatka-Expedition waren Wortlisten für die regionalen Sprachen Teil der „Instruktionen" an die Forschungsreisenden. Meist wurden etwa 200 vorgegebene Begriffe erhoben, um diese später miteinander vergleichen zu können.

Die frühesten Listen liegen von Krašeninnikov und Steller vor. Jedoch erst in der zweiten Hälfte des 18. Jahrhunderts wurde, von der Zarin Katharina II. gefördert, der Leibnizsche Plan einer umfassenden Sprachvergleichung systematisch in Angriff genommen.[1] Die Erstellung solcher Listen gehörte zum Programm der Expeditionen in den Nordpazifik von Billings und Saryčev 1785–1793 und von Krusenstern 1803–1807. Die ähnlich aufgebauten Wortlisten wurden oft als Anhänge zu den Reiseberichten veröffentlicht. Zusammen mit weiteren Materialien mündeten sie in gesonderte Veröffentlichungen wie Peter Simon Pallas' *Linguarum totius orbis vocabularia comparativa* (Pallas 1787–1789).

Wortlisten wurden jedoch nicht nur für die Sprachvergleichung zusammengetragen. Im Rahmen naturwissenschaftlicher Untersuchungen richteten Forschungsreisende ihr Interesse auf spezielle Bereiche des Wortschatzes: Die Beschreibung der Geografie griff auf Toponyme aus den regionalen Sprachen zurück, die lautlich an das Russische angepasst verschriftet wurden. Bei der Bestimmung der regionalen Spezies von Flora und Fauna wurden die lateinischen Pflanzen- und Tiernamen teilweise durch die indigenen Bezeichnungen für die beschriebenen Pflanzen und Tiere ergänzt. Vereinzelt flossen indigene, allerdings meist schon ins regionale Russische eingegangene Bezeichnungen sogar in die lateinischen Bezei-

---

1 Einige der Sprachdaten wurden von Kaufleuten und Militär- oder Verwaltungsbeamten zugearbeitet, so dass die Mischung von Daten aus verschiedener Urheberschaft in manchen Listen nicht auszuschließen ist. Dies wird insbesondere aus Adelungs ausführlicher Beschreibung der Zuarbeit für Pallas' *Linguarum totius orbis vocabularia comparativa* deutlich, wo sich auch die zugrunde gelegte Liste von 285 Wörtern findet (Adelung 1815: 73–75). Zur Komplettierung der frühen Sprachdaten, zur Aufklärung intertextueller Bezüge zwischen den Listen und vor allem zur Beseitigung der nicht wenigen Fehler, die sich durch Abschrift, Umsetzung kyrillischer Zeichen und Buchsatz eingeschlichen haben, sollte eine Gesamtsicht und kritische Auswertung unbedingt die noch in Archiven und Bibliotheken erhaltenen Manuskripte umfassend einbeziehen.

chungen ein wie bei den Lachsarten *Oncorhynchus keta, O. tschawytscha, O. gorbuscha* und *O. kisutch*. Steller (1774) und Krašeninnikov (1755) führen darüber hinaus indigene Bezeichnungen bei der ethnografischen Beschreibung der Völker mit an, andere Autoren nur vereinzelt oder gar nicht.

Auch wenn es Vorgaben zur Datenerhebung gab, war das Sammeln von Wörtern aus unbekannten Sprachen letztlich ein Prozess, der von den Forschungsreisenden individuell zu improvisieren war, wobei vor allem breite Fremdsprachenkenntnisse hilfreich waren. Die Listen sind vom Bemühen bestimmt, möglichst konkrete Begriffe abzufragen, die erforderlichenfalls in einer Situation ohne gemeinsame Sprache mit Zeigen oder Gesten kommunizierbar waren. Sie enthalten jedoch eurozentrische Definitionen. So kamen Lücken bei im Untersuchungsgebiet unbekannten Gegenständen und Kulturtechniken wie „Pflug", „Acker" oder „säen" zustande. Die Bezeichnungen „Bruder" und „Schwester" ließen sich nicht eins zu eins übersetzen, da viele Sprachen Verwandtschaftsbeziehungen anders differenzieren. Sie fehlen oder es finden sich Wörter wie das nur von männlichen Sprechern verwendete *lilichlč'* (лилихлчь) – „Schwester (jeweils nur vom Bruder gesagt)" (West-Itelmenisch; Krašeninnikov 1755, Bd. 2: 140). Der erste Eintrag der Liste „Gott" war christlich definiert und daher für andere Kulturen nur bedingt übersetzbar, wie die itelmenischen bzw. korjakischen Begriffe *Kutx, Kujkinjaxu* und *aŋaŋ* (Pallas 1787–1789, Bd. 1: 3) zeigen: Einmal wurden als Entsprechung für den christlichen (Schöpfer-) Gott Namen des rabengestaltigen Mythenwesens genannt, das als Trickster und Verwandler die Welt in die heutige Form gebracht hat. Mit *aŋaŋ* schrieb sich die Übersetzung hingegen in die Welt des Schamanismus ein mit seiner Vielzahl beseelter Geisterwesen, die in Menschen, Tieren, Pflanzen oder Gegenständen manifest werden konnten.

Ohne systematische Grundlagen in Phonetik und ohne universelle, von der Orthografie bestimmter Sprachen losgelöste Verschriftungskonventionen mussten sich die Forscher den Lautsystemen der untersuchten Sprachen über die Buchstaben-Laut-Kombinationen der eigenen Muttersprache bzw. erlernter Fremdsprachen annähern, wobei Nachsprechen als Korrektiv beim Prozess der Verschriftung genutzt wurde. Die verwendeten Zeichen sind oft genug nicht eindeutig, da sie dem jeweiligen sprachlichen Hintergrund des Verschriftenden geschuldet sind und sich so an der damaligen Lautung eines deutschen Dialekts, des Englischen, Russischen oder Französischen orientieren konnten. Erschwerend kam hinzu, dass sich die untersuchten Sprachen durch für Europäer ungewohnte Laute und Lautkombinationen auszeichneten. Martin Sauer (1802) beschreibt diese Arbeitsweise und deren Grenzen:

> [...] and having hade frequent opportunities to prove them with different natives, I can pronounce them correct. – There are many words in the Language of Kamchatka that I was not able to pronounce, and could not of course att-

empt to convey any idea of there sound, which is the cause of so many blanks. (1802: Appendix 14)

Auch Adolph Erman geht auf das Problem der Verschriftung ein und thematisiert einen weiteren Aspekt, nämlich das viele der Sprachen auszeichnende Spektrum dialektaler oder allophonischer Variation:

Die Verschiedenheit ihrer synonimen Wurzelworte ist in vielen Fällen rein dialektisch oder nur auf die Aussprache begründet – und man hält sie dann oft in der Schrift die wir auf sie anzuwenden versucht haben, für weit bedeutender, als nach dem ursprünglichen und allein werthvollen Urtheile des Gehörs; auch verwischen sich beim Sprechen noch viele, in den *geschriebenen*[2] Worten stark hervortretende, Unterschiede durch den abgekürzten und unbestimmten Klang der Vokale in den Vorschlags- und End-Silben der Worte, und durch den eigenthümlich zischenden Laut mit welchem die Consonantenverbindungen in den letzteren begleitet werden. (1848: 435–438)

Trotz unzureichender und wenig zuverlässiger lautlicher Wiedergabe und Bedeutungszuweisung haben die von den Forschungsreisenden gesammelten Daten besonders im Falle heute nicht mehr existierender Sprachen bzw. Varietäten, vor allem Süd- und Ost-Itelmenisch, einen bleibenden Wert als Quellen. Soweit Wortschatz aus Religion, aus Flora und Fauna oder aus dem Alltagsleben der indigenen Bevölkerung aufgezeichnet wurde, können diese Informationen dazu beitragen, verloren gegangenes kulturelles Wissen zu rekonstruieren. Einige der Forschungsreisenden, besonders Steller (1774) und Ditmar (1856, 1890) machten schließlich noch Angaben zur regionalen Verbreitung der Sprachen und ihrer Dialekte sowie zur soziolinguistischen Situation, die zum Verständnis der historischen Entwicklungen seit dem 18. Jahrhundert beitragen.

❖ ❖ ❖

Georg Wilhelm Steller nimmt nicht nur durch seine ethnologischen Beobachtungen eine Ausnahmestellung ein, sondern – eng mit diesen verbunden – auch als umfassende frühe Quelle für den Wortschatz. Steller beschäftigte sich während seiner Aufenthalte von 1740/1741 und 1742 bis 1745 intensiv mit den indigenen Kulturen Kamčatkas, was auch deren Sprachen einbezog. Die Sprachmaterialien wurden teilweise von Stepan P. Krašeninnikov gesammelt und von beiden gemeinsam verwendet. Krašeninnikov (1775) veröffentlichte in Listenform 161 Wörter in drei Varietäten des Itelmenischen. In Stellers 1774 posthum herausgegebener „Beschreibung von dem Lande Kamtschatka" finden sich hingegen keine gesonderten Wortlisten,

---

2   Hervorhebung von Erman.

da diese nach Kenntnisstand des Herausgebers J. B. Scherer „verlohren gegangen" waren (Steller 1774 [1974]: Vorwort, S. 20).[3]

In den Kapiteln, die Pflanzen und Tiere Kamčatkas sowie deren Nutzung beschreiben, führt Steller häufig indigene Bezeichnungen für Tiere und Pflanzen an. In seinen ethnografischen Kapiteln finden sich immer wieder Wörter z. B. für Alterstufen, für Alltagsgegenstände oder für Konzepte wie Zeiteinteilung (1774: 359–361). Er listet auch einige Eigennamen auf (1774: 353). Ausführlich geht er auf parodistische Lieder ein (1774: 334–338), die er im itelmenischen Wortlaut mit Noten wiedergibt, und erläutert selbst den Gebrauch von Schimpfwörtern (1774: 357f.). Bei der Verschriftung der Wörter ist Stellers Bestreben ersichtlich, die Lautung der itelmenischen Wörter durch eine differenzierte, Sonderzeichen und Diakritika verwendende Umschrift möglichst genau wiederzugeben.

Neben den in seinem Werk verstreuten Wörtern aus verschiedenen itelmenischen Dialekten enthält Stellers Werk als Anhang ein mit ca. 400 Einträgen relativ umfangreiches korjakisches Wörterverzeichnis.[4] Beim Umgang mit den Sprachdaten wird das Bemühen deutlich, den ihm fremden kulturellen Konzepten gerecht zu werden. Während z. B. andere Wortlisten des 18. und frühen 19. Jahrhunderts nur jeweils einen Eintrag für „Bruder" bzw. „Schwester" enthalten, differenziert Steller in seinem korjakischen Wörterbuch (1774: Anhang, S. 62) diese Verwandtschaftstermini feiner als „Frauen Bruder", „Manns Bruder" und „Manns Schwester" und nimmt mit genauen Paraphrasierungen wie „Vaters Bruders Sohn" die Terminologie der modernen Verwandtschaftsethnologie vorweg.[5]

Im einleitenden Kapitel macht Steller Angaben zur Verbreitung der Sprachen und Dialekte auf der Halbinsel Kamčatka (1774: 1–12). Er beschließt dieses Kapitel mit einer Charakterisierung der Sprachen, wobei er die Wichtigkeit von Sprache und Musik als Zugang zu fremden Kulturen betont:

[...] und habe ich diese beyde Stücke, die Sprache und die Music, nebst den Melodien bey jedem Volk besonders bemerket, und allezeit selbe als einen

---

3   Radloff (1861: 6; vgl. auch Jakobson 1957: 184f.) erwähnt das von Steller verfasste synoptische *Specimen linguarum in terris Kamtschaticis usitatarum.* Leider sind die in der Akademie in St. Petersburg erhaltenen Originalmanuskripte einschließlich des *Specimen linguarum* bislang noch nicht aufgearbeitet. Radloff (1861) weist auch auf die vielen Fehler in den gedruckten Wortlisten bei Krašeninnikov (1755) hin.

4   Das Wörterbuch repräsentiert korjakische Varietäten von der Nordwestküste des ochotskischen Meeres, wo heute kein Korjakisch mehr gesprochen wird. Steller hat die Region nie bereist und diese und weitere Sprachdaten vor seinem Aufenthalt in Kamčatka in Jakutsk oder anderen Stationen der Anreise aufgenommen (nach Radloff 1861: 6).

5   Krašeninnikov (1755: 171) unterscheidet nur in seinem korjakischen Wörterverzeichnis zwischen älteren und jüngeren Geschwistern, nicht aber in den itelmenischen Verzeichnissen. Zusammen mit den bei Krašeninnikov einfacheren Verschriftung legt dies die Vermutung nahe, dass Steller der sprachwissenschaftlich exakter Arbeitende war.

Schlüssel zu allen ihren Neigungen, ihrem Gemüthe und ganzen Lebensart befunden. (1774: 12)

Bei der eigentlichen Charakterisierung gleitet er, trotz differenzierter und positiverer Einschätzungen der indigenen Bevölkerung an anderer Stelle im Werk, allerdings dem damaligen Zeitgeist verhaftet ins Psychologisieren ab: [6]

So bleibet das Itälmenische halb in dem Hals und Mund stecken, [...] wird leise und mit vielen Ziehen, Dehnen und Torturen, auch wunderlichen Geberden ausgesprochen, und zeiget furchtsame, knechtische und heimtückische Gemüther an; die Kurillische [...] klinget wohl [...] und sind dieses auch in der That die wohlgesittetsten Völker unter allen, sehr bedächtig, wahrhaftig, beständig, umgänglich, ehrbegierig und ehrerbietig. (1774: 12)

In Ermangelung schriftlicher Zeugnisse bieten derartige Beobachtungen für ihn den einzigen Zugang zur Geschichte dieser Völker: „Dahero bleibet alleine ihre Inclination, Gestalt, Sitten, Namen, Sprache und Kleidung übrig, um aus deren Gleich- oder Ungleichheit einige historische Schlüsse zu machen (ebd.: 239).“ Dabei sieht Steller eine solche Herangehensweise durchaus problematisch. So verweist er auf ähnliche Lebensbedingungen als mögliche Ursache für Ähnlichkeiten und streicht die Fragwürdigkeit mancher etymologischer Herleitungen heraus:

Ich lasse aber diese *mixturas simplices* vor die von Vielheit der Sprachen rasende *Philologos*, womit sie sich, da sie gemeiniglich nichts bessers können, zum Schweis und andere zum Gelächter bewegen können. (1774: 243)

Die Veröffentlichungen der anderen, späteren Forschungsreisenden sind demgegenüber weniger ergiebig, zumal sie sich meist nur kurz in Kamčatka oder anderswo im Fernen Osten Russlands aufhielten. Im Rahmen der Billings-Saryčev-Expedition in den Nordostpazifik 1785–1793 wurden Wortlisten für verschiedene Sprachen erhoben. Martin Sauer (1802) veröffentlichte im Appendix Listen, die er – vom Evenischen abgesehen – selbst aufgezeichnet hat. Im dritten Band des Werks von Saryčev (1805–1815, 3: 141–175) finden sich Wörter für drei Varietäten des Itelmenischen, zwei des Čukčischen und eine des Korjakischen, die vom Stabschirurgen der Expedition Michael Rohbeck[7] gesammelt wurden.

Weder die Berichte der Expeditionen von Krusenstern (1803–1807) noch von Kotzebue (1815–1818 und 1823–1826) enthalten nennenswerte Informationen über die

---

6  Interessant ist, dass gerade derartige Stellen in der zeitgenössischen Literatur wohl gerne zitiert wurden, s. Federhofer, 111f. *in diesem Band*.

7  Der Name ist auch als Robeck oder Robek zu finden. Außerdem sammelte auch Carl Heinrich Merck (vgl. Pivovar, 83 *in diesem Band* ) auf der Billings-Saryčev-Expedition Sprachdaten.

Sprachen Kamčatkas und des Fernen Ostens Russlands. Krusenstern (1813) veröffentlichte allerdings 1813 Wörtersammlungen zu vier Sprachen des nordpazifischen Raums (Ainu, Čukčisch, Tlingit und Dena'ina), die sich in das Sprachenprojekt von Pallas einfügen. Kittlitz (1858), der an der Litkeschen Weltumseglung 1826–1829 teilgenommen hatte, gibt keine Wortlisten, nennt aber bei seinen botanischen und zoologischen Beschreibungen die itelmenischen Bezeichnungen einzelner Pflanzen und Tiere.

Besondere Erwähnung verdient ein Teilnehmer der ersten Kotzebue-Expedition 1815–1818. Adelbert von Chamisso führt in seinen Reiseberichten zwar keine indigenen Wörter auf, bezog aber bei einer naturwissenschaftlichen Studie zu Walen deren Namen auf Aleutisch ein (Federhofer 2012 und S. 136 *in diesem Band*). Viele Jahre nach seiner Reise bewogen ihn die Forschungen von Wilhelm von Humboldt zur Abfassung einer Grammatik des Hawaiischen (Chamisso 1837). In der Einleitung beschreibt er, wohl mit einem gewissen Bedauern über versäumte Gelegenheiten, seine damalige Haltung gegenüber den Sprachen, mit denen er auf der Reise in Kontakt gekommen war: „Als die Sprache von Hawaii in meinem Ohr erklang, und ich sie selbst zum nothdürftigen Verständniss innerhalb eines engen Kreises von Begriffen mit den Eingebornen sprach [...]" (1837: 1).

Adolph Erman, der sich von August bis Mitte Oktober 1829 in Kamčatka aufhielt, diskutiert anhand zahlreicher Beispiele ausführlich die Frage der Herkunft und Sprachverwandtschaft des Itelmenischen und dessen Abgrenzung zu den Nachbarsprachen (Erman 1848: 426–452), an anderer Stelle auch der tungusischen Sprachen (1848: 58–64), die er auf seiner Anreise auf dem Landweg bis Ochotsk kennengelernt hatte. Erman kombiniert dabei eigene Sprachdaten mit veröffentlichten, vor allem denen von Krašeninnikov, und geht als einer der Wenigen näher auf die Umstände ein, unter denen er zu seinen Daten gelangte:

Meine Begleiter [...] schienen sich über die Theilnahme die ich für ihre Sitten geäussert hatte zu freuen und so versuchten sie unaufgefordert einigen Unterricht über ihre Sprache. Er ist in Folge dieser Veranlassung noch unvollkommener ausgefallen, als es schon die wenigen Stunden die darauf verwendet wurden, mit sich brachten; denn trotz dieser Beschränkung hätte ich doch zahlreiche Vergleichungen [...] herbeiführen können, wenn mir nicht damals die eigenen Mittheilungen meiner Begleiter weit erfreulicher geschienen hätten als ihre Antworten auf methodisch geordnete Fragen. (Erman 1848: 426f.)

Johann Karl Ehrenfried Kegel zeichnete während seines Aufenthalts in Kamčatka von 1841 bis 1847 bei seinen biologischen Erhebungen auch gut hundert Pflanzen- und Tierbezeichnungen auf (Kegel 2012: 409–412). Karl von Ditmar bereiste Kamčatka von 1851 bis 1855. Er gibt in seinen Werken keinerlei Sprachproben und verzichtet auf die Wiedergabe einheimischer Bezeichnungen. Jedoch enthält vor allem sein ethnografischer Aufsatz aus dem Jahre 1856 wertvolle Informationen über die Verbreitung der indigenen Sprachen und deren Dialekte, die er – als Geologe erfahren in der Gestaltung von Karten – auch als Karte anschaulich präsentierte (vgl. Abb. S. 236 *in diesem Band*), sowie über die damalige soziolinguistische Situation in Kamčatka (Ditmar 1856: 189–193). Außerdem bietet sein Reisebericht (Ditmar 1890: 363) interessante Informationen zum Sprachverlust der indigenen Bevölkerung und zum Gebrauch des Russischen.

❖ ❖ ❖

Neben den Forschungsreisenden haben gelegentlich auch gebildetere, interessierte Kaufleute und Militär- oder Verwaltungsbeamte Wortlisten gesammelt. Bemerkenswert ist im Fernen Osten Russlands und im nordpazifischen Raum allerdings das Fehlen einer Gruppe von Akteuren, die im Zuge des Aufbaus der europäischen Kolonialreiche Sprachen und Kulturen der indigenen Bevölkerung beschrieben haben – nämlich die Missionare. Vor allem in Lateinamerika erarbeiteten seit dem 16. Jahrhundert katholische Ordensgeistliche in meist langjährigen Aufenthalten und intensiver Beschäftigung mit den jeweiligen Sprachen und Kulturen Grammatiken, Wörterbücher sowie religiöse Gebrauchsliteratur von Katechismen bis hin zu Bibelübersetzungen, seit der zweiten Hälfte des 17. Jahrhunderts auch einige katholische und protestantische Geistliche auch in Nordamerika (Chelliah and de Reuse 2011: 37–41).

Für den Fernen Osten Russlands fehlen derartige Werke völlig. Die wenigen orthodoxen Geistlichen lebten in den eher russisch geprägten Hauptorten des dünn besiedelten Landes. Sie suchten die indigene Bevölkerung nur gelegentlich auf, deren Wohnplätze sich oft schwer erreichen ließen und zudem klein, verstreut und nur temporär besiedelt waren. Mission, Seelsorge und Bildungsarbeit scheint bei den Besuchen eher eine nachgeordnete Rolle gespielt zu haben, da dem Zeugnis der Forschungsreisenden seit Steller zufolge die Geistlichen oft genug Teil der auf persönliche Bereicherung ausgerichteten Kolonialstrukturen – „die räuberischen Hände der Kaufleute, der Popen und des Isprawniks" (Ditmar 1890: 805) – waren. Der meist wenig gebildeten orthodoxen Priesterschaft fehlten zudem die Voraussetzungen und wohl auch das Interesse für die Beschäftigung mit den Sprachen:

> Up to the present time, the priests and monks sent to the Far Northeast are men of little education; they do not know, and are not able to study, the languages of the natives. (Jochelson 1908: 807)

Einer der Teilnehmer der ersten Kotzebue-Expedition 1815–1818, Adelbert von Chamisso, kritisiert in seiner Einleitung zur Hawaiischen Grammatik die lange vor Ort lebenden Missionare für ihre Versäumnisse bei der Dokumentation der Sprachen und Kulturen:

Beim Entwerfen des obigen Verzeichnisses drängte sich uns schmerzlich die Bemerkung auf, dass unter diesen Schriften, und wohl unter allen, die aus der Presse der Mission hervorgegangen, [...], keine einzige dem Zwecke gewidmet ist, das Alterthümlich-Volksthümliche dieses Menschenstammes in der Erinnerung festzuhalten, [...] alle Schlüssel zu einem der wichtigsten Räthsel, welche die Geschichte des Menschengeschlechtes und seiner Wanderungen auf der Erde darbietet, werden von uns selbst in der Stunde, wo sie in unsere Hände gegeben sind, in das Meer der Vergessenheit versenkt. (Chamisso 1837: 4)

Recht symptomatisch dürfte in diesem Zusammenhang die Einschätzung von Ivan Veniaminov sein, dem späteren Metropoliten von Moskau. Seine breite Bildung und humanistische Haltung machten diesen russisch-orthodoxen Priester zu einer Ausnahmeerscheinung im nordpazifischen Raum, da er sich als einer der ganz wenigen Missionare in seinen Gemeinden ernsthaft mit den dortigen Sprachen beschäftigte. Er veröffentlichte sprachwissenschaftliche und missionarische Werke für die Sprachen Tlingit, Yup'ik und Aleutisch (Unangan und Alutiiq). Im Vorwort zu seiner 1846 erschienenen aleutischen Grammatik[8] formuliert er dennoch Skepsis gegenüber derartigen Bemühungen:

I considered the preparation of a grammar of such a language as Aleut almost a completely useless labor because a grammar is not necessary for the Aleuts who can communicate their thoughts to one another without knowing grammatical rules and who certainly will not retain their own tongue much longer. Nor is it necessary to provide one for foreigners who never think of learning such a language. (Veniaminov 1944: 17)

Die Dokumentation indigener Sprachen ist aus einer solchen Perspektive weder für Missions- noch für Bildungszwecke von Bedeutung. Veniaminovs Einschätzung steht im Widerspruch zu Chamisso, der den Verlust von Sprachen und Kulturen bedauert. Beide nehmen aktuelle Diskussionen über Wert und Erhalt sprachlicher Vielfalt vorweg, bei denen die Dokumentation und der Erhalt bedrohter indigener Sprachen als eine vorrangige Aufgabe der Linguistik angesehen wird (Harrison 2007), aber auch Zweifel am Sinn und Nutzen bestimmter heutiger Sprachprogramme und Lehrbücher zu bedrohten indigenen Sprachen geäußert werden (Kasten 2013: 78).

---

8  Zitiert nach der englischen Übersetzung.

## Literatur

Adelung, Friedrich von 1815. *Catharinens der Grossen Verdienste um die verglei-chende Sprachenkunde.* St. Petersburg: Friedrich Drechsler.

Chamisso, Adelbert von 1837. *Über die Hawaiische Sprache.* Leipzig: Weidmannische Buchhandlung.

Chelliah, Shobhana L., and Willem J. de Reuse 2011. *Handbook of Descriptive Linguistic Field Work.* Dordrecht u.a.: Springer.

Ditmar, Karl von 1856 [2011]. Über die Koräken und die ihnen sehr nahe verwandten Tschuktschen. In *Reisen und Aufenthalt in Kamtschatka in den Jahren 1851–1855. Zweiter Teil.* St. Petersburg. Neuausgabe 2011, Anhang II. Michael Dürr (Hg.), 161–193. Fürstenberg/Havel: Kulturstiftung Sibirien.

— 1890 [2011]. *Reisen und Aufenthalt in Kamtschatka in den Jahren 1851–1855. Erster Teil. Historischer Bericht nach den Tagebüchern (1890).* St. Petersburg. Neuausgabe 2011, Michael Dürr (Hg.). Fürstenberg/Havel: Kulturstiftung Sibirien.

Erman, Adolph 1848 [2013]. *Reise um die Erde durch Nord-Asien und die beiden Oceane in den Jahren 1828, 1829 und 1830. Die Ochozker Küste, das ochozker Meer und die Reisen auf Kamtschatka im Jahre 1829.* Bd. 3, Abth. 1. Berlin: Reimer. Neuausgabe 2013, Erich Kasten (Hg.). Fürstenberg/Havel: Kulturstiftung Sibirien.

Federhofer, Marie-Theres 2012. *Chamisso und die Wale.* Fürstenberg/Havel: Kulturstiftung Sibirien.

Goddard, Ives 1996. The Description of the Native Languages of North America Before Boas. In *Handbook of North American Indians, vol. 16: Languages.* Ives Goddard (ed.), 17–42. Washington: Smithsonian Institution.

Harrison, K. David 2007. *When Languages Die. The Extinction of the World's Languages and the Erosion of Human Knowledge.* Oxford: University Press.

Jakobson, Roman, Gerta Hüttl-Worth and John Fred Beebe 1957. *Paleosiberian Peoples and Languages. A Bibliographical Guide.* New Haven: HRAF Press.

Kasten, Erich 2013. Learning Tools for Preserving Languages and Traditional Knowledge in Kamchatka. In *Sustaining Indigenous Knowledge*, Erich Kasten and Tjeerd de Graaf (eds.), 65–88. Fürstenberg/Havel: Kulturstiftung Sibirien.

Kegel, Johann Karl Ehrenfried 2012. *Forschungsreise nach Kamtschatka. Reisen und Erlebnisse von 1841-1847*, Werner Friedrich Gülden (Hg.). Fürstenberg/Havel: Kulturstiftung Sibirien.

Kittlitz, Friedrich Heinrich von 1858 [2011]. *Denkwürdigkeiten einer Reise nach dem russischen Amerika, nach Mikronesien und durch Kamtschatka.* Gotha: Perthes. Neuausgabe (Auszüge zu Kamčatka) 2011, Erich Kasten (Hg.). Fürstenberg/Havel: Kulturstiftung Sibirien.

Krašeninnikov, Stepan P. 1755 [1994]. *Opisanie zemli Kamčatki.* 2 Bände. St. Petersburg. Nachdruck Petropavlovsk-Kamčatskij: Kamšat.

Krusenstern, Adam Johann von 1813. *Wörter-Sammlungen aus den Sprachen einiger Völker des östlichen Asiens und der Nordwest-Küste von Amerika.* St. Petersburg: Druckerey der Admiralität.

Pallas, Peter Simon 1787–1789. *Linguarum totius orbis vocabularia comparativa.* 2 Bände. Petropoli: Iohannis Caroli Schnoor.

Radloff, Leopold 1861. Über die Sprache der Tschuktschen und ihr Verhältniss zum Korjakischen. *Mémoires de l'Académie Impériale des Sciences de St.-Petersburg,* VIIᵉ série, Tome III, No. 10.

Saryčev, Gavriil Andreevič 1805–1815. *Gawrila Sarytschew's Russisch-Kaiserlichen Generalmajors von der Flotte achtjährige Reise im nordöstlichen Sibirien, auf dem Eismeere und dem nordöstlichen Ozean.* 3 Bände. Leipzig: Rein.

Sauer, Martin 1802. *An Account of a Geographical and Astronomical Expedition to the Northern Parts of Russia.* London: T. Cadell and W. Davies.

Steller, Georg Wilhelm 1774 [1974]. *Beschreibung von dem Lande Kamtschatka.* Frankfurt und Leipzig: Johann Georg Fleischer. Nachdruck 1974, Hanno Beck (Hg.). Stuttgart: F. A. Brockhaus.

— 1774 [2013]. *Beschreibung von dem Lande Kamtschatka.* Frankfurt und Leipzig: Johann Georg Fleischer. Neuausgabe 2013, Erich Kasten und Michael Dürr (Hg.). Fürstenberg/Havel: Kulturstiftung Sibirien.

Veniaminov, Ivan 1944. The Elements of Aleut Grammar. In *The Aleut Language,* Richard H. Geoghegan and Fredericka I. Martin (eds.), 13–86. Washington: United States Department of the Interior.

Vermeulen, Han F. 2012. *Linguistik und Völkerkunde – der Beitrag der historisch-vergleichenden Linguistik von G.W. Leibniz zur Entstehung der Völkerkunde im 18. Jahrhundert.* Preprint 423. Berlin: Max-Planck-Institut für Wissenschaftsgeschichte. http://www.mpiwg-berlin.mpg.de/Preprints/P423.PDF [31.5.2012]

# 12.5 SYNOPSE | 5
## DIE LITERATURWISSENSCHAFTLICHE SICHT AM BEI-
## SPIEL EINIGER REISE- UND FORSCHUNGSBERICHTE

*Marie-Theres Federhofer*

Als sich die Literaturwissenschaften in den 1970er Jahren der Erforschung von Reiseberichten zuwandten, zog diese Erweiterung des Gegenstandsbereiches, der bis
dahin weitgehend durch die klassische Gattungstrias Epik, Dramatik und Lyrik
definiert worden war, eine Öffnung literaturwissenschaftlicher Forschungsperspek-
tiven und -methoden nach sich. Da sich Reiseberichte nur dann sinnvoll erschließen lassen, wenn die Grenzen einer konventionellen literaturwissenschaftlichen
Analyse überschritten werden und zugleich nach den ethnologischen, politischen,
mentalitätsgeschichtlichen, geografischen oder naturwissenschaftlichen Aspekten
von Reisebeschreibungen gefragt wird, ist „Ernst zu machen mit der vielbeschwore-
nen Interdisziplinarität der Forschung" (Brenner 1990: 2). Scheinbar selbstverständliche literaturwissenschaftliche Konzepte wie Gattung und Werk oder Fremd- und
Selbstdarstellung werden durch Reiseberichte auf die Probe gestellt. Das Reisewerk
Adelbert von Chamissos (1781–1838) – Chamisso gilt heute als der „einzige große
deutsche Dichter, der auch ein bedeutender Forschungsreisender gewesen ist" (Beck
1971: 189) – erhellt schlaglichtartig diesen Sachverhalt und verdeutlicht einmal mehr
die Notwendigkeit einer interdisziplinär ausgerichteten Reiseforschung.

Obwohl Chamisso mit seiner *Peter Schlemihl*-Erzählung (1814) Weltliteratur
geschaffen hat, gehört er zu den Autoren, denen die Literaturwissenschaften bis vor
kurzem eher weniger Aufmerksamkeit gewidmet haben. Eine Werkausgabe, die
auch das umfangreiche wissenschaftliche Werk berücksichtigte, liegt noch nicht
vor; die wichtigste, gelegentlich an abgelegener Stelle ergänzte Briefausgabe ist mehr
als anderthalb Jahrhunderte alt. [1] Verantwortlich dafür ist wohl weniger die Position
des Dichters zwischen deutscher und französischer Kultur, eine Beschreibung, die
den Umstand unterschlüge, dass er eben nicht nur deutsch und französisch schrieb,
sondern auch das Latein des Gelehrten. Wie an anderer Stelle bereits ausgeführt
(Federhofer 2012), wäre es vernünftiger anzunehmen, dass seine Stellung zwischen
den zwei Kulturen im Sinne Charles P. Snows, also der humanistisch-literarischen
und der naturwissenschaftlichen Kultur (Snow 1960), zu einem Problem der man-
gelnden Zuständigkeit und einer einseitigen Rezeption führte. Kanonisiert als ein

---

1   Chamisso 1839. Gefördert durch die Robert-Bosch-Stiftung wird seit Dezember 2011 an der
    Staatsbibliothek zu Berlin – Preußischer Kulturbesitz der Chamisso-Nachlass unter der Lei-
    tung von Jutta Weber neu erschlossen und digitalisiert. Es ist zu hoffen, dass dieses Projekt
    langfristig zu einer neuen Werk- und Briefausgabe führt.

bedeutender Literat, geriet der Wissenschaftler und Weltreisende zunehmend in Vergessenheit und wird – auch editionsphilologisch – erst in jüngster Zeit wieder entdeckt (Glaubrecht und Immer 2012, Busch und Görbert 2013).

Diese Sachverhalte – Publikationsvielfalt und Mehrfachkompetenz – gilt es zu berücksichtigen, will man sich aus literaturwissenschaftlicher Perspektive dem Reisewerk Chamissos nähern. Die Herausforderungen, denen sich der Literaturwissenschaftler dabei zu stellen hat, sind dabei zunächst zweifacher Art. Sie betreffen das Werk- und das Methodenverständnis.

Als Chamissos Reisewerk gelten gemeinhin sein wissenschaftlicher Beitrag zum Expeditionsbericht Otto von Kotzebues, die sogenannten *Bemerkungen und Ansichten*,[2] sowie die im ersten Band der Werkausgabe von 1836 abgedruckte *Reise um die Welt* (Chamisso 1836). Dieser Reisebericht umfasst das Tagebuch, das die Reise literarisch verarbeitet und den Verlauf in chronologischer Reihenfolge erzählend wiedergibt, und die (bereits 1821 publizierten) wissenschaftlichen *Bemerkungen und Ansichten*. Diese Einschätzung ist insofern problematisch, als damit ein Großteil von Paratexten – so möchte ich die wissenschaftlichen Spezialstudien nennen – übersehen und der (Natur)wissenschaftler Chamisso abgewertet wird. Übersehen wird weiterhin, dass Chamisso seine Reiseerlebnisse bereits während und dann nach der Expedition auch lyrisch verarbeitete, sich also der Gedichtform bediente, um in zumeist spontan entstandenen Gelegenheitsgedichten (Kasuallyrik), einzelne Erlebnisse, z. B. einen Sturm vor Unalaska, literarisch zu transformieren.[3]

Tatsächlich hat, um auf Chamissos Spezialstudien zurückzukommen, seine Reise nicht nur das Werk generiert, das dem heutigen Lesepublikum wohl am bekanntesten sein dürfte, eben die *Reise um die Welt*, sondern auch eine Reihe wissenschaftlicher, d. h. linguistischer, zoologischer und insbesondere botanischer Arbeiten, die sich Chamissos Aufzeichnungen, Beobachtungen und Sammlungen während seiner Weltreise verdankten, die allerdings in recht unterschiedlichen Zeitschriften und Verlagen erschienen sind und bislang nicht als eine Art ‚wissenschaftliches Gesamtwerk' vorliegen. Einzig die nach wie vor vorzügliche Bibliografie von Günther Schmid (1942) bietet einen umfassenden Überblick über Chamissos naturwissenschaftliche Publikationstätigkeit.

Als Beispiele für den hier zu beschreibenden Sachverhalt seien zwei zoologische Schriften genannt, zu denen Chamisso das Anschauungsmaterial und die Idee unterwegs auf der Weltreise erhielt. Darauf weist er in *Reise um die Welt* auch eigens hin und etabliert damit – narratologisch gesprochen – eine paratextuelle Beziehung

---

2   Erschienen in Kotzebue 1821, Bd. 3.

3   Zu Chamissos Reiselyrik liegen bislang keine einschlägigen Forschungsarbeiten vor. Allerdings widmete sich der Literaturwissenschaftler Johannes Görbert diesem noch wenig untersuchten Oeuvre in seinem während der zweiten Internationalen Chamisso-Konferenz (Humboldt Universität Berlin, 29.–31. Mai 2013) gehaltenen Beitrag „Chamissos Reiselyrik. Zwischen Erinnerung und Imagination".

zwischen der Reisebeschreibung und den separat erschienenen Studien: gemeint ist die 1819 veröffentlichte lateinische Schrift über Salpen (Meereslebewesen; Manteltiere), in der er den für den zoologischen Artbegriff ungemein folgenreichen, seinerzeit noch unbekannten Generationswechsel beschreibt (Chamisso 1819; Glaubrecht und Dohle 2012), und die 1824 ebenfalls auf Latein erschienene, jetzt vom Verlag der Kulturstiftung Sibirien neu herausgegebene Arbeit über Wale im Nordpazifik (Chamisso 1824; Federhofer 2012). Erwähnen könnte man auch Chamissos zahlreiche botanische Arbeiten, meist kürzere Artikel auf Lateinisch, die er in den Jahren 1820–1835 publizierte und in denen er das von der Weltreise mitgebrachte Pflanzenmaterial beschrieb und systematisierte (Schmid 1942).

Für den an Werkfragen interessierten Literaturwissenschaftler stellt sich daher die Frage: sind diese separat erschienenen Spezialstudien, deren Genese sie ebenso Chamissos Teilnahme an der *Rurik*-Expedition verdanken wie das *Tagebuch* und die *Bemerkungen und Ansichten*, damit auch Teile von Chamissos Reisewerk?[4] Hält man an einem eher monolithischen und homogenen Werkbegriff fest, müsste man diese Frage verneinen. Aus literaturwissenschaftlicher Perspektive wird ein Werk gewöhnlich definiert als „das fertige und abgeschlossene Ergebnis der literarischen Produktion, das einem Autor zugehört und in fixierter, die Zeit überdauernder Form vorliegt" (Thomé 2007: 832). Typischerweise (und ohne den zugrunde liegenden Werkbegriff unbedingt zu reflektieren) beschäftigen sich denn auch Literaturwissenschaftler, wenn sie sich überhaupt mit Chamissos Reisewerk befassen, nahezu ausschließlich mit der *Reise um die Welt* (Dürbeck 2007, Federhofer 2011, Görbert 2013), lassen die Paratexte hingegen außer Acht. Ein entstehungsgeschichtliches Detail mag hier von Interesse sein: Tatsächlich steht das von Literaturwissenschaftlern gerne traktierte *Tagebuch* ganz am Ende eines langen Arbeitsprozesses, in dessen Verlauf Chamisso die Ergebnisse seiner Weltreise veröffentlichte. Es erschien, wie oben erwähnt, erst 1836, zwei Jahre vor dem Tod Chamissos, während die (wissenschaftlichen) *Bemerkungen und Ansichten*, die zoologischen und botanischen Arbeiten sowie kürzere Berichte zur Weltreise durchweg zwischen 1818 und 1835 gedruckt wurden.

Der publizistische ‚Output' der Weltreise waren also zunächst vor allem wissenschaftliche, meist lateinisch verfasste Texte (wenn wir die Kasuallyrik jetzt einmal beiseite lassen), nicht der vergleichsweise literarische Reisebericht, das *Tagebuch*. Die Re-subjektivierung der Reiseerfahrung im literarischen Medium einer Reisebeschreibung ist vielmehr ein vergleichsweise spätes Resultat des Arbeitsprozesses. Daher ist es meines Erachtens verkürzt, das Verständnis Chamissos als eines Forschungsreisenden und Reiseschriftstellers ausschließlich auf ‚das' Werk, die *Reise um die Welt*, zu gründen. Der Reiz, sich mit Chamissos Reise- und Forschungswerk zu beschäftigen, liegt so gesehen nicht zuletzt darin, das scheinbar selbstverständliche Werk-Verständnis in Frage zu stellen und zu erweitern.

---

4 Zur Problematisierung dieser Frage siehe Schmidt 2013.

Inzwischen wird freilich auch von literaturwissenschaftlicher Seite dafür plädiert, den emphatischen Werkbegriff aufzugeben und stattdessen ein ‚Werk‘ als
„eine spezifische, wenn auch historisch variable Form des Produzierens und
Gebrauchens von Texten" (Thomé 2007: 832) zu verstehen. Neben dem Werk bzw.
dem ‚Endprodukt‘ selbst rücken also die damit verbundenen Arbeitsprozesse und
Arbeitsformen ins Blickfeld. Diese Überlegung ist zum einen für editionsphilologi-
sche Entscheidungen von Interesse, hat zum anderen aber auch Konsequenzen für
unser Verständnis von wissens- und medienhistorischen Zusammenhängen in der
ersten Hälfte des 19. Jahrhunderts. Es geht bei den von mir so genannten Paratexten
Chamissos wohlgemerkt nicht um unveröffentlichte Vorarbeiten, Fragmente oder
Paralipomena, aus denen sich der Entstehungsprozess eines Werkes eventuell rekonstruieren oder besser verstehen ließe. Es handelt sich, wie gesagt, um publizierte und
vergleichsweise spezialisierte Texte, die (im Sinne eines mehr prozessualen Werk-
verständnisses) insofern als Teile des Reisewerks betrachtet werden können, als sie
zum einen ihre Entstehung der Reise verdanken und zum anderen Resultate der
Reise vermitteln. Der Schreibprozess ist eng an die Reiseerfahrung gebunden.

Schärfer konturieren lässt sich Chamissos Schreib- und Arbeitspraxis aus wis-
sens- und medienhistorischer Perspektive, da diese Praxis Rückschlüsse auf die
Frage erlaubt, in welcher Weise er Wissen dokumentierte bzw. welcher Medien und
Formen er sich bediente, um das während der Reise akkumulierte empirische Wissen zu präsentieren und zu vermitteln. Das ist offensichtlich nicht (mehr) in einem
einzigen Werk möglich. Was sich hier abzeichnet, ist eine Ausdifferenzierung und
Spezialisierung von Schreibstrategien, d. h. eine ‚Auslagerung‘ des wissenschaftlichen Diskurses in wissenschaftstypische ‚Formate‘ wie Zeitschriftenartikel, Separat-
drucke oder Beiträge für Akademieschriften, in denen zoologische oder botanische
Einzelphänomene detailliert beschrieben werden. Im später entstandenen *Tagebuch*
findet dann, gleichsam auf einer Meta-Ebene, eine Reflexion auf das eigene Schreiben im literarisch-ästhetischen Modus statt: denn das *Tagebuch* enthält, neben der
chronologischen Beschreibung der Reise, auch eine Poetologie der Reisebeschreibung, in der sich Chamisso etwa explizit der Frage stellt, wie sich fremde Völker
beschreiben lassen, ohne diese – modern gesprochen – eurozentrisch zu vereinnahmen. Die wehmütige Einsicht, dass man dem „alte[n] Europa" (Chamisso 1982, Bd.
2: 98) dabei nicht zu entkommen vermag, zeigt eben auch, wie bewusst er sich der
Standortgebundenheit des eigenen Denkens war.

Ein ähnliches Publikationsverhalten lässt sich – um diesen Sachverhalt an einem
Beispiel historisch zu perspektivieren – bei Georg Forsters Beschreibung der zwei-
ten Weltreise James Cooks nicht beobachten. Während die beiden Forsters und
Chamisso insofern vergleichbar sind, als sie offiziell von einer Regierung ernannte
Naturforscher einer Weltumseglung waren, von denen erwartet wurde, dass sie ihre
Funde und Beobachtungen während der Reise dokumentierten und nach der Reise
veröffentlichten, unterscheiden sie sich doch offensichtlich in den gewählten Doku-

mentationsverfahren. Soweit ich sehe, hat Forster nach Reiseende keine separaten wissenschaftlichen Einzelstudien veröffentlicht, sondern eben ausschließlich eine Reisebeschreibung, die *Reise um die Welt* (1778), in deren Nachfolge sich Chamisso in seinem *Tagebuch* übrigens ganz unverhohlen stellt. Dies dürfte wohl generell für die publizistische Verwertung und Medialisierung wissenschaftlicher Resultate von Forschungsreisen des 18. Jahrhunderts gelten: beides fand weitgehend in Reiseberichten statt, die sich meist an ein gebildetes Lesepublikum richteten, nicht oder seltener in spezialisierten Studien oder Fachzeitschriften, die zu jener Zeit ja auch noch kaum existierten. Mit Chamissos Arbeitspraxis scheint sich hingegen eine Ausdifferenzierungstendenz zu etablieren, die sich dann im Laufe des 19. Jahrhunderts durchsetzen sollte: die Verwissenschaftlichung des Reisediskurses. Dieser wird nicht mehr in ,der einen' Reisebeschreibung gleichsam gebändigt, sondern spaltet sich auf und vervielfältigt sich in eine Reihe spezialisierter und umfangreicher Einzeluntersuchungen. Als Beispiel hierfür sei eine französische Forschungsexpedition u. a. nach Nordnorwegen und Svalbard genannt, die sog. *Recherche*-Expedition, die 20 Jahre nach Chamissos Weltreise stattfand (1838–1840): sie generierte insgesamt 16 Textbände und 5 Tafelbände (Knutsen u. a. 2002).

Argumentiert man, wie ich es hier am Beispiel Chamissos tue, für einen erweiterten, mehr prozessorientierten Werk-Begriff, stellt sich die Frage, wie man mit den unterschiedlichen Texten umgehen soll. Dem narratologisch geschulten Literaturwissenschaftler gelingt es wohl, die rhetorischen Tricks und Inszenierungsstrategien, die Schreibweisen und Textstrukturen des *Tagebuchs* zu beschreiben, allerdings deckt das eben nur eine Ebene ab und lässt die Sachgehalte bzw. den ,Referenten' außer Acht. Gerade die Reisebeschreibung, die ja immer auf die Strukturen und Ordnungen der eigenen und einer anderen Gesellschaft verweist – eben auf die bereiste Wirklichkeit –, fordert den Literaturwissenschaftler stets dazu heraus, den Text nicht nur als rein literarischen Text zu verstehen und auf seine formalästhetischen Elemente hin zu untersuchen, sondern auch die Weltsicht, Wahrnehmungsmuster und Handlungsmotivation des reisenden und schreibenden Subjekts zu berücksichtigen. Tatsächlich war denn auch die Beschäftigung mit Reiseliteratur, die innerhalb der Literaturwissenschaft in den frühen 1970er Jahren begann, von Anfang an interdisziplinär ausgerichtet, um die unterschiedlichen ästhetischen, anthropologischen und naturwissenschaftlichen Dimensionen von Reisebeschreibungen in den Blick nehmen zu können (Brenner 1989).

Um wieder auf Chamissos Reisebeschreibung zurückzukommen: gerade im Vergleich zum Reisebericht Otto von Kotzebues zeigt sich, wie unterschiedlich Kotzebues und Chamissos Wahrnehmungs- und Handlungsmuster in Bezug auf fremde und indigene Kulturen waren. Während Kotzebue oftmals den überlegenen, teilweise autoritären Habitus eines hochrangigen Marineoffiziers repräsentiert, erscheint Chamisso in vielen Situationen als Vermittler und Dolmetscher (Federhofer 2011b). Freilich sollte hier auch erwähnt werden, dass die russischen Offiziere, die an den

Weltumseglungen des 19. Jahrhunderts teilnahmen, eine Elite darstellten, die sich durch ihren westlich geprägten Bildungshintergrund entscheidend von früheren russischen Kolonisatoren unterschieden, die nach Osten bzw. Sibirien aufbrachen. Dieser Umstand wiederum hatte Konsequenzen für die Wahrnehmung indigener Bevölkerungsgruppen, die erst in dem Augenblick als fremd und anders beobachtet wurden, in dem sich der Beobachter selbst als Angehöriger einer europäischen Kultur definierte – auf Kamčatka oder in Russisch-Amerika – entstand die Vorstellung eines kulturell ‚Anderen'. Gleichzeitig setzte durch die russischen Weltreisen im 19. Jahrhundert in Russland ein imperialer Diskurs ein, und Russland begann sich wie die anderen europäischen Großmächte als eine Kolonialmacht zu definieren (Vinkovetsy 2001, 2011). Kotzebues Reisebericht ist in dieser Hinsicht exemplarisch.

Doch auch die Walschrift Chamissos bietet sich an, um kulturelle Muster, die wahrnehmungssteuernd sind, herauszuarbeiten. Gewiss lässt sich die Walschrift wissenschaftshistorisch kontextualisieren, was dann freilich zu dem nicht allzu überraschenden Ergebnis führt, dass Chamisso eben kein großer Walforscher war (Federhofer 2012). Aufschlussreich ist die Schrift aber auch aus einer medienhistorischen und ethnologischen Perspektive, nämlich wenn der Text daraufhin befragt wird, in welcher Weise Wissen dargestellt wird und welche Darstellungsformen als akzeptiert und legitim gelten. Bemerkenswert genug zeigt sich hier, dass Chamisso indigene Formen der verbalen und visuellen Wissensdokumentation, d.h. mündliche Erzählungen, sprachliche Ausdrücke und geschnitzte Holzmodelle, als Wissensformen ernst nimmt und in einen europäisch-gelehrten Kontext integriert, d.h. sie in eine lateinische Akademieschrift hinein ‚übersetzt'. Eine zoologische Spezialschrift deckt, so gesehen, ein kulturelles Wahrnehmungsmuster auf.

Chamissos Aufzeichnungen – sein Reisebericht wie seine wissenschaftlichen Studien – zeigen, dass die Darstellung und Beschreibung eines geografisch unbekannten Raumes, also Kamčatkas und Alaskas, nicht bzw. nicht ausschließlich den Prinzipien eines kolonial-imperialen Diskurses gehorcht. Dennoch bezeugt auch sein Bericht, den Hanno Beck „zu den besten der Weltliteratur der Reisen" zählt (Beck 1971: 187), dass die Prämissen europäischen Denkens die Wahrnehmung fremder Kulturen steuert: das „alte Europa" ist im „fremden Land" stets präsent.

## Literatur

Beck, Hanno 1971. *Große Reisende. Entdecker und Erforscher unserer Welt*. München: Callwey.

Brenner, Peter J. (Hg.) 1989. *Der Reisebericht – Die Entstehung einer Gattung in der deutschen Literatur*. Frankfurt a. M.: Suhrkamp.

— 1990. *Der Reisebericht in der deutschen Literatur. Ein Forschungsüberblick als Vorstudie zu einer Gattungsgeschichte*. Tübingen: Max Niemeyer.

Busch, Anna und Johannes Görbert 2013. „Schlemiel komt wieder". Unveröffentlichte Briefe von Adelbert von Chamisso vom Ende seiner Weltreise. *Zeitschrift für Germanistik* 23: 134–142.

Chamisso, Adelbert von 1819. *De animalibus quibusdam e classe vermium Linnaeana in circumnavigatione terrae auspicante Comite N. Romanzoff duce Ottone de Kotzebue annis 1815, 1816, 1817, peracta observatis. Fasciculus primus. De Salpa.* Berlin: Ferdinand Dümmler Verlag.

— 1824. *Cetaceorum maris kamtschatici imagines, ab Aleutis e ligno fictas, adumbravit recensuitque.* Bonn: E. Weber.

— 1836. *Werke*, 4 Bde. Leipzig: Weidmann.

— 1839. *Werke. Briefe und Leben.* Bde 5 und 6. Julius Eduard Hitzig (Hg.). Leipzig: Weidmann.

— 1982. *Sämtliche Werke in zwei Bänden*, Werner Feudel und Christel Laufer (Hg.). Darmstadt: Wissenschaftliche Buchgesellschaft.

Dürbeck, Gabriele 2007. *Stereotype Paradiese. Ozeanismus in der deutschen Südseeliteratur 1815–1914.* Tübingen: Niemeyer.

Federhofer, Marie-Theres 2011a. De to kulturer: Det litterære og det vitenskapelige blikk på nordområdene hos Adelbert von Chamisso (1781–1838). Bilder av det nordlige i tysk romantikk. In *Reiser og ekspedisjoner i det litterære Arktis*, CathrineTheodorsen, Johan Schimanski, Henning Howlid Wærp (Hg.), 137–160. Trondheim: Tapir.

— 2011b. „Fremdes Land" – „altes Europa". Kamčatka in den Reisebeschreibungen Otto von Kotzebues und Adelbert von Chamissos. In *Adam Johann von Krusenstern / Georg Heinrich von Langsdorff / Otto von Kotzebue / Adelbert von Chamisso: Forschungsreisen auf Kamtschatka* [Auszüge aus ihren Werken]. Mit Essays von Marie-Theres Federhofer und Diana Ordubadi. Marie-Theres Federhofer und Diana Ordubadi (Hg.), 157–180. Fürstenberg/Havel: Kulturstiftung Sibirien.

— 2012. *Chamisso und die Wale.* Fürstenberg/Havel: Kulturstiftung Sibirien.

Glaubrecht, Matthias und Wolfgang Dohle 2012. Discovering the Alternation of Generations in Salps (Tunicata, Thalaciacea): Adelbert von Chamisso's Dissertation on "De Salpa" from 1819 and its Reception in the Early Nineteenth Century. *Zoosystematics and Evolution* 88(2): 317–363.

Glaubrecht, Matthias und Nikolas Immer 2012. Peter Schlemihl als Naturforscher. Das zehnte Kapitel von Chamissos Märchenerzählung in editionsphilologischer und wissenschaftshistorischer Perspektive. *Editio* 26: 123–144.

Görbert, Johannes 2013. Das literarische Feld auf Weltreisen. Eine kultursoziologische Annäherung an Adelbert von Chamissos Rurik-Expedition. In *Korrespondenzen und Transformationen. Neue Perspektiven auf Adelbert von Chamisso*, Marie-Theres Federhofer und Jutta Weber (Hg.), 33–50. Göttingen: Vandenhoeck und Ruprecht unipress.

Kotzebue, Otto von 1821. *Entdeckungsreise in die Südsee und nach der Beringstraße zur Erforschung einer nördlichen Durchfahrt. Unternommen in den Jahren 1815, 1816, 1817 und 1818 [...]*. 3 Bde. Weimar: Gebrüder Hoffmann.

Knutsen, Nils Magne und Per Posti (Hg.) 2002. *La Recherche. En ekspedisjon mot nord. Bilder fra Norge og Spitsbergen*. Tromsø: Angelica.

Schmid, Günther 1942. *Chamisso als Naturforscher*. Leipzig: K. F. Koehler.

Schmidt, Michael 2013. Chamisso als Illustrator. In *Korrespondenzen und Transformationen. Neue Perspektiven auf Adelbert von Chamisso*. Marie-Theres Federhofer und Jutta Weber (Hg.), 85–106. Göttingen: Vandenhoeck und Ruprecht unipress.

Snow, Charles P. 1960. *The Two Cultures and the Scientific Revolution*. Cambridge: Cambridge University Press.

Thomé, Horst 2007. Artikel ‚Werk'. In *Reallexikon der deutschen Literaturwissenschaft*, Bd. 3, Jan-Dirk Müller (Hg.), 832–834. Berlin u. a.: de Gruyter.

Vinkovetsky, Ilya 2001. Circumnavigation, Empire, Modernity, Race: The Impact of Round-the-World-Voyages of Russia's Imperial Consciousness. *Ab Imperio 1–2*: 191–209.

Vinkovetsky, Ilya 2011. *Russian America. An Overseas Colony of a Continental Empire, 1804–1867*. Oxford: Oxford University Press.

# Anhang

## Übersichtskarte von Nordostsibirien und Alaska

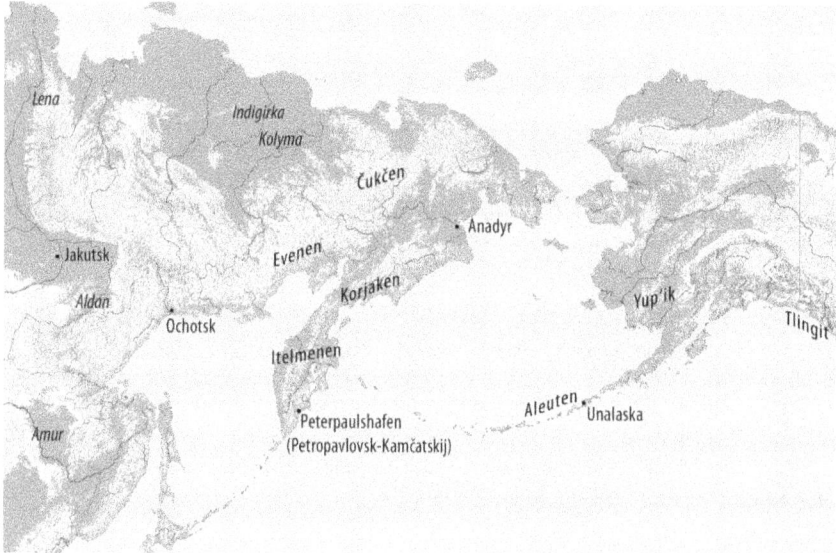

Kulturstiftung Sibirien auf Grundlage der Karte
von Ecotrust (www.ecotrust.org). Used by permission

## Zu den Autorinnen und Autoren dieses Bandes

**Michael Dürr**, geboren 1958, studierte in Berlin Altamerikanistik, Linguistik und Ethnologie. Er arbeitet dort als Bibliothekar und unterrichtet Mayasprachen und Kulturanthropologie an der Freien Universität Berlin. Seine regionalen Schwerpunkte sind Mesoamerika sowie der nordpazifische Raum (Kamčatka, Nordwestküste Amerikas).

**Marie-Theres Federhofer**, geboren 1962, ist Professorin für deutsche Literaturwissenschaft und Kulturstudien an der Universität Tromsø, Norwegen. Studium der Philosophie und Allgemeinen und Vergleichenden Literaturwissenschaft in Berlin (Freie Universität) und Paris (Nouvelle Sorbonne, École des Hautes Études en Sciences Sociales). Forschungsschwerpunkte: Dilettantismus in Kunst und Wissenschaft; Wissenschaftsgeschichte des 18. und 19. Jahrhunderts, Reiseliteratur, Kosmopolitismus und Netzwerke im 19. Jahrhundert.

**Erich Kasten,** geboren 1949, ist Ethnologe und lehrte an der Freien Universität Berlin. Seit den 1980er Jahren führte er regelmäßig Feldforschungen zunächst an der kanadischen Pazifikküste und später in Kamčatka durch. Er war der erste Koordinator der Sibirien-Gruppe am Max-Planck-Institut für ethnologische Forschung in Halle/Saale und setzte seine Arbeiten als UNESCO-Experte in Kamčatka fort. Als Kurator betreute er mehrere internationale Museumsausstellungen und leitet seit 2010 die Kulturstiftung Sibirien in Fürstenberg/Havel.

**Diana Ordubadi,** M.A., geboren 1981 in Moskau, Wissenschaftsautorin und Dozentin am Lehrstuhl für Osteuropäische Geschichte der Universität Bonn, studierte Politikwissenschaften, Staatsrecht und Osteuropäische Geschichte in Bonn. Laufende Promotion zum Thema: „Die Billings-Saryčev-Expedition 1785–1795 im Kontext der wissenschaftlichen Erforschung Sibiriens und des Fernen Ostens." Forschungsschwerpunkte: deutsch-russische Wissenschafts- und Kulturbeziehungen; Kolonial- und Mentalitätsgeschichte, europäisch-asiatische Kulturkontakte.

**Helena Pivovar,** geboren 1988, studierte an der Universität Bonn Geschichte und Slavistik. Als Mitarbeiterin am Lehrstuhl für Osteuropäische Geschichte arbeitet sie mit Prof. Dr. Dittmar Dahlmann und Diana Ordubadi am Forschungsprojekt zu Carl Heinrich Mercks wissenschaftlichem Nachlass.

**Lisa Strecker,** M.A., geboren 1979 in Starnberg, Studium der Ethnologie, Slavistik und Biologie an den Universitäten Freiburg und Hamburg. Laufende Promotion am Department of Anthropology an der University of Alaska-Fairbanks, U.S.A. Forschungsschwerpunkte: Ethnobotanik, traditionelle Schlittenhundehaltung in Kamčatka, Historische Quellen zu Kamčatka.

**Peter Schweitzer,** geboren 1957, ist Professor für Kultur- und Sozialanthropologie an der Universität Wien. Studium der Philosophie, Politikwissenschaft und Kultur- und Sozialanthropologie in Wien und Leningrad. Von 1991 bis 2012 Professor an der University of Alaska Fairbanks. Präsident der International Arctic Social Sciences Association (IASSA) 2001–2004 und Vorsitzender der Social and Human Sciences Working Group des International Arctic Science Committee (IASC) 2011-2015. Forschungsschwerpunkte: Historische Anthropologie und Geschichte der Anthropologie; Verwandtschaft und politische Anthropologie; Anthropologie des Klimawandels; Sibirien und der zirkumpolare Norden.

**Erki Tammiksaar,** geboren 1969, studierte physische Geografie und Wissenschaftsgeschichte in Tartu. Seit 1994 arbeitet in der Estnischen Universität der Naturwissenschaften als wissenschaftlicher Mitarbeiter und Leiter des Karl-Ernst-von-Baer-

Hauses sowie als wissenschaftlicher Mitarbeiter in der Abteilung Geografie an der Universität Tartu. Seine Archivforschungen erstreckten sich über Russland, Deutschland, Österreich, Schweden, Finnland und Estland. Sein Forschungsschwerpunkt ist die Bedeutung deutschbaltischer Naturwissenschaftler in der Wissenschaft und Politik Russlands sowie die Wissenschaftsgeschichte anderer Länder im Hinblick auf das 19. Jahrhundert.

**Han F. Vermeulen,** geboren 1952 in 's-Gravenhage, studierte Kulturanthropologie, Linguistik und prehistorische Archäologie an der Universität Leiden. Er arbeitet als Wissenschaftshistoriker am Max-Planck-Institut für ethnologische Forschung in Halle/Saale und am Interdisziplinären Zentrum für die Erforschung der Europäischen Aufklärung (IZEA) der Universität Halle-Wittenberg. Forschungsschwerpunkte: Geschichte der Ethnografie und Ethnologie sowie der biologischen, philosophischen und medizinischen Anthropologie im 18. und 19. Jahrhundert.

Erich Kasten, Peter Schweitzer, Erki Tammiksaar, Michael Dürr und Marie-Theres Federhofer während des Seminars im Juni 2012 in der Kulturstiftung Sibirien, Fürstenberg/Havel.

# Index

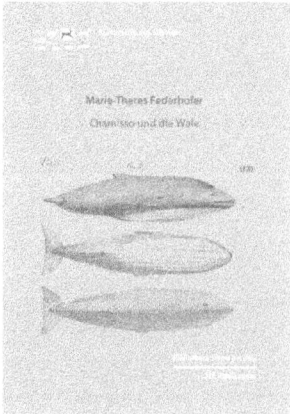

Marie-Theres Federhofer

**Chamisso und die Wale**
mit dem lateinischen Originaltext der Walschrift
Chamissos und dessen Übersetzung, Anmerkungen
und weiteren Materialien.

2012, Fürstenberg: Kulturstiftung Sibirien
132 pp., 23 Farbabbildungen, 16 x 22,5 cm
Euro 28, Hardcover
ISBN: 978-3-942883-85-6

*Bibliotheka Sibiro-Pacifica*
http://www.siberian-studies.org/publications/bisp.html

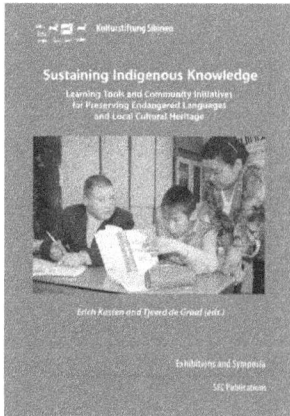

Kasten, Erich and Tjeerd de Graaf (eds.)

**Sustaining Indigenous Knowledge:**
**Learning Tools and Community Initiatives for Pre-**
**serving Endangered Languages and Local Cultural**
**Heritage.**

2013, Fürstenberg/Havel: Kulturstiftung Sibirien
284 pp., 22 Farbabbildungen, 16 x 22,5 cm
Euro 26, USD 35; paperback
ISBN: 978-3-942883-122

*Exhibitions & Symposia*
http://www.siberian-studies.org/publications/exsym.html

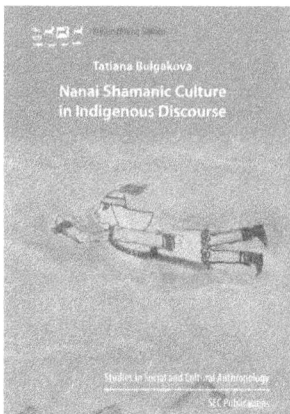

Bulgakova, Tatiana

**Nanai Shamanic Culture in Indigenous Discourse**

2013, Fürstenberg/Havel: Kulturstiftung Sibirien
264 pp., 5 Farbabbildungen, 16 x 22,5 cm
Euro 28, USD 39; paperback
ISBN: 978-3-942883-14-6

*Studies in Social and Cultural Anthropology*
http://www.siberian-studies.org/publications/studies.html

www.ingramcontent.com/pod-product-compliance
Lightning Source LLC
Chambersburg PA
CBHW022301280326
41932CB00010B/944